版權誰有？翻印必究？

近代中國作者、書商與國家的版權角力戰

王飛仙——著
林紋沛——譯

Pirates and Publishers
A Social History of Copyright in Modern China
Fei-Hsien Wang

獻給野鵝

目次

Chapter 1

「版權」在東亞的奇妙旅程

Chapter 2

「新學」是門好生意

Chapter 5

棋盤街的「版權」制度 213

Chapter 6

在北平抓盜版 273

推薦序

上下求索，重建中國版權觀圖像

王汎森／中央研究院院士

從清末到民國初年，傳統中學日漸式微，西方知識大量湧入，在「救亡圖存」以及「文明」、「啟蒙」的口號之下，許多傳統中國士人熱切地吸收西方的新事物及知識。加上科舉制度的廢除，使得傳統士人階層，面臨了知識、社會文化以及經濟上多重生存問題。

傳統中國的科舉制度是一「成功的階梯」，是一種從秀才、舉人、進士，逐級而上的「縱向機制」，我形容這是一個「縱向型」社會。但廢科舉之後，出現了一些新的傳訊機制，帶有橫向動員、組織的特質，如發動群眾、組織群眾，其他在職業社會中成功的管道亦每每與人群的各種活動有關，所以形成了我所謂的「橫向機制」或「橫向社會」。「橫向機制」中，當然也包括新書報的大幅流通，透過橫向吸引讀者產生力量，並成為新的社會菁英。

在新的社會形態中，一官半職已經不是唯一的出路，新一代的現代知識分子有了新的生計來源，譬如稿酬、版權。過去的士人總是仰賴國家所賦予的官位和聲望地位獲得經濟來源，新一代的知識分子則日漸體認到其他可能性：因為新傳播媒介的產生，加上社會對「新」知識追求，譯介西學成為了有價值的文化商品。梁啟超、林紓、嚴復、魯迅等新學提倡者，面對新的轉變，他們的行動促成了典範轉移，也造就了自己的職業生涯。王飛仙試著從他們的日記、書信、個人著作所記錄的瑣碎細節，重建他們日常版權的實踐。這個新的圖像可以幫助我們了解現代中國知識經濟的實際運作方式，在思想、政治、社會秩序劇烈變化之際，現代的中國知識分子如何維持自己的文化經濟生活。

王飛仙《版權誰有？翻印必究？——近代中國作者、書商與國家的版權角力戰》一書，重建了出版社、作者、國家代理人之間的日常在地互動。她利用報紙廣告、小說的版權頁、版權憑摺、學部官報、盜版書等非傳統法律史的史料，來探討「版權內涵如何實踐」，考察在現代中國的文化生產和文化消費中形成和發展起來的版權實踐和概念。本書描繪了從晚清至一九五〇年代的版權史、著作權史的歷程，看中國如何從中掙扎、轉變，一步步走到今日。中西雙方對於「版權」的認知差異，透過本書的取徑，除了可以檢視多元法律環境下法律移植的樣態外，也揭示了晚清到民國以來，現代中國深遠的社會政治變遷。

王飛仙從一九九九年到二〇〇〇年都在我於臺灣大學歷史學系開授的課程中聽課，我們經常有機會討論她的研究。猶記得二〇〇〇年某一天，她在中央研究院蔡元培館我的辦公室中，暢談「版權」一詞的緣由——何以「權」是在「板」，而不是在文稿或其他東西上，以及近代中國最先急切關注版權問題的，為何不是自著之書，而是翻譯書籍。經過多年的求索，她對這個問題，給了一個不只是版權史的答案，而是以此為根軸，梳理了關於法律、版權的比較研究、圖書和印刷文化史，甚至擴及近現代知識分子的文化經濟生活等領域。由一門看千門萬戶，也由千門萬戶看一門。王飛仙抓住這個重要的問題，運用敏感的歷史想像，既能駕馭豐富繁難的史料，又總能在混亂的史事中提出犀利的見解。她流暢的文字，也使得本書兼具學術性與閱讀性，這是一本好書，謹此推薦。

推薦序

嚴復的荷包

李仁淵／中央研究院歷史語言研究所助研究員

眼前的這位讀者，你現在是怎麼讀這段文字的呢？你是紙本書的擁護者，在哪裡看到消息後，網路平台下了訂，或在實體書店偶然看到有意思的封面，先翻翻看再買回家。此刻你正舒服地躺在沙發上，以古典的方式手指碰觸紙頁地讀著。還是你已經習慣電子書了，用App或上網站購買，現在是用平板、閱讀器或桌上型電腦盯著螢幕閱讀。你應該付錢了吧？那這就是一件經濟行為。喔，不，還是你用什麼非法的方式得到這個乘載內容的商品？那這也同時是一項法律行為，你可能損及作者、譯者，或者臺灣商務印書館這家出版社的權利。

一百多年前的嚴復也擔心同樣的事情。嚴復翻譯的《天演論》在一八九八年正式出版後大受歡迎，於是這名沒沒無聞的北洋水師學堂講師聲名鵲起，甚至得到皇帝接見。嚴復從英國回來，沒有傳統的功名，在官場上走得到的路有限。他在福州有一大家子要養，自己又有很花錢的癖好。在承受經濟壓力之下，敏銳的嚴復察覺到他筆下的世界可以帶來收入。但是要怎麼確保他的腦力活動可以帶來穩定的收入呢？於是嚴復援引國外版權的概念，試圖說服大眾與出版商。從第二本譯作、亞當斯密的《原富》開始，嚴復便與文明書局、商務印書館等出版商展開攻防。不僅有時把譯稿重複賣出，更以暢銷作者的身分，要求從賣出的書中抽成。根據本書作者估算，嚴復談到的版稅可到令當代作者羨慕不已的定價百分之四十。

跟以往書稿一次賣斷不同，嚴復與他的出版商都要面臨新模式帶來的挑戰。嚴復要確保出版商沒有糊弄他，沒有隱瞞確實的銷售量與售價，但遠在北方工作的嚴復要怎麼讓出版商付給他應得的收入呢？而正當取得嚴復授權的出版商，因為加入作者抽成讓每本書成本提高，沒辦法進行當時很普遍的削價促銷。那他們要如何面對價格更低廉的翻印本競爭、說服讀者正式授權本的價值，以及發動政府與同業公會的力量來壓制猖獗的盜版商呢？從嚴復荷包的問題開始，作者運用書信、檔案等豐富的史料，生動地呈現晚清民初這段時間創作者與書商在新的銷售方式下面臨的挑戰、成功與不成功的對策。

嚴復面對的問題，即內容的創作者如何取得相應的收入，在此前與之後都不斷出現。無論是寫歌演唱的音樂創作者、花大錢投資與拍攝的電影製作公司與導演，或是拍影片上傳的Youtuber，都有同樣處境：如何把內容轉變成經濟利益？這裡牽涉到各種層面的問題，從商業體制、媒介科技、習慣法規，甚至也受國際政治秩序的影響。

不過首先碰到的第一個問題是：為什麼這樣的內容可以賣錢？畢竟我們討論的不是一包米或一加侖的油，而是關乎內容的文化產業。如同作者刻畫的，嚴復遭遇的是思想典範轉移的關鍵年代。從國外來的西學受歡迎，而身為傳譯西洋政治經濟思想的領頭羊，嚴復有本錢同時輸入版權的概念，以他翻譯的內容來跟出版商協商。這樣的思想典範轉移背後不僅只是讀者的口味改變，有更深入的政治與社會因素。例如一九〇五年科舉正式廢除之後，眾多讀書人需要找尋出路。嚴復本身就是晚清找尋出路的前輩與成功範例，而更多後繼者意識到這些西方的新學問，或許可以提供他們新晉身管道的文化或知識資本。當然不同內容各自有理由讓消費者掏錢，像掏錢買張競生的《性史》顯然理由更為刺激。無論是自我成長、生命啟示、消遣娛樂、等泡麵時打發時間點開影片，或是如諸位讀者受這本書吸引的不同理由，文化消費的開端永遠是內容帶來的消費動機何在。

其次要考慮的是，這些內容怎麼送到消費者面前，也就是媒介的問題。在人類歷史很長一段時間，書籍是傳遞複雜內容的主要媒介。書籍可將內容以文字與圖像的形式保留下來，並傳遞給不同收受者。比起演講或舞臺演出，不需要現場性感受的書本，是更適合各種操作的商品。技術又決定媒介，要讓負載內容的媒介商品化，這個媒介就需要可以大量複製且迅速傳遞，讓消費者得到品質穩定且即時的成品。但如果這個媒介可以輕易地、不需要高成本就大量複製與傳遞，製造者又反而無法從對商品的壟斷中獲得利益，這也是內容販售跟賣米或油不同的地方。嚴復身處的年代，西方傳進來的石印、機械活字印刷等技術開始在中國用來製作商業化書籍。比起雕版印刷，石印與機械活字固然需要較高的初始成本，但是它們可製造出更大量、單本價格更低廉的成品（或盜印品）。而石印與機械活字不存在早先用來當作複製權利、可以交易轉讓的雕「版」，不僅生產銷售需要更精密的成本計算，且複製權利也轉向更抽象的契約認定。這些技術上的新問題都影響到商務印書館等出版商如何壟斷複製內容所帶來的收益。近年來我們也目睹更多這些因為技術進步對製造方帶來的挑戰，像是愈來愈便宜的影印機與掃描機、MP3、電子書、串流平台等等。每次技術的衝擊都讓內容販售的商業模式帶來轉變、尋求更新的技術壟斷內容或新方式帶來收益，也讓我們接受內容的方式，乃至「內容」本身的定義有所不同。

以作者的立場來說，嚴復要面對的還有與商業機構的磋商。在雕版印刷的時代，內容生產者花錢製作自己作品的書版，在朋友中轉送或委託書商發行，難度相較低，而也有一些作者兼任出版者的例子。但在機器印刷的時代，個人較難負擔書籍製版、刷印與發行的成本，因此作者與作為商品的作品當中還需要商業機構代理，而利潤如何分配便是重要的議題。除了直接販售成品之外，由於媒介的特性又加入廣告收入。到了當代，因為製作成本降低與傳播技術變革，讓內容創作者又更容易掌握成品的製作與流通，因此中介商業機構的性質轉為媒介廣告等其他經濟收益，再一次重新定義了內容創作者、作品與經濟收益之間的關係。

至於出版商等商業機構，他們要面對的問題主要是如何聲稱對內容的權利、壟斷其產生的經濟利益。在當代，我們的想像是如果遇到侵權就告上法院吧！但晚清民初的出版商首先得在體制之中先發明出這樣的壟斷權，說服公眾有這樣的權利存在；其次是找到可以「主持公道」的機制。在晚清民初國家體制本身也處在變動之中的狀況下，當然還是會如同以往嘗試官方仲裁，但同業公會顯然是更即時的組織性力量。作者在書中透過一個又一個精采有趣的案例，從上海棋盤街的綁架案到北京名偵探，告訴我們出版商如何在這樣的變動時期引用各種資源來維護他們所聲稱的商業權利。這些討論也呼應了許多社會史與法律史的重要問題，如同業公會的發展、處理商業糾紛的機制，以及外來或新的權利概念在本土法律實踐中如何伸展。同樣有趣的是，如果版權的概念是獎勵創新與保障私人財產權利的話，那在「共產」的體制之下要怎麼樣處理這樣的權利問題？

從小時候認識書開始，就對書本後面好像是身分證的版權頁感到好奇。這本《版權誰有？翻印必究？》解答了長年疑惑，梳理出版權在東亞從日本到中國的來龍去脈。不同以往對版權的討論多半集中在法規制定或是強調版權在中國自始以來就有（或沒有），這本書以堅實的史料基礎展現出各方勢力、在不同條件下對版權這個概念的實踐。這些細節重現可讓讀者感受到那個時代，參與出版業的作家、編輯、盜版商、甚至雇用的私家偵探，在一個新開展領域中的來回試探，有如羅伯・丹屯（Robert Darnton）筆下法國大革命前夕的巴黎出版眾生相。喜歡書，對書懷抱特殊感情，以及對文化產業有興趣，或也身處在讓內容收益之角力的讀者，必然可在這本生動又富深意的作品中得到娛樂與啟示。

推薦序

從版權到著作權，歷史告訴現在法律人與創作者的事

徐書磊／法律白話文運動營運長

初次看到本書時，立刻浮現在心中的想法是從事法律工作時的「永恆」難題——翻遍我國的法律條文，就沒有「版權」兩個字，為什麼大家還要一直用？

從就讀法律系所到從事法律相關工作以來，每當處理的事項涉及智慧財產權時，都會謹記在正式的合約中，使用「著作權」三個字而非「版權」，因為我國在保護創作者們的心血結晶時，主要依據的法規是「著作權法」，若使用版權兩字來指稱所要保護的權利，會無法確定當一個侵犯權利的行為出現時，被侵害的「版權」所指的到底是何種權利，其界線和主張在法律中是如何規範的。

但令人困惑的是，在其他非法律的文書當中，會不停出現的反而是「版權」兩字，包含出版品的「版權頁」、常以浮水印姿態出現的「版權所有，翻印必究」八個字，甚至連計算著作人分潤的「版稅」一詞，也是與「版權」雙雙對對地出現，「著作權」三個字反似是異類般，僅存在法律的世界當中。

在看完本書之後，我才知道「版權」兩字在中國的創作保護歷史中，竟有如此複雜的演進史。本書不單單提及字面上版權與著作權的差異，更詳盡地羅列近代中國的出版商、創作者和外國著作權人的互動與糾葛，雖然我對於中國的法律規範並不熟悉，但其中的脈絡，也有助於了解我國的著作權法背後的概念與思辨。

臺灣曾經被認為是侵害外國著作權的的盜版王國，一直到加入世界貿易組織（WTO）後，才擴大智慧財產權的保護，而如今在我國積極規劃加入跨太平洋夥伴全面進步協定（CPTPP）之際，立法者也進一步修正包含著作權法、商標法和專利法的相關規定，以符合CPTPP的規範。

由此可見，智財保護在全球化經濟網絡盛行的現在，是會牽動國與國、企業與企業，甚至是國家與創作者個人之間各種關係的重要概念，而本書中描寫的各方角力過程與概念解釋，將可豐富讀者對於智慧財產權保護的知識，亦可透過具體發生過的歷史事件，增添嚴肅法律議題的趣味。

各界推薦

在作家與出版社的家庭裡成長，使飛仙關注這個議題；而專業的訓練則讓她超越家族，為歷史留下深刻的印記。

——王溢嘉／作家、出版人

對於舊書、珍稀書籍的身世，版權頁的呈現和存在是非常關鍵的。藉由本書作者深入淺出的文字和整理，讓人得以一窺「版權」的歷史脈絡。

——吳卡密／舊香居店主

一部豐富詳盡的社會史，重建了中國現代史上作者、出版商、國家如何理解版權的意義，展現這些參與者為保護版權而擬訂的策略。智慧財產權和版權是熱門議題，本書架構完整、條理分明，為至今依然爭議不斷的問題提供獨到見解。

——包筠雅（Cynthia Brokaw）／布朗大學歷史與東亞研究教授

這部社會史、文化史研究紮實，檢視了十九世紀末至二十世紀中葉現代中國新興的版權法與版權實踐體系。這部傑作以嶄新角度探討十分重要卻研究不足的課題，對於中國現代史、法律與版權的比較研究、書籍與印刷文化史等領域皆做出寶貴貢獻。

——陳利／多倫多大學歷史系副教授

《版權誰有？翻印必究？——近代中國作者、書商與國家的版權角力戰》可能是中國智慧財產研究方面有史以來最重要的一本英文書。傳統見解認為版權與中國文化無法相容，王飛仙透過深入研究和精闢分析顛覆舊說法，展現作者和出版商如何不遺餘力地保護生計。任何對中國資訊經濟感到好奇的讀者都會發現這本書深富啟發性，是不可錯過的好書。

——艾德里安．瓊斯（Adrian Johns）／芝加哥大學歷史系教授

《版權誰有？翻印必究？——近代中國作者、書商與國家的版權角力戰》探詢上海、北京出版界的檔案資料與圈內運作，提供洞見獨到的觀察，深入淺出地介紹中國採納版權的複雜經過。王飛仙不只清楚梳理版權思想在國家長期混亂失序的大環境下經歷何種波折命運，也運用研究發現，以機智巧妙的筆調相當完整地娓娓重述中國現代思想史及文化史。精彩絕倫，讀來引人入勝。

——周紹明（Joseph McDermott）／劍橋大學聖約翰學院院士

導讀

版權是政治、經濟體制的一部分

黃克武／中央研究院近代史研究所特聘研究員

盜版書籍在中文世界仍是一個嚴重的問題。網際網路興起之後，這個問題變得尤其嚴重。有許多營利與非營利網站提供書籍下載的服務，讀者只要花一點錢，賣家立刻將PDF檔案傳到郵箱。有些網站甚至打著「解放知識」、「啟蒙大眾」、為「無產階級」提供「自由發展」的美名，而傳播知識。我的幾本書也有幸名列其中，一方面感到榮幸，另一方面也十分無奈。

二〇一六年我的《言不褻不笑：近代中國男性世界中的諧謔、情慾與身體》在臺北出版之後，大陸著名的某網站立刻有好幾個賣家提供低價平裝本的盜版書，我曾向出版社反映，然而他們卻束手無策。有一次我去大陸演講，有一位讀者拿了一本盜版書請我簽名，他似乎完全沒有意識到這是不恰當的。我不知道這樣做是對作者的尊重還是侮辱。無疑地，在中文世界要建立尊嚴版權與作者的智慧財產權，還需要一段很長的時間。中國人還不完全理解從嚴復（一八五四—一九二一）開始提倡的一個觀念，透過版權、專利制度來獎勵人才，與人們的腦力勞動，是建立文明國家，促成永續發展的一個關鍵。

這不但涉及以合理的商業秩序來保障個人權利，也與國際政治密切相關。中美貿易摩擦的原因之一，即為雙方有關書籍、影片及音樂產品的版權爭議。當然它是多因果的歷程，也涉及中美世界強權之爭，以及文化上分歧，例如強調道德必要性狹窄定義而尊重個人、個性與市場的西方主流（個人主義與英美式的民主政治、資本主義），與強調道德必要性的寬廣定義而主張群己並重、重視「公共利益」的中國主流（具有中國特色的社會主義）之爭。無論如何，美方認為中國盜版問題是結構性的問題，深入地方經濟與社會，要徹底解決並不容易。主要的原因是「盜版的製造者與使用人不認為有違法意識」。這顯示百年來移植自西方的版權觀念尚未生根。這樣的情況是怎樣產生的？

王飛仙博士的這一本書，為中國版權問題的前世與今生提供了一個很清楚的說明，也點出問題的癥結是中西政治體制與思想觀念的雙重矛盾。她從歷史的角度首先闡明了版權觀念如何從西方傳到日本，再從日本引進中國。以往對此課題的研究多注意法律史的面向，本書作者另闢蹊徑，注意到觀念的引介，以及這個觀念在具體生活上的實踐。亦即「現代中國知識經濟實踐運作方式」為何：作品如何誕生、書籍如何印製（包括盜版）、如何流通與被消費、作者如何談報酬、出版商如何應對盜版、國家如何介入或不介入。這是近年來處理「文化轉譯」很重要的趨勢。例如，劉禾的《跨語際實踐：文學、民族文化與被譯介的現代性（中國：一九〇〇—一九三七）》以及張寧的《異國事物的轉譯：近代上海的跑馬、跑狗與回力球賽》等書都採取此一方法，關注西方觀念或事務在中國脈絡下的具體實踐。這些活動的共同點都是從開始時「模糊不清」、「暗中模索」到逐漸明朗，卻又常常峰迴路轉、迂迴曲折，並與自身傳統藕斷絲連。

版權概念進入時中國也是如此，作者從一個非常有意思的個案開始她的故事。一八九九年汪康年想要向林琴南、魏瀚洽購《巴黎茶花女遺事》的版權，林無意接受、魏則同意出售。不過他所了解的版權與版稅，不是他們兩人智慧創作的報酬，而是「印刷的木刻雕版」。即使當時汪康年將採西方的活字印刷，而不用雕版，但對創作者來說，版權的定義是指有形的木刻雕版，而非無形的思想創造。這個例子生動地告訴我們西方觀念移至中國社會的難度，涉及到中國人了解西方「權利」（right）觀念的困難。這個觀念是西方現代自由民主憲政國家的核心理念，對大清帝國子民而言，要認識這個與生活經驗無關的理念的確不易。（參見筆者《自由的所以然：嚴復對約翰彌爾自由思想的認識與批判》一書的分析。）

嚴復是少數認識這個問題的思想先驅。他在翻譯「right」時本擬譯為「天直」或「民直」，可惜這兩個譯名未被接受，人們認可的譯語是來自日本的「權利」。嚴復認為 right 一詞是正面的，而中文的「權」與「利」都有負面意涵，認為這是「以霸譯王」，不過也只好接受。

版權觀念是權利觀念的一部分，書中仔細地分析了近代中國四種的「版權實踐」（有形製造手段的所有權、無形腦力勞動的財產權、作者或書商向國家申請的特權、國家在書籍審定後授予的許可）。近代中國版權觀念的建立，嚴復扮演了重要角色，本書第三章很詳細地描述此一過程。作者指出嚴復也不是一開始就有清楚的理解，而是且戰且走。他在《天演論》出版之後，暴得大名，也飽嚐盜印之苦。他在翻譯出版的過程之中，慢慢與出版商折衝協調，在多方嘗試與改進之後才找到一條路。此舉促成中國版權觀念的重要轉折，開始將版權視為無形的財產，可以在作者與書商間進行轉讓，而且以稿費、定額版稅等來確保出版之後的利益。這種知識經濟生活的改變，促成為盈利而工作的譯者的行業。經過多方嘗試，嚴復在一九〇三年開始與商務印書館所擬定的版權合約，成為近代歷史上第一個由作者與出版商同享互利的一個約定，嚴復過世之後此約又由家人繼承。作者指出嚴復與商務印書館所發展出的可行制度，成為計算版稅的標準流程，這在中國智慧財產權史上具有重大意義。

然而很可惜的是，嚴復模式並沒有經由法治化而成為定則。從第四到第七章，作者則嘗試將盜版問題放在具體的法律、政治背景來說明「打擊盜版」、「保護版權」在制度化過程之中的努力與失敗。第四章說明官方將思想內容（尤其是教科書中有無不當內容）與版權保護相結合。他們關心的主要不是著作的「權利」，而是出版所影響的政治的控制與社會的穩固。第五章描述在中央政府及法律無力或無心保護版權之際，上海書商如何建立和執行自己的民間版權規範。他們甚至建立中國第一支反盜版私人警隊，試圖將這套版權制度擴展到全國，然而他們的努力也難以伸展。作者強調盜版涉及經濟利益、思想自由與國家控制的角力。從帝制到民國乃至共產中國，國家以思想、文化的唯一權威自居，出版的使命在政治動員與思想控制，來為「革命」服務，因此必須加以嚴密控制，查緝妨礙風化與政治顛覆的出版品。至於一九四九年之前的中共，在「打天下」的過程中，為了顛覆舊政權與啟蒙根據地的人民，地方上的新華書店往往「隨便翻印任何拿得到的書」，游擊式地翻印各種鼓動革命的書刊。

一九四九年共產革命成功之後，中共成為主政者，立場改變。文化市場受到國家強力控制，政府政策扼殺了企業自主權。在「新中國」，書籍的生產分配納入了國家機器的控制，出版者能夠和國家、法律周旋的空間，隨著時間流逝日益萎縮。出版不是為了牟利，而是具有嚴肅的政治使命，是「為人民服務」。在共和國初期，中共也曾取締盜版，然而取締的原因是擔心那些未經授權的共產主義書籍之中錯字太多或內容謬誤，威脅到中共對意識形態的壟斷，並能確保讀者收到正確版本的共產思想。

在第七章之中，作者以春明書店的個案，一方面看到一九四九年前後歷史的連續性，另一方面看到中共為全面控制文化經濟而促成一個結構性的轉變。事情起因是上海光明書店控告春明書店盜版了他的暢銷書《各國革命史》，此外春明書店還盜版了另外幾本書。結果他們不但賠償損失，還被要求自我批判，承認要摒棄市場導向的經營模式，把自己從商品製造者改造成提供人民「精神食糧」的真誠生產者。一九五六年春明出版社被併入國營的上海文化出版社，然而國營化並未完全解決盜版問題，黨國組織內部仍然為了傳播的便利或啟蒙而盜版。

這本書所講的故事主要到一九五〇年代國家對作者與出版業的改造。第一個五年計畫（一九五三－一九五七）期間實施的新稿酬制度，主要目的是為提供中國作家更優厚、更公平的待遇，同時共產國家也試圖把作家變成集體計畫經濟下的工人（他們的收入和普通工人相當），因為「共產主義作家，不會為錢寫作」。在出版業方面，「社會主義改造」的過程中，民營出版商的資產、機器、剩餘書冊和「版權」在政府指示下重新分配，促進公私合營、集體化和出版專業化。最後一章的結論，一方面綜述版權從引入到消滅的過程，另一方面則談到一九七八年改革開放以後，國家脫離統治經濟，開始擁抱市場化及私有化，盜版侵犯版權的問題重新浮現，在中國瞬息萬變的文化經濟中快速蓬勃成長。「版權」觀念也再次因國內、國際的因素被重新引入中國。

本書從「盜版」、「版權」的相關活動為切入點，呈現近代中國曲折而獨特的歷史進程，並說明中國之所以成為今日中國的歷史緣由。此書優點在廣泛運用各類史料，講述許多有關出版商、作者與讀者的生活細節，同時也能夠將這些生活細節放在大的歷史脈絡中來彰顯其意義。歷史的行動者一方面有操弄的空間，另外一方面又在利益與意識形態的結構限制之下而臣服妥協。然而這些生動的故事，無論是嚴復與廉泉之間的版權折衝，以及與地方官的合作與衝突，或錢穆到東安市場購買盜版的過程，乃至清代地方官、上海私營的春明書店與中國的新華書店在不同時代的「投機」盜版，都讓讀者留下鮮明的印象，也增加了對不同時代多元認識。

最後我想回到嚴復為了保護版權、確定印數所設計的版權章（圖三之一，頁一六二），此章外環是希臘格言「Know Thyself」（認識你自己）；中間一環是中文版權聲明：「侯官嚴氏版權所有」；正中間可以看到燕子的圖案（與嚴同音）。商務印書館在嚴復印花的外圍則蓋上自己的印章，並加上「翻印必究」的字樣。我一直在思索，為何嚴復要採用這句來自蘇格拉底、柏拉圖的名言：自我反省。或許他想指出，只有了解自己、認識自己的歷史，才能解開盜版與版權的糾結。總之，版權是政治、經濟體制的一部分，沒有自由民主與文明的社會，沒有一個尊重自我的獨特性與創造性，以及尊重私有財產的體制，嚴復的理想將無法實現，中美的衝突也無從化解。

中文版序

生為作家與編輯的女兒，我從小在書中生活。出版社與家庭間的界線是模糊的，書架上的書是用來讀的，走廊上用牛皮紙包起來堆好的，則是拿來賣的；寫作是為了心靈的滿足，也是維生的活計。父母的同事朋友，一邊有著高遠的文學想望，一邊也煩惱著諸如「某某什麼時候才要結算我的版稅」，或者「飛去烏魯木齊抓盜版是否值得」之類的問題。雖然我最終沒有繼承家業，而走上歷史學的不歸路，但這個獨特的成長經驗，讓我在研究近代中國的出版文化時，格外注重油米柴鹽的日常運作，及它們和知識界、政治局勢、經濟結構間，千絲萬縷的關係。本書試圖呈現給讀者的，也是這樣一個世界。

本書最原始的發想，是探索中國雕版出版傳統與外來活字機械印刷，在清末民初的衝撞與調適。「被視為是源自歐洲活字印刷文化的『copyright』，為什麼在中文裡變成了『版權』？跟雕版有什麼關係嗎？」這個問題引起我的好奇，成為了研究的切入點，並引領我進入一段崎幅而刺激的旅程。

本書橫跨了晚清、民國、以及中華人民共和國早期，也涉及晚明與盛清，還有幕末和明治日本的發展。我試圖討論一個較長時段（特別是從中國帝國晚期到現代）的延續性與變化，並將東亞內部的跨文化交流與知識概念的全球史連結起來。本書討論概念與思想的引介，卻關注看似平凡無奇的日常習慣，由行為而非論述，去重建當時人對特定概念的認識，以及背後的政治經濟因素。我以在當時活躍於新書業中心上海的文人、書商、出版商為研究對象；雖然這些人群聚在棋盤街四馬路這個小小的街區，但他們的足跡與影響遍及橫濱、福建、北京、天津、蘇州、重慶與延安等地。這是段中國思想結構與文化經濟天翻地覆的時代，本書中的人物也不乏是推動這些變化的知識領袖與文壇明星，但讀者將看到他們「平凡人」的一面：煩惱著收入、懷疑出版商的背叛、斤斤計較盜版造成的損失。這個以「人」而非以「法」為中心的取向，使本書得以將這些文化人的經濟生活，和他們以「版權」為名從事的各種活動連結起來，進而思考在正式法律體系與途徑之外，實際存在且生機勃勃的多元、民間的泛法律機制。

這或許不是一本典型的法律史、概念史、或者文化史的著作，但我希望讀者們跟著本書人物的腳步，看他們如何以「版權」之名，在一個知識體系、文化產業結構、政治法律權威都激烈變化而極度不穩定的時代中，彼此合作（有時阻礙），以探索出在新局面中的生存之道。在那些與官員爭執、在實體書上蓋版權印、聘用私家偵探抓盜版、設局逮人、鑽制度漏洞的日常活動中，他們反覆叩問著：「什麼是書？書的價值與獨特性該如何判定？誰有權複製？誰又真的擁有它？」雖然書籍的形式與定義在過去一百多年來已經有了很大的變化，但這些問題對今天生產與使用電子書、有聲書、線上小說與漫畫平台、雲端共享的人們，以及制訂智慧財產權相關法律的專家來說，仍是值得深思的問題。

得知臺灣商務印書館取得本書繁體中文版的翻譯權後，我忐忑而興奮。商務印書館是我從碩士以來長期研究的出版機構，也是建立中國近現代版權機制的重要推手：是它與嚴復等作者建立起一套可長期維持的版稅制度，是它倡議政府訂定中國自己的版權法規，也是它代表書業反對修改對中方有利的版權條約。它是上海書業同業公會的領導人，也是採取強硬手段查緝起訴盜版商的健將。能夠由商務印書館出版本書的中文版，可說是個魔幻而圓滿的發展。

本書的面世，特別感謝林紋沛學妹的悉心翻譯，以及臺灣商務印書館張曉蕊總編輯與執行編輯何宣儀、徐鉞的付出。在審定的過程中，為了配合中文引文的句型，微調了幾處行文，讀起來與英文版或有不同的意趣。最後也感謝學友何立行建議了這個吸睛又給力的中文標題。希望讀者讀後，也加入我的行列，一起來想想「版權誰有？翻印又為何必究？」

緒論

二〇〇七年七月，北京。眾人引頸期盼的J．K．羅琳《哈利波特》系列最終篇正式上市，不出幾日，盜印的英文平裝版[1]《哈利波特：死神的聖物》（*Harry Potter and the Deathly Hallows*）已經出現在街頭書攤，價格只要正版書的五分之一。[2]八月初，擁有《哈利波特》簡體中文版權的人民文學出版社還在緊鑼密鼓地翻譯時，廉價中譯本已率先面世——那是無良盜版商，根據粉絲網站上的業餘翻譯拼湊出的大雜燴。[3]更誇張的還有一系列的中製「偽書」，像是《哈利波特與豹走龍》，這些山寨作品是中國出版商的傑作，希望利用年輕巫師的人氣快

1 編者註：本書中，「版」與「板」兩字多可通用，但為行文統一，全書皆用「版」。

2 "Harry Potter's Magic Can't Beat Chinese Pirates," Reuters, July 27, 2007, https://www.reuters.com/article/industry-arts-potter-china-dc-idUSPEK29273520070727.

3 〈粗製濫造不會買帳？哈7驚現中文盜版〉，人民網，二〇〇七年八月十三日，http://culture.people.com.cn/GB/22219/6103568.html.

速大撈一筆。[4]「山寨版」哈利波特小說、中國大學和公司的電腦被發現安裝盜版微軟軟體[5]、還有中國種子小偷被抓到自美國竊取基因改造的玉米[6]，以上不過是中國智慧財產盜版現況的冰山一角。在中國之外的法學家、記者或政客，很容易便相信：雖然中國現已與全球經濟全面接軌，其人民卻仍不懂得要尊重普世認可的智慧財產權法則。

中國政府在取締智慧財產權盜版上的疲弱不振，往往被歸咎於行政上的遲滯與分工不良，但有更多人直指中國社會普遍缺乏智慧財產權意識才是其長期以來「仿冒成癮」的根本原因。[7]這種公認的印象（或者迷思），長期主導了關於中國智慧財產權過去及未來的論述：儘管經過幾番移植，但是現代智慧財產權法的機制並未在中國落地生根，致使中國今天淪為盜版天堂，不過有朝一日，等到中國人啟蒙之後，明白版權的真正價值，情況將會改變。又或者如小說家想像的，在某個平行未來，現今通行的智慧財產權體制，終將被中國人瓦解，畢竟他們「從來不喜歡『智慧財產』這個主意。」[8]

中國人盜版是因為他們**沒有**版權觀嗎？一九一一年春，當第一樁中美版權侵權訴訟在上海會審公廨開庭時，美國律師意圖提出完全相反的說法。為了替客戶金恩公司（Ginn & Co.）贏得官司，曾任美國駐上海總領事的知名商業律師佑尼干（T. R. Jernigan，一八四七—一九二〇）試圖證明中國盜版商在侵犯他人版權的同時，也按照自己的規則認真保護版權。他引用被告商務印書館多年前上呈地方官員的請願書，證明被告曾要求地方官員禁止他人未經授權翻印他們的刊物；他還援引了自己在一八九〇年代身為總領事時處理過的幾則類似禁令的請求，[9]來支持如下的主張：被告的侵權行為，依照他們在地的規矩，完全是可以被懲處的，也理應接受懲處。[10] 佑尼干說，被告商務印書館，身為上海本地的龍頭出版社，在翻印金恩公司的歷史教科書時，不只完全清楚自己犯下的「著作剽竊」是「舉世唾棄之惡事」，本身也是接受並抱持著同樣的價值觀。[11]

4 關於中國的哈利波特「偽書」現象，參見 Henningsen, "Harry Potter with Chinese Characteristics." 中國盜版商編纂的其他知名「偽書」還有比爾．柯林頓（Bill Clinton）的自傳《我的人生》，參見 "Bill Clinton's Fake Chinese Life," *New York Times*, October 24, 2004, https://www.nytimes.com/2004/10/24/opinion/bill-clintons-fake-chinese-life.html.

5 舉例而言，二〇一七年中國約有四萬家機構遭到 WannaCry 勒索軟體攻擊，因為他們電腦裡安裝的 Windows 作業系統是盜版軟體。"China, Addicted to Bootleg Software, Reels from Ransomware Attack," *New York Times*, May 15, 2017, https://www.nytimes.com/2017/05/15/business/china-ransomware-wannacry-hacking.html.

6 Ted Genoways, "Corn Wars," *New Republic*, August 16, 2015, https://newrepublic.com/article/122441/corn-wars.

7 關於中國智慧財產權保護執法不力的討論，參見 Mertha, *The Politics of Piracy*; Massey, "The Emperor Is Far Away"; Chow, "Why China Does Not Take Commercial Piracy Seriously." 關於媒體近期的相關討論，例如參見 David Volodzko, "China's Addiction to Counterfeiting," *Diplomat*, October 17, 2015, https://thediplomat.com/2015/10/chinas-addiction-to-counterfeiting/. 關於美國政府對中國智慧財產權環境現況的近期觀察，參見 "Protecting Your Intellectual Property Rights (IPR) in China," https://2016.export.gov/china/doingbizinchina/riskmanagement/ipr/index.asp.

8 Sterling, *Distraction*, 104.

9 關於佑尼干一八九〇年代處理過的請願和禁令，參見本書第二章及第四章。

10 "The Copyright Case," newspaper clipping from *North China Daily News*, April 3, 1911; 893.544-G43; Box 10237; DF 1910–1929; RG 59; NACP.

11 "The Mixed Court Shanghai, March 29. Before Magistrate Pao and Mr. Jameson, American Assessor. Alleged Infringement of Copyright," newspaper clipping from *North China Daily News*, March 30, 1911; 893.544-G43; Box 10237; DF 1910–1929; RG 59; NACP.

佑尼干所提出的此一看似矛盾的論證，主要是為了克服他所面臨的法律障礙。大清剛剛頒訂的著作權律不適用於外國人，唯一適用的條約條款又有缺陷，這促使他決定訴諸在地的慣習和實踐，作為習慣法般的法源依據。[12] 儘管他的大膽主張並未說服會審公廨的會審官，依據他所謂的版權「通則」判決此案，其耐人尋味的觀點，卻可以啟發我們去探索中國版權史不為人知的一面，反思過往解釋中國盜版原因的傳統說法。

以後見之明回溯分析中國當今的盜版問題時，學者與評論家很容易地判定，中國近現代史上智慧財產權法律的發展，特別在版權方面，是一大挫敗，甚至根本談不上開始。他們將之歸因為中國傳統及政治文化，鼓勵臨摹經典勝於創新，重視群體多於個人的傾向。在漫長的二十世紀，中國政府幾度移植西方的智慧財產權法律，但這些嘗試多半是迫於外國壓力，本地幾乎毫無共鳴。[13] 在金恩公司控告商務印書館一案中，被控為「盜版商」的中國出版社，大方承認他們翻印了美國教科書，然而這並非因為中國的文化傳統或經濟規範，妨礙他們理解現代版權法則。商務印書館曾經在一九〇三年出版一本談歐洲版權法的小冊子，敦促大清政府將國內的版權保護制度化。[14] 由商務印書館總經理和律師在一九一一年官司的言論可見，該館在決定翻印金恩公司的教科書前，便已完全清楚相關法律及其侷限。[15] 因此遭到指控的中國盜版商，不是昧於智慧財產權觀念的無知之徒，而是嫻熟於版權操作的經濟行動者。他們一面盜版他人的智慧財產，一面又擁護符合自身利益的版權論述時，並不認為這兩者是互斥的。而這種看似自相矛盾的兩極立場，或許正是中國盜版商的真實面目。

本書運用全新的概念框架，揭開多數學者和評論者迄今仍未注意到的、中國現代史上版權與盜版錯綜交織的歷史。我們或許會理所當然認為法律定義了何為版權和盜版，但版權和盜版絕不只是法律議題，它們更是在不同的時空中、在特定文化生產與消費的環境中發展出來的一系列概念與實作。為了探究版權實際的運作，及其所仰賴的在地體系，筆者將研究的焦點，從著作權法律轉移到版權的使用者——作者、翻譯家、出版社、書商——身上。他們或許無權置喙著作權法的制訂，但他們對書籍所有權無比關切，也比社會上其他人更在乎盜版問題。環繞著 copyright 的通用中譯詞彙——「版權」（其字面意義為「版的權利」），本書討論自一八九〇年代該詞彙首次被引介至中國文化界，至一九五〇年代逐漸淡出公眾討論的這六七十年間，「版權」（copyright）的使用者，是如何接受、挪用、實踐、與辯爭這個概念。

考量到中國政治環境在漫長的二十世紀的動盪變化，筆者認為將研究焦點有意識地自「著作權法的制訂過程」轉移至「版權概念的實踐樣貌」，對於我們充分了解中國的智慧財產權的歷史發展，是格外關鍵的。單就著作權法的法制化而言，中國的表現確實差強人意。《大清著

12 關於本案的進一步討論，參見 Fei-Hsien Wang, "Partnering with Your Pirate," *Modern Asian Studies* 54:3 (May 2020), 1005-1040.

13 這種文化決定論觀點在安守廉（Alford）的《竊書為雅罪》（*To Steal a Book Is an Elegant Offense*）中表達得最清楚。關於這種論點近年的其他版本，例如參見 Shi, "The Paradox of Confucian Determinism" 以及 Lehman, "Intellectual Property Rights and Chinese Tradition Section: Philosophical Foundations."

14 斯克羅敦，《版權考》。

15 "The Mixed Court Shanghai, March 29," 893.544-G43; Box 10237; DF 1910–1929; RG 59; NACP.

作權律》的條款泰半是原封不動的搬自日本一八九九年的《著作權法》。《大清著作權律》生效不過數月，清政府就遭到革命黨人推翻，因此這個中國首部著作權法是否認真施行過，實在令人懷疑。一九一五年，中華民國國民大會通過了《中華民國著作權法》，其內容和前身《大清著作權律》相差無幾。就在該法生效前夕，時任大總統的袁世凱（一八五九—一九一六）自立為中華帝國皇帝。袁世凱短命的中華帝國結束之後，各地軍閥的十年混戰，讓中國境內的法律更難落實。蔣中正（一八八七—一九七五）在北伐後，名義上統一全國；他所領導的國民政府，在一九二八年頒布了新的著作權法。然而國民政府和共產黨的衝突日益升高，加上日本的威脅迫近，在面對著作權這樣較不迫切的議題時，國民政府執行的能力和決心或許有限。二十世紀上半葉政治動盪接連不斷，這一部又一部著作權法律，往往是紙上談兵，難以發揮實際效用。一九四九年新建立的中共政權，更將其完全自國家法律的體系中抹去。事實上，中華人民共和國為了加入《伯恩公約》（Berne Convention）和世界貿易組織（World Trade Organization），才終於在一九九〇年頒布著作權法。看到以上種種波折，讀者或許不難理解為何中國的著作權法移植，向來被輕易地認定為全盤失敗。然而我們也不該忘記佑尼干在上海的奇妙陳詞：中國的作者和出版社，或許不曾單單仰賴國家正式的法律與法庭體系，來保護其著述創作和解決所有權糾紛，他們還有諸多的手段，可以規範和保護他們心目中的「版權」。

「版權」在中國的實際運作，或許是比相關法律的制定來得更有活力、更引人入勝而值得挖掘的主題。最有力的佐據就在於詞彙的本身。「Copyright」在中文有兩種對應的翻譯：「著作權」和「版權」，而後者比前者更通行。[16]「著作權」字面上的意義是「著作者的權利」。[17] 自一九一〇年以來，中國每部著作權法都以著作權一詞作為「copyright」的官定翻譯，但除了法律文件，著作權不如另一種譯名「版權」來得常用。中國每一冊正式出版的書籍都有「版權頁」，提供了書籍的基本識別資訊，讀者很可能會在該頁上看到「版權所有，翻印必究」這個套語。[18] 同樣的聲明也出現在DVD光碟封面、食物包裝和各種商品上，相當於是「all rights reserved」（保留所有權利）的中文版。藝術家、作者和出版社簽訂「版權契約」，有權對作品的每次重製或每次播放收取「版權費」或「版稅」。正式著作權法保護的對象是「著作權」而非「版權」，因此法律未必會保障人民用來宣告、保護或交易「版權」的種種作為，但這無損「版權」一詞在中國文化產業的普及度。[19]

因此，單單檢視國家的法律和司法檔案，不足以揭開版權歷史的全貌。要理解中國的版權、要理解今日依然圍繞中國智慧財產權的種種爭議，我們必須研究版權的**社會**史。筆者利用過去法律史家未充分注意到的廣泛史料，重建及分析以「版權」為中心的諸多辯論、衝突與協商，及背後交織的作者和出版社之間，出版社彼此之間，還有出版社、作者、國家代理人之間的日常互動。由當時的公司紀錄、個人請願書、公所檔案、日記、信件、廣告、書目、書單、實體

16 在此感謝王泰升和陳韻如關於「copyright」的兩種中文譯名是否具有不同法律效力的提問。

17 「著作權」一詞是源自日文「著作権」的外來語，日文的「著作権」譯自法文的「*droit d'auteur*」（或德文的「*Urheberrecht*」）。

18 關於這句套語形成的過程，參第一章的討論。

19 今日的中華人民共和國著作權法將「版權」視為「著作權」的同義詞。

的書冊中，我們可以看到複雜而多元的「版權」實踐。這些豐富的材料，讓筆者得以探究在國家法律體系之外，版權與盜版在現代中國的歷史。如此的研究取徑，也使我們可以檢視多元法律情境下法律移植的樣態；比方說商人和民間組織，是現代中國傳播並實踐版權的主要行動者，在正式法律體系外，以慣習及社群規範發揮影響力。書商和作者對抗盜版、落實版權保護的日常奮鬥，也揭示了在中國政治社會秩序，自帝制晚期過度到現代的這段激烈變化中，商業和文化如何匯流、法律和經濟生活如何交織成一體。

本書將中國書商及作者為了宣告、規範、保護心目中的版權所做的種種瑣碎、甚至狡猾的努力，進一步概念化討論，嘗試將他們用以管理經濟生活的日常作為，與支撐這些行為的經濟、政治、法律思想，連結起來。諸如版權頁聲明、所有權註冊、出版合約、對抗盜版的行動這類微小的舉措，提供我們一個由下而上的視角，去理解各種不同關於智慧財產的利益考量、商業行動、法律概念與文化理解，是如何在中國這個剛剛捲入全球化狂潮的社會裡衝撞匯流。

Copyright／版權：外來概念與在地實踐

「著作權法為何無法在中國站穩腳步？」這是一九九〇年代以來，研究中國智慧財產法律史的學者們**唯一**關心的問題焦點。安守廉（William Alford）在其先驅的研究中主張：中國政治文化的特點及儒家傳統，妨礙帝制中國自主地發展出相當於西方著作權法的本土概念。他認為，若非迫於西方船堅砲利的壓力，中國永遠不會採納智慧財產權法則。然而自清末民初以來，由於中國對私有財產權和市場經濟認識不足，制度上的支持也有限，幾次將現代智慧財產法律移植到中國的嘗試，皆差強人意。所以中國即使加入世貿組織，卻依舊是盜版天堂。這種文化決定論的解釋，至今仍是西方社會討論中國盜版問題時的主流論調。

另一方面，我們看到中國學者在民族主義和國家政策的影響下，前仆後繼地駁斥安守廉的論點。[20]綜合而論，他們提出另一套符合改革開放政策的中國版權史：版權出現的先決條件，並非安守廉認為的私有財產權或自由市場經濟，而是印刷術。做為「最早發明印刷術」的國家，中國當然比世界各地更早發展出「版權觀」。他們聲稱，這個概念也許只是萌芽，但中國無疑早在十世紀就有了土生土長的「具有中國特色」的版權觀，遠遠超前於公認為歐洲首部著作權法的《安娜法》（Statute of Anne）（一七一〇）。這些中國學者認為，儘管清末以來引入歐美智慧財產法的初步嘗試，確實「豐富」了中國本土的版權保護傳統，但這些行為仍應被視為西方帝國主義侵略的一環，阻礙了中國法律與經濟獨特的「發展路徑」。[21]

安守廉及其中國對手的主張和背後的政治經濟思想，固然南轅北轍，但他們所持的論理預

20 關於中國學者的反擊，以下略舉數例：鄭成思，〈中外印刷出版與版權概念的沿革〉；邵科，〈安守廉與曲解的中國知識產權史〉；李琛，〈關於「中國古代因何無版權」研究的幾點反思〉；李雨峰，《槍口下的法律》；劉尚恒、孔方恩，〈中國是世界上最早實行版權保護的國家〉。

21 一九九五年，中國政府贊助了為期五年的中國版權史研究計畫，以鄭成思的觀點為主軸，由主要研究者李明山、周林等人編寫的一系列專書論文因而誕生。例如李明山編，《中國近代版權史》、《中國古代版權史》；李明山、常青，《中國當代版權史》。這套三部曲通史雖然介紹了幾種有趣的新史料，詮釋時卻往往隨心所欲，說法前後矛盾。

設，或許比自己意識到的更為一致。雙方皆認為「立有法律」為現代性的指標，並以此來衡量一社會的「進步」程度。他們都將現代智慧財產法當作基準，投射到過去，評判中國**是否**「具有」和今日智慧財產法律相當或相似之物。在中國法律史界，借用現代西方法律體系的概念和分類，作為分析詞彙與工具的研究手法，並不罕見。不過這種做法可能在不自覺中把西方法律概念作為「常態」的預設，強化其代表普世、永恆、文明價值的論述，而把中國東方主義化，視為站在自由法律秩序與啟蒙價值對立面的存在。[22]

再者，被安守廉等人當成先驗標準的現代智慧財產權概念，本身也是歷史建構的產物。阿德里安·約翰斯（Adrian Johns）、布拉德·謝爾曼（Brad Sherman）、萊昂內爾·本特利（Lionel Bently）等人指出，現代智慧財產權制度不是從一些鼓勵創新、保護財產權等抽象的哲學原則中憑空誕生的，而是在十八、十九世紀西歐的出版業、法律制度、與知識生產的複雜互動下，發展出來的結果。[23] 版權看似代表永恆、現代、普世價值的形象，以及「智慧財產權興起，盜版自然消弭」的迷思，都是這個歷史建構的一部分，且在十九世紀下半葉，智慧財產權的國際化以來，格外盛行。事實上，即使是在「西方」世界之內，大陸法系和英美法系對於版權本體的根本分歧和緊張關係，也從未完全解除。[24]

這一脈新興學術研究，將歐洲與北美的盜版和智慧財產權發展歷史化；本書在此基礎上，將現代中國這個複雜而多彩的案例，放在版權概念國際化的大脈絡下來討論。筆者將不對帝制中國是否「擁有」本土「版權」下定論，所關注的是中國人以版權之名所行之事。版權與十九、二十世紀之交傳入中文的許多西方詞彙一樣，被早期提倡者包裝成來自外國的進步新真理；積弱的大清，如欲現代化，就必須要採納。這套話術或能幫助版權概念在中國取得正當性，但實際的運作與實踐，唯在當地書業脈絡和既有法律秩序之中，才有可能。建立新的版權規範，可能會衝擊既有文本所有權（literary ownership）的常規及其合法性，但在此同時，本土商業的通例與慣習，為中國早期的版權提倡者提供靈感和基礎結構，使他們的嘗試能實際運作。本書的故事從相遇和交流的時刻說起，討論一個外來的法律概念，是如何被移植到中國有著悠久且高度發展的書籍文化與法律傳統的社會，希望呈現出這個過程的雙向性。

印刷書是明清中國形塑、維繫文化與知識生產的根本關鍵之一。雕版印刷作為中國二十世紀初以前的主要印刷方式，促成了一種機動性高、去中心化、資本較不密集的書籍生產模式。此外，標準化的書寫文字和做為科舉定本的經書，造就了跨時代與跨區域，極為均一的閱讀和文本複製傳統。在唯有讀書高的想法下，不同社會階層都渴望躋身讀書人的精英圈，文人的品味因此受到各界景仰仿效。[25] 近代早期的歐洲出版業，需要相對雄厚的初始資本來建立和維持活字印刷業務。如果現代版權法則是誕生於這樣的印刷出版傳統，那麼理論上，中國的雕版印

22 關於以現代西方法律用語討論中國法律史，所面臨的法律東方主義和方法論問題，參見 Riskola, *Legal Orientalism* 以及 Chen, *Chinese Law in Imperial Eyes*.

23 參見 Johns, *Piracy*; Sherman and Bently, *The Making of Modern Intellectual Property Law*; Seville, *The Internationalisation of Copyright Law*.

24 Baldwin, *The Copyright Wars*.

25 關於中國書籍和印刷史的概述，參見 Brokaw, "On the History of the Book in China," 3–54. 關於東亞木版印刷術和歐洲活字印刷術的比較，以及不同印刷術如何影響書業結構，參見 McDermott and Burke, "Introduction."

刷文化，很可能會孕育出不同的著作和書籍所有權概念。自葉德輝以降，中國的版本目錄學家確實注意到散見於明清刻本的聲明、鈐印、牌記，警告時人不得任意翻印。[26]從此以後，這類散見各處的所有權聲明究竟具有何種性質與效用，成為學者爭論不休的問題。安守廉斷然否認這類聲明與現代版權相當，他認為它們不過是帝國出版控制的副產品；[27]另一方面，駁斥安守廉的中國學者堅稱這些是中國本土版權的鐵證，理由是未經許可的重製在現代智慧財產權制度下同樣遭到嚴格禁止。[28]艾思仁（Sören Edgren）、井上進等學者，則提出折衷的「類版權」（pseudo-copyright）論。[29]如前所述，若以版權或現代智慧財產權的用語來指稱傳統中國出版文化中書籍相關的所有權聲明，可能會有去歷史化的危險，無法真正帶來有建樹的討論。然而不可否認，這些在漢籍中發現的零散例證，清楚顯示，清末之前的中國已經擁有某種與著作相關的所有權概念。

因此，版權法則在十九、二十世紀之交被引介至中國，不應單純地被當作是法律移植或法律現代化的又一個案。這同時也是兩種文本複製傳統和知識經濟體系的相遇與衝撞。自十九世紀下半葉起，歐洲傳教士和商人將機械活字印刷、石版印刷等西方技術，及報紙等新印刷媒體帶到中國的通商口岸。這些新式印刷術的到來，一向被論者視為是終結帝制晚期雕版印刷傳統的劇變開端，但是從雕版到西式活字印刷的轉身，並非一夕之功。在二十世紀上半葉的中國，不同文本傳播方式和印刷技術共榮並存。在如此複雜而獨特的環境中，關於甚麼是文本的「重製」、印刷「書」的外觀應該如何、誰有資格聲明擁有刻本「所有權」等問題，即使是出版人和印刷匠自己也無法達成共識，因為這些問題的答案，可能隨書籍生產過程中涉及不同複製方式，而有所不同。這種不確定性促使中國的出版人、印刷匠、書商，藉由重新闡釋明清書業的「舊」規範，以版權之名制訂「新」規矩、「新」慣例，來適應大環境的變遷。本書第一、二章指出，中國最早的版權急先鋒們，既未輸入歐美版權的實際操作，也未替這個外來概念創造一套全新的制度。他們反而是從明清書業的常規慣例中，汲取靈感，發展出自己一套可以維持並有效運作的版權保護機制。這些本土的商業習慣、書籍所有權的規範和觀念，影響中國社會如何理解版權，並深刻地重新定義何謂擁有「重製的權利」。

本書將中國書商、作者為落實他們心目中的「版權」而發展出的各種措施與機制，放在本土的多元法律秩序中來討論。將焦點從國家的立法機制和正式機構移開，轉向習慣法式的規範和成俗，以掌握跨文化法律思想的交流和協商之實態。[30]研究中國法律實踐的修正主義派學者

---

26 例如葉德輝，《葉德輝書話》，頁五二～五七；Tsien, *Paper and Print*; Poon, "The Printer's Colophon in Sung China, 960–1279."

27 Alford, *To Steal a Book Is an Elegant Offense*, 14.

28 例如鄭成思，《中外印刷出版與版權概念的沿革》，以及李明山編，《中國古代版權史》。李明山的《中國古代版權史》甚至將中國的「版權起源」上溯至戰國時代。

29 Edgren, "The Fengmianye (Cover Page) as a Source for Chinese Publishing History"; 井上進，《中國出版文化史》以及《書林の眺望》。也參見筆者在本書第一章的進一步討論。

30 關於在中國法律史領域運用法律多元主義（legal pluralism）的方法論優點，相關討論參見 Cassel, *Grounds of Judgment* 之緒論。Ng, *Legal Transplantation in Early Twentieth-Century China* 是另一個很好的例子，展現如何以實踐為主軸，討論看似外來的法律概念和制度如何被中國接納、實現。

指出，雖然謀殺、搶劫等重大案件，在國家的法院中可依照正式法規做出判決，但是在管理日常交易和解決輕微糾紛時，行會、宗親會等社群組織及其慣習，扮演非常重要的角色。[31]一般中國民眾尋求非政府機構的幫助以保護其利益時，所運用的各種手段與機制，有時也有一定的法源正當性。明清法律史的學者，已對這類法外機制的普遍性與通行程度，有許多研究分析，但他們的討論一般不延伸到民國時期，彷彿這些機制隨著晚清最後十年的法律改革，煙消雲散。然而即便在中國的新民族國家宣布自己為至高且唯一的法律權威後，民間強韌的社群規範也並未就此消失。舉例而言，清末民國的民事司法研究顯示，法院常常必須調和法律和慣習的落差，而且不時脫離成文的法條，遷就通行的地方慣習。[32]將慣習與正式法律（尤其是現代民法和刑法）相比較時，慣習往往被視為某種無法與時俱進的本土規矩（「中國傳統」）。假如慣習是在地方環境中，為維護社群秩序或市場秩序，有機孕育誕生出來的，那麼隨著十九世紀下半葉以降，中國日益密切參與全球競爭，地方上很可能會演變出新慣習、新社群規範，以因應處理隨經濟和社會變遷而產生的新問題。

以版權之名，中國書商和作者發展出了多種機制和方法，來申明與正當化他們對其書籍的獨佔所有權；他們成功在正式司法體系效力不彰的狀況下，創造出自己的秩序和法規。上海市檔案館典藏的上海書業同業公會檔案是本書的核心史料；筆者利用它重建在全國出版新中心上海的中國書商，如何利用同業公會的傳統，建立習慣法式的版權制度。這份檔案起自一八九五年，終於一九五八年，內容十分豐富，包括公會管理紀錄、財務報表、書底註冊登記、會議紀錄等，最重要的是也包括與盜版糾紛相關的私人告訴及會員間談判的詳細紀錄。學界過去鮮少利用這批材料，但檔案提供了清楚線索，展現書商為了在知識市場建立及維護版權秩序所投入的日常行動。

中國書商和作者的版權實踐，在國家正式法律體系之外，或與之平行共存。這個深富啟發性的案例，是現代智慧財產權國際化歷史中的一篇章。本書描繪出這個中外思想與制度相遇交融的細緻圖像，顯示了過去兩百年來，在跨區域商業及思想交流日益深化之際，法律概念與制度的國際化，必定是透過在地化的方式落實。透過深入研究一個如中國這樣擁有自身印刷文化和法律文化的非西方社會，如何遭遇與利用版權此一外來概念，本書也希望能豐富、深化目前以歐美為中心的「全球版權」史討論。[33]

---

31 舉例而言，關於家族與性別關係方面的糾紛，參見 Sommer, *Polyandry and Wife-Selling in Qing Dynasty China*; 關於合約、債務問題，參見 Zelin, Ocko, and Gardella, eds., *Contract and Property in Early Modern China*; 關於商業糾紛的調解，參見邱澎生，《當法律遇上經濟》，以及 Dykstra, "Complicated Matters."

32 例如 Huang, *Code, Custom, and Legal Practice in China*.

33 舉例而言，本特利、烏瑪．蘇塞爾薩寧（Uma Suthersanen）、保羅．托雷曼斯（Paul Torremans）在二〇一〇年編了一本處理版權全球史的書，但是書中的案例討論的全都是歐洲和北美的情形。參見 Bently, Suthersanen and Torremans, eds., *Global Copyright*.

文化的經濟生活

筆者主張，清末民初版權一詞的流行，讓翻印日漸被視為是犯罪行為，與當時中國知識經濟的環境變化密不可分。來自西方的新印刷技術和新思想潮流，挑戰了中國書業的既有結構，文學創作、文化產業、知識傳播之間的關係，因此失衡重組；這進而造成了大家在評斷印刷書及其內容的所有權與價值時，諸多的不確定感、焦慮與衝突。許多中國的早期版權提倡者在推廣版權、譴責翻印時，[34]皆公開表示，他們這麼做，是為了尋求秩序，以回應當時知識界的劇變。

論及中國現代性的形成時，學界研究最徹底的一個課題，或許是清末民初由傳統過渡到西學新體系的典範轉移。[35]西方帝國主義列強的軍事、商業侵略加劇，作為政治與知識絕對權威的帝國傾圮，歷史悠久的科舉制度廢除，加上新知識、新技術突然自歐洲、北美、日本湧入，在在引發了中國學界的根本危機。在民族生存、「文明」、「啟蒙」的大旗下，中國讀書人熱切吸收甚至崇拜任何「西方」事物、「新」事物，以此回應西方列強步步進逼的挑戰。思想論述的轉變不只導致中國學問和經典式微，終至完全失去威信，也導致建基於此傳統的文化制度、價值體系和文人精英身分走向凋零。十九、二十世紀之交，學而優則仕的傳統進路已然斷絕，中國文人面臨知識上、社會文化上、經濟上的多重生存問題：我認同的知識體系是錯的嗎？我將失去社會地位嗎？從今以後，我該如何謀生？[36]

一些中國文人，為避免在知識環境變遷下淪至邊陲而自我轉型；[37]新型文人於是在典範轉移之際崛起。口岸文人、翻譯家、記者、政治小說家、印刷資本家、大學學者、技術專家、文化企業家，這群人聲稱自己可以掌握「新」知識；他們透過生產、傳播和實踐聲勢日隆的新知識典範，成功在舊有的讀書仕進之路外另闢職涯。[38]文化和名望資本的重新分配，也為他們帶來實際的經濟利益。他們最後成為中國第一代現代知識分子，不需仰賴國家授予他們一官半職或賞賜聲望地位。這些文化生產者經濟獨立，伴隨著一個代價：他們自此將受制於市場力量。

---

34 在晚期帝制中國的圖書文化中，大家認為「翻印」是中性的行為。到了清末民初時期，「翻印」漸漸用來指稱著作盜版。有趣的是，中國人直到一九四〇年代左右才為著作盜版另創專門說法。「盜版」（字面意義是「盜取雕版」）是當代中文用來表示剽竊著作權及其他智慧財產權的說法，本書研究的中國書商和作者並不知道「盜版」一詞。在歐語的脈絡下，公海上的海盜行為（piracy）與著述的盜用行為（piracy）擁有隱喻上的連結，但是這種連結在中文的脈絡不存在。筆者在此感謝蘇珊．伯恩斯（Susan Burns）、法哈德．阿邁德．畢夏拉（Fahad Ahmad Bishara）、約翰．馬修（Johan Mathew）提出關於中文「盜版」說法的問題。

35 筆者在此運用余英時借自孔恩（Thomas Kuhn）的「典範轉移」概念，討論由中國學問過渡到西方知識的劇烈變動。參見余英時，《中國近代思想史上的胡適》。

36 Levenson, *Liang Chi-ch'ao and the Mind in Modern China* and *Confucian China and Its Modern Fate*; Chang, *Chinese Intellectuals in Crisis*; Lin, *The Crisis of Chinese Consciousness*; Schwartz, *In Search of Wealth and Power*; 余英時，《中國文化與現代變遷》。

37 關於科舉考試廢除後中國舊時代文人的邊緣化，參見余英時，《中國知識份子的邊緣化》。也參見羅志田，《權勢轉移》。關於中國文人自我轉型的努力，參見 Culp, "Mass Production of Knowledge and the Industrialization of Mental Labor."

38 以下是新類型文人的幾個例子：Cohen, *Between Tradition and Modernity*; C. Yeh, *Shanghai Love*; W. Yeh, *The Alienated Academy*; Culp, U, and W. Yeh, eds., *Knowledge Acts in Modern China*; Hill, *Lin Shu, Inc.*; Rea and Volland, eds., *The Business of Culture*. 也參見李仁淵，《晚清的新式傳播媒體與知識份子》。

本書在重建中國作者和出版商處理版權和盜版的日常生活時，也試圖探討上述典範轉移如何衝擊涉身其中者的經濟生活。[39] 第二章、第三章指出，由於思想潮流不斷變化，加上一八九五年至一九〇五年間晚清的政治與教育改革，「西方」知識成了令人嚮往且有價值的文化商品。與此同時，傳統經典、經書注疏和科舉用書失去商業價值，專門此道的出版商面臨經營危機。中國讀書人對「新」知識的追求帶來的資訊大爆炸，加上「中學」出版的一蹶不振，兩相作用，深刻重塑了中文圖書世界，將之變成個刺激的、膨大的，卻又毫無秩序的亂局。沒有人能掌握所有的新書訊息，即使深諳版本學的有識讀者，也難以用它來評估關於陌生主題的新刊物；新書的真偽、可信與否變得更加難以分別、令人懷疑。正是在這種背景下，翻印日益被視為一種威脅，既影響到書業的穩定，也危害到知識的秩序。整體來說，這個新的文化市場，難以預測但又富有商機潛力，文化人於是開始援引版權作為其論理依據，宣稱他們擁有著作的獨佔所有權，要求稿費或版稅，也據此解決利益糾紛；因為生產銷售「新」書籍、「新」知識，現已經漸漸成為他們的謀生手段。

許多在本書出現的人物，都是這個時代的主要公共知識分子和文學名流，像是梁啟超（一八七三—一九二九）、林紓（一八五二—一九二四）、嚴復（一八五四—一九二一）、魯迅（一八八一—一九三六）等。面對這個知識分水嶺及其後續發展，他們在促成典範轉移的同時，也成就了自己的事業。由於他們在中國現代史和現代文學上舉足輕重，思想史家和文學學者不辭辛勞地收集、出版他們的隻字片語，透徹研究，就連最微不足道、最晦澀難懂的著述也不放過。筆者將這些知名文化人視為經濟行動者，利用日記、書信、個人著作所記錄的瑣碎細節，來重建他們日常的版權實踐。對熱衷研究這些文化巨擘的思想發展的學者而言，此類的細節或許不太有趣，但它們卻是幫助我們瞭解現代中國知識經濟實際運作方式的關鍵資料：譯作和小說如何誕生；書籍如何印製與消費；作者如何談判報酬、收取款項；出版商如何應付要求過多的作者和奸詐狡猾的盜版商；在思想和著述秩序天翻地覆之際，受制於市場的文化人，又是如何為自己的生計據理力爭，維持穩定收入。

沿續同樣的思路，本書在檢視及討論書籍時，主要將之視為文化人（同時也是經濟行動者）參與生產、流通、消費過程的商品。書籍被視為資訊的有形載體。筆者在本書中使用的另一大項史料是一八九〇年代至一九五〇年代在中國出版的實體書（包括正版和盜版），以此重建時人在日常如何利用實體書冊進行版權的伸張與聲明。[40] 版本目錄學者運用插入正文之前或之後的書名頁、版權頁、附錄、廣告、請願書，來分辨書籍的出版資訊、版本、過去的所有者等等。實體書冊上展露的資訊，以及資訊展露的方式，都給後人提供了線索，透露出書籍的生產過程、行銷策略和書商自陳的身分；多數出版商皆未留下個人紀錄或檔案，因此這些線索在研究中國

39 本書採用斯威爾（William Sewell）對「經濟生活」的定義。根據斯威爾的說法，「經濟生活」是「人類對產品生產、交換、消費的參與」。Sewell, "A Strange Career," 146.

40 本書利用了以下各地圖書館的館藏：上海圖書館、芝加哥大學雷根斯坦（Regenstein）圖書館、國立臺灣大學圖書館、（臺灣）中央研究院傅斯年圖書館及郭廷以圖書館、（日本東京）東洋文庫圖書館、慶應義塾大學圖書館、早稻田大學圖書館、耶魯大學圖書館、哈佛燕京圖書館、劍橋大學圖書館、印第安那大學威爾斯（Wells）圖書館。

出版文化時格外寶貴。[41] 筆者借用中國的傳統版本學的技術，分析書名頁和版權頁的外觀變化（版權頁自十九、二十世紀之交以來開始固定出現在中文書籍內），重建書商和作者如何運用鈐印、印花和固定套語來聲明、伸張自己的書籍所有權，以及證明某本書冊的真偽。

中國文化人日常應對版權和盜版的方法、上海書業公所對其習慣法式「版權」制度的豐富紀錄，以及二十世紀上半葉出版的實體書本，都提供我們獨特的角度進一步了解文化人（同時也是經濟行動者）的想法，探索他們怎麼看待勞動、財產、所有權、價值、真偽和仿冒。版權是什麼？版權是一種財產還是一種特權？聲稱自己所寫書稿或所出版書籍是個人財產的依據何在？讓書成之為書的是書籍內容還是實體的書冊？要怎麼知道書籍內容是否原創、一本書是真是偽？這些文化人或許不是政治經濟學家，無法提出一套獨到或複雜的經濟理論，不過他們在援引版權概念、努力讓它運作之際，也不得不直面這些問題。綜觀二十世紀上半葉，圍繞版權本質的糾紛爭論頻頻發生，中國出版商、作者和國家代理人論戰的核心，始終是物品（書籍）和生產者（作者或出版商）之間的關係。

現代版權的基本前提，建立在人類創作的活動，與創作者對其創作的專有權之間的關聯上，但是闡明這點對於中國的版權使用者而言格外困難。典範轉移後改以西學為中心，因此中國人參與全球化的知識體系時，主要身分日益偏向消費者而非生產者。許多中國早期的版權提倡者，本質上是文化掮客，他們未取得正式授權就直接翻譯、挪用他人著作（以歐洲人和日本人的著作為主）。若依我們當代的智慧財產權標準而論，嚴格來說他們都是盜版者、剽竊者。[42] 因此在闡述自己擁有版權的主要理由時，他們強調身為翻譯者的腦力勞動、對出版的資本投資，或是對啟蒙使命的奉獻。本書的後半部指出，他們的說法脫離了連結創作活動與所有權的傳統論點，書商和出版人於是成為較有分量的版權提倡者，作者則只能依附在書商的習慣法式版權制度之下。一九四九年後，新上臺的中共政權建立了依照「勞動產出」給予作者稿酬的按勞取酬制度，這種強調腦力勞動的版權論述，再一次更加沉重地打擊了作者的地位。

在國家的陰影之下

貫穿全書，筆者專注的是同一群以上海、北京等地的書商和作者為主的中國文化人，追索他們從清末到中華人民共和國初年，為了解決盜版這個老問題，所採取各種策略和努力。討論現代中國的國家社會互動關係時，本書打破傳統歷史分期，說明這些精通規則的個人，如何與國家權力及法律不斷變化的形態周旋交涉，以固守並擴大自己的經濟利益。

自從清末的法律改革以來，中國歷任政府以法律壟斷者自居，但現實上戰爭、革命接踵而至，限制了政府有效執法的能力，也妨礙政府成為唯一的法律權威。這段時期，民法和刑法在

41 關於以中文書籍書名頁做為一手史料的討論，參見 Edgren, "The Fengmianye (Cover Page) as a Source for Chinese Publishing History."

42 例如梁啟超就常常挪用同時代日本人的著作，當成自己的作品。參見 Bastid-Bruguière, "The Japanese-Induced German Connection on Modern Chinese Ideas of the State."

城市中有明顯地效力，[43] 但是像著作權法這類不太迫切（或次要）的法律，則立法散漫、持行隨便。不過如前所述，中國的作者、出版人與書商尚可依賴強韌的習慣法式版權機制。在多元的法律環境下，他們必須在國家法律和書業慣習這兩種法律制度之間，穿梭抉擇。本書的後半部，將焦點放在一九〇五年至一九五八年間，上海中國書商透過公所建立的法外版權制度。第五章到第七章利用內容豐富但過去未被充分利用的公所檔案，說明在中央政府及其法律無力或無心保護版權的情況下，上海書商如何建立和執行自己的民間版權規範。一九〇〇至一九二〇年代，在中國出版的新中心上海，公所有效執行自己的版權制度，平行於國家法律體系，彌補弱國有限的執法能力。一九三〇年代，公所建立中國第一支反盜版私人警隊，試圖將這套版權制度擴展到全國，這時可以明顯看到該制度仰賴地方社群自我規範的侷限。雖然上海書商執國內書業之牛耳，但他們的慣習在國家眼中並無法律基礎；其地域性的同儕壓力，也無法真正施加在上海以外的書商身上。為了打擊華北的盜版商，上海書商不得不借助國家的權力。《中華民國著作權法》無法幫他們取得理想結果，於是他們巧妙操縱了國民政府的象徵性權威及其控制審查言論的執念，為他們所用，藉此推進公所的自身利益，保護會員的版權。

關於公所如何「利用」了國民政府控制資訊的執念，是本書眾多的案例之一，說明國家在思想典範轉移之後如何持續努力，維持自身作為中國終極文化權威的地位。相較於歐洲各國，十六到十九世紀的帝制中國政府更為積極的干預出版。重要著作、法典、曆書都有政府批准的標準本，政府印製標準版書籍，維持一定的教育綱紀；政府編纂規模宏大的百科全書、字典，進行著述典藏計畫，建立官方的知識秩序；政府也透過言論審查和文字獄刪除「傷風敗俗」、

「淫穢不堪」和可能「煽動叛亂」的文字。[44]十九、二十世紀之交，由於擁護政府思想地位的儒家學問不再風行、科舉選才制度廢除，清政府至高的思想權威地位也受到貶損。第四章指出，中國作者和出版商一度寄望，作為中國最高知識權威的朝廷能夠規範版權，創造新的知識秩序。版權因此和書籍審查制度相結合，然而清末的文化生產者和讀者並不反對這種做法。只不過清政府無法編纂出優秀的西學書籍，對政府機關盜版民間出版商教科書的行為視若無睹，又遲未頒布國內著作權法，這些事蹟很快破壞了朝廷的威信，讓大家懷疑它是否具有頒布書籍和其他刊物的審定資格的知識權威。

清政府以思想、文化的**唯一**權威自居，始終對資訊控制念念不忘，這些特點都被民國政府及其後的中共政權繼承。[45]拜印刷媒體發達之賜，近代中國的政治動員得以用文字為宣傳的中心；國民黨和中國共產黨的革命，都直接受惠於印刷文本的力量，因此他們也清楚必須建立起對出版業的嚴格控制。[46]本書的最後兩章說明，從一九二〇年代末到一九五〇年代末，國家以

---

43 關於民國初年民法、刑法的訂立與執法，參見 Bernhardt and Huang, eds., *Civil Law in Qing and Republican China*; Mühlhahn, *Criminal Justice in China*; Ma, *Runaway Wives, Urban Crimes, and Survival Tactics in Wartime Beijing*; Ransmeier, *Sold People*.

44 關於晚期帝制中國的國家言論審查及文字獄，相關討論參見 Guy, *The Emperor's Four Treasuries*, 以及 Spence, *Treason by the Book*.

45 參見 Volland, "The Control of the Media in the People's Republic of China."

46 關於中國共產黨何以是以文字宣傳為中心的政黨（國民黨或多或少也是），相關討論參見 van de Ven, "The Emergence of the Text-Centered Party." 也參見 Reed, "Advancing the (Gutenberg) Revolution."

矯治文化生產為名，投入愈來愈多資源，審查與當局不同調的文本。一九三〇年代，這種政策讓上海書業公所有機會操縱國家對資訊控制的執念，協助他們執行習慣法式的版權制度。但是一九四〇與一九五〇年代，文化市場受到國家強力控制，同樣的政策最後終將扼殺公所的自主權。當書籍的生產分配納入國家機器的控制，他們能夠和國家、法律周旋的空間，也日益萎縮。胡愈之（一八九六—一九八六）、茅盾（一八九六—一九八一）、葉聖陶（一八九四—一九八八）在民國時期是飽受盜版之苦的作者和出版商，現在則成了中華人民共和國的最高文化官員。這幾位上海出版界的資深老將，向過去的同行和現在的上司，提出能徹底杜絕盜版問題的大膽解決方案：讓市場完全籠罩在國家的陰影下，重整知識經濟的秩序。如此一來，作者不再是創作者，而是勞動者；書籍不再是商品，而是「精神食糧」，屆時版權再也無關緊要，而著作盜版終將自行消失。

Chapter

1

「版權」在東亞的奇妙旅程

一八九九年春，福建地方文人林紓接到上海維新報人汪康年（一八六〇—一九一一）提出的奇怪請求，事涉林紓翻譯自小仲馬（Alexandre Dumas）《茶花女》（*La Dame aux camélias*）的《巴黎茶花女遺事》。此書是他不久前跟友人王壽昌（一八六四—一九二六）合譯完成的，原只是為了打發漫漫冬日的消遣，[1]卻在林王兩人的好友魏瀚（一八五〇—一九二九）於福州以雕版刊行後，成為掀起熱潮的暢銷書。[2]汪康年看好此書的潛在商機，熱切表示願意支付優渥的酬金，請林紓同意讓他在上海重版此書。這大概是中國史上最早符合現代意義的版權交易之一。

1 上海圖書館編，《汪康年師友書札》第二冊，頁一六五二～一六五四。

2 阿英，〈關於《茶花女遺事》〉。學者估計十九、二十世紀之交，中國至少有七種版本的《茶花女遺事》在各地流傳。

雖然林紓後來成為二十世紀初中國身價最高的西方小說翻譯家，[3]但他在一八九九年婉拒了汪康年提出的條件。他透過共同友人轉告汪，他們翻譯小說不過是自娛娛人，並非為了盈利，因此無意收下這筆錢。他還認為真正有資格「出售」《巴黎茶花女遺事》出版權利的人不是他，而是出資促成雕版刊刻的魏瀚。[4]汪康年向魏瀚接洽，魏瀚最終同意「出售」此書，不過他和林紓一樣無意從中獲利，只向汪康年索價木刻雕版的成本費用。儘管知道汪康年打算用西式活字印刷重版此書，魏瀚仍堅持把整套木刻雕版送到上海，以完成這筆交易。[5]

時值中國文化經濟發展的轉捩點。這起事件提供一個獨特的觀察點，讓我們看到，當版權以「西方」概念之姿傳入中國，如何在形塑中國新的知識所有權觀念的同時，也受其原有書籍所有權觀念的影響。十九、二十世紀之交，中國知識界重大的思想轉向，以及清政府的變法改革，使市場上對西學和西方文學作品的需求突然增加。空前巨量的外國著作被翻譯為中文的同時，數百甚至數千個新詞彙也應運而生。這些譯介自外國的思想、實踐、制度與事物，往往被視為「新穎」、「文明」、「進步」的體現，值得中國努力效法。而「版權」（copyright）的概念，也是其中之一。

或許我們可把《巴黎茶花女遺事》這耐人尋味的交涉過程，看作一場雞同鴨講的對話：一方熟悉版權的語彙，另一方則不諳此道。汪康年希望獲得的是譯者林紓的授權，他可能認為文學作品的所有權，當然握在創作者手中，該由創作者全權掌控作品如何使用及販售。汪的理解接近今日智慧財產權的意涵，然而他最終得到的卻是一套實實在在的木刻雕版，對他無用武之地。這起事件反映西方思想傳播至中國時，在中心和邊陲接收上可能的時間差。汪康年在通商口岸上海創辦多家維新政治報刊、鼓吹西化，他對西方思想更熟悉，比身在福建的眾人更早受到「啟蒙」。

不過林紓與魏瀚的應對，也顯示版權的概念在引進中國時，在地文人對其意涵並非懵懂無知。林魏兩人或許不瞭解何謂版權，但他們清楚知道書籍所有權是一種可轉讓的私有財產。他們認為印製《巴黎茶花女遺事》的專屬權利及能力，由木刻雕版的出資製作者及持有者獨佔。對他們而言，讓此書得以問世的不是筆耕譯寫，而是那套雕版。因此唯有當這套雕版從福建運到上海後，所有權的交易才算正式完成，即使汪康年打算選用其他印刷方式也無所謂。他們主張，唯有將雕版送給他，方能將印製（及販售）更多冊《巴黎茶花女遺事》的能力，轉移給此書的新所有者汪康年。

因此這並不是版權「內行人」和「文盲」間的困難溝通，而是因雙方對何者體現「有權印製」（right to copy）有不同理解，所引發的曲折交涉。藉由追溯英文「copyright」如何成為中文「版權」一詞（其字面意義是「版的權利」），本章將檢視東亞早期的版權提倡者與使用者，在這兩種對書籍所有權的不同理解之間，反覆折衝交涉的辛苦掙扎。本章探討早期提倡者關於版權概念的修辭與論述，但提倡者及其同時代人以「版的權利」之名所採取的**實踐**，才是著者

3 林紓後來與熟諳外語者合作，繼續「翻譯」了兩百多種外國小說。關於林紓的著譯生涯及其「翻譯作坊」，參見 Hill, *Lin Shu, Inc.*

4 《汪康年師友書札》第二冊，頁一一五九、一六五三～一六五四。

5 同前註，頁一六五三～一六五五。

關切的核心主題。東亞的版權提倡先驅，往往將版權描繪成當地文化之前未曾存在過的西方進步普世原則，強調為了國家存亡，必須將版權制度人工移植到國內。然而本章主張：從同時代人實際上如何實踐「版權」的作為，可以看出實情並非如此——許多用來宣告「版權所有」的「新」手段，乃是源自明清或德川晚期書業用來保障印書利益的慣習。

讓版權成為「天下公法」

要追索「版權」這個概念進入中國的旅程，我們必須從日本開始，畢竟中文的「版權」一詞不是在中國誕生的。結合「版／版」跟「権／權」兩個字譯出「版権」（版權）一詞的，是明治時期影響力數一數二的公共知識分子福澤諭吉（一八三五—一九〇一）。在日本現代史標準敘事中，他是「文明開化」的主要推手，班傑明．富蘭克林（Benjamin Franklin）般的存在。在一八六〇、七〇年代，福澤諭吉將各種西方思想和習慣介紹給日本，上至民權、下至食用牛肉，力圖將日本改造成強大而獨立的現代國家。一八九〇年代，回首當年，福澤諭吉自豪地將「新日本」的誕生歸功於他對外國思想的譯介。他在自傳中強調創造「版權」一詞的重要性：「當時（日文當中）沒有詞彙可以傳達版權的意涵。沒有人真正瞭解著作出版的專有權歸作者所有，是一種私有財產。」[6]福澤聲稱，自己發明新詞以體現此概念的精髓；此舉不單是將一個英文字彙譯為日文，更是啟蒙國人同胞，讓他們認識一種日本尚未存在的先進財產權概念。

在這番自誇的言論中，福澤諭吉避而不談的，是他將版權引進明治日本的過程並非一帆風順。為了說服同時代人尊重新的版權原則，實際上他兩次翻譯「copyright」：第一次係一八六八年前後，譯為「藏版の免許」（持有雕版的許可），後又在一八七三年改譯為「版權」。他避而不談的還有另一樁：他之所以熱切提倡版權，不全是出於某種崇高的啟蒙理想，更是為了保護自己的生計，對抗當時猖獗的翻印者。福澤諭吉前後兩次翻譯「copyright」一詞的那幾年間，正是他出版事業的高峰，也是他最積極採取法律行動處置翻印盜版的時期。因此我們理解在他對版權的翻譯與實踐時，也必須一併考量福澤的經濟生活，尤其是他的「文明開化事業」。

福澤諭吉在明治維新前夕展開其「文明開化事業」。下級武士家族出身的他，先接受傳統儒學教育，後又投身蘭學——蘭學是近代早期日本透過和荷蘭接觸所發展出來的西洋學問體系，尤其著重於科技和醫藥。雖然他的蘭學專長為他在家鄉藩邸贏得正式蘭學教席，但在他發現當時的國際語言是英語而非荷語後，便很快轉而學習英語。為了鍛鍊英語，他在一八六〇年自願加入德川幕府首次派往美國的官方使節團，一八六二年又再次參加赴歐使節團。身為極少數有機會親身遊歷西方的日本人，福澤諭吉開始介紹自己在海外見識的「文明國家」，將之描述為日本國家建構的楷模；同時他也希望善用這些海外閱歷增加自己的社會和文化資本。一八六七年，他在隨團赴美出使時，未經許可購入私人圖書回國，導致他在政府的譯員職位被停職，被懲處之後，他便決定辭官自謀生路。福澤諭吉不只開辦家塾——慶應義塾，更將大半精力投

6 《福澤諭吉全集》第一卷，頁一〇。

入著述，編纂書籍介紹各種西洋事物，希望將海外閱歷化成金錢收入，支持家庭與私塾的開銷。[7] 一八六七年到一八六九年間，德川幕府失勢、天皇權威重振的同時，福澤諭吉也脫胎換骨，從領取俸祿的武士搖身一變成自食其力的知識分子，著書立說維持生計。[8]

明治維新期間，日本政治領袖發起全盤西化的改革，以迎頭趕上西方世界，福澤諭吉的著作恰逢其時，為日本讀者提供關於西方社會情況、政治體制、文化規範的簡明介紹。他以西洋權威之姿登場，獲取可觀的政治及社會影響力，成為當時的暢銷作者。不過書籍的成功和名氣，也引來圖利之輩翻印或抄襲他的作品。這嚴重危及了福澤的出版計畫。舉例而言，根據他的估算，《西洋事情》出版兩年內共賣出四千冊左右，但與此同時，至少有三種「偽版」（盜版）共約九千冊，在京都與大阪售出。[9] 因此儘管《西洋事情》大獲成功，他仍無法累積足夠資本，出版續作《西洋事情外編》，進一步介紹歐洲法律和政治經濟學的基本思想。福澤向書商朋友抱怨，他在一八六六年到一八六七年間出版的五本書都遭到大量翻印，事業蒙受重創，不得不將出版計畫延後數月之久，甚至一度必須賣掉一本書的雕版以打平開銷。[10]

幾經波折後，《西洋事情外編》終於在一八六八年夏天刊行。讀者在書末可以發現數個章節討論私有財產權與經濟發展的關連。福澤告訴讀者，歐美「先進」國家承認的各種財產權裡，有一種特別的財產權，名為「copyright」，譯作「藏版の免許」，即持有雕版的許可。根據他的闡釋，「藏版の免許」應該理解成法律規定下的作者壟斷權：作者是著作的合法所有者，獨享重製其著作複製品所產生的財產權利益。他進一步說明，綜觀人類歷史，直到晚近，在法律上仍然只有形物體被視為私有財產，但大家逐漸認識到知識也應該視為一種財產。這正是近來歐洲各國詳細立法規範「藏版の免許」的原因；這也表明「藏版の免許」是深受西方世界重視的進步法則。在介紹「藏版の免許」的簡史以及各種長度不一的保護時效後，福澤接著強調西方各國對未經授權逕行翻印者的罰則是大同小異的——沒收翻印本、向盜版商收取罰款。[11]

福澤諭吉對版權法的簡介既不創新也不特出，就全書而言也不是特別重要的篇章。重要的是這些內容出現在書中的**方式**。編纂《西洋事情》和《西洋事情外編》時，他大量援引兩本十九世紀中葉的熱門政治經濟學入門教科書：英國錢伯斯出版公司（William and Robert Chambers）在一八五六年出版的《政治經濟學》（*Political Economy for Use in Schools and for Private Instruction*），以及弗朗西斯·韋蘭（Francis Wayland）一八五六年的《政治經濟學要素》（*The Elements of Political Economy*）。[12]《西洋事情外編》的內容多半是譯自《政治經濟學》，佐以福澤諭吉自由發揮的詮釋，不過《政治經濟學》並未論及版權問題。他在翻譯《政治經濟學》關於私有財產的章節時，為了讓版權合乎論述脈絡，特別插入兩段內容。他先從韋蘭的書

7 慶應義塾是今日慶應義塾大學的前身。
8 長尾正憲，《福沢屋諭吉の研究》，頁二一一～二六五。丸山信，〈書籍商福沢屋諭吉〉。
9 《福澤諭吉全集》別卷，頁一一五。
10 《福澤諭吉全集》第十七卷，頁五〇。
11 《福澤諭吉全集》第一卷，頁四七三～四七五。
12 關於《西洋事情》與《政治經濟學》的詳細文本比較，參見飯田鼎，〈黎明期の経済学研究と福沢諭吉（その二）〉，頁六八九～六九五、六七三～六七五。杉山忠平，〈福沢諭吉における経済的自由〉，收錄於《明治啟蒙期の経済思想》，頁一五八～一六四。

中摘錄關於各類勞動的討論，再從《新美利堅百科全書》（*The New American Cyclopedia*）擷取兩小節關於專利和版權的說明，將之插入《政治經濟學》討論私有財產的篇章。[13]《政治經濟學》主張，為了促進經濟發展，不僅必須保護私有財產，也必須保護私有財產衍生的利益，藉由插入這兩段內容，福澤諭吉將專利和版權融入《政治經濟學》的論點之中。與此同時，在韋蘭討論體力勞動和腦力勞動的脈絡下，福澤諭吉得以將版權定位成腦力勞動的合法報酬。

透過上述編排，福澤諭吉巧妙地在《西洋事情外編》第三卷黏綴出一個關於私有財產權進化的論述，作為其反對未授權翻印的理論基礎：人類天生渴望創造私有財產、保護私有財產，這份渴望塑造了經濟發展的原則和軌跡。相較於蒙昧落後的社會，文明社會的經濟更先進，其定義和保護有形、無形財產的方式因此也更成熟。專利和版權是最晚進納入西方法律保護的財產形式，所以也是最先進的財產形式。西方各國體認到思想、文字創作、發明皆是容易遭到他人「竊取」的無形之財產，因此嚴訂法律，懲罰侵害版權和專利的行為。立法是為了保障人民持續發明、寫作的意願，如此文明方能永續演進，經濟不斷成長。

雖然我們不能完全確定福澤諭吉是否因為當時遭遇盜版問題，才插入了版權的相關內容，[14]但《西洋事情外編》中關於「藏版の免許」（版權）的敘述，密切呼應他在一八六八年針對未經授權翻印問題所提出的一系列請願和公開聲明。值得注意的是，《政治經濟學》和《政治經濟學要素》都沒有直接將私有財產的發展描述成「文明」的進程。創造這種演化論說法的是福澤諭吉，他將文明國家的版權、經濟進步、法律規範三者相互串連，強化他要求版權保護的論理依據。舉例而言，一八六八年春，福澤諭吉在《中外新聞》發表公開聲明，譴責未經同意而翻印其著作的奸商，他指出此種行為是「萬國嚴禁」。[15]同年秋天，在《西洋事情外編》刊行的前後，福澤諭吉向明治新政府呈上措辭有禮但內容大膽的請願書，他指責翻印其書籍的京都書商「行事貪婪，只貪圖一己之利，不顧天下文明之利害。」並說此等行為「不會受到世界上任何開明政府容忍」，若政府不嚴懲盜版商，日本必遭重視版權的文明諸國所鄙視。[16]

重點在雕版

諷刺的是，這套在明治初期以「文明」之名，受到推崇並實踐的，並不真如福澤諭吉所描述的那樣，是套來自「西方」因而「普世」的法則，而是一些在德川時期日本書業中，行之有年的慣例。儘管福澤諭吉日後宣稱，他是為了抓住「copyright」的精髓，而不得不創造新詞，將這個陌生的新概念介紹到日本，但事實並非如此。他的第一次翻譯，不過是把日文原有的「免

---

13 長尾正憲，《福沢屋諭吉の研究》，頁二七〇。

14 儘管現在多數學者都認同福澤諭吉引介版權和他面臨的盜版問題有所關聯，但有些學者認為《西洋事情外編》的書稿在福澤諭吉擔心起盜刻本之前就已完成。福澤諭吉在一八六八年春開始抱怨盜版，這時他投入的資金只夠完成《西洋事情外編》三分之二的雕版，考慮到這點，加上版權的討論出現在全書最後，筆者認為版權的內容可能不在原本的書稿裡，是其他書籍遭到盜版之後才被福澤諭吉加進去的。

15 吉野作造編，《明治文化全集》第十七卷，頁二四三。

16 關於福澤諭吉請願書的大膽語調，參見富田正文的評註：富田正文，〈翻訳重版の義に付奉願候書付：辰十月〉。

許」與「藏版」兩個詞語結合在一起，將「copyright」定義為「持有雕版的許可」。固然福澤在其著作和請願書中，強調作者（即著作的創作者）握有使用及販售著作的專有權，但他借用德川時期書業的用語所拼湊出「copyright」的譯名，卻導致其同時代人（甚至福澤本人），在提到「copyright」時，聯想的未必是對無形知識創作的所有權，反而是對有形雕「版」的所有權。

要理解這種誤解是怎麼造成的，我們必須深入探討雕版在德川時期（一六〇三年—一八六七年）的文化生產中扮演何種關鍵的角色。此時日本的出版業已經高度商業化，雖然傳統上公家機關或私人出版的書籍，不以營利為目的，但也可在市場上看到它們被販售流通。而不論商業或非商業出版的書籍，都在相同的印刷文化與技術環境中生產。與明清時期的木刻出版流程十分相似，在德川日本印行書籍的第一步是雇用雕工將文稿製版，由印匠刷印書頁，再由裝幀師把散裝的書頁裝訂成冊。[17] 歐洲的活字印刷，在排版完成後，需一次性印製大量冊數，而後將活字拆散，排印其他內容。東亞流行的刻版印刷則截然不同，雕版一旦刻成，印者可依所需數量或客製需求刷印書籍。根據版木的品質和歷年累積的使用程度，雕版可以傳承使用數十年甚至數百年之久。理論上，如果擁有一本書的雕版，只要墨水和紙張不虞匱乏，就能隨時視需要印書，也能隨心所欲調整印製冊數。與歐洲活字印刷所需投入在印刷機、活字、工人與作坊的資本相較，東亞木刻出版的印刷成本和技術要求較低，「出書」過程中所需的最大筆開銷，往往是雕製木版的費用。[18] 雕版作為一種有形財產，在德川日本或明清中國，被視為家族、官府或書坊可代代相傳的產業。如土地或房屋一樣，雕版可為數人共有之財產，能夠出租、借用，也可作為貸款擔保品，或抵押債務。[19]

因此不難理解，雕版持有者與投資者為了自己的利益著想，推動版木所有權的規範與保護。一六九八年，京都和大阪的書商向地方政府請願，要求禁止他人在當地政府管轄範圍內，翻印他們的刊物。十八世紀初，在日本三大書業中心京都、大阪、江戶的書商和出版商，進一步組成名為「本屋仲間」的行會，負責註冊雕版所有權、決定何種書籍可以出版、調解業內糾紛。[20]得到德川當局的正式認可之後，三都「本屋仲間」進一步透過雕版註冊制度，協助政府審查新出書籍；作為回報，政府賦予他們規範與裁定書籍出版合法壟斷權的權威。計畫出版新書的會員，在將新書書稿送行會審查通過後，將獲頒「開版」的許可，意即製作新雕版並以之印刷出版該書的專有權利。這種名為「板株」的專有權，字面意義為「版的股票」，跟實體雕版一樣，是可以轉讓、共有或租借的財產。[21]上述措施看似與十八世紀英國倫敦書業公會的版

17 關於近代以前中國的木版刻本如何印製，其概述請參見 McDermott, *A Social History of the Chinese Book*, 9–39. 關於德川時期書籍生產的概述，參見 Kornicki, *The Book in Japan*, 47–55.

18 關於木版印刷的低成本和低法律技術要求，參見 Chow, *Publishing, Culture, and Power in Early Modern China*, 33–38. 關於東亞木版印刷和歐洲活字印刷之間的技術差異，如何影響生產方法的工作流程和資本投資，其比較討論請參見 McDermott and Burke, eds., *The Book Worlds of East Asia and Europe, 1450–1850*, 11–16.

19 *The Book in Japan*, 244–247; Brokaw, *Commerce in Culture*, 180–185.

20 關於禁止翻印的地方禁令，參見山本秀樹，《江戶時代三都出版法大概》，頁二七二～二七八。

21 Kornicki, *The Book in Japan*, 179–184.

權制度極為相似，但其保護主體及所有權的生成與認證方式，則迥然不同。[22]

終其十八、十九世紀，書商行會在地方上強力管制「板株」，並在德川當局的支持下仲裁相關糾紛。此類糾紛多半涉及不同類型的翻印，如「重版」（複製雕版）、「偽版」（偽造雕版）或「類版」（複製部分雕版）。[23] 雖然公家機關和素人不能加入行會，無法以相同方式註冊保護其利益，但他們與書商一樣認為持有雕版是關鍵所在，也會向地方政府註冊他們的版木所有權。有別於營利的書商，他們以「藏版者」（雕版持有者）的身分自居。如果作者想保有對著作的絕對權利，最簡單的方法將是出資雕製木版並實際持有版木。換言之，作者必須成為其著作的「藏版者」。[24]

這正是福澤諭吉開展出版事業時的情況。一八六七年至一八六九年間，他的信件和筆記寫滿了雕版刻製和保存的相關細節，詳盡地記錄作為作者與藏版者的福澤諭吉，如何和刻工、印坊與書商交涉往來。一八六七年夏，他延聘刻工至家中為他的《雷銃操法》、《西洋旅案內》、《條約十一國記》雕版。[25] 儘管擁有雕版，福澤諭吉並未親自參與印刷、裝幀或行銷，他選擇和專業書商合作，共同「出版」這些書。舉例而言，東京書商和泉屋善兵衛是《雷銃操法》的發行者；一八六七年九月，和泉屋將該書的雕版帶回自家工坊進行印刷。他估算紙張、印刷和裝幀的成本，收取總銷售額的百分之二十做為佣金，作為藏版者的福澤諭吉則享有剩下的淨利。為了確保和泉屋不會低報印刷冊數，福澤採用通稱「留版」的常見技術：在印刷流程中，他將部分雕版留在手上，和泉屋必須到他家，在其監督下印刷那特定的幾頁。如此一來，福澤便能確切知道和泉屋印製的冊數，如果在市面上發現缺頁的書，也能知道和泉屋欺騙了他。[26]

就選擇合作書商和監督部分印刷流程，作為藏版者的福澤諭吉享有一定自主權，但他不能全盤掌控出版和販售情形。由於負責控制生產成本的是書商合夥人，他無法確定或估算可能的淨利。注意到藏版者在這種合作方式下遭遇的系統性劣勢，他自一八六八年春開始，於自宅建立完整的印刷出版作坊。他雇用常駐雕工、印刷匠、裝幀師，也大量採購紙張以壓低生產成本，只有販售仍依靠書商。當時福澤所製作的雕版，至今仍有部分典藏於他在一八五八年創立的慶應義塾大學。[27] 投身出版事業——這個福澤自稱畢生「最大豪賭」的決定，使他得以轉型成為一個文化企業家。他在自傳中誇耀：當他的出版活動在一八七三年達到高峰時，年營業額高到連政府大員都會眼紅。[28] 此舉確實能讓他全盤掌控自己書籍的印製，但這也表示未授權的翻印將更嚴重地衝擊他的生計，因為現在他不只出錢雕版，更在印刷和紙張上挹注資本。

一八六八年這一整年，福澤諭吉幾乎月月向江戶（東京）和京都的各方主管機關請願，敦

22 日本書籍史和法律史學者多不認為「板株」能夠確切證明近世早期的日本擁有某種版權概念。參見 Kornicki, *The Book in Japan*, 242–251. 以及諏訪春雄，〈近世文芸と著作権〉。

23 關於各類未授權翻印的概述，參見市古夏生，《近世初期文学と出版文化》，頁三五八～三七九。

24 *The Book in Japan*, 244; 稲岡勝，〈藏版、偽版、版権〉，頁六～一五。嚴格來說，只有個人出版者才能稱為「藏版者」（相對於身為「板元」的商業出版商），不過德川時代有許多商業出版的書籍也在版權頁寫上「某某藏版」的聲明。

25 《福沢屋諭吉の研究》，頁二一九～二二〇。

26 關於「留版」這個做法，參見蒔田稲城，《京阪書籍商史》，頁八五～九二。

27 筆者在二〇〇八年到二〇〇九年間訪問慶應義塾大學，當時福澤諭吉的雕版收藏在圖書館舊館的地下室。

28 《福澤諭吉全集》第七卷，頁一五〇～一五二。

請他們懲罰翻印自己著作的人。儘管地方官員通常及時回應福澤的請願書，但讓翻印者受到懲罰仍十分困難；若對方是貴族或有名望的學者，需要面臨的阻礙更是艱鉅。[29]雖然他一再運用版權即文明的論述，向官員施壓，要求他們保護他的利益，但因為日本尚無正式法律承認作者兼藏版者對其書籍出版的壟斷權，案件的進展，往往取決於個別官員的善意和決心。

一八六九年五月，明治政府頒布了《出版條例》，情況為之一變；此為國家首度立法認可，藉由出版書籍而得的「專有利益」應屬於「書籍出版者」所有。就某方面而言，這可視為福澤諭吉文明論的勝利，因為《出版條例》顯然採用了《西洋事情外編》的用詞。然而《出版條例》對於誰是享有「專有利益」的「專利權人」之定義是矛盾的：法規承諾保護出版商的「專有利益」，但保護時效僅限於「著述者」（作者）有生之年。日本的法律學者數十年來不停爭論《出版條例》立意保護的對象，究竟是不是作者。[30]此外，儘管《出版條例》的措辭看似「文明」，執法者卻仍是東京、京都、大阪舊有的書商行會；當時的明治政府能力有限，因此將執法工作外包給這些近世機構的管理者。[31]力有未逮的新國家，和之前的幕府一樣，賦予這些行會特別的法律地位，仰賴他們維持某種社會規範和市場秩序。我們在這個明治新法規中看到的，是承接德川晚期書業慣習的延續性，而非斷裂。

獲悉行會有權仲裁未授權翻印引起的糾紛，福澤諭吉曾向大阪書商行會提出請願，要求他們懲處在大阪盜印《西洋事情》的商家。由於行會不承認作為「業外藏版者」的福澤諭吉是同業，他必須拜託書商朋友代呈訴願。《出版條例》頒布後，為了確保自己的「壟斷利益」能獲得充分保護，一八六九年十一月，福澤諭吉以書商福澤屋的身分，註冊加入東京書商行會。[32]

一八六九年到一八七四年間，在向政府當局請願時，他也多以「地主商」，而非作者的身分自居。[33]在時人眼中，福澤對未授權翻印提起訴訟之所以合情合理，並非因為他是寫作那些書籍的著者，而因為他是刻製並持有雕版的出版商。

將孕育自歐洲活字印刷文化的版權原則引介至日本之際，福澤諭吉無可避免地受其著作所處的刻版印刷生態所制約。將「copyright」譯為「藏版の免許」的同時，福澤及其時人所接受的那些悠久商業慣例及文化常規，也深刻影響了他們如何理解與實踐「copyright」。舉例而言，儘管在各種針對翻印其著作、「竊取其思想果實」之徒的法律行動中，福澤每每強調版權作為一種「無形財產」的獨特性質，其訴訟的最終目標，卻往往是銷毀盜版書的有形雕版，以確保將來只有他本人（作者兼藏版者），才具備印製這些書籍的能力。

福澤諭吉的藏版者身分，也展現在他實際出版的一冊冊書籍裡。在《雷銃操法》的書名頁上（圖一之一），我們可以看到左欄書有「福澤氏藏版」，彰示該書雕版由福澤諭吉持有。上蓋紅印，再度伸張其所有權，同時作為正版的認證。這枚罕見的雙語印章上，刻有「Copyright of 福澤氏」，表示在他心中，「藏版」和「copyright」的觀念，實是可互通的同義詞。在《西

29 河内展生，〈福澤諭吉の初期の著作権確立運動〉。

30 例如勝本正晃，《日本著作権法》，頁二六。伊藤信男，〈著作権制度史の素描〉。水野錬太郎，《著作権法》，頁九。

31 《著作権法百年史》，頁四六。大家重夫，《著作権を確立した人々》，頁六～七。

32 《福沢屋諭吉の研究》，頁二三八～二三九。〈福澤諭吉の初期の著作権確立運動〉。

33 《福澤諭吉全集》第十九卷，頁四四一～四七八。

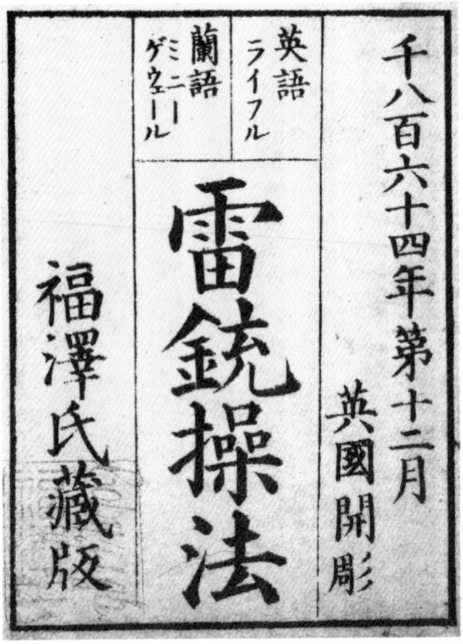

圖一之一 《雷銃操法》（一八六四）書名頁。

出處：《雷銃操法》（東京：福澤諭吉，一八六四）。

圖片來源：慶應義塾大學圖書館數位典藏。

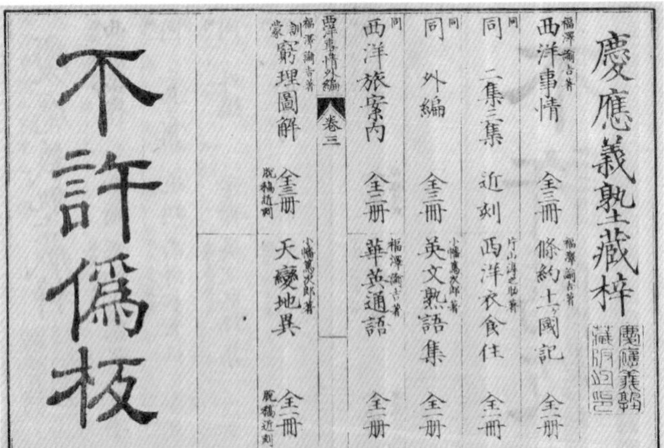

圖一之二 《西洋事情外編》（一八六九）中慶應義塾刊物的廣告。

出處：《西洋事情外編》（東京：慶應義塾，一八六九）。

圖片來源：慶應義塾大學圖書館數位典藏。

洋事情外編》第三卷的書末，福澤諭吉列出自家出版目錄，以慶應義塾校長的身分宣告所有權。刻在版木上的篆文鈐印：「慶應義塾藏版之印」；在書單最後，還用特大粗體字警告：「不許偽板」（圖一之二）。

將「某某藏版」放在書籍的牌記或書名頁，或在聲明上加蓋藏版印以表明藏版者的身分，並非福澤諭吉或德川時期日本書商的發明。這些舉措和「藏版」一詞一樣，都是近世日本從中土學來的外國慣例。十九世紀中葉以前，中國一直是東亞的文化權威。幾世紀以來，日本貴族和僧侶從中國引進儒家經典、佛道教經書、文學作品等各種漢籍。漢籍在日本的圖書世界中，享有特殊地位，不僅僅因為多數日本社會精英接受的主要是經學教育，也因為這些漢籍是將「文明」從中心中國傳播到周邊諸邦的實體媒介。德川時期的對外貿易，只向中國和荷蘭商船開放，而漢籍是其中非常重要的進口商品；大量的漢籍持續地經船運，由長崎輸入日本。其大宗最後多成為富裕諸侯大名的私人收藏，不過也有一部分漢籍被日本書商或公家機關翻印，或加上日文註釋再出版。[34] 當出版和翻印漢籍時，書商往往會仿照書籍原有的頁面排版、牌記或封面設計，也採用漢籍的裝幀手法。而後日本儒學家在出版自己的著作也模仿漢籍的形式，以期霑得幾分漢籍所代表的文化高級感。漢籍的板式，因此在近世日本被視為嚴肅正經的書籍應有的樣貌。不少德川時期出版的日本書籍（尤其是學術著作），外觀上和明清刊本，享有類似

34 關於中日書籍交流，參見 Ōba, *Books and Boats*, chaps. 4 and 5; Matsuura, "Imports and Exports of Books by Chinese Junks in the Edo Period," in Nagase-Reimer ed., *Copper in the Early Modern Sino-Japanese Trade*, 175–195.

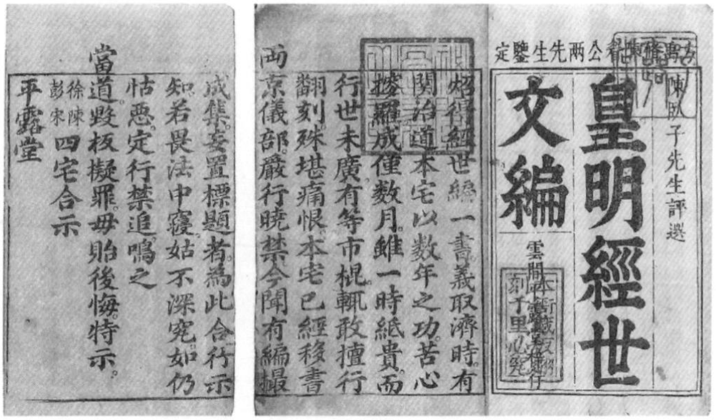
宋尚木徐闇公兩先生鑒定
陳臥子先生評選
皇明經世文編
雲間平露堂梓行
本衙藏版翻刻千里必究

經世編一書義取濟時有
關治道本宅以數年之功苦心
搜羅成僅數月雖一時紙貴而
行世未廣有等市棍輒敢擅行
翻刻殊堪痛恨本宅已經移書
兩京儀部嚴行曉禁今聞有編撮
成集妄置標題者為此合行示
知若畏法中寢姑不深究如仍
怙惡定行禁追鳴之
當道毀板擬罪毋貽後悔特示
陳徐 宋彭 四宅合示
平露堂

圖一之三　一六二七年至一六四四年間平露堂《皇明經世文編》的書名頁。平露堂係明末文人出版商兼此書編纂者陳子龍（一六〇八—一六四七）的書齋名。右上角鈐印「平露堂」，左下角聲明「雲間平露堂梓行」，上方蓋有「本衙藏版翻刻千里必究」的印章，後文是陳子龍對翻印者的嚴詞譴責。

新刻
蘭陵先生考訂
滄溟尺牘
不許翻刻 千里必究
江都
書肆嵩山房梓

圖一之四　十八世紀初和製《滄溟尺牘》書名頁。左欄書有「江都書肆嵩山房梓」，鈐印「嵩山」。嵩山房是小林新兵衛的江戶（今東京）書坊。

圖片來源：哈佛燕京圖書館中文善本數位化計畫。

的特徵，包括在封面頁上使用「藏版」一詞和加蓋藏版印（見圖一之三、圖一之四）。

日文「藏版」是借自中文的外來語，與中文相同，意為「持有雕版」。「藏版」一詞早在十二世紀末就已出現在漢籍的牌記或書名頁。過去在中國的版本目錄學的傳統中，「某某藏版」的聲明多被用來辨別一本書的出版者，但近來中文善本學者已達成新的共識：由於雕版所有者可能會隨時間推移而改變，「某某藏版」或許不能輕易視為確認出版者身分的指標；相反的，「某某藏版」應當理解為一種聲明，用以告知讀者書籍印刷完成後，雕版由「某某」收藏。[35]

如圖一之三所示，一個標準的明清書籍的封面頁，通常提供該書的基本資訊：書名、作者或纂者的姓名或筆名、書坊或藏版者的名號。如艾思仁（Sören Edgren）所言，封面頁載明的基本資訊是為了銷售，最早的功能是廣告，而對今日的學界來說，是有待挖掘的寶貴史料，能幫助書籍史家了解明清的書業和印刷文化。[36]封面頁也是明清出版者宣示書籍所有權的獨特空間，除了聲明「某某藏版」，出版家或藏版者也常在上面加蓋自己的印章。到了明末，部分出版家還特別設計印章或牌記，加上商標般的裝飾圖樣或藏版者的詳細資訊（地址、出版動機等等），藉此強化「品牌」力或展現獨特性（見圖一之五）。[37]除了裝飾功能外，這類印章也可能作為一種簡單的辨偽機制，協助讀者和顧客區分正版和翻印。杭州的一個刻書家，在其一六

35 沈津，〈說本衙藏版〉，《書韻悠悠一脈香》（桂林：廣西師範大學出版社，二〇〇六），頁三九～一四〇。
36 Edgren, "The Fengmianye (Cover Page) as a Source for Chinese Publishing History."
37 井上進，《明清學術變遷史》，頁二五～二六、三六。

九五年版的《春秋單合析義》蓋上藏版印，印文清楚聲明：「若無此印，即是翻本。」[38]

將明清漢籍、德川和本以及明治初期福澤諭吉的書籍的書名頁和藏版印，並排比較，不難看出三者的排版格式及所含的資訊皆十分相似，也體現了雷同的藏版觀。德川時期的日本出版者借用了源自明清中國的「藏版」觀，也學習了以藏版印作為標示正版及宣示所有權的做法；儘管福澤諭吉聲稱他所譯介的「新」西方法則在日本不存在對應的概念，但上述的傳統作法，再再成為他翻譯和落實這個「新」西方法則時的重要資源。

圖一之五　十六世紀末余文台三台館出版之《新鐫增補全像評林古今列女傳》書名頁。鼎形鈐印提醒「買者認原板為記」。這個精心設計的藏版印，是說明此類印章如何被用來辨別書籍真偽的一個好例子。

圖片來源：哈佛燕京圖書館中文善本數位化計畫。

再譯「Copyright」

我們很難評估，福澤諭吉在一八六〇年代末為提倡與保護版權所做的一系列努力，是否成功。《西洋事情外編》中介紹版權的篇章，確實幫助催生了《出版條例》。他針對未授權翻印的投訴，也多半獲得政府機關和東京書商行會的迅速回應。然而他對其著作的所有權，能獲得書商行會和地方官員承認，主要是因為他是藏版者，是恰巧出版自己著作的書商，並非因為他是能對自身著作宣告獨佔權利的著作者。儘管在多數案件中，福澤諭吉成功取得有利裁決，銷毀了盜版者的刻版，從他們那裡獲得些許的賠償金，他為採取法律行動投入的心力，並不十分划算。案件往往耗時幾個月才能落幕，而相較於出版的總年收，福澤獲得的賠償微不足道。福澤猛烈的法律攻勢，或者他為版權正名的「文明」論，也似乎未曾讓日本各地的書商收斂翻印的行徑。在他持續擴大出版業務的同時，《学問のすすめ》等新作仍不斷被其他人盜版。《学問のすすめ》，在一八七二年出版後，旋即有至少六種盜版版本在市面上流通。[39] 根據福澤的估計，自己賣出約二十萬冊的正版《学問のすすめ》第一卷，但各方盜版商賣出的「偽版」書起碼有十萬冊之數。[40]

38 〈說本衙藏版〉，頁一四四。

39 長尾正憲，《福沢屋諭吉の研究》，頁二六七。

40 《福澤諭吉全集》第三卷，頁二一三。談到自己的書有多受歡迎時，福澤諭吉往往大方算進盜版書的銷售數字，但是我們一直不清楚福澤諭吉如何估算盜版書的銷售量。部分學者指出福澤諭吉喜歡誇大自己的影響力；參見 Kinmonth, "Fukuzawa Reconsidered."

一八七三年夏天，或許對自身的盜版橫行全國的現象感到挫敗，福澤諭吉決定為版權原則賦予更精確的新翻譯，以進一步提升同胞對它的理解。他結合「版」與「權」，造出新詞「版權」來翻譯「copyright」。有些學者認為，福澤諭吉用「權」取代「免許」（許可），新詞「版權」反映出他在權利、社會契約、自由主義方面的思想發展。[41] 然而就像福澤一八六八年譯介「藏版の免許」是為了支持他反制未經授權的翻印，這第二次的翻譯也有特定任務在身。要瞭解甚麼促使他用「權」取代「免許」，我們必須將「版權」的第二次翻譯放回適當歷史脈絡，也須注意福澤諭吉當時面對的是新類型的侵權問題。

到了一八七三年，福澤諭吉遭遇的盜版商，大多游走於合法的灰色地帶。他們不再直接翻印福澤諭吉的著作，有些盜版商另取書名，把盜版書偽裝成不同的書。舉例而言，一個愛知書商盜版福澤諭吉的《改曆辨》，將書名改成《太陽曆講釋》；東京盜版的《世界國盡》則以《地球往來》之名出版。[42] 有時候盜版商合併多本書的內容，將幾本獨立的作品重編成一卷「新」書。例如大阪出現一本題名《明治用文章》的書，其實是福澤諭吉《究理図解》和《西洋事情》的選輯。[43] 由於這些書的內容和書名並非完全照抄福澤諭吉原本的著作，因此難以歸類成標準的「重版」書。除此之外，這些書也在當地的書商行會正式註冊取得許可，按規定都是受到《出版條例》保護的合法刊物。雪上加霜的是，許多這類的盜版並非出自出版商，而是地方政府以文明開化之名出版。例如愛知縣、長津縣、小田縣的縣政府都自行翻印了《学問のすすめ》，作為地方小學的教科書。[44]

一八七二年至一八七三年，福澤諭吉發起了一系列法律行動和請願，目的是打擊此類「合法」的「偽版」書。其中一件案件的對造是大阪政府，此起案件特別迫使他重新思考版權的本質，以及法律、私有財產權、國家權力三者的關係。一八七三年春，福澤諭吉得知大阪政府出版的習字本有部分內容取自他的《啟蒙手習之文》。他向恰巧也是自己好友的東京市長請願，敦請市政府保護他的財產，銷毀大阪習字本的雕版。他再次搬出「文明」論：「在世上要提升文明，唯有著書一途。」他主張：「文明的西方皆制訂嚴格的反盜版法保護智慧財產，」以確保思想的進步。[45]在請願書中，他強調這種嚴格的法律堅不可移，所以身為執法者的政府不應違反法規。刊物一旦獲得官方許可，專有利益就應受到保護，無論盜版者身處何地、是何身分，都必須加以追究。

大阪政府收到東京政府代表福澤諭吉提出的投訴。他們在給東京當局的回覆中，否認了福澤諭吉的指控，理由是他們並非汲汲趨利的盜版商，而是努力將現代文明帶給大阪學生的啟蒙代理人。他們根據福澤諭吉的習字本另行製作教材，係因福澤的原文不適合學生需要，而非他們想佔甚麼商業上的便宜。此乃為了啟蒙日本的遠大目標而展開的教育行動，加上他們的習字本已經合法註冊，因此他們並不認為有理由被視為罪犯。他們又解釋，習字本採用活字印刷，

41 長尾正憲，《福沢屋諭吉の研究》，頁二八七。
42 同前註，頁四五二、四七一～四七七。
43 同前註，頁四四六。
44 〈後記〉，《福澤諭吉全集》第三卷，頁六四三～六四六。
45 《福澤諭吉全集》第十九卷，頁四四九。

活字版已經拆散了，故而無法交出可以銷毀的雕版。既然現在習字本已經絕版，又沒有雕版可燒，大阪政府建議東京當局和福澤諭吉不再追究，撤回此案。[46]

福澤諭吉不願退讓。五月到七月這幾個月間，他透過東京市政府和大阪當局幾番書信攻防。為了以一介平民之身壓制大阪政府的權威，福澤主張版權是「天下之公法」，[47]為凌駕於大阪政府及其教育行動之上的普世原則。他說啟蒙日本學童固然是根本要務，但是大阪政府應該堂堂正正地購買他的習字本，不應該抄襲。[48]另一方面，大阪政府批評福澤諭吉的作為貪婪自私至極，指責他標舉「文明」之名，強迫窮苦的孩子買下一本對他們只有部分有用的書本。他們進一步指出，自己的習字本嚴格來說不算盜版，因為他們只挑出覺得有用的「四十七字」進行翻印，暗示福澤版的習字本有缺陷。由於大阪政府習字本的其他內容都出於原創，依法是一本完全不同的著作。[49]福澤則反擊，指出大阪政府無論如何辯解，都無法改變自己的習字本中包含福澤版習字本內容此一鐵錚錚的事實。他聲稱，即便大阪政府習字本中只有四十七字取自他的版本，這四十七字仍屬他所有，因此大阪的習字本「也是我（福澤諭吉）的財產！」[50]

一八七三年七月，在這一連串書信往來當中，福澤諭吉向東京當局呈上一份獨特的請願書，內容是他對美國法律字典版權條目的翻譯。[51]「Copyright」的新譯名「版權」最早正是出現在這份請願書中。部分學者認為，福澤翻譯這個字典條目似乎是為了再次重申《西洋事情外編》的內容，證明西方各國訂下嚴格法律和罰則以保護版權。然而他真正想表達的重點，或許隱藏在隨字典條目附上的註釋裡。他在註釋中仔細闡明版權的「真」義，以及日本對版權概念有失精確的理解和「真」義之間的落差——這一點他自己也要負部分責任。在此，福澤試圖將「權」和「許可」（免許）區別開來。

福澤諭吉在註釋中解釋：「版權過去被翻譯成官方出版的許可（免許），但這個翻譯不夠精確。」他的說明間接承認自己對「版權」的原譯，可能導致大家誤解了版權的概念。他接著澄清：「『版權』表示作者享有刻製雕版、印刷出版自己著作的專有權，他人不得任意複製。」版權的合法性來自作者的身分，作者握有其著作的所有權及重製權，是因為作者身為創造者，是其著作的自然所有人。「故而『copyright』是出版的專有權，也可以簡稱為版的權利：版權。」[52]

福澤諭吉認為，政府的任務很簡單：「政府（在版權方面）唯一的職責是禁止盜版，如此便能實現它們的承諾。」[53] 藉由強調版權是作者腦力勞動創造出的私人財產，而非國家施恩給予的許可或特權，他嘗試將「版權」從明治政府延續自德川時期的傳統註冊許可制中，分離出

46 《福澤諭吉全集》第十九卷，頁四五七。
47 同前註，頁四四九～四五〇。
48 同前註，頁四五七～四五八。
49 同前註，頁四六一～四六二。
50 同前註，頁四六二～四六四。
51 同前註，頁四六七～四六八。福澤諭吉表示他翻譯的段落出自「ヅョン・ハヲウィルス法律韻府」（約翰・霍華茲先生的法律說明），不過學者直到今日仍不確定這位「約翰・霍華茲」先生的身分和確切頭銜。
52 《福澤諭吉全集》第十九卷，頁四六八。
53 同前註。

來。福澤主張，國家有責任嚴格執行妥善制訂的法規，以保護人民的財產，但這個責任並不等於政府有權隨時視需要任意重製人民的著作。在理解福澤諭吉論點背後的根本意圖時，必須回到他當時所身陷的版權爭端的脈絡裡——這次他面對的盜版者就是政府！如果版權的合法性來自政府授予的許可，那麼政府罔顧自己的特許，未經授權而翻印人民作品的行為，或許不算不合法。在和大阪政府堅決爭論到底時，福澤指出了這個根本問題。就像他在上呈東京市長的一份請願書裡抱怨的，他知道自己只是政府統治下的一介平民，幾乎毫無權力反抗其作為。[54]

福澤諭吉提出「copyright」的新翻譯，也再次利用版權為「文明」西方的規則，為自己的主張背書。這步棋似乎成功壓制了大阪政府。大阪和東京政府若要建立「文明」統治，就必須尊重福澤的財產權，也必須遵守法律。到了十月，大阪政府唯一能對福澤做出的反擊，只是指控他涉嫌冒犯政府權威；他們聲稱福澤寫了太多攻擊大阪政府的請願書，其中的無禮用語，讓政府名譽大大掃地。[55] 十二月，司法省介入此案做出判決：一名大阪官員因為未取得正式許可逕行翻印福澤的著作而被判瀆職，罰款日幣四圓。[56]

一八七五年，明治政府修訂《出版條例》時，福澤諭吉創造的新詞「版權」正式寫入國家法律。根據一八七五年修訂的《出版條例》，作者、譯者或出版商可向新成立的內務省，為自己的書籍申請版權證書。一旦通過，申請人將獲得該書三十年的專有壟斷權。作者和出版商也可以選擇不申請版權證書，允許他人自由翻印。新修訂的法規，與保留了較多德川慣例的前一版，大為不同。首先，政府接管了原本書商行會的所有權註冊業務，這些近世的機構失去了仲裁所有權糾紛的法律權力。其次，註冊主體從與藏版密切相關的傳統「板株」，變成法律賦予作者的一般權利。除了舊有慣例認定的直接翻印（「重版」）外，新法也將抄襲受版權保護的內容，視為侵權。

儘管一八七五年的修法讓作者有權主張及保護其權利，但實際上一八八〇年代、一八九〇年代的版權申請者絕大多數都是出版商，或是像福澤諭吉這樣的作者兼出版商。書業的部分舊規範，因此仍繼續沿用下去，也就不足為奇了。許多書商自德川晚期以來就持有雕版，他們將自己視為合法的版權所有者，認為版權類似雕版，一樣可以出租、可以共享。舉例而言，書商內藤傳右衛門積極和其他書商簽約，分享書籍的「版權」（及雕版）。他還曾經控告文部省侵犯他的版權，理由是文部省的小學讀本裡重新出版了一本舊書的部分內容，而他持有該書的雕版。藏版印花和藏版章依舊被用來聲明書籍或雕版的所有權，也用來證明書籍是正版。這段時期，活字印刷技術在日本漸漸普及，愈來愈多書籍採用「西式」排版，書中不再放入傳統的書名頁。這時藏版印花和藏版章愈來愈常出現在被稱為「奧付」的書籍最末頁。[57]有些作者會在「奧付」上蓋章，藉此計算印刷冊數，確保收到的版稅金額正確無誤，這是「留版」的一種變

54 《福澤諭吉全集》第十九卷，頁四六九。
55 同前註，頁四七三。
56 判決引自《著作權法百年史》，頁五三。
57 「奧付」的使用可以追溯到德川時期中期。德川幕府當局為了審查出版品，要求出版商和書商在印製的每冊書上都印上作者、印刷者、發行者姓名，以便追究責任。書籍最後於是插入了記載上述資訊的額外頁面，也就是「奧付」。關於「奧付」的概述，參見八木佐吉，〈奧付概史〉。

通做法。舉例而言，福澤諭吉記錄他的一位作者（同時也受雇於慶應義塾）在多少冊書上蓋章，也記錄他根據蓋章冊數支付的版稅金額。明治時期的大作家夏目漱石（一八六七—一九一六）一樣也有關於版權章和版稅的筆記。[58]

蓋印的老做法在明治時期發展出新應用方式，一八九三年《版權法》頒布後，這些新的應用變得更加普及。根據《版權法》規定，申請人必須向內務省註冊書籍才能擁有書籍版權。向政府註冊後，申請人會收到版權證書，證書持有者按規定必須在每一冊實體書上註明「版權所有」，表示該書已獲得正式版權保護。法律規定的這句套語通常出現在「奧付」頁，和書籍基本資訊放在一起。若未註冊書籍版權卻為書籍加上「版權所有」聲明是違法之舉；反之，若擁有註冊版權，卻不為書籍

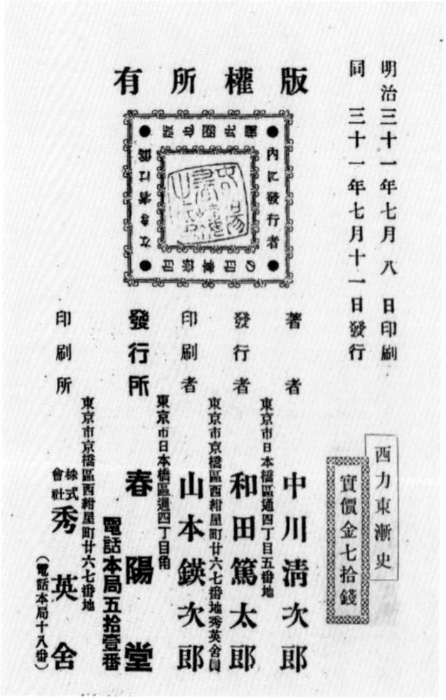
明治三十一年七月八日印刷
同　三十一年七月十一日發行

版權所有

著者　東京市日本橋區通四丁目五番地　中川清次郎
發行者　東京市京橋區西紺屋町廿六七番地秀英舍內　和田篤太郎
印刷者　東京市京橋區西紺屋町廿六七番地秀英舍內　山本鉄次郎
發行所　東京市日本橋區通四丁目角　春陽堂　電話本局五拾壹番
印刷所　東京市京橋區西紺屋町廿六七番地　株式會社秀英舍（電話本局十八番）

西力東漸史
實價金七拾錢

圖一之六　《西力東漸史》（一八九八）版權頁。「版權所有」的聲明下方是留給版權章的空間，裝飾性邊框的聲明：「若此欄內無出版者之印章蓋印，即為盜版。」欄內鈐印印文：「春陽堂」。

資料來源：《西力東漸史》（東京：春陽堂，一八九八）。

加上這句聲明同樣為法所不容。日本書商將法律強制規定的套語和蓋印的老做法結合，很快形成了新慣習。藏版印花漸漸演變成作者或出版商的版權印（版権の印）。書上常常可以看到紅色的版權章或版權印花蓋在精心設計的方框中，聲明「版權所有」（圖一之六）。

後來即使強制要求「版權所有」的法律已不復存在，日本出版商還是延用這種做法，繼續在「奧付」頁聲明「版權所有」、蓋版權章。一八九九年，明治政府準備加入國際版權管理協議《伯恩公約》，為了符合《伯恩公約》簽約的要求，[59]他們廢除舊的《版權法》，改仿照法國著作權法頒布新的《著作權法》。這部新法引入法文詞彙「droit d'auteur」（著作權），歐陸法系的著作權取代英美法系的版權，成為日本官方遵循的法則。[60]新法生效後，「版權所有」不再是法律的強制規定，不過綜觀二十世紀上半葉，這個做法在日本依然非常普遍。

58 稻岡勝，〈藏版、偽版、版権〉，頁九七～一〇〇。

59 十九世紀中葉，日本試圖修改與歐洲列強簽訂的不平等條約，加入《伯恩公約》是歐洲國家一八九〇年代強迫日本接受的條件之一。《伯恩公約》成為日本和歐洲國家第一個實際簽訂的「平等」國際條約。日本以民族國家身分加入《伯恩公約》，與歐洲會員國平起平坐。與此對比，美國一九八八年才加入《伯恩公約》，中國更是到一九九二年才加入。《伯恩公約》和地位相當的《巴黎公約》一般被認為是「國際智慧財產權法」的起源。

60 關於《著作權法》的制訂，以及日本加入《伯恩公約》後法律保護主體如何從版權（copyright）轉變為著作權（*droit d'auteur*），參見《著作権法百年史》。

從「版權」到「版權」

十九、二十世紀之交，東亞書籍的流動方向在甲午戰爭後開始翻轉；在這個脈絡下，日文的「版權」傳入中國，成為「copyright」的中文翻譯。一八九五年中國慘敗，當時的清朝精英認為，戰事結果無疑證明了由上而下的明治維新成功將日本改造為強國，但中國約莫同一時期以「自強」之名進行的一系列改革，卻成效不彰。戰敗的衝擊導致大家從心底根本懷疑起中國「文明」的優越性，也對日本產生更深的心結。憂國憂民的士紳開始呼籲政府進行更激進的制度改革，長久以來被中國精英認為文化低他們一等的日本，因而成為潛在典範。他們認為，日本的勝利，證明即使是曾經敗在列強手下的非歐洲國家，一旦全盤西化，仍有可能在幾十年後「迎頭趕上」。中國知識界首度開始認真看待西方知識，思想潮流的巨變迅速反映在閱讀偏好上。

為了應付帝國主義列強進逼的挑戰，中國讀書人急於消化吸收西方知識，這時他們發現鄰國日本是通往西方文明的完美捷徑。一八九五年以前，西方知識多半是由歐美傳教士和中國助手譯介傳入中國。一八六〇年代以來，清廷在北京設立了同文館（創立於一八六二年）等機構，負責教授歐語、派遣學生到歐洲留學，儘管如此，培養出精通歐語和中文的合格翻譯人員，是需要長期耕耘的。以和林紓合作的王壽昌為例，王壽昌在巴黎學了六年法律和法語，學成歸國後在福州船政學堂擔任法語講師。另一方面，由於當時的標準日文大量使用漢字，學日文似乎是比較容易的替代方案，且日文學習提倡者聲稱，受過教育的中國人可以在幾個月內就學好日文。一八九六年，同文館開辦日文課程，部分士人和地方官員也發起日文學習或翻譯計畫。他們認為，相較於翻譯歐語書籍，翻譯日文書籍能幫助中國加倍快速的吸收西方知識。[61] 正如激進派改革者康有為（一八五八—一九二七）在《日本書目志》提出的美好願景：「是吾以泰西為牛，日本為農夫，」藉由閱讀日本的西學著作，「而吾（中國人）坐而食之，費不千萬金，而要書畢集矣。」[62]

日本官員和出版商也很快注意到日本在為中國引介西方知識上，所具備的優勢。日本駐上海總領事小田切萬壽之助（一八六八—一九三四）在一八九八年的訪談中表示，他認為現在是日本出版業進軍中國書市的「好時機」。小田切聲稱，由於「戰爭後中國人的自尊心大受動搖，」他們轉而願意汲取日本的成功經驗，開始「定期向日本買書——主題包羅萬象，從政治、法律、經濟，到實業、科學、歷史、地理。」[63] 包括博文館、冨山房、丸善等大出版商，以及吾妻兵治（一八五三—一九一七）及其善隣譯書館等泛亞主義者在內，不少業者認為日本向中國輸出書籍在政治和商業上都能得利；他們皆迅速在中國設立分支據點，積極將書籍運往中國市場。[64] 冨山房後來面臨中國盜版猖獗的打擊，決定退出中國市場，但在退出前的全盛時期，

61 譚汝謙編，《中國譯日本書綜合目錄》，頁五八～五九。

62 康有為，《日本書目志》，收錄於姜義華、張榮華編，《康有為全集》第三集，頁二六三～二六四。類似論點也見於張之洞和梁啟超的著作。關於進一步的討論，參見第二章。

63 〈清國貿易の前途〉，《太陽》第四卷第二十一期（一八九八年十月），頁二二〇。

64 〈清国向けの書籍出版概況と東亞公司設立状況〉，《図書月報》第三卷第五期（一九〇五年二月二十三日）。這篇文章的作者只能找到五十三種、一九〇四年以前由日本出版商翻譯出版的日本著作。

他們持續每年能向中國穩定輸出數千冊自己出版的各種西學書籍。[65]

除了日本出版商向中國大量輸出的各種日文著作（及其中譯本）之外，旅日的中國留學生和政治運動家也在中日知識和書籍的交流中發揮關鍵作用。舉例而言，康有為的弟子梁啟超在戊戌變法失敗以後被迫流亡日本，他開設了幾家出版社，出版宣傳他們的改革思想和西方知識。日本的書籍報刊是他「接觸」現代西方政治思想的主要窗口。[66] 旅日的中國留學生也從一九〇〇年起組成翻譯讀書會，像是譯書匯編社（創立於一九〇〇年）、湖南編譯社（創立於一九〇二年）等；他們有系統地翻譯出版各種日文著作，以為國人同胞「廣開民智」。這些書籍報刊大多由橫濱和東京當地的印刷作坊印製，再輸出到中國。

中國向日本長達幾世紀的文化輸出傳統就此翻轉。日本不再是東亞圖書貿易的接收端，而成為東亞主要的「新知」提供者。中譯的外語著作裡，日文著作竄升為最大宗。從一八九六到一九一一年，根據譚汝謙的廣泛調查，有九百五十八種著作由日文譯為中文，每年平均六十三．八六種。[67] 一九〇二年至一九〇四年間，在所有中文翻譯書當中，有百分之六〇．二的譯本譯自日文。[68] 日文著作的譯本流入之際，新詞彙也隨之湧現；它們多半是和制漢字雙字詞，用以翻譯西方概念。[69] 這些日文詞彙為清末中國人提供討論西方事物和思想的新文化架構，與此同時，這個前所未有的詞彙交流，也改變了中文的基本表達方式和寫作風格。[70]

「版權」一詞是十九、二十世紀之交中國人採用的日文新詞之一。中文借用了日文的「版權」，「版權」從此成為「copyright」的中譯名。「Copyright」和「literary piracy」（著作盜版）等字早在一八六〇年代就出現在英漢字典中。例如羅存德（William Lobscheid）廣泛流通的權威《英華字典》將「copyright」譯為「印書之權」，將「literary piracy」譯為「賊人書的」，不過他的翻譯似乎並未在中國流行。[71] 一八九六年至一八九七年，位於上海的傳教士出版社「廣學會」（Society for the Diffusion of Christian and General Knowledge among the Chinese）首度開始提倡版權原則，對抗中國的未授權翻印，他們提到著作盜版或未授權翻印時，用的是中文原有的、較中性的詞語「翻刻」。廣學會的請願書和告示提到版權原則時，將其定義為「西例」，言明「凡翻人著作，掠賣得資者」，視同竊奪他人財產的盜賊，其責任必當追究。[72] 但他們從未替此「西例」定名。

第一個在中文文本中，以外來語「版權」說明版權現象的人可能是康有為。一八九八年春，他將明治維新編年史《日本變政考》獻給光緒皇帝，希望說服皇帝效法日本，展開全面制度改

65 富山房，《富山房五十年》，頁六二〇。

66 梁啟超一八九八年流亡日本以後，在日本度過十多年光陰。參見 Fogel, ed., *The Role of Japan in Liang Qichao's Introduction of Modern Western Civilization to China.*

67 《中國譯日本書綜合目錄》，頁六一。

68 Tsien, "Western Impact on Chinese through Translation," 30315. 錢存訓的統計是根據《譯書經眼錄》的資料而得。

69 沈國威，《近代日中語彙交流史》。

70 Reynolds, *China, 1898–1912*. 也參見王汎森，《中國近代思想與學術系譜》，頁一八一～一九四。

71 Lobscheid, *English and Chinese Dictionary with the Punti and Mandarin Pronunciation*, 502.

72 〈廣學會嚴禁翻印新著書籍告示〉，《萬國公報》第九十七期（一八九七年二月），頁一六六九九～一六七〇〇。關於此禁令及其歷史起源的脈絡討論，參見第四章。

革。討論到日本一八六九年頒布的《出版條例》時，康有為主張「泰西之強」可以歸功於歐洲人對學習與創新的「鼓勵之法」——舉例而言，「著書」者可以獲得「版權」這樣的獎勵。明治日本意識到如此誘因激勵了歐洲知識分子和發明家創造新思想、新機器，於是也頒布法律，將版權的獎勵制度化，康有為認為這是日本科學技術幾十年來突飛猛進的原因之一。[73]和福澤諭吉一樣，康有為也強調版權保護與國家富強息息相關。在短命的戊戌變法期間，光緒皇帝頒布的數百項新政裡，確實有一道詔令賦予「著新書」者專有其著作所生利益之特權，不過版權一詞並未出現在這道詔令中。[74]我們也不清楚這道詔令是否實際執行過，激進的維新計畫在慈禧太后和保守派重新掌權後被腰斬。到頭來，康有為關於版權的討論，在當時或許不曾流傳開來。《日本變政考》主要只為光緒皇帝這一位讀者而寫，數十年來一直是未出版的手稿，收藏在紫禁城的皇家藏書樓。可能有少量手抄本在朝廷和康有為的交際圈內流傳，但《日本變政考》從未觸及一般讀者。[75]

一八九八年至一九〇三年間，討論中國國內及國際版權保護制度化的公文往來、報紙文章和公開信件中，可以看到「版權」一詞零星出現。舉例而言，在戊戌變法中挫的刺激下，梁啟超在橫濱創辦政治報刊《清議報》，《清議報》翻譯了一篇《東洋經濟新報》的文章，談論中國缺乏版權保護制度如何傷及想為中國「開發民智」的日本出版商的生意。除了翻譯這篇文章之外，《清議報》還刊登社論，鼓吹日本政府應該施壓清廷，要求保護版權。這篇社論作者很可能是梁啟超；作者號稱自己得知日本試圖「布版權制度於支那」時，多麼「狂喜贊嘆」。他再次強調，版權、從日本譯介的「新學」知識以及中國的進步，這三者息息相關，希望日本的刺激能幫助中國人建立這個「支那昔無有也」的新制度。[76]

在善後義和團事件的條約談判時，美日兩國要求清廷應當為外國出版商提供版權保護。中方商約大臣呂海寰（一八四三—一九二七）和盛宣懷（一八四四—一九一六），在奏摺以及給各省總督的公文中提及此事時，使用了「版權」一詞。不同於康有為和梁啟超，清廷要員大臣似乎多將美日要求立法保護國際版權一事，視為威脅而非助力。管學大臣張百熙（一八四七—一九〇七）以及張之洞（一八三七—一九〇九）、劉坤一（一八三〇—一九〇二）等重要總督都焦急發來電報，表明自己堅決反對版權保護的要求。他們主張版權目前對中國實屬「無謂」，且會阻滯中國的西化，因為一旦條約保護外國著作的版權，翻譯外國書籍的成本將大幅增加，遏絕廣開民智的可能。[77]由於官員強力反對，一九〇三年初正式簽訂《中美續議通商行船條約》及《中日通商行船續約》時，條約條款定義的版權保護幾經折衝，只保護「凡專備中國人民所

73 康有為，《日本變政考》卷二，頁三九。

74 〈光緒二十四年五月十七日內閣奉上諭〉，《光緒宣統兩朝上諭檔》第二十四冊，頁二三〇b～二三一a。

75 戊戌變法期間曾有其他文件提及這本著作，一九〇〇年代康有為改寫戊戌變法史時，將《日本變政考》書稿裡提出的一些想法和論點修改後重新呈現；儘管如此，《日本變政考》從未出版。一九四七年，芮瑪麗（Mary Clabaugh Wright）在北京看到《日本變政考》的手抄本，將手抄本製成微卷，但原稿正本直到一九八〇年代才終於發現。

76 〈讀東洋經濟新報布版權於支那論〉，《清議報》第十三期（一八九九年三月二十一日），頁七七九～七八三。

77 中央研究院近代史研究所編，《中美關係史料：光緒朝五》，頁三二七一～三二七二；王彥威、王亮編，《清季外交史料》，頁二七一二～二七一七。

用」之書籍版權，為中國出版商製造漏洞，讓他們可以自由翻譯任何為一般讀者撰寫的外國書籍。[78]

儘管條約條款有明顯瑕疵，但中國出版商仍將此版權保護視為一種外國人的特權，可能會讓中國書商陷入劣勢。一些人擔心如今外國書商有法律利器在手，可以對付中國的書商、盜版商，於是開始敦促清政府承認及保護中國書商及作者的版權。舉例而言，一九〇三年，文明書局的主人廉泉（一八六八－一九三一）向張百熙請願，要求保護版權。[79] 廉泉主張版權是「出版專賣之權，五洲之公例，各國莫不兢兢奉守」，清政府應該效法各國，「嚴立法條，所以獎成勞，防冒濫。」[80] 嚴復致張百熙的公開信也提出類似主張：儘管翻印原則上有助於快速普及思想，但嚴復警告張百熙，允許翻印會嚴重打擊著譯者寫作新書的熱誠，「是故國無版權之法者，其出書必稀，往往而絕。」因此，嚴復敦請清政府提倡版權，獎勵為中國「輸入文明」者，趁著為時未晚打擊盜版。嚴復認為，中國作者和書商若能享受版權的「薄利」，中國人才將大放異彩，國家將在二十年內趕上歐洲各國。[81] 同年，商務印書館還出版了一本小冊子《版權考》，內容是《大英百科全書》（*Encyclopedia Britannica*）「版權」條目的中文翻譯。商務印書館主人更在〈序言〉中表示，之所以出版此書介紹版權的發展沿革和法律原則，是因為他認為制訂本國的版權法是中國當務之急，況且和日本、美國新簽訂的商約皆已給予外國人有條件的版權保護，中國更需制訂自己的法律。[82]

這些中國早期版權提倡者的言論，讀起來就像福澤諭吉所寫（雖然晚了幾十年）。他們大多是與康有為及激進派改革人士有聯繫的鬆散社群。這些人將版權描述為文明、進步的普世法則，為了趕上世界各國，中國必須採納版權原則；他們也將歐洲的思想發展和技術革新歸功於各國的版權立法。和福澤諭吉一樣，他們認為物質報酬能鼓勵作者、發明者、學者，讓他們不斷創造新想法、發明新事物。對這些中國的早期版權提倡者而言，版權的價值和力量源自其舶來品身分，而中國的「失敗」可以歸咎於缺乏這套西方——因此也是進步——的法則。另一方面，反對將版權納入商約的一方，同樣承認版權是「公例」，但認為中國還不夠「文明」，不足以接受版權。張百熙主張，如果各國的最終目標是要求中國加入國際版權法律體系，以更全面地保護中外貿易，那麼沒有版權保護，對各方而言都更有利。中國若能自由翻譯、印製西方的書籍，則可以更快趕上西方。因此為了中國的發展，政府應該抵制任何國際版權保護的要求。儘管雙方對於版權保護與文明進步的關聯看法不同，但他們同樣認為版權是外來法則，在中國沒有可與之相比的本土制度。版權提倡者認為此法則必須人工移植到中國，反對條約納入版權保護的人士，則認為版權進入中國與否，是政府可以阻絕之事。

78 吳翎君，〈清末民初中美版權之爭〉，《國立政治大學歷史學報》第三十八期，頁九七～一三六。
79 關於此次請願其他面向的進一步討論，參見第四章。
80 〈廉部郎上管學大臣論版權事〉，《大公報》，一九〇三年五月二十二日。
81 嚴復，〈與管學大臣論版權書〉，收錄於《中國版權史研究文獻》，頁四六～四八。
82 《版權考》，頁一～二。關於這些請願的進一步討論，參見第四章。

借用空洞套語再造傳統

上海格致書院（Shanghai Polytechnic Institution）是由英國傳教士創辦、上海市議會監督的西式學院。一九〇三年二月，格致書院為每月的徵文比賽在《申報》刊登以下題目：「中日版權同盟與西國版權定例若何？其利弊何在？」[83] 格致書院以上述問題做為有獎徵文公開競賽的題目，這表示一九〇三年的上海已有不少人真正理解「版權」一詞及西方版權法的內涵，足以言之有物地討論版權——或者起碼主辦單位是如此認為的。瀏覽《申報》、《大公報》、《中外日報》等中國主要報刊以及當時出版的中文書籍，我們確實可以看到版權一詞頻繁出現。「版權」一詞，在一八九八年以前基本上無人知曉，不過經過短短幾年，如今似乎成為中國文化圈的日常語言的一部分；在上海這個帝國生氣蓬勃的新書業中心更是如此，書商、記者、文人都對版權一詞相當熟悉。

版權一詞突然普及，是否表示愈來愈多文化界人士響應版權早期提倡者的號召——藉由移植和推廣這個大家陌生的法則，來促進中國的思想發展與技術進步？一九〇〇年代，版權一詞出現在書面文本時，多半不是用來闡發前文所述的版權保護主張，而是在書籍廣告或實體書中，簡明制式的所有權聲明或正版聲明。[84] 這類聲明極為常見，卻鮮少受到學界關注。一部分是因為做出這些聲明的往往是不太有名氣的文化人物或出版商，他們幾乎沒有留下紀錄說明自己用字遣詞的考量；還有一部分是因為這些聲明太過千篇一律，與康有為、梁啟超等知名意見領袖的長篇大論相比，這類制式的聲明被認為不太值得認真研究。然而仔細檢視這種制式版權聲明出現的位置與方式，我們可以看到那些文化界的小人物，並非單純受到意見領袖和改革者倡議版權的「影響」或「啟發」。他們按照自身觀點移植版權、實踐版權，將這個看似外來的概念，與在地舊有的傳統連結在一起。

如果我們能對中國清末文獻，以「版權」一詞進行關鍵字搜尋，最有可能看到「版權」的地方，是在「版權所有」這句套語裡。這句中文套語，正是直接借自前文討論過的、於明治日本流行一時的「版權所有」。儘管中國出版商借用了日本同行用來聲明版權的套語，但移植過程中卻丟失了附加在日文套語上的法律及習慣權威。單字或片語可以在不同語言、不同社會之間借用，但為字詞賦予力量的習慣、規範、當地脈絡並未一併傳入，這種情況實不少見。最初為「版權所有」套語賦予法律力量的是日本一八九三年的《版權法》，但這部《版權法》已經

83 〈格致書院二月朔課題〉，《申報》第一〇七二二期（一九〇三年二月二十七日），頁三。

84 對清末書籍和書籍廣告進行大規模量性調查，可以知道版權及這句套語的確切出現次數、頻率甚至模式，然而這超出了本研究的範圍。瀏覽過當時的《申報》、《大公報》、《中外日報》等三大報之後，就印象所及，筆者認為合理的估計是當時報紙上至少有三分之一到二分之一的廣告是關於新出版的書籍報刊。超過百分之五十的書籍廣告裡，有關於版權的公開所有權聲明、或含有「版權所有」這句套語。至於當時的實體書，根據筆者對上海圖書館典藏清末刊物的研究，附有版權頁或「版權所有」套語的書籍，在一九〇二年以後明顯增加。筆者和熊月之私下討論時，他也同意此一看法；他說自己為編纂《晚清新學書目提要》進行研究時，也有類似印象。版權的所有權聲明或「版權所有」套語，不只見於新學書籍或洋裝書，也見於內容較傳統的書籍和傳統裝幀書籍。除了在清末報紙的書籍廣告和上海圖書館典藏的清末書籍中觀察到上述模式，類似的現象也見於中國國家圖書館古籍館所出版的十四冊《清代版刻牌記圖錄》。參見國家圖書館古籍館編，《清代版刻牌記圖錄》（全十四冊）。

失效。然而即便該法律尚未失效，其效力也不會擴及中國書商，「版權所有」這句聲明在日本書業裡約定俗成的信用感，也不會自然而然在中國生效。換言之，中國書商移植的是一個制式而空洞的套語。缺乏一八九三年的《版權法》和日本出版商的共識為之背書，中國書商不得不為「版權所有」提供脈絡，自行發明方法或論理根據，證明他們確實「擁有版權」。

從日本借用「版權所有」時，中國書商的確不曾也不能移植支持這句聲明的法律權威，但他們成功模仿了這個套語的模樣。許多書商從日本書籍取出一頁——日本書商被要求聲明版權所有權的「奧付」頁——插入他們出版的中國書籍（圖一之六）。這特殊的一頁通常出現在書末，即現在中文通稱的「版權頁」。雖然我們今天認為版權頁是中文書籍不可或缺的一頁，但對十九、二十世紀之交的中國讀者而言，這卻是個新玩意兒。版權頁最早見於在日本以活字印刷的中文書籍，後來因中國書商和印刷作坊模仿當時的日本書籍，製作「洋裝」書，也開始在中國普及。到了一九〇〇年代末，幾乎所有的中國「洋裝」書都在書末加上版權頁；在這一頁上讀者可以找到關於該書的各種核心資訊，像是作者姓名（有時也附上地址）、出版商的姓名和聯絡方式、出版日期、定價、銷售地點等等。

中國書商不只挪用「奧付」頁和「版權所有」聲明，他們也模仿了供作者或出版商蓋版權章的方框（常以花哨邊框裝飾）。不過從中國書商放進方框裡的東西，可以看出他們對於蓋印、正版認證以及版權性質三者間的關係，或許有不同的想法。有時欄位留空，彷彿方框只是個裝飾。有時「版權所有」的聲明被方框框起，彷彿是為了突顯聲明。多數情況下可以看到欄內蓋有印章或貼上印花。廣泛考查一九〇二年至一九一〇年間出版的中文書籍後，我們可以合理地歸結，大多數在書籍版權頁上（有時候是封面上）看到的鈐印是書商的印章，而非作者的（如圖一之七所示）。出版商的版權章顯然是自明清的藏版章傳統延續而來。[85]這類鈐印在清末也用來作為書籍的正版認證。上海出版商金粟齋在一九〇六年的廣告向顧客說明：為了區別正版和盜版，金粟齋在「各書卷末蓋有篆文圖章『金粟齋版權之證』七字，用為識別。」[86]

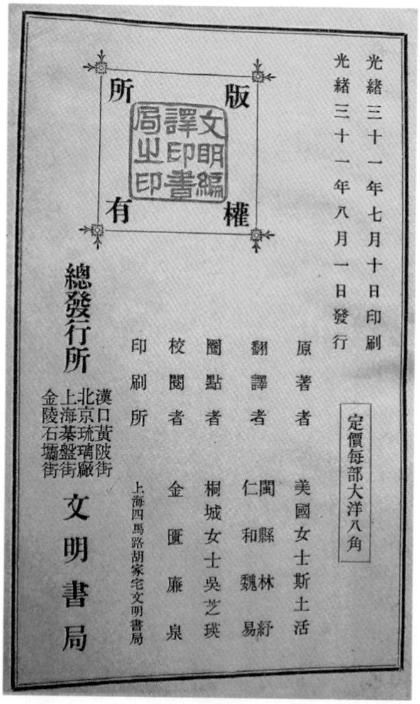
光緒三十一年七月十日印刷
光緒三十一年八月一日發行
定價每部大洋八角
版權所有
文明編譯印書局之印
原著者　美國女士斯土活
翻譯者　閩縣林紓　仁和魏易
圈點者　桐城女士吳芝瑛
校閱者　金匱廉泉
印刷所　上海四馬路胡家宅文明書局
總發行所　漢口黃陂街　北京琉璃廠　上海棊盤街　金陵石壩街　文明書局

圖一之七　《黑奴籲天錄》（一九〇五）版權頁。頁面中間上方的方框聲明「版權所有」，欄內蓋的印章寫著「文明編譯印書局之印」。

資料來源：《黑奴籲天錄》（上海：文明書局，一九〇五）。

圖片來源：上海圖書館。

85　根據筆者在各地圖書館的研究，包括：上海圖書館、芝加哥大學雷根斯坦（Regenstein）圖書館、國立臺灣大學圖書館、中央研究院傅斯年圖書館及郭廷以圖書館、東京東洋文庫圖書館、北京大學歷史系圖書館、中國社會科學院近代史研究所圖書館、耶魯大學圖書館、劍橋大學圖書館。《清代版刻牌記圖錄》等已出版的清代版權頁圖錄也提供了大量資訊。

86　〈金粟齋廣告〉，《中外日報》，一九〇六年三月二十二日，廣告頁二。

中國出版商不僅僅單純挪用「版權所有」套語和蓋版權章的做法，他們還將之改造，為這個借來的聲明創造出在地脈絡。當出現在報紙廣告或實體書籍上時，「版權所有」這句套語往往是以下八字為固定聲明的一部分：

版權所有翻刻必究。[87]

一如版權頁，這句制式聲明已經是今日中文書籍習以為常的一部分，常被視為相當於英文中的「copyright reserved」或「©」標記。不過回到一九〇〇年代，這是當時書商對舊慣習的新改造。這個制式聲明的後半句「翻刻必究」，有著悠久的歷史，早在十三世紀漢籍的牌記與書名頁上就有，在明末清初的書籍中更是不時出現（見圖一之三）。[88] 艾思仁和井上進等學者認為這種警語是中國的「類版權」，[89] 鄭成思及其門生等中國法律學者則宣稱這是人類史上最早的版權保護。[90]

表面上看來，「版權所有」的聲明和「翻刻必究」的警告，確實指向共同目標：聲明所有權、確保發表聲明者對於印製某本書籍擁有專有權，但是這兩者背後的理路截然不同。在明末清初的書籍中，「翻刻必究」的警告往往和「某某藏版」的聲明一同出現，一如前文的討論，「某某藏版」反映書籍所有權屬於藏版者的想法。井上進在討論明末的「類版權」時，舉陳子龍（一六〇八—一六四七）和陳繼儒（一五五八—一六三九）為例，從我們當代的觀點來看，陳子龍和陳繼儒固然是作者與編纂者，但他們同時也是出版者：他們雇用工匠雕版，出版自己的著作。

雖然當代對版權的理解與藏版的概念迥異，但對十九、二十世紀之交的人而言，中國有數百年歷史的「翻刻必究」與版權之間的相似處似乎顯而易見。例如英國漢學家翟理斯（Herbert A. Giles）認為「翻刻必究」是中文裡最接近英文「copyright」一字的說法。翟理斯一八九二年的《漢英字典》（*Chinese-English Dictionary*）將「翻刻必究」定義為「翻刻者將遭到起訴」，視之為「相當於『保留所有權利』（all rights reserved）的一種版權通知」，堅稱其獨一無二：「中國除此之外別無版權。」[91] 中國商約大臣呂海寰在奏摺中解釋他們在一九〇二年的條約談判中已盡全力爭取，保障中國的利益，「幸如尊議」，他試圖淡化美日要求的版權保護的「外來性質」，聲稱版權「即我『翻刻必究』之意。」[92] 呂海寰把這句禁止翻刻的中國帝國晚期套語，描述為可與版權等同的做法，藉此暗示上級，列強的要求或許距離中國在地的環境，也不是那

87 套語裡「翻刻」和「翻印」可以互相替換。

88 關於明中葉至明末書籍裡「翻刻必究」聲明的例子，參見石宗源等著，《中國出版通史》第五卷，頁三四一～三四二。有趣的是，李明山《中國古代版權史》中關於明代「版權」保護的內容幾乎和《中國出版通史》一模一樣。

89 Edgren, "The *Fengmianye* (Cover Page) as a Source for Chinese Publishing History"; 井上進，《中國出版文化史》，頁二五五～二六一。

90 關於類似論點，參見鄭成思，《知識財產權法》；李明山編，《中國近代版權史》；王蘭萍，《近代中國著作權法的成長》，頁七～一二。

91 「翻刻必究」in Giles, *A Chinese-English Dictionary*, 342.

92 〈呂盛兩欽使覆電〉，收錄於《中國版權史研究文獻》，頁四三。

麼遙遠。

因此，雖然一九〇〇年代中國書商普遍在實體書上蓋版權章和聲明「版權所有翻刻必究」，但這或許不能直接歸功於改革者提倡版權及其版權即文明的論述。儘管清政府直到一九一一年才正式頒布著作權律，但缺乏著作權律一事，並未阻止中國書商以「版權」之名宣告書籍所有權。他們看到從黃海彼岸日本輸入的書籍，從中學會了「版權」的用法。中國早期的版權提倡者強調版權作為外來新觀念，需要人工移植、被中國有意識地採用；然而「版權所有翻刻必究」的聲明迅速普及，表示了對中國書商來說，版權並非是個毫無對應傳統，全然陌生的觀念。藏版、藏版章、版權、版權章、熟悉的傳統套語「某某藏版翻刻必究」、日本書籍出現的明治套語「版權所有」——清末中國書商很快看出這一切之間的關聯，因此他們從明治日本借來「版權所有」的套語，和明清時代禁止未授權翻印的慣例警語「翻刻必究」相結合，水到渠成。清末書商在新輸入的日本書籍裡看到表示版權所有的用語和習慣，他們之所以對此感到熟悉，係因這些的行為，源自明清的書籍文化。

Chapter

2

「新學」是門好生意

一八九九年，汪康年向林紓接洽，表示想買下其譯作的出版權（重版權）時，這位上海出版商的要求，對地方士人林紓來說，相當古怪。然而到了一九〇三年底，「copyright」的中譯「版權」，似乎已融入中國書商的日常語言之中，不論是在報紙上的書籍廣告、所有權聲明或實體書上，「版權」一詞都十分常見。過去說自己並不「擁有」自己譯作的林紓也開始收取新譯作的報酬和版稅。一九〇五年夏，林紓和魏易（一八八〇—一九三〇）合譯《湯姆叔叔的小屋》（*Uncle Tom's Cabin*）出版為《黑奴籲天錄》，書籍出版後他們甚至在《申報》上以該書原始版權所有者的身分刊登聲明，譴責任何翻印此書的企圖。[1] 儘管林紓在《黑奴籲天錄》的序言中表示，他們翻譯這部小說是為了激發中國人的民族意識，但不可否認如今譯書對林紓而言

1 〈文明書局最要新書廣告黑奴籲天錄聲明版權〉，《申報》，一九〇五年七月一日至三十一日。

也是賺錢的行當。出版《黑奴籲天錄》的文明書局在廣告中宣稱，他們「出重資」買下了林紓和魏易的版權。[2]

林紓對著作財產權的態度的改變，以及十九、二十世紀之交「版權」一詞在中國突然普及，都是西方知識商品化造成的直接影響。西方知識當時廣泛稱為「新學」；[3]今天的讀者可能會將《巴黎茶花女遺事》或《黑奴籲天錄》單純地視為文學作品，但對於清末的中國知識分子而言，因為這些小說來自國外，它們就和化學、政治經濟學一樣，都屬於新學的知識範疇。[4]清朝在甲午戰爭中意外落敗之後，中國的文化和政治精英開始急切地接觸所謂的新學知識，以應付西方列強進逼的挑戰。許多人認為，新學文本的翻譯、出版、閱讀，攸關中國的救國大業。正如梁啟超所言：「國家欲自強，以多譯西書為本；學子欲自立，以多讀西書為功。」[5]在清末進入中國的這套新知識體系，徹底改變了中國精英對自身和世界的認識，導致傳統學術秩序的崩潰，並重新定義了何謂「有用」的知識。這場思想巨變是中國現代史上，最被廣泛研究的課題之一，但我們對其社會經濟影響仍缺乏全面評估。本章將討論十九、二十世紀之交的深刻思想轉變，如何造成新學知識在中國的商品化，進而促使「版權」概念的突然流行。

傳教士的搖錢樹

說到甲午戰後思想氛圍的轉變如何改造中國書籍市場時，編輯暨史家呂思勉（一八八四—一九五七）回憶，當時「新書新報，日增月勝。」[6]中國知識分子長久以來普遍認為鄰國日本不足和中國相提並論，因此甲午戰敗對立場、地位不同的各方知識分子來說，都是沉重的打擊，也是巨大的幻滅。這個心結促使他們開始質疑：傳統的儒學和世界觀是否仍適用於現代民族國家競爭激烈的世界。他們第一次嚴肅考慮西方知識與思想值得鑽研。[7]

對於當時的許多中國讀書人而言，讀西書或其中譯是掌握這個新知識思想體系的最佳方式。青年梁啟超所編纂的兩本互補的小書：《西學書目表》和《讀西學書法》，恰恰反映了這種想法。梁啟超在書中列出鴉片戰爭到甲午戰爭年間在中國出版的三百五十二種譯作，為各譯本寫下簡短評註，說明如何循序漸進地閱讀它們，其目標是引導讀者借由自學踏入這個陌生的

---

2 〈林譯泰西名著小說黑奴籲天錄〉，《申報》，一九〇五年七月十六日，頁一。

3 筆者所謂「新學」指的是中國當時視為新穎、外來的一般知識，包括外語、自然科學、現代工法、國際關係、西方軍事技術、西方政治思想、歐洲歷史、外國文學等。「西學」、「時務」等用語也被用來稱呼這個新的知識體系。不過由於並非所有新知都來自西方，筆者在討論時偏好使用「新學」一詞。關於應新學知識出現而生的複雜文化交流，參見 Lackner and Vittinghoff, eds., *Mapping Meanings*; Lackner, *New Terms for New Ideas*; the WSC Databases, http://www.wsc.uni-erlangen.de/wscdb.htm.

4 舉例而言，梁啟超在概述清代學術時將林紓的小說翻譯歸類為「新學」。參見梁啟超，《清代學術概論》，頁一六二～一六三。

5 《西學書目表》，頁一b。

6 呂思勉，〈三十年來之出版界（一八九四—一九二三）〉，《呂思勉遺文集》上冊，頁三七三。

7 關於甲午戰爭對中國知識分子的影響，參見 Chang, *Chinese Intellectuals in Crisis*; Schwartz, *In Search of Wealth and Power*; Cohen, *Between Tradition and Modernity*.

西方知識世界。[8] 他主張，一個歐洲小學生能說出世界大國的國名，但一個中國文人卻對此一無所知，兩人之間的差別並非智力高下，而在誰能接觸到「新」知識。[9] 梁的預設是，如果中國讀書人能夠接觸到西書，那他們就與西方讀書人一樣，能夠理解化學實驗、幾何學或農學等西方知識。對於當時正在重新評估西方思想是否適用於中國的文人來說，梁啟超的書不啻為及時雨。一八九六年秋，梁啟超的《西學書目表》和《讀西學書法》由汪康年上海的《時務報》出版，首次出版的兩個月內就賣出兩千冊。向隅的讀者紛紛焦急致信汪康年請求再刷，一年內至少就重印了兩次。[10] 一些讀者亦步亦趨地跟隨梁啟超的指引，蒐羅並閱讀他推薦的「西學」書籍，也有讀者決心自行為「西學」編纂叢書和入門讀法指南。[11] 在一八九六年至一九〇五年間，市場上出現了至少十多種類似的閱讀指南和書目評註。[12]

中國讀者早在甲午戰爭以前就能取得西方知識的圖書。駐華耶穌會士從明末開始將歐洲的宗教、科學、數學著作譯成中文。[13] 太平天國之亂（一八五一—一八六四）落幕後，通商口岸的新教傳教士以及有志於改革的官員，也開始更加系統化地翻譯國際法、軍事技術、工業、歐洲史等方面的書籍。然而綜觀十九世紀，中國知識界似乎在多數時間都對此類書籍毫不關心，它們始終只是在中國圖書世界邊緣的小眾讀物。英國傳教士傅蘭雅（John Fryer，一八三九—一九二八）為江南機器製造局（創立於一八六七年）主持了十年以上的翻譯計畫，他估計在一八七一年至一八八一年間，江南製造局成功賣出了約三萬一千冊的九十八種書籍。傅蘭雅認為這個銷量差強人意，算不上甚麼讓人振奮的成就，因為購書的顧客主要限於清廷培養翻譯人才的同文館，以及通商口岸的一些「新式」學校。[14]

然而在甲午戰敗之後，中國知識分子似乎突然「重新發現」了這些書——比方丁韙良（William A. P. Martin）翻譯自亨利．惠頓（Henry Wheaton）的《萬國公法》（*Elements of International Law*）。[15] 在他們爭相購進更多關於西方科學、社會、文化的新書，以加速消化西方知識的同時，新學書籍也從傳統中國圖書界的邊緣走向中心，成為大家有興趣的讀物。要說明新學書籍如何在十九、二十世紀之交商品化，或許沒有比廣學會更理想的例子了。廣學會的書籍銷量在一八九五年後暴增，改變了這個傳教士出版社的財務結構，將廣學會從志不在營利的組織，變成透過賣書自給自足的機關。新學知識的商品化也促使廣學會將其刊物視為可產生利潤的私有財產。他們成為中國第一家運用版權概念主張書籍所有權的出版商，以版權之名譴

---

8 書中還列出鴉片戰爭前出版的八十六種譯本、已完成但尚未出版的八十八種著作、以及中國作者撰寫的一百一十九種「西學」著作。梁啟超並未評論這些書籍，單純列出來供讀者參考。

9 《西學書目表》，頁一 a。

10 例如一八九七年武昌質學會的《西學書目表附讀西學書法》，以及慎始基齋的《西學書目表》。

11 關於清末對《西學書目表》的迴響，參見潘光哲，《晚清士人的西學閱讀史》，頁三二二～三四一。

12 熊月之編，《晚清新學書目提要》，頁一～一〇。

13 關於耶穌會在中國的翻譯活動，參見 Dunne, *Generation of Giants*; Elman, *On Their Own Terms*, chaps. 2 to 5; 李奭學，《中國晚明與歐洲文學》。

14 傅蘭雅（John Fryer），〈江南製造總局翻譯西書事略〉，收錄於張靜廬編，《中國近代出版史料》第一卷，頁二一～二二。

15 關於中國對丁韙良譯自惠頓的《萬國公法》迴響如何，參見 Liu, "Legislating the Universal"; Howland, *Translating the West*, 124–125.

責盜版，宣稱未經授權翻印他們的著作，就像竊盜或搶劫一樣，都是不法行為。

廣學會最初於一八八七年由韋廉臣牧師（Reverend Alexander Williamson，一八二九—一八九〇）成立。正如中文名「廣學」所示，該機構肩負的主要任務是在中國傳播基督教教義和西方的「一般知識」。為了讓自己更能被士大夫、科舉學子及其家人接受，廣學會刻意淡化自身的宗教使命，而多以實用西方知識推廣者的身分自居。[16] 他們編纂書籍，介紹西方歷史、政治和國際事務，在鄉試的考場外發送，大多數時是免費相贈。廣學會的領導人認為，免費發送書籍是吸引中國讀書人對西方思想產生興趣的最佳方式（希望也能同時勾起中國人對基督教的興趣）。舉例而言，廣學會在一八九三年和一八九四年的年報中慶祝自己的贈書成果：超過數萬冊諸如《中西四大政》的圖書，已連同傳教小冊子一起免費送給科舉考生。[17]

一八八〇年代到一八九〇年代之間，廣學會的出版業務主要由海外捐款支持，捐款來自英美新教組織及一些私人贊助。一八九二年，李提摩太（Timothy Richard，一八四五—一九一九）接任廣學會總幹事；雖然深知只有獲得穩定金援才有辦法繼續推行出版計畫，但他從未將賣書盈利當成廣學會獲取資金的可行或可接受方案。例如在一八九二年的年報中，李提摩太報告書籍銷量成長時語帶歉意，遺憾地表示由於僅靠捐款無法支付譯者的薪金和印刷費、配送費，廣學會不得不有價販售自己的刊物。李提摩太說，若捐款充裕，他們會讓書籍免費流通。「非書不能明其學，非錢不能成其書。」因此他呼籲海外捐款人和中國政府挹注更多資金，讓廣學會可以免費將書籍贈送給中國人。[18] 李提摩太沒有向廣學會捐款者透露的是，儘管廣學會的書籍是免費相贈，但基本上不太得到中國人欣賞。他後來在回憶錄提到，一八九五年以前，許多人拿到他們在考場外發送的刊物之後，根本看都不看。這些書籍「其實被做成了鞋底」或者「被收集起來，在廟裡和其他寫有文字的紙張一起燒掉了。」[19]

然而到了一八九五年，中國人對這些書籍的態度丕變。戰爭爆發以來，廣學會的機關報《萬國公報》訂閱量在一年內翻倍成長。不少中國讀者訂閱《萬國公報》是為了林樂知（Young J. Allen，一八三六—一九〇七）報導戰爭的文章；他們認為這些文章立場「中立」，因此更為可靠。《萬國公報》大受歡迎，使廣學會不得不頻繁再刷，以追上讀者的需求。一些中國官員和政府機關也追加了訂閱份數。[20]林樂知為《萬國公報》編纂的一系列甲午戰爭報導（包括他的文章和摘自外國報紙的翻譯）在一八九六年集結成書，出版為《中東戰紀本末》。根據統計，一八九六年至一八九七年間，廣學會售出超過兩萬兩千冊的《中東戰紀本末》。[21]廣學會另一本甲午戰後的暢銷書是李提摩太翻的《泰西新史攬要》；這是譯自羅伯特・麥肯齊（Robert Mackenzie）的《十九世紀史》（*History of the Nineteenth Century*）。熊月之估計，傳教士在短

---

16 王樹槐，〈清季的廣學會〉，《近史所集刊》第四期（一九七三），頁一九四。

17 李提摩太，〈廣學會第五年記略〉，《萬國公報》（一八九三年十二月），頁一三四一七~一三四二〇；〈廣學會第六年記略〉，《萬國公報》第六十期（一八九三年十二月至一八九四年一月），頁一四一一九~一四一二七。

18 同前註。

19 Richard, *Forty-Five Years in China*, 231–232.

20 同前註，頁二三一。

21 查時傑，〈林樂知的生平與志事〉，頁一五〇~一五一。

短幾年內賣出了三萬多冊《泰西新史攬要》。[22] 這兩本書的銷售量立下了新學書籍在中國的新里程碑：江南製造局耗費了十年時間（一八七一年－一八八〇年）才售出三萬冊書籍，但《中東戰紀本末》和《泰西新史攬要》只用了兩、三年就超過這個數字。除了個別書籍取得的亮眼成績，廣學會的整體銷售規模也大幅成長。如圖二之一所示，廣學會的銷售額在一八九五年到一八九六年間成長三倍，在一八九六年到一八九七年間又再次翻倍。從一八九三年到一八九九年間，廣學會的銷售額暴增二十倍之強。

在甲午戰爭爆發不久，廣學會就預測，雖然清朝的軍事裝備比日本先進，但中國將因為不願接納西方知識而輸掉這場戰爭。廣學會的傳教士在《萬國公報》和《中東戰紀本末》一再重申這個論點。在戰敗的餘波盪漾下，這個的論點打中了中國讀書人，激起他們閱讀西學書籍的興趣。廣學會在自己協助促成的這股思潮轉變中，也受益匪淺，所出的書籍大受歡迎，進而改變了他們的營運模式。廣學會似乎實現了最初的目標，讓西方思想知識打入了中國知識界，但他們現在既不能也不願意再免費發送多數書籍了。如圖二之二所示，從一八九六年到一九〇三年，書籍銷售額在廣學會年收入所佔的比例愈來愈重。雖然廣學會獲得的捐款在這幾年也增加不少，但其對組織的財務的整體重要性卻下降了。一八九六年以後，在中國的書籍銷售取代英美捐款，成為廣學會的主要收入來源。

在啟迪民智的任務中賺大錢或許不是廣學會的初衷，但出版「生意」的收入最後卻成為維持機構日常營運不可或缺的重要財源。一八九六年至一九〇四年間，廣學會的新學書籍銷量激增，為了因應刊物需求日益增加及贈書規模擴大，營運規模也隨之擴張。節節上升的印刷費用

22 《西學東漸》，頁六〇一。廣學會一八九九年出版了《西學東漸》一書的「普通版」，初版的五千冊有四千冊在兩週內售出。有些人甚至宣稱《西學東漸》在十九、二十世紀之交的銷量破百萬冊。

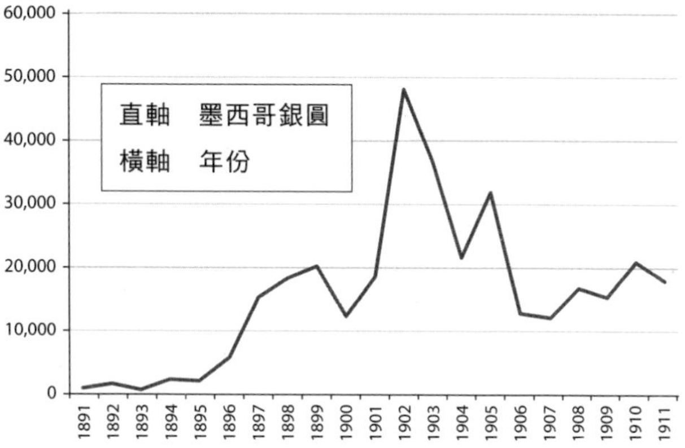

圖二之一　廣學會一八八八年至一九〇五年間之年銷售額。

資料來源：廣學會年報（一八八八——九〇五）。

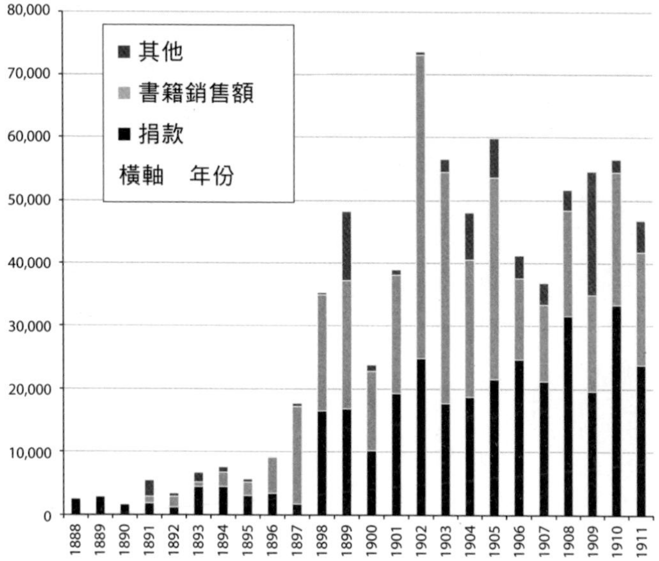

圖二之二　廣學會一八八八年至一九一一年的收入來源。

資料來源：廣學會年報（一八八八——九一一）。

和薪金開銷，主要依靠售書收入，而非仰賴海外捐款。出版計畫的擴大創造了財務循環，導致廣學會需要（或許也期望）售書收入繼續增加，以維持成長動能。廣學會確實對資本積累不感興趣，往往將盈餘投入到印刷更多免費聖經的計畫裡，但不停擴大的業務所引發連鎖反應，驅使他們尋求更多讀者、追求更高收入。這造成了一個有趣的結果：這家志不在營利的傳教士出版社最後的行為作風，與商業出版社並無二致，也開始將他們的新學刊物視為商品。

一邊是免費發送書籍啟迪中國民智的崇高理想，另一邊是組織現在依賴售書收入的經濟現實，廣學會領導人在這兩者間拿捏平衡，對於他們書籍新展露的商業價值感到苦樂參半。在年報中，廣學會年復一年的慶祝銷售額創新高，認為這是令人鼓舞的跡象，表示中國讀者終於認識到西方知識的價值。[23]過去認為廣學會刊物「不值得費心買賣」的中國書商，現在紛紛來向廣學會接洽，表示他們「非常樂意」為廣學會賣書。廣學會刊物成了市場上的熱門商品，顧客不惜超付金額也要買到，因此中國書商有十足的誘因販賣廣學會的書籍。舉例而言，李提摩太的《泰西新史攬要》在上海售價兩元，但在西安等內地城市售價可漲至三倍。中國書商不只透過在內陸地區販賣「正版」廣學會刊物而大發利市，也透過翻印大賺一筆。據李提摩太所知，他的《泰西新史攬要》光在杭州至少就有六種版本，甚至還有一種「富人豪華版」。[24]

一八九七年向捐款者報告時，廣學會將中國的翻印視為他們的啟蒙使命有成的證據。報告表示：「奪人之書，圖己之利，固為大千禁例，然揆其用意，實多欣喜之心。」[25]李提摩太也在回憶錄提到，當時他們不擔心中國人盜版他們的書，因為光是「正版」冊數的銷售額，支持日常營運就已綽綽有餘。[26]回顧中國的傳教事業時，李提摩太略過不提的是廣學會其實非常在意中國出版商從他們手中「偷走」的利潤。他們一面說自己正面看待中國盜版，卻也同時在《萬國公報》上立場堅定、氣勢洶洶地刊登告示，聲明他們握有這些暢銷書的專屬所有權。一八九六年冬，廣學會向美國駐上海總領事佑尼干（T. R. Jernigan）及上海道臺劉麒祥請願，敦請他們嚴禁盜版。劉道臺認可廣學會傳教士為「服務世人」煞費心力，因此特別申明禁令，廣學會的暢銷書籍一概禁止翻印。傳教士在《萬國公報》登出劉道臺的禁令，刊登道臺禁令的告示中也一併介紹版權法則：

> 乃聞坊間不肖書賈，竟有思復刻以弋利者。西例，凡翻人著作，掠賣得資者，視同盜賊之竊奪財產，是以有犯必懲。[27]

廣學會印製的實體書中，也看得到同樣的禁令和聲明，就好像傳教士試圖為自己生產的每

23 〈上海廣學會第九次年會論略〉，《萬國公報》第九十八期（一八九七年三月），頁一六七五七；〈上海廣學會第十年年會論略〉，《萬國公報》第一〇八期（一八九八年一月），頁一七四一五～一七四一六；〈廣學會第十一年報記略〉，《萬國公報》第一百二十期（一八九九年一月），頁一八二四四。

24 Richard, *Forty-Five Years in China*, 231–232.

25 〈上海廣學會第十年年會論略〉，《萬國公報》第一〇八期（一八九八年一月），頁一七四一六。

26 同前註。

27 〈廣學會嚴禁翻刻新著書籍告示〉，《萬國公報》第九十七期（一八九七年二月），頁一六六九九～一六七〇〇。關於此禁令及其歷史起源的脈絡討論，參見第四章。

冊書籍都烙上所有權標記。除了公告周知他們的刊物現已受到中西各方主管機關的保護，廣學會也申明他們扼阻盜版的決心：「無論何人，不得翻印，如違稟究。」[28]握有這道特別禁令，這個昔日曾因書籍有價出售而向讀者致歉的傳教士出版機構，如今成為中國第一家對翻印其書籍者採取法律行動的出版商。廣學會的財務紀錄顯示，他們至少在上海會審公廨兩度對中國出版商提出告訴，成功在一八九七年獲得一百元賠償金，一八九九年又獲得五百三十五元的賠償。[29]

廣學會獲得的此一特殊「版權」保護效力有限。帝國各地的中國書商依然繼續翻印廣學會出品的《中東戰紀本末》、《文學興國策》、《泰西新史攬要》等各種新學刊物。舉例來說，一八九八年，廣學會聲稱光是在四川就看到了十九種《泰西新史攬要》的翻印本。[30]根據估計，在十九、二十世紀之交，在中國售出了超過百萬冊的廣學會刊物的翻印本，五倍於廣學會印製的「正版」冊數。[31]當時道格拉斯爵士（Robert K. Douglas）等中國通，將廣學會遭遇的盜版問題，介紹給歐美讀者時，稱其為「中國思想覺醒」的跡象。[32]一份美國刊物略帶嘲諷地評論道格拉斯所介紹的這個現象：「我們現在知道，西方文明不須向中國引進盜版這種行為；在那裡著作版權無人知曉，只要書刊暢銷到一定程度，翻印也是順理成章的發展。」[33]

清末政治改革與新學熱

廣學會在甲午戰爭後發現西方知識的商機，這不只改變廣學會的運作，也改變了中國新學書籍的整體生產方式。投入資金和資源翻譯、編纂、出版新學書籍不再單純是為了達成啟蒙使命、救國任務或個人思想成就，新學書籍也成了有利可圖的投資對象。一八九五年以前，西方知識的中文書籍出版商多半是傳教士出版社、政府機關或個人學者，他們屬於中國印刷文化史家分類中的「非商業出版者 (non-commercial publishers)」。[34] 廣學會等傳教士出版社仰賴捐款資助，同文館、江南製造局等政府機關，則靠中央政府或地方政府挹注資金。[35] 既然書籍銷量不影響機構營運，理論上可專心出版他們認為思想價值重大的著作，不需擔心收支問題。然而

---

28 〈廣學會嚴禁翻刻新著書籍告示〉，《萬國公報》第九十七期（一八九七年二月），頁一六六九九～一六七〇〇。

29 〈上海廣學會第十年年會論略〉，《萬國公報》第一百八期（一八九八年一月），頁一七四一五～一七四一六；〈廣學會第十一年報記略〉，《萬國公報》一百二十期（一八九九年一月），頁一八二四四。這兩次訴訟是我們追溯得到的中國最早的版權訴訟。

30 〈廣學會第十一年報記略〉，《萬國公報》第一百二十期（一八九九年一月），頁一八二四四。

31 參見廣學會一九〇六年年報。

32 Douglas, "The Awakening of China."

33 "The Awakening of China," *American Monthly Review of Reviews*, July–December 1900, 110.

34 關於中國非商業出版傳統的討論，參見 McDermott, "'Noncommercial' Private Publishing in Late Imperial China." 一八九五年以前的新學書籍出版商屬於傳統的非商業出版類，包括私人家族出版商（家刻）、宗教出版商、政府出版商（官刻）。

35 舉例而言，江南製造局的經費主要來自曾國藩的淮軍軍費和上海海關的稅收。

這種模式使他們在財務上無法獨立，假設捐款被收回或政府撤回補貼，這些機構的運作將立時癱瘓。廣學會在甲午戰爭後愈來愈依賴售書收入，同時期幾家中國人經營，專注於新學書籍的非商業出版社，也開始期待能賺得利潤。舉例而言，一八九七年梁啟超創辦大同譯書局，他並未向外募款或要求政府贊助，而是相信出版社可以藉由出售股份和販賣書籍順利自力更生。[36]戊戌變法期間，政府接管大同譯書局，該社成為新學書籍的指定供應商。為了打平擴大生產規模的額外花費，政府同意每月補貼兩千兩，然而條件是一旦出版社再度轉虧為盈，國家將撤回補貼。[37]

中國的新學書籍市場興起，其潛力很快吸引中國的「商業」書局與印刷者注意。部分商家開始銷售廣學會和其他傳教士出版社的西學書籍，也有些決定翻印這些暢銷書或自行出版新學書籍。對他們來說，這不過是門好生意罷了。舉例而言，嗅到新市場的商機之後，商務印書館從一家小型印刷作坊脫胎換骨成現代文化企業，日後更成為二十世紀東亞最大的出版公司。商務印書館於一八九七年，由四個在傳教士出版社工作的華籍印刷師傅創立；顧名思義，商務印書館原先是個替上海洋行印製商務傳單和商業文件的作坊，也兼為上海的傳教士出版社印刷報刊書籍。[38]身為這些傳教士出版社的承包商，他們注意到這段時間以來印刷工作量持續增加，親身體驗了中國急速上升的新學書籍需求。一八九八年，商務印書館決定試試水溫：他們挑選一本在印度為殖民地臣民編寫的基礎英語教科書《印度讀本》（*Indian Reader*），委託中國的英語教師加以評註，出版成《華英初階》和《華英進階》兩書。短短一周之內，這兩本英文入門書就賣出超過三千冊，售書的利潤讓商務印書館不但回收最初的投資金額，還能搬到更好的地段。[39]

一八九六年至一九〇五年間，中國目睹了新學書籍的爆炸式成長。清廷在戊戌年間展開強力的政治和教育改革，西方知識思想成為科舉改革後的試題新方向，中國讀書界掀起一片新學熱。此外，有愈來愈多中國出版商，和商務印書館一樣，認為新市場前景可期，開始有系統地委請翻譯、購買譯稿、聘用編輯，以出版更多符合潮流的新學書籍。與此同時，如第一章簡單提過的，中國人發現有辦法可以更簡單、更經濟、更快速地出版新學書籍：翻譯日文的西學書。西方知識的供需改變，大幅擴大了新學書籍市場的規模。一九〇〇年至一九〇四年間，中國出版了超過八百九十九種新譯本，超過過去九十年來所有出版譯著的總和。[40] 梁啟超編寫《西學書目表》時，努力收集了過去半世紀（一八四二—一八九五）出版的譯作約三百種，但如今（一九〇二—一九〇四）平均一年就出版二百二十六・五種新譯本。[41] 除了譯著，還有無數以新學

36 梁啟超，〈大同譯書局敘例〉（一八九七），收錄於《中國近代出版史料》第二卷，頁五二～五四。

37 〈改譯書局為譯書官局摺〉（一八九八），收錄於《中國近代出版史料》第二卷，頁五〇～五二。

38 關於其成立初期的詳細討論，參見樽本照雄，《初期商務印書館研究》，頁一～一〇七。

39 蔣維喬，〈創辦初期之商務印書館與中華書局〉，收錄於《中國現代出版史料》第四卷，頁三九五。

40 熊月之，《西學東漸與晚清社會》，頁一三。熊月之根據當時的多本書目表及二十世紀初的其他統計資料，統計出這些數據。熊月之承認實際的譯本種數更多。

41 Tsien, "Western Impact on China through Translation," 305–327. 每年二百二十六・五種譯本的數字是根據顧燮光的《譯書經眼錄》計算而得。

之名編寫的報刊、叢書、索引、書目、教科書、小冊子、讀本、小說等等。[42]這些書籍多半不是出自傳教士出版社或官方出版社之手，而是由中國書商和文化企業家出版。一時之間，報紙上充斥新學新書的廣告，新學書籍彷彿成了中國讀書人最時髦、最嚮往的配件。

馮自由（一八八二—一九五八）《政治學》的序言生動描述了其同時代人如何急切的用新學知識武裝自己：

> 庚子重創而後，上下震動，於是朝廷下維新之詔，以圖自強。士大夫惶恐奔走，欲附朝廷需才孔亟之意，莫不曰「新學、新學」。雖然，甲以問諸乙，乙以問諸丙，丙還問諸甲，相顧錯愕，皆不知新學之實，於意云何。於是連袂城市，徜徉以求其苟合。見士大夫特書曰「時務新書」者，即麇集蟻聚，爭購如恐不及。而多財善賈之流，翻刻舊籍以立新名，編纂陳見以樹詭號。學人昧然，得魚目以為驪珠也，朝披夕哦，手指口述，喜相告語：「新學在是矣，新學在是矣。」[43]

對新學這種近乎盲目的渴望，是受到愛國主義驅使嗎？在這段側寫中，馮自由暗示中國讀書人之所以焦急尋覓新學書籍，實是為了響應「朝廷需才孔亟之意」。在一定程度上，這股新學熱即使不算中國精英的功利算計，也是他們對十九、二十世紀之交教育和科舉改革的務實反應。

一八九八年，面對中國在甲午戰爭的挫敗，年輕的光緒皇帝（一八七一—一九〇八；一八七五—一九〇八在位）決定效法日本的明治維新，發起一系列由上而下的制度改革。為了培養未來能夠跟上世界腳步的社會政治精英和帝國官僚，政府準備改革科舉考試，學校也將納入數學、科學、國際政治和其他西方知識等新課程。儘管戊戌變法在慈禧太后（一八三五—一九〇八）和保守派的強烈反對下提前告終，但正如瑞貝卡．卡爾（Rebecca Karl）和沙培德（Peter Zarrow）所言，短命的戊戌變法塑造了未來幾年清末改革的整體思想。[44]一九〇一年義和團事件落幕後，清廷宣布進行全面改革，這個通稱為「庚子新政」（一九〇二—一九一一）的變法，是滿清王朝由上而下的西化運動及國家建構計畫。「新政」的第一步，也是最具象徵意義的一步，是正式廢除沿襲五世紀的八股文應試，採取新的科舉形式。除了傳統的四書五經外，考生現在更必須就「中國政治史事論」和「各國政治藝學策」寫作策論。[45]評分標準是考生剖析時務和歷史問題的內容良窳。同時政府將建立仿效歐洲和日本的學校體系，作為帝國招募和培育

---

42 舉例而言，《譯書經眼錄》列出了一九〇二年至一九〇四年間，由中國人纂輯出版的六百四十二種新學書籍。這些「非翻譯」書籍的種數大約相當於翻譯書的種數。

43 馮自由，《政治學》，頁一。

44 Karl and Zarrow, eds., *Rethinking the 1898 Reform Period.* 值得注意的是，幾位因戊戌政變離開政府的年輕官員都成為清末民初的文化企業家，例如廉泉、張元濟、蔡元培等人都是這群年輕精英官員的一分子。廉泉是教科書和新學書籍的重要出版商文明書局的所有人；張元濟先後擔任南洋公學譯書院院長和商務印書館總經理；蔡元培在商務印書館當過一陣子總編輯，後來成為革命家。

45 Elman, *A Cultural History of Civil Examinations in Late Imperial China,* 596.

未來精英的平行管道。[46] 之後三年間（一九〇二—一九〇四），清廷以新的科舉形式舉辦了兩次鄉試、兩次會試。[47]

「跟上時代」的時事考題理論上讓政府得以拔擢最適合的人才，合格者在作答中顯示了對西方知識的基本了解，因此能夠將帝國改造成現代國家。新政改革將新學知識指定為考試科目和學校課程，也為新學賦予了官方認可的文化地位和意識形態正當性。改革後的科舉或許能夠積極改變中國讀書人的思想，但數百年來支持科舉制度的這套讀書仕進、選賢與能的想法卻沒有受到挑戰。幾十萬文人考生也依然堅守同樣的人生目標：科舉及第、考取功名、進入官場。他們為了出人頭地採用的策略也大同小異。就像過去背誦四書五經、學習八股範文一樣，現在他們爭先恐後的搶讀新學書籍，以求跟上新主流。

從這個時期的個人記事和虛構故事皆可看到，許多中國讀書人之所以讀起新學書籍，是因為他們認為新學書籍是打開成功之門的神奇鑰匙。以朱峙三（一八八六—一九六七）為例，朝廷一宣布科舉改革，老師就讓這位湖北青年放棄八股文體例，要他轉而針對「如何規範商業」或「鐵路對中國的影響」等模擬策論題目習作文章。一九〇二年去武漢參加鄉試時，朱峙三設法盡量多買、多借上海出版的時務新書，因為他深信「習其文體，是為科舉利器。今科各省中舉卷，多仿此文體者。」[48] 另一位清末考生劉大鵬（一八五七—一九四二）也注意到讀新學書和考取功名的關聯。多年來，這位住在偏遠山西市鎮的舉人一直苦苦追求最高的進士功名。一九〇二年，劉大鵬前往開封再次碰碰運氣，他看見其他考生蜂擁至書店搶購時務書籍和新學書籍當做參考書，這位儒家思想的忠心學子心中大感震驚。書商也趁機哄抬書價，從這些求書若渴的顧客身上大賺一筆。[49] 一九〇三年，劉大鵬再試不第，他的結論是同時代人已經「棄孔孟之學而就西人之學」，但這不過為參加科舉而「求速效」的作法。[50]

相較於日記，小說則以諷刺但寫實的筆法描繪科舉改革。典型情節通常包括三者：一、守舊的老師，在科舉改革後遭到學生無情拋棄；二、自大無知的「精英」，他們利用新學獲利甚豐，事實上卻對新學所知無幾；三、焦慮的年輕學子，他們拋開守舊的老師，擠向「精英」身邊。這些中國讀書人汲汲營營閱讀新學書籍，一心執著於官場仕進，成為諷刺文學的流行題材。舉例而言，在李伯元（一八六七—一九〇六）的《文明小史》中，賈家三兄弟[51]的老師孟老夫子唯一拿手的科目就是八股文，因此他執意不理會科舉改革，照舊傳授那套作八股文的老把戲。三兄弟參加改革後的科舉，卻沒有考取，因此憤憤不平地怪罪孟老夫子耽誤他們「進學」。他們轉拜另一位姚老夫子為師，姚老夫子自稱是「時務」專家，幫助不少學生考取功名，成績

---

46 關於科舉改革及一九〇五年廢除科舉，參見Elman, *A Cultural History of Civil Examinations in Late Imperial China*, Chap. 11; Franke, *The Reform and Abolition of the Traditional Chinese Examination System*.

47 這三年的科舉頻率異於平常。一九〇〇年到一九〇一年的科舉由於義和團事件而取消，一九〇二年舉行的是補考。北京考場在義和團事件中毀於祝融，故一九〇三年的會試改在開封舉行。一九〇四年的科舉是慶祝慈禧太后七十大壽而特開的恩科。

48 〈朱峙三日記（連載之一）〉，頁三四四、三二六、三三五、二八五~二八八、三四〇、三三五~三三七。

49 劉大鵬，《退想齋日記》，頁一二一、六〇九。關於劉大鵬的生平研究，參見Harrison, *The Man Awakened from Dreams*.

50 同前註，頁一二六。

51 賈家三兄弟分別是賈子猷、賈平泉、賈葛民，名字是假自由、假平權、假革命的諧音。

斐然。在姚老夫子的建議下，賈家兄弟開始從上海訂購報刊新書，讀報、讀書熟悉新學用語，以期能躋身「文明」之列，下次中舉及第。[52]

開明書局[53]的一名員工於一九〇二年到南京考場外賣書、一九〇三年到開封考場外賣書，他也注意到顧客的喜好變化。[54]在南京停留期間，他成功售出許多從上海帶來的新學書籍，銷量驚人（見表二之一）。雖然他自稱在南京考場外銷售新學書籍的主要動機是向兩萬名考生「播文明之種子」，但他也明白，顧客現在偏好新學書籍勝過傳統考試參考書是出於務實考量。他注意到世界史和現代史方面的書特別受歡迎，主要是因為有風聲指出「此次科場兼問各國政事」，所以考生「不得不略求其端緒」以求高分。來到書攤的顧客大多想找可以快速讀完、便於使用的新學手冊，好帶進考場當參考書。因

表二之一　一九〇二年開明書局於南京考場外售出書籍：

主題	種數	冊數（份數）
歷史	38	893
地理	19	337
政治及法律	27	533
經濟學	6	168
教育	7	94
科學	28	427
報刊	5	189
文選	9	282
考試參考書	5	46

資料來源：公奴，〈金陵賣書記〉，收錄於張靜廬編，《中國現代出版史料》第一卷，頁三八五。

此他和朋友開玩笑說，如果他們能編一本《無師自通外國史》或《西政不求人》之類的書，必能大賺一筆。[55]

關於閱讀新學書籍是否有助於考生在原有的科舉制度中功成名就，清末文化史的研究者至今依然沒有定論。[56] 然而當時的中國讀書人，似乎對新學書籍的魔力深信不疑。他們的焦慮和對功名的渴望助長了這股文化熱潮，導致新學市場迅速擴張。仔細觀察廣學會書籍銷售額的成長率，我們也能看到銷售成長和科舉改革間有密切關係，如圖二之一所示，因戊戌變法，一八九八年的書籍銷售額急速攀升。一九〇〇年到一九〇一年間，銷售額成長了百分之二十五；在清廷宣布廢除八股文後，一九〇一年到一九〇二年間銷售額再次翻倍，次年又成長了百分之六十三，在一九〇三年開封舉行首次改革後會試時達到高峰。

52 李伯元，《文明小史》，頁一〇九～一一六。
53 這家開明書局是上海一間出版銷售新學書籍的書店，和後來一九三〇年代成立的知名開明書店沒有關係。
54 公奴，〈金陵賣書記〉（一九〇二），以及王維泰，〈汴梁賣書記〉（一九〇三），收錄於《中國現代出版史料》第一卷，頁三八四～四一五。根據張靜廬的說法，這兩本著作出自同一人之手，作者可能是開明書局的員工或共同所有人。
55 同前註，頁三八三～三八五。
56 關於讀新學書籍是否能讓考生在改革後的科舉佔得優勢，參見以下討論：潘光哲，《晚清士人的西學閱讀史》，頁二九八～三二二，以及曹南屏，〈科舉、出版與知識轉型〉，頁一八八～二五三。

開拓知識經濟邊疆的捷徑及其亂象

這波改革引發的「新學熱」為富有冒險精神的文化企業家和有外國資源的知識分子創造了機會，同時也擾亂了中國書業的既有秩序。包筠雅（Cynthia J. Brokaw）指出，有清一朝，文字知識從文化的中心向外圍擴散、傳播，在整個帝國中生產和流通的印刷書籍有著驚人的相似性。幾世紀以來，在中國各地印刷出版的、被不同地方讀者閱讀的書籍都是同一套近乎恆久的核心文本：一、教育和考試用書（入門書、經典、考試參考書、範文）；二、實用指南（手冊、日常百科全書、工具書）；三、娛樂作品（小說、詞曲集、流行詩集）。[57]然而科舉改革加上中國讀書人轉而偏好閱讀新學書籍，挑戰了這套共同的核心文本的價值，破壞了中國圖書界的穩定。傳統的教育和科考用書前景黯淡，畢竟當中國讀書人不再需要四書五經、不再習作科舉範文，這些看似「永恆」的書籍很快就會過時。對於印刷及販售傳統考試參考書的人來說，這門收入良好的營生可能不保，實在是前所未有的生存危機。舉例而言，一八九八年，江西書商晏海瀾聽到八股文可能會廢除的傳聞，他於是向朋友悲觀斷言，如果政策施行，他投入幾千兩出版的考試用書會在一夕之間淪為廢紙。[58]晏海瀾的擔憂並非毫無根據。如同開明書局的銷售清單所示，一九〇二年南京考場外的顧客已經對傳統的考試手冊和參考書失去興趣，這類書籍只賣出四十六冊。讀者現在更願意花錢買世界史、科學和政治書，他們認為這些書籍是科舉改革後考取功名的關鍵。

晚清的最後十年，專門以經學教育、科舉備考營生者，他們的生意因科舉改革而一蹶不振，許多人的生計將在一九〇五年科舉廢止後，受到更嚴重的衝擊。另一方面，能生產新學書籍、滿足讀者日益成長的需求者，便可能從這個新興市場賺得利潤。然而要做新學生意，技術和知識的進入門檻都很高。同時嫻熟歐語和中文的人在清末中國是鳳毛麟角，因此好譯本總是供不應求。甲午戰爭以前，「西學」或新學書籍主要是以歐洲書籍為本，由外國傳教士和中國助手翻譯、編輯。江南製造局和廣學會出版的書籍大多是這種中外合作的產物。有些書籍的譯者是中國人，他們或曾留學歐美，或曾在通商口岸或傳教士學校學過歐語。一位官員在一八九四年提議設立國家資助的翻譯書院，他在提案中估計，一個中國學生至少要花兩年時間才能精熟英語或法語，足以成為稱職的翻譯。[59] 嚴復曾在英國皇家海軍學院（British Royal Naval Academy）留學多年，他認為單單熟悉外語不會自動讓人成為合格的翻譯。嚴復主張，面對要翻譯的文本，一位優秀的翻譯還必須掌握支持文本的文化背景和基礎知識，因此一名譯者可能要耗費數年光陰才能將一本書準確地譯成中文。[60]

能夠勝任的翻譯稀缺，新學書籍的需求激增，供需失衡使得編纂新學書籍成為報酬豐厚的工作。為了及時供應新學書籍，中國書商於是開始聘請內部翻譯或編輯；另一種方法是付錢給

---

57 Brokaw, *Commerce in Culture*, 553–559.

58 皮錫瑞，《師伏堂日記》第三冊，頁二六二。

59 馬建忠，〈擬設翻譯書院議〉，收錄於《中國近代出版史料》第一卷，頁三二～三三。

60 嚴復，〈論譯才之難〉（一八九九），收錄於《嚴復合集》第一冊，頁一六五～一六七。也參見一九〇〇年嚴復與張元濟談論同一主題的書信。

像嚴復、林紓這樣的翻譯名家或名作家，一次性地買斷他們最新的譯稿。甲午戰爭結束後不久，嚴復和林紓皆出版了第一本譯著（或許也是他們最有名的譯著），兩人均未就此獲取任何報酬。然而在他們的書一炮而紅之後，汪康年、商務印書館、文明書局等上海書商很快來和他們接洽，為他們後續的計畫提供資金。新學書籍的商業價值，讓這些譯者成為第一代談判及收取版權版稅的中國作家，下一章將更深入討論這個面向。

儘管如此，不是所有想做新學生意的書商都有能力、或有意願投入大筆資金取得西書的新譯本。他們努力尋找更便宜的替代品和捷徑，在供應端取得數次「重大進展」，大大降低新學市場的進入門檻。摸索通往西方知識的捷徑時，中國人「發現」的第一條路也是最重要的一條路，就是明治維新後的日本，日本能為他們省去學習歐語的負擔。從張之洞到梁啟超，許多中國官員和知識分子都相信，由於日文裡大量使用漢字，中國讀書人只需數月就能輕鬆掌握日文閱讀能力。[61]

比起培養合格的歐語翻譯，培養日文翻譯所需投資的花費較低、時間較短，因此藉由翻譯日文西學書籍取代直接翻譯歐語書籍，中國將可加速新知的引介。根據估計，至一九〇二年為止，中國出版的譯作有超過百分之六十翻譯自日文。[62]他們大多出自中國人之手，由中國人而非日本人製作、出版。儘管一些日本知識分子和出版商看見中國市場蘊藏龐大商機，但博文館、冨山房等日本出版商發現，要打進中國的新學書籍市場實際上非常困難。[63]書籍遭到翻印是日本出版商面臨的一大挑戰，無法與中國翻譯大軍競爭則是另一個難題。清政府自一九〇〇年開始獎勵出國留學，日本由於毗鄰中國，成為最受中國學生青睞的留學目的地，大批赴日留學生成為新學知識的翻譯生力軍。當時主流的標準日文，通稱「普通文」，使用大量的漢字；一如論者所預測，托這些漢字的福，在日本留學過幾個月，甚至只是靠手冊自學日文，不少中國人也能在對日文一知半解的情況下，將日文書籍翻作中文。或出於愛國心、或基於經濟考量，許多留學生在抵達日本不久後就投入翻譯事業。這時翻譯外國知識不再只是廣學會等傳教士出版社的專利，譯者也不再只限於像嚴復這樣研習外語多年的少數精英。廣學會的年銷售額在一九〇三年的高峰後開始衰退，同時新學書籍的出版量繼續迅速成長。傳教士曾經是甲午戰後中國新學的唯一權威，如今再也無法高踞領先地位。

一位書商描述，這道透過日文書籍獲取西方知識的捷徑，讓譯本書如「風發雲舉」般加速出版。[64] 譯自日文的譯本不久便多得滿坑滿谷，即使是博學多聞的讀者也不知從何讀起。舉例而言，富有的高官之子孫寶瑄（一八七四—一九二四）是博覽新學群書的讀者，一九〇三年，他說從日文翻譯過來的新書籍、新報刊多到目不暇給，「支那人腦界於是不能復閉矣。」[65] 清末中國人翻譯的日文書籍數量驚人，但許多譯本品質不佳、文句不通。由於多數譯者只懂最基

61 例如梁啟超，〈論學日本文之益〉，收錄於《飲冰室合集》第三冊，頁一三七二～七三。最初發表於《清議報》第十期（一八九九年四月一日），頁六二。

62 Tsien, "Western Impact on Chinese through Translation," 315.

63 〈清国向けの書籍出版概況と東亞公司設立状況〉，《図書月報》第三巻第五期（一九〇五年二月二十三日）。

64 〈金陵賣書記〉，頁三八四。

65 孫寶瑄，《忘山廬日記》，頁七三九。

本的日文，他們的翻譯往往保留所有漢字和原本的日文文法結構，遇到日文假名則隨意補字填詞，這種粗糙的譯文並不少見。

包天笑（一八七六－一九七二）就是這種譯者。包天笑是蘇州人，他在上海蓬勃的新學市場中闖出一片天。他曾在蘇州向一位日本僧人學過三個月日語，但最終決定放棄。即使只經過粗淺的訓練，他後來仍翻譯起歐洲小說的日文譯本，像是哈葛德（H. Rider Haggard）的《迦因小傳》（*Joan Haste*）和亞米契斯（Edmondo De Amicis）的《馨兒就學記》（*Cuore*）。也許是因為文風酣暢，包天笑不知何故贏得了「翻譯名家」的美名。[66] 他有幾個留學日本的朋友也在譯書，他們請現在已經「功成名就」的翻譯家包天笑為他們的譯稿尋找買家。包天笑的回憶錄提到，向書商兜售之前，他往往必須大幅修潤朋友的譯稿，因為「這些譯稿甚為草率，實在有些拿不出手。」[67] 包天笑還提到自己在金粟齋工作期間（這是一位富有官員一九〇二年到一九〇四年間開設的書店），不得不大規模潤飾、編輯一位名譯者葉翰的譯稿，否則讀者看不懂。葉翰是日本歸國的留學生，在上海不只經營日語學校，還開辦翻譯公司。包天笑稱，葉翰的翻譯往往讀起來還像是日文，因為他似乎只是用中文表示所有格的「之」來取代日文的所有格助詞「の」，結果句子往往彆扭到根本無法理解。[68]

這類新學著作品質參差不齊，成為當時讀者和書商關注的問題。[69] 梁啟超認為，日文書籍的中譯本文字拙劣、難以卒讀，但這是為了快速大量輸入新知的必要之惡。他承認很多譯本確實不比「草根、木皮、凍雀、腐鼠」好上多少，但中國人就像「久處災區之民」，就連「糟粕」也會當成及時的救命糧。[70] 只不過有些死老鼠腐壞得太厲害，即使是最絕望的難民也不願吞下肚。出版商為了快速盈利而買下譯稿，但他們大部分都不具備評估譯稿品質良窳的知識與方法，因此這種買賣往往像是賭博。對於專門出版新學書籍的出版商而言，機械活字和石印通常是首選的印刷方法。雖然這兩種方式能讓出版商大量生產，也讓書籍擁有「現代」外表，但卻需要更多前期資本投資。如果出版了一本書，結果內容卻糟到難以卒讀，那麼他們投入買稿和印刷的資金可能血本無歸。舉例而言，一九〇一年，商務印書館經理夏瑞芳花一萬元買了幾十份日文中譯稿，但幾乎所有譯稿都拙劣到不堪出版，完全是一場災難。[71] 由於這次對劣質新學譯稿投資失利，商務印書館出現了財務赤字。[72]

還有另一種方法能讓中國人及時出版新學書籍，又不需投資西方文本的翻譯，那就是利用現有的文本和報刊來編纂新學知識的叢書、參考書、百科全書。投入這種做法的書商大多位於

66 包天笑，《釧影樓回憶錄》，頁一五八、一七三～一七四。

67 同前註，頁二四一。

68 同前註，頁二二〇、二二二～二二三。

69 《譯書經眼錄》，頁四〇二；〈金陵賣書記〉，頁三八六～三八七。

70 梁啟超，《清代學術概論》，頁一六二。

71 樽本照雄，《初期商務印書館研究》，頁六一、八七。

72 商務印書館記取這次教訓，一九〇二年成立了自己內部的「編譯」單位，負責翻譯、編輯、編纂書籍。為了保證書籍品質良好、文字通順，他們聘請翰林出身的張元濟和蔡元培負責這個單位。關於「編譯」人員的設立，參見樽本照雄，《初期商務印書館研究》，頁八七～九三。關於商務印書館推行編譯所創造和代表的「符號學現代性」（semiotic modernity），其討論參見 Meng, *Shanghai and the Edges of Empires*, 33–42.

上海，他們原本的營生是用利用石印印刷傳統的核心文本。石印技術在十九世紀中葉由傳教士傳入中國，目的是在中國印製聖經及其他宗教文本。一八八〇年代以來，上海的中外出版商，常用石印技術來重製善本和書法，也印製畫報和小說。一如芮哲非（Christopher A. Reed）所言，石版印刷所需的投資較少、印刷成品精美、需要改動的出版流程極少、能夠自由縮小圖像和頁面，種種優點使得石印成為中國十九世紀末葉廣受歡迎的印刷法。[73] 芮哲非將一八八〇年代和一八九〇年代稱為上海石印出版的「黃金時代」；據估計，這段期間他們出版的刊物有一半與科舉相關，以袖珍康熙字典、四書五經相關書目，以及科舉範文為主。[74] 石印出版商的興起無可避免地衝擊到傳統的雕版出版商，後者一樣專攻同一套核心文本。然而就知識傳播而言，石印出版商同樣認同明清帝國晚期出版商和書商所建立的經典，也再次鞏固了這些經典的地位。為了降低單冊成本，石印出版商往往一次的印量很大（一萬至五萬份），但這種做法讓他們容易受到市場突然變化的衝擊。科舉改革施行後，他們難逃生意一落千丈的噩運。

為了因應讀者善變的喜好，一些出版商利用上海通商口岸的地理優勢，得以接觸新書籍、新報紙，再巧妙結合自己製作傳統科舉參考書的編輯經驗，[75] 開始為了改革後的科舉編纂相應的叢書、類編、參考書和新學知識百科全書。[76] 一八九七年至一九〇四年間，上海的石印出版商至少出版了五十部這類叢書和百科全書。這些書籍的書名大多包含熱門關鍵詞，像是西學、新學、時務、中西、富強、萬國等，以吸引被這股新學熱擄獲的急切讀者。這類著作的編纂者裡，有些人毫不諱言這些書是專門為考生而寫。例如《萬國政治叢考》的編纂者就說，過去全心投入琢磨八股文的讀者很難立刻知道如何討論和分析國際政策。由於現在「各國政治藝學策論」已經成為改革後科舉的新考科，為了幫助苦苦掙扎的考生，這位編纂者收集、分類、評註了相關著作，「皆考政治者所究心之事」，以協助讀者達成政府的新要求。[77]《西學三通》的〈敘〉也說科舉改革、教育改制之後，士子研讀西書已成「必需」，但譯本汗牛充棟，士子苦於書海無邊。有鑑於此，作者編寫此書，自稱是為了及時解救焦慮的考生。[78]

在清末新學百科全書的作者和書目編纂者之中，確實有人展開目標宏大的計畫，根據中國傳統目錄學框架重新整編西方知識，[79]也有人在纂輯時務文集時復興經世文編的傳統，將新學納入中國經世譜系之內。另一方面，許多新學叢書和百科全書不過是將廣泛的西方知識單純分門別類、建立索引，整理成便於對應新考科及科舉形式檢索的主題分類，並未深加反思或重新詮釋。[80]換言之，這些書籍收集既有的新學文本重新編排，但並未生產新知識。雖然篇幅冗長、規模龐大，但這些新學叢書、參考書、百科全書卻往往是刪節本。這些書籍仰賴的知識「來源」

73 Reed, *Gutenberg in Shanghai*, 87–127.
74 同前註，頁一〇四～一二二。也參見沈俊平，〈晚清石印舉業用書的生產與流通〉。
75 關於上海地緣政治優勢的進一步討論，參見第五章。
76 關於新學百科全書的出現與科舉改革的關係，參見 Amelung, "The Complete Complication of New Knowledge."
77 〈序〉，《萬國政治叢考》，頁一。
78 謝若潮，〈敘〉，收錄於袁宗濂、晏志清編，《西學三通》，頁一～三。
79 Amelung, "The Complete Complication of New Knowledge."
80 例如新學百科全書《新政應試必讀》的六卷與改革後科舉的六大考科相符。參見沈俊平，〈晚清石印舉業用書的生產與流通〉，頁二六二。

大體相同，內容高度重複。為了讓自己的著作脫穎而出，作者和編纂者往往必須強調他們收集、揀選、編排這些「共同」資料來源的方法何以勝過競爭對手。舉例而言，陸潤庠（一八四一—一九一四）在《中外策問大觀》的〈序〉強調，此書由熟悉時務的《申報》總編輯雷縉負責編纂，二十八卷文集裡的文章都是經過這位優秀編者精選分類而成。因此本書比其他「東抄西撮、剌取成篇」只為「廣售謀利」的類似書籍更有用。[81]

除了投資這個「巨剪之業」，[82]製作新學書籍還有一個更為簡便的方法：直接翻印暢銷的新學書籍，[83]因此在清末中國看到同一種新學書籍有多種「版本」也不是稀奇的事。舉例而言，一八九八年，廣學會發現他們的暢銷書《泰西新史攬要》有將近二十種翻印版。據估計，林紓的《巴黎茶花女遺事》當時至少有七種版本在市面上流通。[84]傅蘭雅翻譯伯頓（John Hill Burton）的《政治經濟學》（*Political Economy for Use in Schools, and for Private Instruction*），由江南製造局出版為《佐治芻言》，該書也衍生出至少十種翻印版。還有另一種屢見不鮮的現象：有些書有著幾乎一模一樣的書名，但內容完全不同；又或者有些書名不同、作者各異的書籍，內容卻是同一部著作。[85]

新學知識領域蓬勃發展但亂象叢生，新書一本本飛快地出版，就連博覽群書的新學書目表及閱讀指南作者，也難以跟上最新的刊行狀況，不易收集到精確的出版資訊。一八九五年後的短短幾年，中國讀者從「資訊匱乏」過渡到「資訊超載」。在中國的版本目錄學傳統中發展出的，用以評估歷代版本差異、判斷文本真偽的基本原則與技巧，在面對新學書籍時，愈來愈派不上用場。新學書籍的出版商很多是新商家，讀者即使知道誰是老字號善本出版商，也很難憑此判斷某個新學出版商是否比另一家更值得信賴。而且新學書籍大部分是新出的書籍，傳統版本學可以透過比較出版日期、紙張種類和字體找出最早（最「真確」）的版本，但如果同一本書有數種版本在短時間內一起出現在市面上，這種技巧便不再適用。因時制宜之下，徐維則的《增版東西學書錄》列出同一種書的不同「版本」。他設法在編寫條目時為某些書籍標出「真確」的版本，但仍然非常擔心自新學書籍湧入以來，圖書界混亂失序、信用不立的現象。徐維則說：「譯書不廣，學難日新，新書既多，又患冗雜。坊間書估割裂成書，改名牟利，其害尤甚。」徐維則認為未經授權、不受管制的翻印有害於知識秩序，敦促國人同胞規範出版刊物，也建議中國政府訂立版權法。[86]

對出版商和書商來說，翻印嚴重威脅他們的生意，對書業整體也是一大威脅。在一九〇三年出版的提倡版權的小冊子中，商務印書館表示：「方今新書廣出，學界固有蓬勃之氣象。然一書甫經出版，射利之徒競相翻印。」[87] 未授權翻印所造成的傷害有時可能是致命打擊。絕大

81 陸潤痒，〈序〉，收錄於雷縉，《中外策問大觀》，頁三～四。
82 姚公鶴，《上海閒話》，頁一一七。
83 關於清末各類翻印的討論，參見第五章。
84 阿英，〈關於《茶花女遺事》〉。
85 關於清末新學書籍版本的討論，參見潘光哲，《晚清士人的西學閱讀史》，頁三〇四～三〇五。
86 徐維則編，《增版東西學書錄》，收錄於《近代譯書目》，頁三二～三三。
87 《版權考》，頁一～二。

多數的日本出版商深受盜版猖獗之害，因而退出中國市場。舉例而言，富山房最初進口他們從日文譯成中文的新學書籍時，每筆訂單可以輕鬆售出一、兩千冊，但他們的「正版」書很快就被價格更低廉的中國翻印本打敗，富山房不到兩年就放棄了中國的生意。[88] 上海一家專門譯書的出版社廣智書局也登報公開聲明：由於盜版導致公司「嚴重虧損」，他們決心對未經允許翻印其書籍者採取法律行動。[89]

清末的報紙上每天都能看到類似聲明。有出版商敦促讀者「辨明」品質優良的正版，和「射利」書商的劣質翻印區隔。[90] 也有出版商譴責未授權翻印，威脅要將盜版商告上官府。第一章曾經提及，未授權翻印在中國出版界不是新現象，明清時期也不時看得到書商或藏版者發出的書籍所有權聲明。不過思想潮流轉變和科舉改革，撼動了明清帝國晚期核心文本相對穩定的秩序，加上新學書籍成為有利可圖的商品，影響所及，這類所有權主張和所有權聲明出現頻率之高，已與過去不可同日而語。這類聲明成為清末書業的新常態，也顯示當時未授權翻印的問題是多麼平常。第一章討論的「版權所有翻刻必究」套語及版權章，正是在這種背景下開始流行起來。

小結

關於版權在十九、二十世紀之交傳入中國的過程，傳統的論述是外國列強為了保護僑民的商業利益，將西方法則和法律體系強加在中國身上。中國人被迫「在槍口下學法律」，然而政府只關心控制言論，社會又對版權觀不以為然，因此引介版權的嘗試以失敗收場。[91] 筆者在本章則提出不同論點：十九、二十世紀之交，外國書商希望取得的權利，中國書商和作者一樣想取得。簽訂條約的列強試圖在談判桌上要求清政府立法保護智慧財產，同時中國書商和部分作者也為了商業利益，開始接受和提倡版權的概念。

中國的思想潮流、教育政策和書市秩序發生天翻地覆的變化，這一系列巨變使版權的概念廣為流行，版權被用來主張刊物所有權、指斥未授權翻印是犯罪之舉。在中國甲午戰爭戰敗的刺激下，中國讀書人對西方知識的態度開始轉變，中國知識界突然熱切關心起新學知識，新學書籍於是成為有利可圖的熱門商品，進而催生出一個新的文化市場。新學書籍的商業價值不只促使書商投資出版更多新書，同時也讓他們更加關注未授權翻印的問題。我們可以從廣學會具體而微的例子清楚看到，新學刊物如何在有價有市之後才成為值得保護的財產。正是在這種背景下，原本志不在營利的傳教士出版社，開始運用版權的概念，聲明其專有所有權、譴責中國盜版商形同竊奪他人財產的盜賊。

一八九八年開始的清朝教育和科舉改革，將新學知識提升至國家新思想正統的地位。許多

88 富山房編，《富山房出版年史》，頁六二〇。
89 〈廣智書局廣告〉，《中外日報》，一九〇四年二月一日。
90 〈上海製造局發售圖書廣告〉，《中外日報》，一九〇四年十一月十五日。
91 Alford, *To Steal a Book Is an Elegant Offense*, chap. 3.

中國讀書人爭先恐後的讀起新書，他們急於消化吸收新學知識是出於務實的考量，為了在不斷變化的新科舉制度中追求老目標：官場功名。中國讀書人一向是中國的主流讀者群，教育和科舉書籍則是明清帝國晚期書籍生產中的主要核心文本及銷售保證，因此中國書業和國家教育政策及文人圈潮流向來密切相關。清政府改革教育和科舉制度時，中國讀書人湧向新「道」以回應改革舉措，中國書業的動態和結構也隨之受到衝擊。

一九〇〇年到一九〇五年間，新學書籍的出版規模大幅成長，科舉相關書籍的市場則在一九〇五年後萎縮，終至瓦解。這段時期，新學書籍的生產不再是西方傳教士出版社的專利，譯者也不再只限於懂歐語的少數中國精英。中國人「發現」日本是獲取西方知識的理想經濟捷徑，他們開始將日文書籍譯成中文，大量出版新學著作。與此同時，書商改變了生產方式：他們現在願意出資買下前景看好的譯稿，用石印或機械活字印刷，大量印製新學書籍。若投資成功，書商就能賺取可觀利潤，但若譯稿投資失利或招牌著作遭到他人翻印，則可能面臨嚴重虧損。從商務印書館早年的起起落落可以看到，在十九、二十世紀之交的中國，出版新學書籍是門高利潤、高風險的生意。

這段期間，中國書商逐漸主導了新學市場。廣學會等傳教士出版社及日本出版商，雖預見中國的廣大市場，但他們只吃下其中一小塊。翻印問題造成傳教士的困擾、迫使日本出版商退出中國市場，而中國書商也同樣為此煩惱。正如本章和第一章所示，中國書商採取了外國出版商的論點，開始提倡版權這個新概念，以版權之名主張對刊物的所有權，為所有權提供法理根據。一九〇〇年以前，「版權」一詞還鮮為中國人所知所用，到一九〇三年底，「版權」已成為中國書商之間的共通語言。一種書籍的各種翻印版過去被視為「其他版本」，現在則被認為是應當禁絕的盜版。從林紓《巴黎茶花女遺事》和《黑奴籲天錄》的例子可以看到上述的觀點變化：一八九九年《巴黎茶花女遺事》初次問世時，中國市面上有數種翻印本流通，但譯者林紓、原本的藏版者魏瀚以及後來買下「版的權利」的上海書商汪康年，似乎從未認定他人翻印《巴黎茶花女遺事》是犯罪之舉。[92] 然而一九〇五年文明書局在上海出版《黑奴籲天錄》時，譯者和出版商登報公開宣告所有權，同聲譴責盜版。

92 即使是像阿英這樣的文學研究者，在《巴黎茶花女遺事》的書目研究中，也只是單純將各種翻印本視為不同版本，而非盜版。關於書目學家何時及為何開始在研究中將翻印本改列為「盜版」，不再稱之為「不同版本」，這是未來值得探討的課題。

Chapter

3

「著書者永遠之利益」

新學文化市場的出現，不只影響了中國書商對於新出版書籍的所有權的看法，也深刻改變了新書創作者的經濟生活。由於市場渴求更多新學書籍，清末著譯者得以仰賴筆耕維生，甚至由此致富。版權的概念成為中國書商用來主張刊物所有權及控告未授權翻印的有力手段，與此同時，著譯者也開始援引版權的概念作為法理依據，說明身為著作創造者的他們為何也有權分享著作產生的商業利益。本章以現代中國譯界巨擘嚴復（一八五四—一九二一）為中心，說明中國著譯者如何發展出可永續運作的版權機制，以適應十九、二十世紀之交不斷變動的經濟生活。

嚴復常被當代法律學者和思想史家視為提倡版權的中國知識分子先驅。[1]和福澤諭吉一

1 學者認為，嚴復的《原富》是第一本涉及版權談判的著作。孫應祥，《嚴復年譜》，頁一四五；李明山，《中國近代版權史》，頁二〇～二七。

樣，嚴復最為人所知的事蹟是向同胞揭開西方富強的祕密——他向國人介紹及闡述西方知識。[2]無怪乎嚴復「開創性」的版權意識會被歸功於他的海外留學經歷，以及他對十九世紀歐洲政治經濟的淵博知識。[3]誠如前一章簡單討論到的，嚴復在一九〇二年上書管學大臣敦請國家保護版權，信中強調版權是現代文明進步的關鍵，也是具有普世道德價值的正面概念。不過值得注意的是，嚴復並非從著譯生涯之初就揮舞西方進步的大旗要求版稅。事實上，他開始提倡版權的時間點落在首部譯作《天演論》於一八九七年乘時而起、暢銷四方之後。假如嚴復提倡版權的動機出自對進步的抽象信念，那麼他應該會從一開始就主張自己擁有《天演論》的版權。嚴復開始大力提倡版權的時間，和前一章論及的新學知識商品化的發展重疊。嚴復無疑是中國現代思想史上的領袖人物，但我們也必須謹記，嚴復同時也活躍參與中國變化中的知識經濟。發現譯作的獲利潛力之後，日常開銷或許驅使他更加關注版權，而《天演論》的暢銷或許也讓出版商深信，付錢買下嚴復的最新譯稿會是一筆明智的投資。

在請願書中為版權和進步辯護是一回事，付諸實踐又是另一回事。嚴復和林紓等同時代的譯者不一樣，他不贊同單純根據著作長度及市場潛力一次性賣斷譯稿，但他也無意成為梁啟超、汪康年那樣的公共知識分子或文化企業家，他不打算經營出版企業來出版自己的著作。嚴復的構想是針對出版及售出的每冊著作收取長期版稅。本章將追溯嚴復一八九七年至一九〇四年間，前四本主要譯作的出版過程，仔細檢視嚴復如何改變工作模式，如何與出版商談判報酬和版稅，他發展出從外地監控出版商和計算版稅的各種機制，終於實現目標。嚴復和出版商都在摸索一套可行的制度，讓他們能在蓬勃發展的新學書市中落實版權。他們的最終成果將成為現代中國作者遵行的標準做法，保障作者能確實收到版稅。本章追溯嚴復為確保長期版稅收入而做出的反覆嘗試與改進，藉此闡明中國智慧財產權史上鮮為人知但十分關鍵的面向：書商和作者如何擁有及轉讓版權、如何將版權視為一種無形財產。像嚴復這樣的作者，如何在書稿出售及出版後繼續持有著作所有權？身為著作原創者及版權原始所有者的作者，又如何確保著作出版之後自己能分得應有的那份利益？

販賣亞當・斯密

在因翻譯歐洲政治經濟學著作而打開名氣以前，嚴復是個走上非典型職涯道路，在清末知識分子圈的焦慮邊緣人物。嚴復在歷經太平天國動亂後的福建出生長大，身為中醫之子的他接受了傳統教育，為科舉應試做準備。然而父親英年早逝，使他不得不從地方學館中輟，放棄繼續追求為官入仕的「正途」。十五歲那年，為了免費讀書，他進入剛成立不久的福州船政學堂，成為海軍軍官。之後一八七七年，嚴復和幾個學生被送到英國格林威治的皇家海軍學院留學。嚴復在英國留學兩年，接受清朝駐倫敦大使的照顧，經過這段時日，嚴復和大使都清楚地發現，比起讓他擔任海軍軍官，成為教師、外交官或政治家可能更適合他。回到中國之後，嚴復開始

2 關於嚴復的翻譯及其對西方知識的理解，參見 Schwartz, *In Search of Wealth and Power*; 黃克武，《自由的所以然》。

3 李明山，《中國近代版權史》，頁二〇～二七。

在船政學堂擔任語言講師，先後任教於福州和天津。但他踏上的這條職涯之路最後卻是死胡同，雖然他是在海外留過學的少數中國精英，卻因為沒有正統進士資格，而無法在政府內升上更高的官位。[4]

甲午戰爭爆發，嚴復在船政學堂的許多昔日同窗和學生或死或傷；他在戰爭期間開始翻譯湯瑪斯・亨利・赫胥黎（Thomas Henry Huxley）的《演化與倫理》（*Evolution and Ethics*），譯成《天演論》一書，這是他對中國戰敗的回應。《天演論》絕非《演化與倫理》的忠實翻譯，嚴復大幅修改了赫胥黎的原文，加入自己的詮釋、評論、引經據典，向國人提倡社會達爾文主義。就跟中國文人的多數文學和學術著作一樣，《天演論》最初是以手稿形式流傳。嚴復雇用幾位抄寫員謄寫多份手抄本，將抄本寄給師友請他們指教，最重要的是這讓他的著作能在眾人之間傳閱。[5]《天演論》很快在嚴復的友人及其文化圈之間流傳開來，大受歡迎。等不及一睹為快的讀者紛紛拜託嚴復出借抄本，一些抄本就此有去無回。[6]一八九六年，嚴復開始認真研究出版書稿的可能。[7]《天演論》最後在一八九八年正式出版，成為《慎始基齋叢書》的一卷。之後，嚴復又在同一年自行出版了石版印刷版。[8]慎始基齋本並未出現版權的主張，嚴復在討論《天演論》出版事宜的書信裡，也完全沒有提及版權或金錢報酬。

一如林紓的《巴黎茶花女遺事》和李提摩太的《泰西新史攬要》，《天演論》的出版恰逢其時，正好滿足了對更多新學書籍求知若渴的中國士紳讀者的需求；各種翻印本迅速問世，據估計，當時市面上至少有十一種版本。[9]嚴復的優美文筆和赫胥黎的社會演化論深深吸引中國讀者，例如魯迅和弟弟幾十年後仍然記得他們在南京讀書時多麼推崇這本書。[10]《天演論》大獲成功，嚴復於是從北洋水師學堂一介籍籍無名的講師，一變而為名滿天下、受人景仰的知識分子。許多思想開放的大臣開始和嚴復結交，想延攬他加入自己的幕僚，不只如此，就連皇帝也親自召見他，邀他共論時務。[11] 嚴復當時只是士大夫裡地位最低的秀才，對一個像他這樣的底層文人而言，這種種新特權根本連做夢都無法想像。《天演論》讓嚴復成為知識名流，替他賺得文化資本和社會資本。

嚴復意識到《天演論》的成功也蘊藏商業上的利益。他開始翻譯第二本書：亞當・斯密（Adam Smith）的《國富論》（*The Wealth of Nations*），譯本題名《原富》，這次他改變了工作模式。嚴復在翻譯完成以前就開始尋找能提供優惠條件的「買家」。他和《原富》的潛在買家談判，積極援引版權的概念，向出版商說明為何他不只要求單筆報酬，更有權收取長期版稅。

4 關於嚴復的生平概述，參見王栻，《嚴復傳》，以及皮后鋒，《嚴復大傳》。

5 關於《天演論》的各種版本及《天演論》譯稿的流通，更詳細的討論參見王天根，《《天演論》傳播與清末民初的社會動員》。

6 〈與五弟書〉（一八九七），收於《嚴復合集》第一冊，頁一一七。

7 舉例而言，他向梁啟超和吳汝綸徵詢此事的意見。參見〈與梁啟超書一〉（一八九六），收錄於嚴復，《嚴復集》第三冊，頁五一三；〈與吳汝綸書一〉（一八九七），收錄於《嚴復集》第三冊，頁五二二。

8 《嚴復集》第五冊，頁一三一七。

9 孫應祥，《嚴復年譜》，頁一三三。

10 魯迅，〈瑣記〉，收錄於《朝花夕拾》，頁四九～五〇。

11 孫應祥，《嚴復年譜》，頁九七～一一三。

依據嚴復的觀點，他身為《原富》的創造者，自然也是其所有者，他有權將《原富》賣給自己想要交易的任何對象，而且可以重複多次出售譯稿。向嚴復買下《原富》譯稿的出版商，並不享有專有出版權。事實上，嚴復在十九、二十世紀之交至少三次賣出《原富》的出版權，賺取了可觀的收入。

一八九九年，「版權」一詞首見於嚴復筆下，出現在嚴復致張元濟的書信中。張元濟當時是上海南洋公學譯書院院長，後來成為商務印書館編譯所所長，嚴復寫信給張元濟，試圖說服對方買下他將要完成的譯稿《原富》。他最初的願望是獲得一份全職工作，成為南洋公學的常駐翻譯。[12] 由於無法說服張元濟給他一份工作，嚴復轉而另提新案，請求張買下《原富》的譯稿，《原富》當時只完成一半。嚴復最初開價三千兩，最後在一九〇〇年以兩千兩成交。和張元濟談判的過程中，嚴復一度威脅要將譯稿賣給另一家據稱願意支付超過三千兩百兩的機構，用這種操作迫使張元濟提出更好的價碼。[13]

除了這筆兩千兩的酬勞，嚴復還向張元濟額外要求《原富》百分之二十的版稅，稱其為自己辛勤工作的獎勵。嚴復主張版稅是一種有保障的經濟報酬，可以鼓勵更多人投入時間精力翻譯西方知識。他強調版權不是自私的知識壟斷，他說「外國最惡壟斷」，但讚許版權這種特權，因為他們清楚若不獎勵人才，國家將蒙受重大損失。[14] 一九〇二年，嚴復上書管學大臣張百熙，他在信中進一步發揮這個論點，敦請張百熙禁止未授權翻印、認可版權。嚴復主張，未授權翻印會降低著譯者創作新作的動力。如果政府放任出版商「狃於目前之利便」，翻印有價值的新著作，著譯者可能會認清殘酷的現實，放棄啟迪民智的努力，導致國家進步的腳步放慢，中國恐有滅亡之虞。版權保護在政府眼中看似微不足道，但嚴復大膽宣稱這是啟蒙價值的重要面向，將決定中國能否自強。[15]

嚴復在信中大量運用文明進步的修辭以及國家富強的論調，將他個人的經濟利益和中國的未來發展綑綁在一起。仔細檢視他的經濟生活，我們可以看到嚴復當時始終為財務壓力所苦：他在福建有一大家子要養，自己吸食鴉片的消遣又所費不貲，然而由於缺乏更高的舉人、進士資格，他的升官之路阻礙重重。嚴復常在日記和家書抱怨，這份中階官僚的薪俸，不足以讓他在北京維持文人雅士的形象。寫給妻子的多封家書裡，他提到量身訂做的衣服價格昂貴，在福建有一家子人要養，在北京也有一家子人要養，龐大開銷往往是他掛念的話題。一八九〇年代末，為了維持文人生活及養家糊口，嚴復不得不借錢填補資金缺口。

財務困境也促使嚴復將《原富》用來償還三千兩債務。據包天笑說，一九〇〇年前後，嚴復向富有的士大夫蒯光典借款三千兩，由於無力償債，只好改而奉上《原富》及其他著作的譯稿。鑑於《天演論》的熱銷，蒯光典相信嚴復的譯作是寶貴資產，故接受嚴復用譯稿抵債。蒯光典以私人身分雇用包天笑，一九〇一年命他開辦出版社金粟齋，負責將嚴復的譯稿出書販售，務求盡快盈利。金粟齋有數年時間都是活躍的新學出版社，舉辦公開講座，宣傳嚴復譯自

12 〈與張元濟書一〉（一八九九），收錄於《嚴復集》第三冊，頁五二六。
13 〈與張元濟書四至十〉（一八九九－一九〇〇），收錄於《嚴復集》第三冊，頁五三一～五四三。
14 〈與張元濟書十一至十二〉（一九〇一），收錄於《嚴復集》第三冊，頁五四三～五四六。
15 〈與張百熙書二〉（一九〇二），收錄於《嚴復集》第三冊，頁五七七～五七八。

約翰．史都華．穆勒（John Stuart Mill）《邏輯學體系》（*A System of Logic*）的《穆勒名學》。不過蒯光典的投資報酬並不理想，金粟齋的營運於是畫下句點。金粟齋關閉後，關於《原富》還有一件事一直讓包天笑耿耿於懷：商務印書館出版了新版《原富》，而且嚴復顯然從商務印書館手上收取報酬。包天笑認為嚴復不應如此行事，嚴復既已把《原富》交給蒯光典以償還借貸，那麼《原富》就不再是嚴復的所有物，而應該歸蒯光典所有。[16]

包天笑還有一事不知。嚴復把《原富》用來償還三千兩債務，同時又以兩千兩和百分之二十的版稅條件，將《原富》賣給南洋公學的張元濟。嚴復前後多次出售他對亞當．斯密《國富論》的譯稿，賺取了一筆可觀財富：五千兩的酬金、向南洋公學收取的百分之二十的版稅，以及後來又從商務印書館獲得的另一筆版稅。從《天演論》到《原富》出版的幾年之間，嚴復踏入新興的新學文化市場，這一步深切改變他的經濟生活。他的譯作成為清末書市的熱門商品，這筆新開源的收入填補了他的財務缺口。無法在官僚體系平步青雲的嚴復，如今發現翻譯的版稅收入指引出另一條職涯道路——為盈利而工作的譯者。

將作者的利益合理化

嚴復在寫給張元濟和張百熙的信中為版權辯護，他所使用的論述、措辭和修辭在當時多半不是原創之見，也沒有獨樹一格。他強調版權與現代文明進步息息相關，其論點呼應福澤諭吉近半世紀以前的說法。較之於廣學會的林樂知，或文明書局的廉泉等同時代人，嚴復信中的主張並無特出之處，林樂知、廉泉等人一樣援引版權的概念，要求政府保護版權、禁止未授權翻印。但不論是福澤諭吉、林樂知還是廉泉，都不像嚴復純粹身為著譯者，他們都是文化企業家，出資印製了其主張所有權的書籍。第一章討論過，福澤諭吉身兼譯者和藏版者的雙重身分，為他的書籍所有權帶來雙重定義。福澤諭吉從未完全放下出版商的角色，因此單純身為作者是否足以作為著作所有權者的依據，此一問題從未浮上檯面。和他們不同，嚴復對經營自己的出版業務興趣缺缺，終其一生，嚴復多將著作的出版和販售交給出版商負責，自己只要收得到報酬和版稅就好。換言之，嚴復對版權的持有，並非源自控制雕版或其他出版手段，這點使他和同時代的版權提倡者不同。為了說明他對著作的專有所有權為何應該獲得承認，以及他為何有權持續收取版稅，嚴復強調自己獲取報酬的合理根據，在於翻譯重要新學著作時付出的腦力勞動。

就跟十九、二十世紀之交的其他暢銷新學著作一樣，嚴復的主要著作也是外文翻譯書，這個因素決定了他要證明版權所有權的合理性時，可以有效運用的策略有哪些。嚴復選擇強調的不是藝術創造力和思想獨創性，而是投入翻譯工作的腦力勞動，以及他對推動中國進步的文化貢獻，他的辛勞應該以版稅的形式得到回報。[17] 說明這套勞者有其得的邏輯時，嚴復援引的核

16 包天笑，《釧影樓回憶錄》，頁二一八～二二三、二三七～二四一。

17 版權保護是鑑於書商和作者的文化貢獻而賦予他們的特權，這種論點表示版權不能獨立形成，必須仰賴某種權威的授予。關於版權取得的過程及相關問題，進一步討論見第四章。

心概念是譯者的苦勞。嚴復致信張元濟討論他提議的版稅計畫，在一封信中，嚴復告訴張元濟他同意既然南洋公學已買下《原富》的譯稿，《原富》的銷售利潤應該全歸公學所有。但仍希望南洋公學：「但念譯者頗費苦心，不知他日出售，能否於書價中坐抽幾分，以為著書者永遠之利益」[18] 一九〇三年，在致張百熙的公開信中，嚴復也敦請政府不可「沒其勞苦」，應鄭重著譯者的版權。嚴復主張翻譯是最困難的工作，譯者必須耗費大量精力心神才能克竟全功。因此將版權給予譯者不只是支付合理的酬勞，也是對未來翻譯工作的鼓勵。[19] 文明書店主人廉泉在一九〇三年致張百熙的信中也有類似的言論，在說明他的版權為何應該獲得保護時，廉泉指出他身為教科書編輯所付出的「微勞」。張百熙答覆廉泉的上書，宣布版權應予保護，表示必須「嚴禁翻印」，因為這是對「苦心編譯者」的尊重。[20]

就跟成為新學企業家的許多同時代文人一樣，嚴復往往也堅稱自己對利益不感興趣。雖然嚴復提倡版權的書信再三強調版稅是對他辛勤工作的合理報酬，但他常常用不以為意的語氣描述他要求的物質報酬，或許是為了維持超然於世俗名利之上的文化尊嚴。舉例而言，在致張百熙的信中，嚴復說自己投入時間將新書翻譯成中文，以將西方文明介紹給中國人民，反問眾人「何忍沒其勞苦，而奪版權之微酬？」[21]

主張著譯者擁有著作的專有版權時，「微酬」的說法也是嚴復消極攻勢的一環。嚴復既以啟蒙的無私傳播者自居，就必須闡明為何保護版權而非允許免費翻印才真正有益於知識傳播。嚴復致張百熙的信中說：「今夫學界之有版權……亦至不得已耳。非不知一書之出，人人得以刻售，於普及之教育為有益而勢甚便也。」然而，他進一步主張，如果書籍可以自由翻印，勞心勞神投入翻譯工作的譯者，可能會覺得其才智貢獻遭到貶低，因為貪婪的出版商可以坐享其成、輕鬆獲利，不需付出任何辛勞。如果以啟蒙之名允許未授權翻印，嚴復試問：那麼翻譯新書這種「辛苦之事，誰復為之？」承認版權、保護版權是文化環境蓬勃發展的關鍵。嚴復斷言，倘若政府允許出版商翻印他人書籍，願意翻譯或出版新書的人就會愈來愈少，終至不再有新書可供翻印，中國的文化市場將會瓦解，屆時中國也將失去啟蒙人民和轉變為現代國家的手段。考慮到不保護版權的毀滅性後果，嚴復的要求既不貪婪也不無理，他所要求的只是微薄的酬勞和適度的經濟保障。[22]

在十九、二十世紀之交的新學市場上，一次性賣斷書稿不是罕見之事，但嚴復要求的不只如此。對嚴復而言，他有權獲得的「微酬」應該是長期收入，來自書籍未來幾年產生利潤的一部分。嚴復在一九〇〇年首次向張元濟提出這個想法，他清楚自己的提案不是大家習慣的做法。嚴復說：「此稿既經公學貳千金購印，則成書後自為公學之產，銷售利益應悉公學所得。」儘管如此，嚴復仍然希望身為譯者的他，能從售書收入中收取一定比例的金額，嚴復稱之為作

18 〈與張元濟書八〉（一九〇〇），收錄於《嚴復合集》第二冊，頁二〇五。
19 〈與張百熙書二〉（一九〇二），收錄於《嚴復集》第三冊，頁五七七～五七八。
20 〈管學大臣批答廉惠卿部郎呈請明定版權由〉，收錄於《中國版權史研究文獻》，頁四六。
21 〈與張百熙書二〉（一九〇二），收錄於《嚴復集》第三冊，頁五七七～五七八。此信亦於一九〇二年五月刊登於《國文報》。
22 同前註。

者「永遠之利益」。[23] 由於張元濟對此提議完全置若罔聞，嚴復在一九〇一年再次嘗試說服張元濟。他宣稱收取版稅是歐洲的慣例，意圖用這種說法為「永遠之利益」背書，將版稅說成一種更先進的報酬形式。他承認平心而論，自己不再擁有《原富》的出版權，也不該貪圖譯稿賣出以後產生的任何利潤。但嚴復也相信，若南洋公學給他這份「永遠之利益」，長遠來看，南洋公學將在經濟上受益。嚴復主張，義和團事件落幕後，清廷呼籲「新政」改革，《原富》一書的價值以及對優良新學書籍的需求均大幅上升。如今爭取品質優異的新譯作時，出版商必須面臨更激烈的競爭，他相信若出版商願意和作者分享一小部分利潤，那麼將能夠吸引到更優秀的作者一同出書。出版商若將一定比例的售書利潤分配給書籍的創作者，也能鼓勵著譯者更認真工作。嚴復說，一旦著譯者的收入生計需視著作銷量而定，為了確保新書稿品質良好，他們可能會更賣力工作。[24]

從遠方監控版稅收入

嚴復用著作的市場潛力當作談判條件，說服南洋公學出具一份備忘錄，承諾嚴復未來二十年可獲得《原富》銷售額百分之二十的利潤。[25] 如此一來，即使已將《原富》的譯稿「出售」給南洋公學，嚴復還是能保有某種形式的《原富》所有權。根據嚴復的想法，他既身為《原富》的創作者，對這部著作的所有權就永遠不會消失，甚至還延伸到之後印製出售的每冊《原富》

上。南洋公學和嚴復談定的條件在中國前所未見。然而儘管嚴復要求版稅的立論完善，他對執行方式卻毫無頭緒。《原富》出版後，嚴復很快發現，實際上要從遠方監控書籍的出版銷售困難重重。嚴復當時身兼二職，既是中英合資的開平煤礦的中方總辦，也是京師大學堂譯書局總辦。嚴復不喜歡這兩份正職工作，一直打算改行成為全職獨立作家，只靠寫作翻譯為生。但是在踏出這步、改變職涯之前，他必須確保寫作的收入是可靠的永續收入。嚴復大部分時間都待在華北，在北京、天津活動，但是他的出版商多半位在上海。如何從遠方監控版稅、計算版稅，如何與遠在一千多公里外營運的出版商建立互信，這些成為他不得不面對的關鍵問題。一九〇一年至一九〇四年間，為了獲得自認屬於他應得的全部版稅，嚴復不停和出版商談判、拉扯、爭執。歷經三本書，他終於和幾家出版商達成共識，訂出管理這份「微酬」的流程。

一九〇一年九月，嚴復得知他在南洋公學的聯絡人張元濟即將前往商務印書館工作，[26]嚴復於是請張元濟在離開南洋公學前完成一份書面版權合約。[27]我們不清楚嚴復是否順利拿到他

23 〈與張元濟書八〉（一九〇〇），收錄於《嚴復合集》第二冊，頁二〇五。

24 〈與張元濟書十一〉（一九〇一），收錄於《嚴復合集》第二冊，頁二三四～二三五。

25 同前註。

26 張元濟在一九〇一年春成為南洋公學校長，但不久便和美國校長意見不合。兩人關係十分惡劣，張元濟在一九〇一年五月到六月間試圖辭職。雖然學校贊助人盛宣懷不接受張元濟辭職，但張元濟的辭意十分堅定。只有嚴復知道張元濟的辭職計畫。參見〈與張元濟書九〉（一九〇一年六月十一日），收錄於《嚴復合集》第二冊，頁二二四～二二六。

27 〈與張元濟書十二〉（一九〇一），收錄於《嚴復合集》第二冊，頁二三六～二三七。

要求的書面合約，不過南洋公學確實承諾每售出一冊《原富》就給嚴復半兩版稅（不是嚴復最初提議的二十年間每年百分之二十的版稅）；南洋公學也同意每季結算版稅帳目。[28]南洋公學自一九〇一年至一九〇二年持續在上海刊行《原富》，分卷出版，然而上海和天津之間距離迢迢，嚴復無從追蹤《原富》的出版情況，例如他不知道書籍的確切刊行時間。他先在《新民叢報》讀到梁啟超對於《原富》前兩卷的評論，之後才收到第一、二卷的實體書。[29]《原富》全集（共五卷）在一九〇二年到一九〇三年的冬天全數出版完畢，嚴復有賴友人夏曾佑（一八六三—一九二四）告知《原富》的銷售情形，夏曾佑說《原富》的第一刷一個月內就在上海售罄。告訴嚴復這個大好消息時，夏曾佑同時語帶諷刺地評論，他認為「解者絕少」，大多數顧客「不過置案頭一編以立懂於新學場也。」[30]

作為嚴復在上海的耳目，夏曾佑能告訴他《原富》在市場上迴響如何，但無論他人面再廣，也絕無可能知道南洋公學究竟印製出售了幾冊《原富》。既然不知道《原富》的確切銷售量，嚴復也無從確認他從上海收到的版稅款項是否正確無訛，這種不確定感使嚴復非常焦慮。一九〇三年十月二十六日，夏季版稅沒有準時寄達，嚴復慌忙寫信給南洋公學校長張美翊（一八五七—一九二四）表達關切，[31]但十天之後依然音訊全無，他於是又寫了一封焦急的信給張，要求對方解釋。嚴復懷疑南洋公學沒有老實支付版稅，要求張美翊讓他或他派的代表查核南洋公學的帳目。他告訴張美翊，自己聽說「今夏《原富》之以公調度得法，銷場盡旺，乃至數千萬本部之多」，因此想問清楚確切銷售量：南洋公學今年再刷《原富》幾次？每次印幾冊？還有幾冊待售？[32]

十一月二十三日，嚴復終於收到張美翊早在兩個多月前就已寄出的夏季版稅，款項延遲寄達是受中國郵政服務效率低落之累。這筆付款稍稍撫平了嚴復的不安，讓他相信張美翊無意短付他應得的版稅。或許是為先前氣急敗壞的信件不太甘願地表達歉意，嚴復後來讚許張美翊在杭州打擊《原富》未授權翻印本的付出，表示「台端所以保護板權尤力，俱深佩紉」。但嚴復還是提醒張美翊，正因為尊重版權，張美翊不該反對讓他或他的代表核對《原富》的銷售帳目，張美翊至少應該告訴他《原富》到底賣出幾冊。[33]

嚴復發現單憑書面合約不足以保證版稅款項「正確」，一九〇二年冬出售《群學肄言》譯稿時因而更加謹慎，要求更加嚴格。《群學肄言》是嚴復對赫伯特・斯賓塞（Herbert Spencer）《社會學研究》（*The Study of Sociology*）的翻譯，他多年來一直在翻譯這本書。這是嚴復的思想和政治計畫，打算向國人介紹斯賓塞比較溫和的著作，希望多少能「平衡」中國公共論述裡受其《天演論》啟發的極端社會達爾文主義思潮。[34]《群學肄言》同時也是嚴復測試

28 〈與讓三書一〉（一九〇三），收錄於《嚴復集補編》，頁二六六～二六七。
29 〈與張元濟書十四〉（一九〇二），收錄於《嚴復合集》第二冊，頁二八二～二八三。
30 《嚴復年譜》，頁一九四。
31 〈與讓三書一〉，收錄於《嚴復集補編》，頁二六六～二六七。
32 〈與讓三書二〉（一九〇三），收錄於《嚴復集補編》，頁二六七～二六八。
33 〈與讓三書三〉（一九〇三），收錄於《嚴復集補編》，頁二六九～二七〇。
34 〈與熊純如書六十三〉（一九〇二），收錄於《嚴復集》第三冊，頁六七八。

自己能否純粹仰賴翻譯為生的實驗。嚴復向夏曾佑坦言：「自揣不能更為人役，若于此可資生計，即棄萬事從之。」[35]

一九〇三年二月，嚴復將《群學肄言》賣給上海出版新學書籍的要角文明書局。從二月底到五月《群學肄言》正式刊行的幾個月間，文明書局在中國各大報輪番刊登廣告，宣布翻譯名家嚴復已將最新譯作《群學肄言》的版權授予文明書局。這些廣告在宣傳新書，同時也是文明書局的所有權宣示。[36]

為了更縝密地監控《群學肄言》的銷售情況，嚴復採取的做法是蓋章。第一章提過，加蓋著者或書局的印章在十九、二十世紀之交的中國廣為流行，是用來宣告版權所有權和證明該實體書為正版的手段。理論上版權印能讓嚴復清楚記錄書籍的印製和銷售情況，即使無法看到書商的財務紀錄也無妨。嚴復可以用他（或他的代表）蓋了多少印章，來計算文明書局印製《群學肄言》的冊數。如此印章也成為一種防止欺瞞的手段：如果在市面上發現未加蓋嚴復印章的《群學肄言》，則表示文明書局沒有知會嚴復，私下多印了書，缺少印章的書冊，直接成為證明出版商違約的證據。這個方法聽起來雖然理想，但在落實時，嚴復再次發現他和上海之間的地理距離成為一大阻礙。嚴復在京師大學堂依然有全職工作，無法頻繁前往上海親自在每本《群學肄言》上蓋章，文明書局也同樣不可能將所有書冊運到北京讓嚴復檢查、蓋章。折衷之法是嚴復依照文明書局的要求，在小印花票上蓋章，再寄到上海。

文明書局要求的版權印花數量，並未反映其確切的印製冊數或精準的銷售數字，而可能只是文明書局出版計畫的估算，這種不確定性促使嚴復懷疑出版商是否誠實。一九〇三年十月，大約在嚴復對南洋公學遲付版稅感到氣惱的同時，他也對文明書局起了疑心，開始打聽其生意的「實情」。嚴復從時任商務印書館總編輯的張元濟口中得知驚人消息：文明書局印製了六千冊《群學肄言》！然而嚴復只寄給了文明書局四千枚印花！他因此深信出版商瞞著他多印多賣了幾千冊書。他將張元濟透露的消息當成文明書局欺騙他的實證，氣沖沖地寫信給文明書局負責人廉泉，要求解除《群學肄言》的出版合約，並要求他即刻付清六千冊書的版稅。[37]

廉泉當時正忙著處理文明書局北京分局的開業事宜，也窮於應付他們發現自家書籍遭到翻印的問題。廉泉告知嚴復上海總部的事務，目前不由他負責，而是文明書局的共同創辦人俞復。廉泉委婉表示雙方一定有什麼誤會，他告訴嚴復，他相信文明書局並未違約，而且他們手頭也沒有足夠現金，不可能將版稅立刻付清。[38]

嚴復和文明書局就《群學肄言》簽訂的實際合約已消失在時間洪流之中，不過我們可以從廉泉寫給嚴復的信中重建其要旨。當時雙方就《群學肄言》的版稅付款一事爭執不休。《群學肄言》的合約既不是有一定時限的合約，也非長期合約。嚴復同意文明書局印刷銷售六千冊《群學肄言》，前三千冊售出後，文明書局應向嚴復支付六千冊的完整版稅。一旦剩餘的三千冊售

35 〈與夏曾佑書一〉（一九〇二），收錄於《嚴復集補編》，頁二六二～二六三。

36 例如《大公報》一九〇三年二月二十三日。

37 〈廉泉與嚴復書三〉（一九〇三），收錄於《嚴復集補編》，頁三七四～三七五。可惜嚴復寫給廉泉討論此事的書信今已亡佚。廉泉回信回應嚴復的指控及要求，嚴復在這場紛爭中的態度和要求是透過廉泉的書信重建。

38 同前註。

罄，合約將自動結束，《群學肄言》一書的版權重歸嚴復所有。每售出一冊，嚴復獲得半兩的版稅。文明書局每次再刷都必須請嚴復提供相應數量的作者印花，如果違約必須支付兩千兩的違約金。[39]

關於文明書局究竟印製了幾冊《群學肄言》，數字的混亂有一部分是因為廉泉和俞復的印刷計畫一變再變。廉泉最初打算一次印行六千冊，但俞復對市場的看法較保守，認為首刷印兩千冊足矣。廉泉覺得兩千冊遠遠不夠，要求俞復將初刷的印量加到四千，也據此向嚴復索取四千枚印花。但俞復在最後一刻又下修數量，只印了三千冊，而廉泉對此一無所知。之後俞復發現《群學肄言》的需求比他預期的更踴躍，於是寫信給廉泉，表示需要加印，也必須跟嚴復請求更多印花。然而廉泉認為文明書局的《群學肄言》庫存仍然充足，因此沒有立刻回覆俞復。擔心供不應求，俞復又再加印了三千冊《群學肄言》。由於印花只剩一千枚，因此二刷的書有兩千冊沒有依約貼有嚴復的印花。

廉泉試著向嚴復解釋，這只是因為溝通不良和出版計畫臨時變更造成的結果，但嚴復堅持己見，認定這是文明書局的詭計，意圖逃漏應該給付的正確版稅款項。嚴復主張，俞復決定再刷《群學肄言》，顯示文明書局已達成售出三千冊的目標，因此他要求文明書局立刻根據合約，支付三千兩的版稅。另一方面，廉泉則表示嚴復的指控毫無根據。他認為這兩千冊缺少著者印花而引發爭議的《群學肄言》，需歸咎於俞復的經營方式「過於保守」，以及對庫存估計有誤。廉泉解釋俞復從來不打算佔嚴復便宜，否則也不會向張元濟透露實際印製的冊數，更不會寫信給他索取更多版權印花。為了平息嚴復的怒氣，廉泉提議支付部分版稅，並把爭執核心的兩千冊書送給他，以抵付剩餘的版稅。[40]

收到文明書局寄來的一千兩版稅後，嚴復的怒氣依舊不消，他再次憤憤地致信廉泉，威脅要解除合約。他堅稱文明書局並未誠實告知實際印製冊數和銷售數字，要求廉泉讓他查核帳簿和庫存。廉泉對嚴復沒完沒了的要求和指控越發感到不滿，不想再討好這位新學文化明星。一九〇四年一月十六日致嚴復的回信中，廉泉堅持不會讓嚴復查帳。他告訴嚴復，如果嚴復想要和他們解除《群學肄言》的合約，文明書局願意解約，但他們拒不承擔欺瞞或違約的責難。文明書局堅稱，引起爭議的兩千冊書籍未曾在市面上販售，因此並未違反合約條款。那兩千冊書籍正存放在倉庫中，等待追加的作者印花寄達。

至於嚴復要求的三千兩全額版稅，廉泉告訴嚴復，他們絕不會付這筆錢。查閱銷售紀錄之後，廉泉表示《群學肄言》迄今只售出一千兩、三百冊，根據合約，由於文明書局尚未達成三千冊的銷售目標，因此不需要向嚴復支付六千冊的全額版稅。廉泉告訴嚴復，如果嚴復不相信他的話，歡迎親自前去清點庫存。廉泉說：「今欲一破先生之疑，擬將京保存書及各地寄售尚未繳價者全數運回滬局，遍登各報：文明書局《群學》自某日起一概不售。……以便統核銷數，非以此不足自明。」[41]

39 〈廉泉與嚴復書三〉，收錄於《嚴復集補編》，頁三七三～三七五。
40 〈廉泉與嚴復書三、四〉（一九〇三），收錄於《嚴復集補編》，頁三七四～三七九。
41 〈廉泉與嚴復四〉（一九〇三），收錄於《嚴復集補編》，頁三七七。。

廉泉跟嚴復一樣，都是清末中國版權的積極提倡者。廉泉上書給地方官員和中央官員，宣揚版權是普世的進步法則，要求政府加以保護。他毫不吝嗇地支付豐厚報酬給林紓、嚴復等新學名家，他的文明書局也毫不猶豫地在報紙廣告宣傳他們為購得翻譯名家的版權而支付「高價」。不過到了一九〇四年，廉泉對嚴復的版稅要求似乎愈來愈不耐煩。他的態度轉變或許要歸咎於他當時正苦於應付未授權翻印的橫行。廉泉對版權的期待幻滅，文明書局的刊物廣遭其他出版商翻印，新式學堂的教科書和《群學肄言》等新學暢銷書的翻印問題尤其嚴重。一九〇三年九月以來，廉泉一直在杭州設法打擊《群學肄言》的盜版。在給嚴復的信中，他自陳到一九〇四年一月為止，已經在調查上花費超過三千兩，揪出數名靠翻印他們著作不勞而獲的出版商。他還要處理公司的日常營運，無暇將時間和資源全數投入所費不貲的反盜版差旅，到頭來上海和北京市場充斥廉價翻印版，排擠了他們的正版書。北京分局多月以來連一冊正版《原富》都賣不出去。廉泉向嚴復說明真正的癥結在翻印問題，因此《群學肄言》雖然在市場上大受歡迎，卻未能直接反映在「正版」書的實際銷量上。儘管廉泉要求政府官員頒布版權保護令，但官員似乎不太熱心於採取強力措施落實它們。雪上加霜的是，廉泉不久前赫然發現，其中一位授予文明書局保護令的要員大臣，竟然也在翻印他們的書籍。

廉泉沮喪又失望，他開始將版權視為負擔，將嚴復這種事事挑剔的作者視為麻煩人物。他們在版權頁蓋上作者或書商的印章，證明書是正版，但這不能預防或阻絕未授權翻印。讀者似乎認為「正版」書和「偽」書之間差異幾希，他們單純選擇購買價格低廉的一方。對於廉泉這樣的新學出版商來說，支付版稅大幅墊高了生產成本，使他們更難採取激烈地削價競爭。[42]廉泉認為更優惠的折扣是抵制廉價翻印版的唯一有效策略；他甚至一度建議雙方立刻解約，把剩下的書都交給嚴復，讓嚴復自行出售。廉泉表示，作者不需要付版稅給自己，因此嚴復可以用更低的價格出售書籍。[43]

這場爭執破壞了嚴復和文明書局之間的信任。廉泉挖苦嚴復之所以如此大膽提出指控是因為經濟拮据。他抱怨：「先生倘有急需，泉本可挪借應用，在京時曾屢言之。惟來函指吾續印兩千為私印，……則鄙人至死不服耳。」廉泉也怪罪商務印書館挑起事端。在給嚴復的一封信中，廉泉說張元濟出於嫉妒搬弄是非，故意將《群學肄言》的「實際」印刷冊數告訴嚴復。他表示像文明書局這樣堅守「不欺」的企業，不願「與商務館為伍」。一氣之下，他甚至建議嚴復等舊合約結束，就和商務印書館簽訂《群學肄言》的新合約。廉泉告訴嚴復：商務印書館「資本充足，非吾所敵。」又說不論是未授權翻印造成的損失，又或是嚴復任意改口要求的大筆資金，商務印書館應該都能應付得更游刃有餘。對於文明書局這種不夠寬裕的企業，版權合約看來委實過於昂貴，他們負擔不起。廉泉坦白告訴嚴復，他非常樂意和嚴復解除《群學肄言》的版權合約，「蓋當時立約時不知版權如此難保。」[44]

42 〈廉泉與嚴復書四〉，收錄於《嚴復集補編》，頁三七六。
43 同前註。
44 同前註，頁三七八。

與出版商共享所有權

嚴復在一九〇三年十一月完成了《社會通詮》，這是他對愛德華・甄克思（Edward Jenks）《政治史》（*A History of Politics*）的翻譯。這也是他緊逼南洋公學和文明書局付給他「正確」版稅款項的一個月。他從和出版商不愉快地衝突中記取了教訓，如今或許更清楚版權落實上會遭遇的困難。嚴復最終將《社會通詮》的版權賣給商務印書館，雙方就付款和所有權規定擬訂了詳細指示及流程，這點完全不讓人意外。嚴復和商務印書館在一九〇三年十二月簽訂《社會通詮》的出版合約，這是研究者目前找到在中國最早的詳細版權合約。合約中謹慎地界定了作者和出版商雙方的權利義務、版權的性質，以及作者印章／印花的使用方式：

一、此書出版發售，每部收淨利墨洋五角。其市中價隨時高下，紙、裝不同，批發折扣悉由印主之事，與稿主無涉。

二、此書另頁須黏稿主印花。如無印花，察係印主私印者，罰洋兩千五百元，此約作廢，聽憑稿主收回版權。

三、此書版權係稿、印兩主公共產業。若此約作廢，版權係稿主所有。

四、印行此書，如經稿主察出有欺蒙情節或稿主應得之利過時不繳，此約作廢。

五、每批擬印刷若干，須先通知稿主，以便備送印花。

六、譯利照出售之書，按帳於每月底清算，由稿主派人收入。

七、此約未廢之先，稿主不得將此書另許他人印刷。

八、如書情、格式、紙墨、校勘未精，稿主得以隨時商另改良。[45]

合約規定《社會通詮》的版權由稿主／作者（嚴復）和印主／出版商（商務印書館）共有，所依循的原則是作者是書稿創作者，出版商是印刷流通的主要負責人。實際印製的書籍既是作者腦力勞動的成果，也是出版商資本投資的產物。作者和出版商之間的羈絆在作者授權出版商印刷其著作時形成，因此作者雖然創作了文字著述，但除蓋版權章／印花以外，不能干涉書籍生產流通的細節；書籍的定價也由出版商決定。換言之，印製出來的書冊是出版商生產的商品，屬於出版商所有。和《原富》的狀況不同，在這份合約中，嚴復要求的版稅並非售價的百分之二十，而是每售出一冊收取固定金額的版稅（〇．五〇銀元）。如此一來，無論商務印書館的《社會通詮》售價高低、是否打折和廉價翻印本競爭，嚴復都可踏實安穩地收取定額版稅。事實上，每冊〇．五銀元的版稅超過《社會通詮》售價（一．二銀元）的百分之四十，較嚴復一年前《原富》出版時向南洋公學要求的比例，還多了一倍。[46]

鑑於自己不會也不可能親自前往商務印書館的上海印刷作坊監控印刷流程與印數，嚴復繼

45 柳和城、張人鳳編，《張元濟年譜長編》，頁一二九。轉錄自長洲，〈我國第一份版稅合同與版稅印花〉《出版史料》一九九〇年第三期，頁四四。

46 中國、臺灣、香港、美國等地今日的標準版稅介於定價的百分之十到二十之間；相較於今日的標準，百分之四十高得不可思議。夏目漱石的版稅是百分之三十，居於其明治同時代人之冠。

續使用低成本的簡單手段，利用作者印信或印花來計算印製冊數和應收的版稅金額。在和嚴復的爭執中，廉泉曾宣稱偽造嚴復的印章根本輕而易舉，這句氣話或許激怒了嚴復。[47] 嚴復在一九〇四年春蓋在《社會通詮》上的版權章，因此設計得別出心裁，精巧繁複（圖三之一）。這個印章在他譯自孟德斯鳩（Montesquieu）《論法的精神》（*De l'esprit des lois*）的《法意》，以及他在商務印書館出版的其他書籍，如《英文漢詁》，也可見到。這個版權印記由三環構成：外環是西方格言「Know thyself」（認識你自己）；中間一環是中文版權聲明：「侯官嚴氏版權所有」；正中是一個燕子的圖形，取「燕」與「嚴」的諧音，是嚴復的個人商標。值得注意的是，共享所有權的理念也體現在這枚印花上。商務印書館在嚴復印花的外圍蓋上自己的印章（圖三之一的最外圈），表示創作著作的作者以及將之轉化為有形印刷書冊的出版商，皆已認證這冊書籍是正版。

商務印書館果然成為嚴復的最佳合作夥伴。自一九〇四年開始，商務印書館幾乎成為嚴復新作的獨家出版

圖三之一　嚴復《社會通詮》（一九〇四）上的版權印花。

資料來源：《社會通詮》（上海：商務印書館，一九〇四）。

圖片來源：上海圖書館。

商，他們也逐步買下嚴復早年著作的版權。一九〇四年二月底，嚴復辭去京師大學堂的職位，遷居上海，展開以著譯為生的知識分子新生活。在寫給學生熊季廉（生年不詳，卒於一九〇六年）的信中，嚴復描述他新獲得的自由以及經濟生活的不穩定感。為開平煤礦和京師大學堂工作時，嚴復領取固定薪俸，但覺得自己受制於雇主。如今他的時間操之在己，商務印書館答應付給他的版稅也異常優渥，但現在「方仗毛錐」的他缺乏安全感。由於收入取決於書籍銷量，他的命運繫於書市之興衰。嚴復擔心著作的大量廉價翻印本可能會侵蝕他的版稅收入，敦促熊季廉找出潛在盜版者，要求他們不要侵犯嚴復的版權。[48]正如廉泉對嚴復所言，商務印書館確實財力雄厚，即使面臨多家出版商翻印嚴復的書，或者遇到嚴復想要預支數額不斐的版稅，該館都能成為嚴復的後盾。舉例而言，嚴復在一九〇四年至一九〇五年的冬天前往倫敦，協助處理開平煤礦中英業主之間的訴訟，後來又到巴黎探望兒子，商務印書館為其負擔了三千兩的全額旅費。[49]

47 〈廉泉與嚴復書二〉，收錄於《嚴復集補編》，頁三七五。

48 〈與熊季廉書二十五〉（一九〇四），收錄於《嚴復集補編》，頁二五一～二五二。

49 〈與張元濟書十五、十六、十七、十八〉，收錄於《嚴復合集》第二冊，頁三五八～三六二、三八四～三八五。

小結

嚴復和商務印書館在一九〇三年至一九〇四年間擬訂的版權制度成為標準流程。商務印書館為嚴復開設版稅帳戶，一年結算兩至三次版稅，將錢存進帳戶。嚴復和家人用商務印書館提供的存摺來管理版稅，存摺在手就能隨時到商務印書館的任何分館提款。一九二一年十月二十七日，嚴復在出生地福州與世長辭，過世後版稅由嚴家繼承。嚴復的長子嚴璩（一八七四—一九四二）接到父親的死訊後從北京趕回家鄉，途中在上海停留，從亡父在商務印書館的版稅帳戶提領了三千元，這個例子說明了版稅帳戶如何運作。[50] 至於這筆錢在當時大約價值多少，試看魯迅的例子：魯迅和兩個弟弟不久前在北京買下一座四合院，供他們兄弟三戶家庭居住，花費三千元。[51] 嚴璩得以從亡父的版稅帳戶提領鉅款，推測嚴復多年來累積的版稅應該十分可觀，可以說嚴復確實以譯著者之姿實現了目標，成功獲得「永遠之利益」。

嚴復的案例在中國智慧財產權史上意義重大，不是因為他是影響深遠的翻譯家和知識分子，也不是因為他成功賺進豐厚版稅，而是因為他對版權的理解和實踐與同時代人的看法有關鍵的不同。嚴復認為翻譯是他腦力勞動的產物，單憑作者的身分便足以讓他擁有著作的所有權。嚴復在一九〇〇年代努力推廣版權，所採用的語言、修辭、論點，和福澤諭吉在一八六〇年代、一八七〇年代的言論，有著不可思議的雷同。兩人都將版權定義為一種財產權，屬於作者所有，應受國家保護。兩人都強調版權和西方列強的國力與進步息息相關，主張利潤壟斷權可以鼓勵思想創新。儘管如此，福澤諭吉和嚴復之間有一點根本差異：如第一章所述，雖然福澤諭吉提出這些論點是為了提倡身為作者所擁有的版權，但同時代人之所以承認他對自己的刊物所有權，主要是因為福澤身為藏版者，持有用來將他的書籍實際印刷成冊的雕版。與此相反，嚴復對親自涉足出版業不感興趣，他強調自己創作了翻譯著作，試圖只以這點做為所有權的合法性根據。嚴復認為，版權是作者對其思想創作的所有權，而非前幾章論及的對生產工具的所有權。

嚴復思想創作的具體產物是其譯稿。在和張元濟談判討論作者是否有權獲得長期版稅時，嚴復非常清楚他的提議和當時傳統的譯稿交易方式大為不同。傳統上，作者一旦售出書稿，書稿的所有權就從作者手上轉移給買方（出版商），作者不能再聲稱書稿是他的財產。舉例而言，根據韓嵩文（Michael Hill）對林紓著譯生涯的研究，林紓的譯稿大多直接賣斷，他只從出版商收取買斷版權的一次性款項。[52] 林紓雖然是收入優渥的暢銷作家，但他所獲得的報酬取決於譯稿長度而非書籍銷量。一位友人戲稱林紓家是個「造幣廠」，形容林紓動筆的每時每刻都能賺進酬勞，[53] 不過林紓若要持續造幣生財，就必須在「造幣廠」不停翻譯新小說。

50 〈致王顯華金伯平〉（一九二一），收錄於《張元濟全集》第一卷，頁二六六。根據張元濟的說法，嚴璩打算先在上海提款一千元，等抵達福州再提款兩千元。

51 當時魯迅任職教育部中階官員的月薪是三百元。魯迅的么弟周建人說，魯迅的薪水是普通工人的十倍。一九二一年，大學畢業的周建人擔任商務印書館的編輯，月薪是六十元，而當時中學教師的月薪大約是二十元。

52 Hill, *Lin Shu, Inc.*

53 錢鍾書，〈林紓的翻譯〉，收於錢氏著，《七綴集》（臺北：書林出版社，一九九〇），頁九七～九八。

林紓把完成的譯稿視為文化產品，一旦賣給出版商，就不再屬於作者所有，因此作者也無權享有書籍銷售產生的後續利潤。他認為賣斷譯稿收取一次性報酬是常態，身為作者無法再提出更多要求了。緣此之故，林紓在譯作《玉雪留痕》的〈序〉中直言：「天下著書之業，與商業本分二道……若著書之家，安有致富之日。」《玉雪留痕》譯自哈葛德（Henry Rider Haggard）《米森先生的遺囑》（*Mr. Meeson's Will*），是關於一位女作家被富有出版商坑了，簽下極不划算的版權交易，但最後嫁給該出版商的繼承人，皆大歡喜的愛情故事。林紓批評情節荒誕不經，稱哈葛德的「奇想……至可笑矣」。[54]

相較之下，嚴復認為即使已經售出譯稿，身為作者的他依然保有對著作的所有權。他的版權並未完全轉移給出版商，反而延伸至根據譯稿印製而成的每冊書籍上。這讓嚴復對版權的理解，在根本上異於同時代多數人的觀點。嚴復認為版權是智慧財產，其他人則往往將版權和持有生產手段聯想在一起。然而嚴復實現版權觀的方式，並非透過筆墨文章提倡這個文明法則，而是直接身體力行。正如本章所示，嚴復和幾個書商一同摸索出共享書籍版權之道。他最終在一九〇三年至一九〇四年間和商務印書館發展出一套可行制度，往後成為了中國其他作者和出版商計算正確版稅的標準流程。商務印書館將同樣的制度套用到梁啟超、蔡元培、林語堂等作者身上，提供「版稅憑摺」給重要作者，記錄他們的版稅帳目。其他出版商也仿照《社會通詮》的合約和作者簽訂出版合約，例如一九二〇年代，魯迅同樣是利用作者版權印花的數量，將數字詳細記錄在日記中，藉此計算出版商北新書局應該付給他的版稅金額。[55]

54 哈葛德著（H. Rider Haggard），林紓、魏易譯，《玉雪留痕》，頁二。

55 魯迅，《魯迅日記》第二卷。魯迅自一九二三年開始和北新書局的李小峰大量通信，處理自己的版稅事宜。雖然李小峰起初能夠按時支付魯迅的版稅，但後來難以及時付款。一九二九年以後，李小峰開始拖欠款項，與魯迅之間關係也因此惡化。

Chapter 4 介於特權和財產之間

為了因應十九、二十世紀之交中國文化經濟不斷變化的地貌，書商、譯者和進步知識分子紛紛提倡版權的概念。新學知識迅速商品化、科舉備考市場衰退而終至瓦解，這兩項因素均破壞了明清書業原本相對穩定均一的狀態。新學書籍市場方興未艾，促使出版商投入資金，從嚴復、林紓等前景可期的譯者和作者手中買下最新著作的版權。同時，新的印刷技術（尤其是石版印刷）也讓複印外觀與正本一致的翻版書，比過去更便宜、快速且容易。在中國出版新書成了高利潤、高風險的生意，中國書商和作者正是在這個時刻接受了版權的概念，認為這個新手段可以用來主張、捍衛、保護他們銷售新書賺得的新利潤。人人高舉版權新法則，譴責未授權翻印是與竊盜、搶劫一樣的犯罪行為。

中國書商和作者不只**高談**版權是進步又時髦的新學理念，更將版權付諸**實踐**。他們汲取明治日本的慣例和明清書界的習慣，發明各種措施，以宣告他們視為版權的權利。「版權所有翻刻必究」的套語開始固定出現在報紙廣告和書名頁上，精心設計的版權章也被蓋在一冊冊的實體書上，作為所有權聲明。但這些措施是否真的有效遏阻了未授權翻印，仍令人存疑。由於缺乏共識或公認的權威可以認證這些聲明和印章的可信度與真偽，中國出版商和讀者無所憑依；任何人只要有意，都能公開宣稱他們擁有某書的版權，或在印製的書冊上加蓋自己的版權印章。由於缺乏認真「究辦」盜版商所需的法源依據和制度支持，書商在報紙上對盜版的恫嚇很可能只是空話一場。書商鍥而不捨地在媒體上發出所有權聲明，對未授權翻印提出警告，這在在表示盜版依然是棘手問題，也諷刺地昭示著書商這些舉措並沒有太多實際的成效。

因擔心中國書市或許太過混亂，最後搞不好會崩潰，幾家專營新學書籍的出版商開始大力遊說清政府制訂國內版權法。舉例而言，一九〇三年春末，文明書局的廉泉在一份請願書中主張，為鼓勵中國的思想創新和進步，政府應該盡快頒布法律保護版權，否則中國的書市和知識圈恐怕會因為缺乏秩序和準則而毀於一旦。[1] 商務印書館主人在其一九〇三年出版的小冊子《版權考》序言中，也透露出和廉泉一樣的擔憂，他說商務印書館之所以特意出版此書，是為了及時刺激政府起草正式的版權法，立法實是當務之急。[2]

中國出版商要求政府制訂國內版權法的努力，值得我們的注意。過去學界多認為，中國在二十世紀初頒布智慧財產權法，完全是外國列強施壓的結果；[3] 然而國內也有推動制訂版權法的聲浪，表示中國書商，一如外國書商同業，同樣關心他們出版品的所有權及商業利益。不過早在廉泉上書請求國家正式立法以前，他和書商同業便已根據他們對「五洲之公例」的理解開始主張版權、付諸實踐。他們希望國家能夠更有條理的正式規範版權，讓他們能憑藉國家的規範辨別真偽，對抗及懲罰未經授權翻印其書籍的盜版商。

廉泉和他的同行必須再等七年，才能盼到中國首部著作權法終於正式頒布。在這七年間，中國的書商可以透過以下兩種方式取得清政府的「版權」保護：一、地方或中央官員頒發給個別書商的版權保護令，這是鑑於書商對社會的文化貢獻而授予的特權；二、國家針對審定核可的書籍頒發給作者和書商的版權證書，最初由京師大學堂頒發，之後改由學部頒發。這些命令和證書由國家頒發、認可、賦予權力，書商寄望能藉此證明及確保他們的書籍所有權。不過本章將進一步說明，清朝官員主要認為版權是一種專門由國家授予的特權，用以獎勵出版商或作者的出色著作，並不認為版權是國家有義務保護的一種財產。在國家授予的兩種版權保護裡，國家權威及書籍的文化價值，皆與書籍專有利潤的保護，以及書籍所有權的承認密不可分。當兩種機制落實後，出版商和作者很快體認到，這種特權未必能提供他們所設想和期待的國家保護。政府一面授予他們禁止未授權翻印的版權保護，但也一面不經授權逕行翻印民眾出版的書籍。書商和政府當局間因此產生的爭執，引發清末中國一系列關於版權本質的討論：版權是一種自然形成的財產嗎？抑或是必須由國家當局授予的特權呢？

1 〈廉部郎上管學大臣論版權事〉，《大公報》，一九〇三年五月二十二日。
2 《版權考》，頁一。
3 例如 Alford, *To Steal a Book Is an Elegant Offense*, chap. 3.

版權特權的浮濫授予

「中國是否有正式的反盜版法律？」日本漢學家內藤湖南（一八六六—一九三四）在一八九九年至一九〇〇年間來到中國，他在某次和中國文人「筆談」時有此一問。日本對中國近來的思想變遷貢獻良多，這點讓他感到雀躍，但在上海看到日本書籍的無數中國翻印本也同時讓他感到憂心。一位年輕的中國學者告訴他：「我們沒有規範出版的固定法律，不過，如果請求中國官員發下保護令也順利取得保護令，那麼不可能之事就會化為可能。之後若有他人翻印（請願人的）書籍，很容易就能揭發盜版商，盜版商也會受到嚴懲。」[4] 這位中國學者形容的保護令，是個別地方官員回應請願而發下的簡單命令，請願人特別請求政府承認請願人對某本書籍的所有權，同時一概禁止未經授權翻印該書的行為。

一八九六年，廣學會要求中國官員承認並保護他們的版權，他們從蘇松太道的道臺手中得到禁止翻印廣學會書籍的特別禁令。劉道臺在保護令中表示：「教士所著前項書籍，煞費經營，始能成編行世。既曾登明告白，不准翻印，爾等何得取巧翻版，希圖漁利？」[5] 他因此禁止翻印廣學會最受歡迎的十大書籍，並向傳教士承諾，中國地方官員將據此懲罰違反禁令者。儘管廣學會傳教士認為這則禁令等同他們要求的版權保護，[6] 不過劉道臺似乎認為，他人不應翻印廣學會的書籍，並非因為傳教士**擁有**這些書籍的所有權，而是因為傳教士出版的書籍對社會實有崇高貢獻。

一八九六年廣學會從劉道臺手中收到「版權」保護令，但此一禁令並非道臺為了回應傳教士不尋常的要求而特意發明的。就像第一章討論到的版權章、「翻刻必究」的套語等等，這類翻印禁令的原型也歷史悠久，最早可以追溯到十二世紀末。[7] 例如一二四八年，國子監應一位小官員段惟清的要求而發下命令，禁止他人翻印段惟清先叔編纂、羅氏出版的《從桂毛詩集解》，國子監的命令便是這類禁令一個早期的例子。段惟清稱，先叔窮一生精力研究經典，成果「畢於此書」，羅氏的版本是校對最「精密」的「善本」。段惟清擔心，「倘或其他書肆嗜利翻板，則必竄易首尾，增損音義。」為了避免此書的劣質翻印本造成「先叔明經之玷」，他因此請求國子監禁止他人翻印。國子監認可《從桂毛詩集解》一書的學術價值，發下翻印禁令，聲明違反此令者將受到政府懲處，雕版予以沒收銷毀。[8]

綜觀帝國晚期各朝，這類個別發布的翻印禁令，或可在中國書籍中不時見到；禁令的格式、修辭類似，比方將嚴禁翻版視為對著印書籍者的思想貢獻而給予的獎勵。[9] 然而這種禁令的本質曖昧不明。仁井田陞和井上進認為這是一種「類版權」，[10] 但安守廉視之為中國政府出

4 內藤虎次郎，《內藤湖南全集》第二卷，頁六〇～六一。
5 〈廣學會嚴禁翻刻新著書籍告示〉，《萬國公報》第九七期（一八九七年二月），頁一六六九九～一六七〇〇。
6 同前註。
7 中國已知最早的翻印禁令或許是王稱《東都事略》收錄者，這是一一九〇年至一一九四年間出版於眉山（四川）的書籍。一些中國史家引以為證，主張中國人早在宋代就已發展出本土的智慧財產權。
8 〈國子監禁止翻版公據〉，引自《葉德輝書話》，頁五三。
9 《葉德輝書話》，頁五二～五七；Tsien, *Paper and Print*; Poon, "The Printer's Colophon in Sung China, 960–1279."
10 仁井田陞，《中國法制史研究》。井上進，《中國出版文化史》，頁二五五～二六一。

版審查制度的「有趣副產品」，目的在控制出版而非保護財產權，理由是榮獲這類禁令保護的書籍，多半為儒家經典。[11] 從圖書版本學者目前找到的數十個例子看來，頒布禁令者最關心的似乎不是請願者的商業利益。如葉德輝所言，發布禁令的主要動機是憂心民間書肆草率印製的翻印本將損毀文本的真確性，有害於學界。[12] 請願人和頒布禁令者，透過禁止翻印特定書籍所希望達成的目的，至少在名義上，是為了維護知識思想的秩序，而非保護個別請願者的財產所有權。然而出版商或藏版者若握有翻印禁令，在對抗著作的翻印時便有依據可尋求地方官員協助，因此翻印禁令間接保護了他們對書籍（及其衍生利潤）的壟斷權。在此背景下，文章精妙與否及思想貢獻高低，成為書籍所有權能否獲得政府承認及保護的重要標準。這類翻印禁令的初衷，或許是強化國家對出版及思想方向的掌控，但也可以被視為一種特權，書籍必須夠優秀、夠有用才能享有這種特權。

由於圖書版本學者找到的例子有限，我們目前並不清楚此類保護令在明清時代是不是普遍的做法，是否可以被合理視為「類版權」。不過很清楚的是，在一些清末官員眼中，這就相當於外國人想要的「版權」保護。例如一九〇〇年至一九〇一年間，牛莊、重慶等通商口岸的地方官員也發了一些翻印禁令給日本書商丸善及樂善堂，這些禁令與一八九六年廣學會收到的十分類似。[13] 廣學會傳教士和日本書商敦促美國領事、日本領事要求中國官員給予版權保護，他們認為書籍是他們的財產，希望禁止他人翻印。中國官員發給他們的翻印禁令中，卻似乎在強調這些書籍值得特別保護，是因其過人文采和思想貢獻。結果是這兩種禁止翻印的理由糾纏在一起，版權變得無法和書籍的品質分開來討論。

庚子拳亂後，清政府和列強重新訂定條約，列強提出國際版權、商標、專利的保護問題，最後正式寫入條約條款。清政府和美日兩國商定具體條款，同意承認和保護彼此臣民擁有的智慧財產。[14] 部分中國書商認為，如今外國書商獨佔這種特權，上海也有一些中國新學出版公司（例如廣智書局）把自己註冊成外國公司，以享受其他中國書商無法獲得的特權，[15] 此消彼長下，中國書商可能會陷入劣勢。例如商務印書館主人在小冊子《版權考》中直言，要扭轉這種不公平競爭的局面，最佳方法就是制訂國內版權法。他斷言，由於國內缺乏版權法，中國的書

11 Alford, *To Steal a Book Is an Elegant Offense*, 14.

12 《葉德輝書話》，頁五三。

13 《外務省記錄》，7.2.2.5-2（4）牛莊地方に於ける本邦刊行書籍版權保護の件、（5）樂善堂出版書籍版權保護にするの件；7.2.2.5-1（43）善鄰譯書館出版書籍の翻刻を禁止する件。

14 一九〇三年的《中美續議通商行船條約》以及一九〇三年的《中日通商行船續約》將美日兩國公民的版權、專利、商標的註冊保護寫入正式條款。但是兩個條約的版權保護條款寫法非常特別，導致條約只保護「凡專備中國人民所用」書籍之版權。關於這兩個條約的缺陷，其討論參見吳翎君，〈清末民初中美版權之爭〉，頁九七～一三六，以及 Wang, "Partnering with Your Pirate."

15 廣智書局主人馮鏡如（生年不詳，卒於一九一三年）是住在香港的英國籍華僑。馮鏡如要求英國駐上海領事催促蘇松太道和上海縣令發布保護其刊物的命令，廣智書局把這些命令複印在他們出版的每冊書籍上。例如〈欽命二品頂戴江南分巡蘇松太兵備道袁為給示諭禁事〉（一九〇二年四月九日），收錄於市村瓚次郎著，陳毅譯，《支那史要》，版權頁背面。

市和知識圈很快就會被享有版權保護的外國書商壟斷。[16] 儘管有聲音敦促國家頒布版權法，以規範和保護中國人的刊物所有權，但其他書商的解決方法，只是打算向地方官員索取類似的保護令罷了。而蘇松太道、上海縣令等官員都十分樂意將他們發給外國書商的翻印禁令，一視同仁地發給中國書商。

於是在一九〇二年至一九〇三年間，這類禁令的數量突然暴增。在過去，這種獨特的「特權」相當罕見，又或僅限授予外國人，但到了一九〇三年底，它們似乎在中國書業已成為司空見慣的存在。中國書商開始在報紙廣告和版權頁上普遍使用「書經存案翻刻必究」這句新套語，和「版權所有翻印必究」交替使用。兩句套語可以彼此互換，這表示中國書商認為向官員請願獲得翻印禁令是一種確保版權的方法。書商常在報紙廣告和實體書上複印禁令，以昭示公眾他們現在有政府作後盾。

這種保護令的內容通常包括兩大部分：書商請求禁止翻印其刊物的請願書，以及官員同意授予禁令的答覆。不論是書商的請願還是官方的回應，在其行文中可以看到一種共識：雙方皆認為版權是國家授予書商的一種特權，表彰他們對促進社會思想發展的貢獻。舉例而言，廉泉向張百熙請願要求更有規範的版權保護，他在請願書主張文明書局要求版權保護並非為了一己之「私」，相反的，他認為版權是國家就文明書局「發蒙（社會）之成效」給予的公正獎勵，能夠嘉勉其編輯人員的「微勞」。[17] 張百熙的回覆則稱讚文明書局出版的譯本品質優異，諸如嚴復的譯本等均屬佳作。他承諾京師大學堂會將文明書局的最新刊物註冊立案，禁止他人翻印其書籍，「以為苦心編譯者勸」；同時希望文明書局能夠繼續審慎編印書籍，嘉惠學界，以回報他所授予的版權保護。[18]

不過隨著翻印禁令數量快速增加，個別發布的特別翻印禁令內容和格式，很快變得標準化與形式化。[19] 以下是當時一個典型的保護令：

> 欽命二品頂戴江南分巡蘇松太兵備道袁[20] 為給示諭禁事：
>
> 據職商孟芝熙稟稱：「竊職等以輸灌文明、開通風氣，推小說為最爰。糾合同志，集有成款，擇歐美小說中之新奇而宗旨正大者，繙繹成書，增進國民智識，以輔教育之不及。租定上海棋盤街房屋，定名『小說林』，陸續付印，平價出售。誠恐書賈射利翻印，或增

---

16 《版權考》，頁一。事實上，商務印書館董事會一九〇五年決定在香港註冊公司，以享有英國臣民有權獲得的版權保護，但是註冊成香港公司帶來一些不利的後果。若身為英國公司，商務印書館必須遵守英國版權法，翻譯出版外國書籍，就必須付授權費給外國作者和出版商。因此董事會很快改變心意，不出數月就撤回了商務印書館的註冊。參見〈光緒三十一年五月商務印書館非常股東會〉（一九〇五年六月）、〈光緒三十一年十月商務印書館非常股東會〉（一九〇五年十一月）、〈光緒三十一年十一月商務印書館非常股東會〉（一九〇五年十二月），收錄於宋原放編，《中國出版史料（近代部分）》第三冊，頁九～一〇。蘇基朗在私下討論時告訴筆者，商務印書館或許從未註冊為香港公司，香港殖民地檔案查不到商務印書館的註冊紀錄。

17 〈廉部郎上管學大臣論版權事〉，《大公報》，一九〇三年五月二十二日。

18 張百熙，〈管學大臣批答廉惠卿部郎呈請明定版權由〉，《大公報》，一九〇三年六月四日。

19 事實上，同樣的形式和禁止盜用的理由也見於同一批地方官員發給其他類企業（醫藥、肥皂等）保護品牌名和產品的保護令。

20 袁樹勛，生於一八四七年，卒於一九一五年。

損字句、改換名目，希圖朦混，嗣後，凡本社印行，不准他人翻刻。除另稟商務局憲外，稟求准予立案，出示嚴禁翻印，並請札飭縣廨，一體示禁，並照會租界領袖、總領事立案，以重版權。並具切結，聲明所著《雙艷記》、《美人妝》、《福爾摩斯再生一案》、《福爾摩斯再生二、三案》等書，委係自行編輯，並無翻印情弊，如有朦混，願甘罰辦。」等情，各到道據此除批示分行縣廨一體立案外，合行給示諭禁。為此仰書賈人等一體知悉，毋得將小說林陸續所印各書翻刻漁利。如敢故違，一經查出，定行究罰不貸，其各凜遵。切切，特示。

光緒三十一年　三月十一日[21]

這個保護令的結構及禁止翻印的理由，和之前討論的其他例子大同小異。請願人以「版權」一詞來指稱保護主體。雖然他提到經營小說林耗費的資金和心力相當可觀，但小說林版權值得保護的主要原因，仍不脫當時中國文人與官員熟稔的論調：一、廉價翻印本可能有損於文本的真確性，必須加以阻止；二、優秀書籍的思想及文化貢獻值得獎勵。然而思想貢獻或文采出色的說詞出現得太過頻繁，恐怕會淪為陳腔濫調。正如小說林老闆所言，他們翻譯出版「歐美小說中之新奇而宗旨正大者……增進國民智識，以輔教育之不及」，但是《福爾摩斯再生》等書是否真的能夠「輸灌文明、開通風氣」？此外，照理說只有實用的好書才值得保護、才應該禁止未授權翻印，但若所有書商都能充分主張他們的書籍對中國社會大有裨益，那麼這種特權或許就不再僅限於少數人了。

這些個別發出的版權保護令是否可信賴也值得懷疑。原則上，書商向地方官員請願要求版權保護，在政府立案註冊留下正式紀錄，其書籍所有權在註冊之後獲得政府證明及承認。除了借助國家公信力以支持其版權外，理論上書商也借助公權力打擊盜版商。一九〇二年到一九一一年間，不同官員發出了數以百計的翻印禁令，彼此似乎各自為政，沒有協商或互通聲息。時人或許會相信官員在發布命令前會確認請求版權保護的請願書是否可信，審核請願書提及的書籍，是否真的品質優異，或許也會試著調查其他官憲是否已有類似書籍註冊。但實際上地方官員似乎鮮少查核請願人身分和請願書內容。倘若袁道臺費點工夫審核小說林的請願書，他會發現請願人「職商孟芝熙」並非真人，而是個虛構人物。孟芝熙這號人物是小說林的三大合夥人曾孟樸、丁芝孫、朱積熙，各取姓名一字合成的假名；他們在一九〇四年以這個名字註冊公司，一九〇五年又用孟芝熙的名義向袁道臺請願要求版權保護。

個別發布的版權保護令浮濫授予、迅速普及，版權保護令象徵的殊榮雖然因此貶值，但保護令還是向書商立下一定承諾：國家既然將版權授予書商，也會執法禁止翻印，盜版商將受到國家懲處。比方在發給小說林的版權保護令中，袁道臺展現國家權威，嚴詞警告不肖書商：「如敢故違，一經查出，定行究罰不貸。」然而盜版商真的會受到嚴懲，絕無寬貸嗎？而若國家違背這種版權保護令，觸犯禁令者，是否會一視同仁的遭到懲罰？

21 小說林編譯，《黃金骨福爾摩斯偵探案》，版權頁背面。

若國家就是盜版者

一九〇四年春，中國書商透過文明書局的遭遇，獲得這些問題的答案：文明書局是當時赫赫有名、人脈廣闊的新學出版商，他們發現授予其版權保護令的官府權威，同時也盜版了他們的書籍；這個困境使他們為了保護自身版權而痛苦掙扎。這起事件不僅暴露出格式化的版權保護令，存在著結構上的缺陷，也暴露出國家和出版界、以及不同政府機關間，彼此對出版控制、市場規範和財產保護的不同考量而關係緊張。在這場爭論的風暴中心，我們可以看到「版權」一詞，同時存在著幾種相互矛盾的詮釋。版權是一種財產權？或是國家授予的特權？這個問題在三十年前困擾著東京的福澤諭吉，如今正折磨清末的書商。

一九〇二年夏，一群熱心教育改革的無錫文人和官員在上海創辦了文明書局。文明書局出版精心編纂的教科書、印刷精美的美人畫，也出版嚴復、林紓的最新譯作，在競爭激烈的新學市場裡成為快速崛起的新秀。不到一年，文明書局不只在北京開設分局，還公開發行股票募集資金。[22]就跟同業一樣，文明書局也致力於確保專有利益，他們積極採取一切可能手段來主張和保護版權：他們在印製的書冊上蓋版權章、在報紙上廣告宣示版權、和主要作者簽訂版權合約、要求官員頒布特殊的版權保護令。廉泉是文明書局的大腦，曾官至戶部郎中，辭官之後轉型成為文化企業家。身為前中央官員，他不只能夠向上海地方官員請求版權保護令，更能向北洋大臣袁世凱（一八五九—一九一六）、管學大臣張百熙等帝國要員請求版權保護令。[23]他也在新成立的商部註冊文明書局。此外，他和張百熙書信往返，討論如何在中國建立更有條理的版權保護，兩人的書信刊登在多份報紙上，廉泉和文明書局於是以版權的頭號提倡者之姿廣為人知。[24]

文明書局屢屢在報紙和書籍裡複印官員授予他們的版權保護令，藉此展現及強調文明書局及其所有刊物皆有高官庇護。舉例而言，文明書局在一則廣告中聲明：「北洋大臣咨行各省官私局所，概禁翻印，以保版權在案。」廣告又威脅盜版商，一旦發現盜版，地方當局必定會沒收所有翻印本充公，盜版商必須向地方當局支付罰款，也必須向文明書局支付賠償金。文明書局以中國教育進步的推手自居，承諾將沒收的翻印本一律捐給地方學校，一半的賠償金會送給舉報者當作獎金，另一半則捐給地方政府支持教育。[25]

雖然文明書局得到的版權保護似乎開創了先例，成為其他官員或出版商援引模仿的對象，[26]但諷刺的是，在此同時文明書局漸漸發現，當他們真正面臨翻版威脅時，這種版權保護

22 〈輸入文明〉，《大公報》，一九〇三年二月十九日；〈上海文明編譯印書局許照股份章程〉，《大公報》，一九〇三年八月七至八日。

23 這則廣告是在義和團事件後新撰寫的。管學大臣負責科舉改革、新式學校的設立、京師大學堂的運作，以及教育、學習的一應相關事務。一九〇四年，清廷設立學部，由學務大臣負責統率這個新部會。關於學部通史，參見關曉紅，《晚清學部研究》。

24 〈廉部郎上管學大臣論版權事〉，《大公報》，一九〇三年五月二十二日；以及〈管學大臣批答廉惠卿部郎呈請明定版權由〉，《大公報》，一九〇三年六月四日。

25 〈文明書局緊要廣告〉，《大公報》，一九〇三年二月二十四日。

26 例如在向學務大臣請願要求保護該校出版的教科書時，請願人明言請管學大臣「依文明書局之先例」給予保護。參見〈江蘇實業學堂經董楊孝廉模呈管學大臣稟告（續）〉，《大公報》，一九〇三年九月十四日，頁二～三。

並不像他們原本以為的那麼有效或可靠。一九〇三年至一九〇四年間，廉泉和文明書局的明星作家嚴復頻頻通信，廉泉在信中毫不諱言他對這種版權保護令日益失望。一九〇三年九月，廉泉向嚴復報告，他們在浙江發現一家名叫史學齋的書商翻印了嚴復的兩本新書：《群學肄言》和《原富》。《原富》是不久前由南洋公學出版的新書，廉泉告訴嚴復他已經電報南洋公學校長盛宣懷，勸說盛宣懷和他聯手「保護版權」。廉泉向嚴復承諾他會打擊盜版、保護嚴復的利益。廉泉向嚴復保證：「要之先生此書（《群學肄言》）為吾國空前絕後之作，不得不出全力與（翻版者）爭也。」[27]

最後的結果令人失望。十二月，嚴復和文明書局的關係，因為版稅糾紛迅速惡化，[28]廉泉也因為地方官員無意認真執行袁世凱和張百熙授予的版權保護而苦惱不已。廉泉聲稱，他們發現文明書局的暢銷書《蒙學讀本》至少有十種翻印本，但他們的員工不可能在沒有政府支持之下到處抓捕盜版商。廉泉向嚴復坦承盜版「萬難查禁」，又說是盜版商害嚴復的潛在收入蒙受嚴重損失，錯不在文明書局。據廉泉所言，文明書局的北京分局準備了幾百冊「正版」的嚴復《原富》，但因為無法與湧入北京的廉價翻印本競爭，幾個月來一冊也賣不出去。[29]嚴復和文明書局的爭執愈演愈烈，廉泉陷入的盜版困境也益發窘迫。高官顯爵的承諾和擔保並未保證文明書局是其書籍的唯一所有者，也未迫使地方當局積極履行版權保護。廉泉消沉無比，開始將他一度譽為「五洲之公例」的版權視為負擔。嚴復要求提早拿到他們談好的版稅，要求未果，便威脅要立刻解除合約、拿回版權、結清一切款項。一九〇四年一月十四日，廉泉回信表示他其實非常樂意解約，將版權還給嚴復，因為「當時立約時，不知版權如此難保。」廉泉又說：

「因官府不能保護版權，安能禁吾廢約？」[30]在這封致嚴復的鬱悶長信裡，廉泉在信件結尾透露他最新面臨的重大威脅：北洋官報局正在盜印文明書局出版的一本本教科書，每本少說都翻印了五、六千冊。廉泉為了此事近來三天擔心得夜不成眠，他向嚴復悲呼：「吾局生命絕矣！」[31]

廉泉之以認為文明書局倒閉在即，係因他面對的盜版者是北洋官報局。北洋官報局不只是官方出版機構，資助者偏偏又是北洋大臣袁世凱。不過幾個月前，袁世凱才慷慨發給文明書局版權保護令，嚴禁各方翻印。廉泉面臨的問題不只是地方官員是否願意認真保護版權，而是他該如何對抗一面授予他版權保護，卻又一面侵犯他版權的政治權威。

廉泉並未直接指控袁世凱的屬下翻印文明書局的書籍；他選擇不和袁世凱正面衝突，轉而向商部報告：有一家「冒牌」北洋官報局正在翻印文明書局的教科書，敦促商部將此事通知袁世凱。[32]廉泉列出這家「冒牌」北洋官報局盜印的書名和冊數，聲稱這個冒牌貨的翻印本在書市廣為人知。盜版不只有損於袁世凱的權威和廉泉的生意，更嚴重地破壞了政府勸學勵商的改

27 〈廉泉與嚴復書二〉，一九〇三年九月二日，收錄於《嚴復集補編》，頁三七三～三七四。
28 關於嚴復和文明書局之間由於合約、作者章、版稅計算而起的衝突，參見第三章。
29 〈廉泉與嚴復書三〉，一九〇三年十二月十八日，收錄於《嚴復集補編》，頁三七四～三七五。
30 〈廉泉與嚴復書四〉，一九〇四年一月十六日，收錄於《嚴復集補編》，頁三七五～三七九。
31 同前註，頁三七九。
32 〈論直督請撤銷版權之謬〉，《中外日報》，一九〇四年三月三日，頁一。袁世凱當時也是直隸總督。

革計畫。廉泉在請願書中呼籲「正牌」北洋官報局抓出冒牌貨加以嚴懲，然而他自始至終都知道所謂「冒牌」北洋官報局根本不存在。廉泉在給文明書局股東的通知書裡提到，他也透過其他管道處理這個棘手問題，除了向商部請願，他也試圖透過天津的共同友人和這次翻印事件背後的主事者私下和解——北洋官報局局長、監察御史張巽之。[33]

張巽之的回應不假辭色。他堅稱廉泉誇大了他們的翻印規模，而且他們的翻印本並未市售營利，不會和文明書局競爭。張巽之聲稱他們從未收到任何關於文明書局版權保護的官方命令，又說由於大清還沒有版權法，文明書局援引的種種官方版權保護令並無法源依據。他更批評廉泉把商部牽扯進來，無端讓情況變得更複雜，導致袁世凱處境尷尬。張巽之威脅，如果廉泉打算對北洋官報局提出申訴，他就要將文明書局刊物裡的錯誤揭露於世，使文明書局的知識聲譽掃地。張巽之軟硬兼施，一面勸廉泉將他視為同僚，顧念友誼，不要貿然和他公開決裂。[34]

儘管廉泉和張巽之都希望私下解決糾紛，但雙方皆不願意做出任何讓步。一九〇四年二月初，袁世凱正式回應廉泉的請願。袁世凱拍了電報給商部，他決定維護屬下，敦促商部與他一樣，都撤銷先前授予文明書局的版權保護。這封電報的內容很快被幾家報紙報導，大家誤以為這表示政府整體上站在反對保護版權的立場。[35] 這個消息似乎立刻在書商之間掀起一陣恐慌，使得報紙不得不刊登袁世凱電報的全文，澄清袁世凱取消版權保護的要求只針對文明書局而發。[36] 然而袁世凱的完整回覆並未讓書商放下心來，恰恰相反，在文明書局的版權保護為何遭到取消的更多細節被披露之後，袁世凱和政府招來民間更嚴厲的批評。

袁世凱回覆的內容主要是張巽之的聲明，張巽之侃侃而談文明書局並非盜版受害者，反而應該受到懲罰，主要原因如下。首先，張巽之主張北洋官報局是北洋大臣的專門出版社，奉北洋大臣之命為直隸（河北）省的學校提供教科書。北洋官報局不是商業出版社，因此免受版權保護令約束。其次，文明書局雖獲得袁世凱和管學大臣授予的版權保護，但文明書局的版權主張站不住腳。張巽之指出，文明書局並未將他們出版的一百七十多種著作全部呈送袁世凱和京師大學堂審定，卻公開宣稱雙方當局對文明書局出版的著作一概予以保護。得到版權保護的對象未經明確界定，廉泉卻說版權保護涵蓋文明書局一切著作，實在是一派謊言。張巽之認為，由於大部分書籍皆未經過雙方當局審定，文明書局並未取得這些書籍的版權保護。

張巽之接著質疑文明書局的刊物品質參差、思想偏頗，抨擊文明書局沒有資格說是新學書籍的優秀出版商。張巽之確實將先前威脅廉泉的話語付諸實踐，他現在直接點出文明書局教科書的缺陷。張巽之抱怨，雖然這些教科書確實編輯得不錯，非常適合學生，但書中有許多事實錯誤和思想偏差，他們翻印之前不得不先一一改正。張巽之稱：「查版權託始，本為泰西振興文學善政然，呈經文部許可，書必無疵，價必核實，方可准行。」根據這個原則，他認為文明書局有許多書刊並不值得版權保護，並進一步列出五本特別有問題而應當禁印的書，包括《中

33 〈論直督請撤銷版權之謬〉，《中外日報》，一九〇四年三月三日，頁一。

34 〈論直督請撤銷版權之謬續奏稿〉，《中外日報》，一九〇四年三月九日，頁一。

35 〈論直督請撤銷版權之謬〉，以及〈擬立版權公會〉，《大公報》，一九〇四年三月六日，頁三。

36 〈查辦書局咨文〉，《大公報》，一九〇四年三月三日，頁三。

國歷史》、《瀏陽二傑文集》[37]、《李鴻章》、《法國革命》、《自由原理》。張巽之表示，這些書或者宣揚反動思想，或者涉及詆毀或譏諷朝廷的內容，應該加以禁止。他最後結論，商部和京師大學堂毋須保護文明書局的版權，事實上由於文明書局散播的文本品質不佳又涉及顛覆思想，當局不只應該取消文明書局的版權保護，還應該對他們嚴加懲處。[38]

三月初，袁世凱下令關閉文明書局。[39] 這個決定立刻為袁世凱招致更多批評，這些批評既流露出對國家當局的沉痛失望，也顯示出對版權本身的焦慮不安。改革派官員暨歷史學者夏曾佑在三月八日、九日代表《中外日報》發表長篇社論，表達報界對廉泉的支持。[40] 夏曾佑重申版權和文明進步的因果關聯，並針對版權和國家的關係提出三點意見。為了反駁張巽之版權保護於法無據之說，夏曾佑指出，大清實際上頒布過關於版權的法律。光緒皇帝曾在戊戌變法期間頒布一道專利保護的詔令，夏曾佑援引這道鮮為人知的詔令，聲稱書商據此有權向官員請求版權保護。戊戌變法倉促之間即告失敗，多數改革政策轉眼即遭撤銷，不過這道不起眼的詔令既未施行也未取消。夏曾佑用這道詔令搬出帝國名義上的最高權威，聲援廉泉的保護版權請求，以壓過袁世凱的命令。

夏曾佑的第二點意見質疑袁世凱和國家的威信。他說袁世凱一方面授予文明書局版權保護，另一方面又允許屬下盜版文明書局的書籍，這不只傷害了袁世凱的信譽，也有損政府全體的威嚴。夏曾佑主張，這次事件將讓政府日後頒布的版權保護令信用打折，因為大家都看到政府和官員如何朝令夕改、自相矛盾、言而無信。

夏曾佑也試著澄清審查制度和版權之間的曖昧關聯。他建議政府應該把審查制度和版權理解成兩回事，不該混為一談。他舉乾隆皇帝（一七一一—一七九九）的審查措施為例，認為袁世凱對文明書局的懲處相形之下過分嚴苛、不近情理。如果文明書局出版的書籍含有顛覆性文字，袁世凱可以要求出版商刪除有問題的段落，就像乾隆下令將叛亂分子的言論從各種書籍中刪去一樣，不需要禁止全書或甚至將出版商關閉。夏曾佑又提醒袁世凱，用審查制度來懲罰文明書局是一把雙面刃：如果風暴中心的教科書《中國歷史》思想偏頗至他們不得不永遠關閉文明書局，那麼北洋官報局為何要翻印這本大有問題的書？如果文明書局的書籍如此大逆不道，那麼袁世凱當初為何要授予他們版權保護？這豈不是表示袁世凱當初沒有善加審閱內容嗎？

夏曾佑的批評立足於政治。他以士大夫身分發言，利用其他士大夫熟悉的權威和例子來闡發論點。夏曾佑並未直接討論版權的本質，主要的火力集中抨擊袁世凱治理失當。他認為根本問題在於版權保護的公信力，而非版權保護的形式。換言之，夏曾佑並未質疑袁世凱頒布的版權保護令，他的批評指向袁世凱失信於自己立下的規矩和承諾。他對國家取消文明書局版權保護的決定感到不滿，儘管如此，他仍然認為國家是授予和執行版權保護的唯一合法權威。

另一方面，美國傳教士林樂知對這起事件抱持不同看法。早在一八九六年，林樂知著名的

---

37 一般咸認「瀏陽二傑」指的是革命家唐才常和激進的改革家譚嗣同。兩人的著作都被清廷禁止。

38 〈查辦書局咨文〉，《大公報》，一九〇四年三月三日，頁三。

39 〈書局停辦〉，《大公報》，一九〇四年三月六日，頁四。

40 〈論直督請撤銷版權之謬〉，《中外日報》，一九〇四年三月八日，頁一；〈論直督請撤銷版權之謬續奏稿〉，《中外日報》，一九〇四年三月九日，頁一。

《中東戰紀本末》就和廣學會其他暢銷書一起，成為第一批獲得中國地方官員個別授予版權保護的書籍。這種版權保護令相當罕見，因此被視為一種例外與特權。「版權」一詞或「人類智慧創造應視為財產」的想法，對當時的中國人而言仍然陌生新奇，即使在書業中也是如此。第二章提到，一八九五年至一八九八年間，林樂知和其他隸屬於廣學會的傳教士積極在中國推廣版權這個新概念，以保護他們的書籍。後來中國書市的氣象為之一變，愈來愈多中國書商（像是文明書局和商務印書館）加入新學書籍的生意，廣學會的銷售額在一九〇〇年後隨之下滑。到了一九〇四年，這種版權保護令愈來愈常見、愈來愈通用，儘管如此，身為版權提倡先驅的廣學會仍繼續向中國官員請願，確保他們的書籍印有官方發布的版權保護令。

文明書局案對傳教士是一大打擊。文明書局被勒令停業的兩天後，《大公報》報導，美國傳教士出版社的一位傳教士前往拜訪文明書局，詢問整件事情的來龍去脈，同時表示對政府的決定不滿。[41]許多學者認為這位傳教士無疑就是林樂知。拜訪文明書局時，他不只表達了自己的憤怒，還提出一個不尋常的建議：北京和上海的書商應該組成獨立的版權公會，自行註冊規範版權，不該仰賴政府。[42]

拜訪過文明書局不久，四月，林樂知在廣學會機關報《萬國公報》上發表一篇短文，題為〈版權之關係〉。[43]在廣學學倡議版權的高峰過後近十年，問世了這篇簡短而有趣的論述，是林樂知發出的檄文，直指對袁世凱決定的非難和反感，以及中國人對版權的誤解。雖然林樂知沒有指名道姓地點出袁世凱、張巽之、廉泉、文明書局等人物或公司，但文章討論的正是此刻上演的糾紛。文章開頭暗示了文明書局面臨的困境。林樂知說中國的教科書供不應求，因此任何編輯較為良善的書籍都銷售甚廣，但也會立刻被盜印。書商向政府當局通報發現翻印本，但翻印者通常不會被追究，雪上加霜的是，「其強有力者，並欲攘人之版權」。林樂知認為，整起糾紛的核心是「其意以為，版權之事，在上者可以予奪自由，乃西國之公例」，身為一個來自「西國」之人，他覺得必須澄清誤解，因為「實則西國無是法也」。[44]

林樂知解釋，所謂西方版權，是作者和出版商的私有財產權，「保護（版權）乃國家之責任，而非其恩私也」。他進一步指出，無論作者和出版商印製了什麼樣的書籍，他們的版權都應受到保護。書籍一旦問世就自然擁有版權，國家為了規範版權而要求立案註冊，但這不表示未註冊的書籍就沒有版權。「著書者瘁其心力，印書者出其資本，而共成一書以供社會，使社會之人皆得此書之益，則必思有以保之，於是乎有版權。」國家應該把自己視為保護版權的社會代理人，而非凌駕於社會和法律的更高權威。林樂知說，如果國家當局將版權保護授予書商，但隨時想收回就收回，那麼作者和書商將心灰意冷，由於無法自保，可能會乾脆放棄出版業。[45] 林樂知闡明歐洲版權法背後的「真正」原則，希望「糾正」袁世凱和張巽之對版權的誤解。他認為，雖然個別的版權保護令在當時相當普遍，但由於授予保護的脈絡不對，因此版權

41 〈擬立版權公會〉，《大公報》，一九〇四年三月六日，頁三。
42 同前註。
43 林樂知著，范禕錄，〈版權之關係〉，《萬國公報》第一八三期（一九〇四年四月）。
44 同前註。
45 同前註。

保護令有根本的結構缺陷。只要版權的合法性和公信力仍源自國家的權威，只要版權仍是依書籍內容或官員好惡而個案授予，那麼「版權」就永遠不會等於「copyright」。

林樂知的檄文最後以激昂的呼籲作結，提醒清政府「興國在民，保民在國」。[46] 雖然林樂知強調「版權」的「權」應該被視為一種國家不能剝奪的自然財產權，但比起主張版權是一種個人權利，同時代的中國人似乎更希望搬出更高的政治權威，來支持他們的所有權主張。廉泉最終還是指望透過既有的權力結構挽救文明書局的命運，他的主要反擊策略是找到能和袁世凱相抗衡或位高一等的官員為他撐腰。他向位高權重的年輕滿族貝勒載振（一八七六—一九四七）提出上訴，載振是商部尚書，也是當時朝廷政壇上最有權勢的皇室慶親王奕劻（一八三八—一九一七）的長子。一九〇四年，年僅二十八歲的載振已曾代表皇帝出使英國，參加英王愛德華七世的加冕典禮（一九〇二年）。年輕的親王遍歷歐日各地，對改革和洋務非常熱心，又有時任軍機大臣的父親慶親王支持。文明書局才剛剛出版了載振親王英國行的日記，廉泉有良好的關係可以運作。[47]

廉泉向載振上訴，對張巽之的指控一一加以反駁。廉泉主張，文明書局印製的書籍冊冊末頁皆印有「禁止翻印」的聲明，在張巽之和北洋官報局盜印的書上，甚至還看得到袁世凱版權保護令的全文複印，因此張巽之不可能沒注意到這些書籍受到袁世凱保護。其次，雖然張巽之宣稱其翻印本並未銷售營利，但地方官員和學校必須向官報局「捐資印發」。張巽之和北洋官報局透過這些「捐輸」獲取經濟利益，並非如他所說的那般純然不圖營利。第三，如果張巽之的官發現文明書局的教科書有缺陷，他大可直接知會出版商，要求他們改正錯誤；但是張巽之的官報局並未知會文明書局，反而直接翻印他們認為大有問題、學校不宜使用的書籍。廉泉進一步說明，北洋官報局盜印的是第一版，張巽之抱怨的錯誤多半都已在修訂後的第二版更正，因此沒有理由指控文明書局不負責任。至於那些「傾覆政府」的書籍，沒有一本是由文明書局出版，文明書局也從未答應寄售這些書。廉泉提出帳簿為證，堅稱張巽之的指控是子虛烏有，請載振敦促袁世凱就張巽之的不當行為和誣告做出處分。[48]

除了請求載振駁回袁世凱的命令，廉泉也重申一九〇三年向張百熙提出的建議：清政府應效法西方各國和日本制訂版權法，整頓國內出版業的秩序。載振應允廉泉的上訴，他駁回了袁世凱的命令，允許文明書店重新開張。他承諾商部將會制訂更有條理的出版法規，不過也勸廉泉在張百熙授予他版權後繼續出版書籍。[49]

審視書籍的真正價值

載振的最終裁決解決了文明書局和袁世凱的爭端，但並沒有解決最初引發衝突的根本問

46 林樂知著，范禕錄，〈版權之關係〉，《萬國公報》第一八三期（一九〇四年四月）。
47 載振，《英軺日記》。
48 〈廉部郎聲覆商部請奏訂版權法律呈告稟批〉，《大公報》，一九〇四年四月十七日，附頁。
49 同前註。

題。政府是否應該豁免於自身頒發的版權保護令，不受其約束？這個問題從未得到載振正面回應。身為商部尚書的他，也無意監管文明書局和其他出版商日後該如何獲得政府頒發的版權保護令，他把這些問題丟給管學大臣張百熙處理。這個決定反映了晚清人士對版權一個奇妙但關鍵的理解：版權並不屬於商業範疇，而是文化、學術的問題。

自一九〇三年成立以來，商部一直以清政府中專利、商標方面的主管機構自居。雖然在當時，版權和專利、商標往往在現代智慧財產權法中被綑綁在一起，載振卻似乎不認為管理版權是商部的業務。商部主管清政府專利、商標的政策制訂和規範管理，負責審查專利申請、起草專利法和商標法，為另立商標局做準備。[50] 但當書商或作者向商部請願要求版權保護時，商部卻往往將他們的請願轉交管學大臣（後來改交給學部）。[51] 此外，儘管商部確實在一九〇五年、一九〇六年前後起草了著作權法，卻從未公布過該法的草案，反而將之交給學部做進一步修改。[52]

商部處理版權相關事務的邏輯，根據的是明清以來對書籍價值的理解。因為書籍地位特殊，版權本質上不同於火柴的專利或煙草品牌的商標，超出了商部的職權範圍。的確，印刷書自宋代以來就在市場上銷售，但是對於中國書籍的生產者和消費者而言，書不是普通的商品。一本書的真正價值不能只用金錢來衡量，書籍在中國社會中有著特殊的重要性與卓絕的威望。在過去一千多年來，對中國的文化、政治精英而言，讀書的傳統一直是他們建立認同和維繫道統的核心，科舉制度使讀書識字和經學教育成為通往功名利祿、富貴榮華的階梯，[53] 在某種程度上，擁有書籍或者有能力讀書是帝制晚期中國社會流動的關鍵。因此寫作、閱讀、出書、藏書，對中國文人學者來說，是個人與社群認同的根本，而對於希望攀上更高社會文化地位的商人、地主等非文人而言，也是同樣十分重要。[54]

明清社會將書籍的社會文化意義視為書籍真正的、首要的價值所在，另一方面，書籍的經濟價值卻被刻意貶低。作者、編纂者和書商往往將他們從書籍獲得的物質收益，描述成他們對學界真誠貢獻的「小小紅利」，或是肯定他們文化成就的額外「獎勵」，而非他們的收入來源。即使在現實中他們仰賴著述出版維持生計、養家糊口，他們依然堅持這種觀點，嚴復、林紓等清末著作家始終將新開源的版稅收入稱為「微酬」。按照這個邏輯，作者和書商的物質收益，既然依附在其思想貢獻或藝術成就上，也理應以此為標準決定金額之高低。因此，版權無法和一本書的思想、創作、教育價值分離，應該由文教官員而非商務官員主管。

這在清末中國似乎是帝國官員和作者、書商之間的共識。商部將大部分的版權相關請願及裁決轉由管學大臣張百熙處理，不只如此，一九〇二年中美續約談判時提及涉外版權保護的議

50 王奎，《清末商部研究》，頁一八九～二〇一。

51 例如〈批華商吳達邦稟所著粵音快字音字貫通一書准學部覆稱與教科無甚關涉由〉：學部駁回了轉交的請願書，表示《粵音》不是教科書，（因此沒有資格獲得版權保護），《商務官報》第二八期（一九〇七年一月十八日），頁一四。

52 〈商部奏擬訂商標註冊試辦章程摺〉，《申報》第一一二五六期（一九〇四年八月十八日），頁一。商部尚書在呈文中提及制訂中的著作權法草案。

53 Ho, *The Ladder of Success in Imperial China.*

54 關於書籍在中國社會享有的文化及社會聲譽，以及讀書傳統如何塑造中國精英文人的文化和生活，其討論參見McDermott, *A Social History of the Chinese Book.*

題，商約大臣也立刻就此詢問張百熙的意見。[55] 書商請願要求正式制訂版權法或其他制度化的相關法規，其呈文的對象也往往是張百熙。若想獲得個別的版權保護令，大家也理所當然地視張百熙是最適合請託的中央官員。一般咸認為，張百熙發出關於版權或出版的命令，對社會具有重大影響。[56]

二十世紀初年，張百熙被視為清廷在版權方面的官方權威，這不只是因為他主掌教育事務，也是因為京師大學堂（如同其前身國子監）毫無疑義地代表著國家的知識最高殿堂。一九〇三年，廉泉上呈張百熙的請願書說：「竊維京師大學者，天下學問之樞紐也。天下之言學者，苟不仰承大學，則旁皇而無所依歸。」廉泉將京師大學堂視為學界最高權威，進而主張大學堂有責任也有資格為衡量書籍的真偽良窳訂下標準。廉泉認為「制度不定」、「規矩不一」助長了中國的盜版，引發了眼前的危機：「斯學術混淆而真才不出。」是以為了維持學界的秩序，「綱維之立不可不嚴，宏獎之方不能不講也。」[57]

答覆廉泉的請願書時，張百熙承諾政府不久就會頒布版權法。至於廉泉要求的「加獎」，張百熙敦促廉泉將書籍交給大學堂審定，大學堂會在合格書籍上「加蓋審定圖章，分別咨行，嚴禁翻印，以為苦心編譯者勸。」[58] 張百熙這裡提到的「審定」程序將成為中國書商和作家從京師大學堂（之後則是從學部）取得版權的標準方法。書商和作者將書籍呈送京師大學堂時，他們的請願書將在其官方紀錄中留存，大學堂因此成為書籍所有權的擔保人。通過審定不只是獎勵，也是殊榮和特權，因為這代表書籍內容獲得「天下學問之樞紐」的認可和讚許。審定的程序將書籍品質和所有權承認與否綁在一起，將書籍的藝術或思想價值與其商業價值相連結，確立了國家是審查前者及保護後者的權威。

若要徹底理解張百熙等要員大臣為何及如何制訂出這種由國家主導的審定制度，我們必須仔細檢視張百熙、榮慶（一八五九—一九一七）、張之洞等人一九〇二年編纂的《學務綱要》，這份詳盡的指南是他們對清朝新教育制度宏觀建議的一環。他們不認為書籍一律平等，「天下學問之樞紐」最關心的是其中一種著作：新式學校的教科書。他們的提案認為授予版權是一種手段，國家不只能藉此控制民間出版商的教科書品質，也能控制教科書知識思想所著重的方向及議題。

義和團事件後，清政府決定推行全面改革，而第一步是改革教育。一九〇一年，科舉考試廢除了惡名昭彰的八股文體例，如今考生必須應答的題目兼涉中學和西學。與此同時，政府開辦的新式學校成為未來中國精英在科舉之外的另一條仕進之路。高層學務官員認為，為了建立

---

55 張百熙，〈致日本使臣內田康哉氏函〉，收錄於鄧實編，《光緒壬寅（廿八年）政藝叢書》（臺北：文海出版社，一九七六），頁七九九。

56 一九〇三年春發生了一件相當諷刺的事，恰恰是個絕佳的例子。在稍早的一九〇二年冬，京師大學堂發行了一本小冊子，列出十六個科目的百餘種書籍，表示這些書籍經過大學堂審核推薦，是適合新式學校的教科書。隨小冊子一起發布的還有一道張百熙的命令，鼓勵地方政府和省政府翻印小冊子。但是這道命令被書商和一些地方官員誤解（或故意曲解），認為是鼓勵大家自由翻印小冊子列出的書目。

57 〈廉部郎上管學大臣論版權事〉，《大公報》，一九〇三年五月二十二日。

58 〈管學大臣批答廉惠卿部郎呈請明定版權由〉，《大公報》，一九〇三年六月四日。張百熙之言獲得文明書局附和，見〈文明書局譯印群學肄言、理財學講義成書呈請管學大臣審定成稿〉，《大公報》，一九〇三年七月十九日。

國家的正統思想、防止知識界失序混亂，新式學校使用的教科書必須完全由國家編纂刊行。[59]但幾位大臣在《學務綱要》裡也承認，關於教科書的編輯，「應編各書，浩博繁難」，「斷非」單一機構能在短時間內完成的任務。[60]與現實妥協之下，幾位官員提出替代方案：清政府將開放及鼓勵民間的個人、機構編纂符合新式學校需求的教科書，和政府出版的「官編」教科書並行。《學務綱要》承諾：「如有各省文士，能遵照官發目錄，編成合用者，亦准呈送學務大臣鑒定。（經國家批准後，）一體行用，予以版權，准著書人自行印售，以資鼓勵。」[61]

部分官員認為，將版權保護和教科書審查相結合是聰明的手段，政府不只能夠掌控教科書內容，也能確保私纂教科書的品質。舉例而言，一九〇三年初，商約大臣呂海寰奏請皇帝令所有教科書出版者都必須接受審定，以「釐正……挽回，以端士習」。呂海寰某次上奏時表示，他擔心民間書商汲汲於利，可能會輕易追隨達爾文主義、盧梭主義等「囿偏」潮流，[62]又或大量散布顛覆性思想，「大為世道人心之害」。國家有責任「亟行厘正」，以拯救社會、糾正思潮，故呂海寰奏請皇帝要求私纂教科書一律接受審查。經過一絲不苟地審查之後，「宗旨純正、程度合宜」的書籍將被授予版權特權，享有官編教科書的地位。至於「淺雜稗販，無益於教科」者，或是「主張謬說，為害士習」者，他建議國家應永遠加以禁印。[63]

版權和審定程序的結合進一步讓國家能夠篩選、控制書籍的內容。對二十一世紀初當代讀者來說，這很容易就被當成政府的狡猾手段，利用書商的商業考量來遂行壓迫的思想審查；然而版權和審定的結合在當時廣受書商、報界歡迎，被視為確保書籍品質和維護學界秩序的程序，不只公平，甚至不可或缺，在一九〇五年朝廷宣布廢科舉之後，更顯重要。

科舉的廢除標誌著清政府教育制度的兩大根本轉變，撼動了與科舉制度密不可分的學界。新式學校取代幾世紀以來的科舉制度，成為打造中國未來社會政治精英和帝國官僚的主要手段；新學取代經學，成為新的思想道統。[64] 主管新教育體系的學部在一九〇五年十二月成立，由於預算短絀、人力不足，學部無法實現由國家獨力編輯教科書的理想，主要以私纂著作的審查來規範教科書出版。學部不久設立了審定司，成為審定教科書的正式機關，只有經審定司官員核可的書籍才能獲得版權，允許在學校當「教科書」使用。[65] 與此同時，學部也將京師大學堂的出版部門擴編為編譯圖書局，負責編譯出版「官編」教科書。

當時官界民間似乎皆普遍贊成設立負責審定程序的正式局處。談到學部的設立時，上海報紙有好幾篇社論都認為學部必須對「民間編譯」的教科書一一進行審查，以恩威並施的政策監

59 鄭鶴聲，〈三十年來中央政府對於編審教科圖書之檢討〉，頁三。

60 張百熙、榮慶、張之洞，〈學務綱要〉，收於《張百熙集》，頁五三～五四。

61 同前註，頁五四。

62 呂海寰這裡提到的達爾文主義應該理解成社會達爾文主義，他所說的盧梭主義可能是盧梭（Jean-Jacques Rousseau）社會契約、自由、平等的思想。清末中國知識分子普遍認為盧梭的思想啟發點燃了法國大革命。

63 〈奏為官辦教科書懇早頒發私纂課本亟應釐正以端趨向而免歧途恭陳管見仰祈聖鑒事〉，收錄於《呂海寰奏稿》，頁五四八～五五八。

64 關於廢除科舉對社會和思想的衝擊，參見 Elman, *A Cultural History of Civil Examinations in Late Imperial China*, 569–623. 也參見 Borthwick, *Education and Social Change in China*.

65 〈學部第一次審定初等小學暫用教科書凡例〉，《學部官報》第三期（一九〇七年十月七日）。

管投入教科書生意的書商。[66] 就連以版權擁護者自居的嚴復也建議，版權應該只授予通過「審定」的書籍，而「未經審定」或經學部「斥黜」者不准以「教科書」類別行銷，其出版商應受懲罰。[67] 大家深信必須採行恩威並施的政策，這種看法和書商名聲不佳的關係密不可分。《申報》一篇社論指出：「大都書賈謀利，心計極工。」即使書商宣稱出版教科書是為了「樹國民之標幟」，事實上「什之七」只關心達成「營業之目的」。因此他們印製的教科書「凌亂錯雜，厥害甯鮮。」[68] 大家預設書商以生利為目的，汲汲於利的本性會阻礙他們出版品質優良、內容正確的教科書。

諷刺的是，書商之所以贊成版權和內容審查相結合，也正是因為其「以生利為目的」。教育改革不只創造出幾十萬所新式學校，也創造出中國前所未有的嶄新教科書市場。根據學部的首次全國教育普查，光是一九〇六年至一九〇七年的一學年間，新式學校花在書籍的費用就將近百萬兩。[69] 原則上，國家授予的版權保護可幫助書商鞏固教科書的專有利益。此外，大家認為書籍通過學部審定表示其內容和品質獲得國家認可，對書商而言，這可以當作刊物吸引人的一個賣點。清末的教科書廣告裡，書商常常強調自己的教科書經過「學部審定」，自當是所有學校的首選。

一九〇六年至一九一一年間，總計有超過四百種書籍通過學部審定，獲准在一定年限之內作為學校教科書使用。書籍大部分是由商務印書館、文明書局等上海出版商出版。[70] 審查結果公布在《學部官報》上，《學部官報》是旬刊，發行期間始於一九〇六年夏，終於一九一一年帝國結束。書籍的審查結果通常附有一兩段簡短意見，評論書籍品質、為何值得授權成為教科書或為何不予授權，以及作者或出版商應如何改進內容。有時候為了立下楷模，學部會在《學部官報》中刊登詳盡的長篇指示，要求書商改動書籍的內容或措辭。根據這些意見和指導方針，我們可以梳理出學部採用何種基本原則和標準來審查評定呈交至官署的幾百種書籍。

審查教科書時，學部最關心的是書籍內容良窳。審查雖然和版權保護綁在一起，但書籍的創見或真偽並非決定性因素，主要的判準反而是內容編寫得是否得當、是否有經過精心編排。舉例而言，學部評論通過審定的書籍時，常常以「次序分明」、「文筆暢達」、「用字精妙」等說法來支持學部的判斷，說明這些書籍為何是值得授予版權特權的「善本」。[71] 有趣的是，這些標準非常類似用於評定科舉考試文章高下的標準。[72] 反之，無法通過審定的書籍，不合格的原因通常是用詞「鄙俚」、「譯筆蹇劣」、「語意殊欠了了」，或單純「用字未妥之處往往

---

66 例如〈轉載南方報論設學部方法〉，《東方雜誌》第二卷第十二期（一九〇六年一月）。

67 〈中外日報嚴復論小學教科書亟宜審定〉，《東方雜誌》第三卷第六期（一九〇七年七月）。

68 〈申報學務芻言〉，《東方雜誌》第三卷第十一期（一九〇七年十二月）。

69 學部總務司，《光緒三十三年分第一次教育統計圖表》。

70 汪家榕，《民族魂》，頁三六。

71 例如：〈浙江舉人蔣智由呈中學修身教科書請審定稟批〉，《學部官報》第五期（一九〇六年十一月七日），頁九a～九b；〈刑部郎中胡玉麟自編算書兩種呈請審定懇予版權稟批〉，《學部官報》第十一期（一九〇七年一月五日），頁一三a～一三b；〈蒙學讀本第五七編二冊文明書局本〉，《學部官報》第二三期（一九〇七年六月十一日），頁二七b。

72 感謝匿名審查人指出學部教科書審定標準與評定科舉文章的相似之處。

而有」。[73]

書籍實用與否是另一項判準。書籍若是篇幅過長、太過複雜或難以拆成小章節，則被認為不適合學校使用，往往遭到學部拒絕。書籍是否能滿足社會的迫切需求，提供與時俱進的知識或技能，這點學部也認為十分重要。例如商務印書館的《帝國英文讀本》就因為「全書不載英文詩歌一首」而備受推崇，學部審查員說明：「吾國人之學西文，必以能讀西文科學書為目的，詩歌文法顛倒，初學所難，又與讀科學書之目的不合。」[74] 故《帝國英文讀本》被譽為符合中國學生需求的模範英語教科書。

儘管審定司的絕大多數評語和修訂指示似乎都是針對「品管」而發，但這不表示審查人不在乎意識形態正確與否。一旦發現書籍含有潛在顛覆思想，書籍不只無法通過審定，還會被學部禁止；提到平等、自由、權利或漢族種族主義的書籍也會被認定成問題書籍。[75] 舉例而言，一九〇八年，一本為女子小學編寫的教科書，只因書中出現「平等」兩字就無法通過審定，後來遭到學部禁印。另外，由有爭議的人寫序也可能帶來嚴重後果，文明書局的一本倫理教科書遭到學部禁印，原因是書籍載有蔡元培（一八六八—一九四〇）所寫的「謬妄」序言；蔡元培原本是翰林院官員，後來成為革命家。[76] 也有一種狀況是，原本通過學部審定的書籍如果引起意想不到的爭議，之後也可能被禁止發行。例如《廣東鄉土教科書》一九〇六年通過學部審定，但書中宣稱客家人及福佬人並非漢族，這番言論在廣東掀起軒然大波，於是在一九〇七年被取消審定資格，版權也立刻遭到撤銷，學部命令出版商改正有爭議的說法，禁止原來的版本繼續販售。[77]

審定司不只控制品質，防止「凌亂錯雜」的私纂教科書「對社會造成巨大危害」，他們更積極批閱上呈官署的書籍，修改不理想的內容。對於小有問題的書籍，審定司有時會提出修改建議，要求原作者或書商呈送修改後的教科書進行複審。有時該司會在《學部官報》上刊登完整的校勘指示，一一解釋為何這些地方應該修改。儘管審定司的校勘指示多半是細部更正，目的是統一外國姓名事物的混亂中文譯名，或是修正（從日文文本）直譯引起的文法問題，但有時該司會要求書商重新編修他們不贊同的內容、刪改政治敏感詞語，或甚至要求書商調整敘述的語氣。舉例而言，一九〇八年，審定司對作新社編纂的《萬國歷史》發出校勘指示，要求作者將書中出現的「革命」一詞一律換成「變亂」、「改革」或「大亂」，將對法國大革命的正面描述悉數刪除，他們甚至改寫了一段結論：原本的結尾立場消極，認為歐洲人將征服世界，

73 例如：〈廣東嘉應州優生蕭日炎呈新學正宗一書懇請代奏並請審定准予版權稟批〉，《學部官報》第五期（一九〇六年十一月七日），頁一九a；〈小學新理科書生徒用教員用各四冊〉，《學部官報》第二三期（一九〇七年六月十一日），頁三〇a；〈生員余維濤呈自著自然地理學請審定稟批〉，《學部官報》第二五期（一九〇七年七月一日），頁三七；〈應用東文法教科書一冊〉，《學部官報》第五七期（一九〇八年六月十九日），頁一九。

74 〈帝國英文讀本三冊商務印書館本〉，《學部官報》第二四期（一九〇七年六月二十一日），頁三五a。

75 〈學部奏遵旨核覆直督奏敬陳管見摺〉，《學部官報》第一二九期（一九一〇年七月）。

76 〈咨浙撫查禁何編女子小學國文教科書文〉、〈咨飭各省提學使禁用麥譯中等倫理學文〉，《學部官報》第六六期（一九〇八年九月十六日），頁一a～一b。

77 〈咨江督請飭上海道飭國學保存會改正廣東鄉土教科書文〉，《學部官報》第三一期（一九〇七年八月十九日），頁四五a。

滅亡其他國家；取而代之的新段落則宣告中國與日本將在東亞崛起，世界可拭目以待。[78]

國家喪失身為知識最高權威的地位

審定司的評論、裁決和校勘指示皆使用上對下的權威語氣，有時候甚至彷彿無所不知。中國書商和作者之所以願意根據審定司嚴格的指示修改書籍內容，不只是因為他們想獲得學部的版權保護，也是因為他們相信學部是與知識相關事務的最高權威，而隸屬於學部的審定司自然擁有比人民更超絕、更「正確」的知識品味，也當更嫻熟於新學知識。然而這個信念在一九〇七年因為學部的另一個局處而受到動搖。

自一八九八年以來，清政府每次計劃或發起教育改革時，都一再重申由國家專責教科書編纂的願景。但現實中，為了及時滿足帝國各地新式學校的迫切需求，教科書也開放由民間書商和作者編纂印行。儘管如此，政府從未放棄有朝一日由國家壟斷教科書編纂的目標。學部暫時開放民間出版商編纂教科書，設立結合版權和教科書審定的程序，同時也成立了自己的編譯圖書局，負責編纂官編教科書。學部希望這些「官編本」可以早日通行全帝國，確保學生接受統一的標準教育。這種雙軌政策無可避免地造成學部和民間教科書出版商之間關係緊張，教科書市場每年產生百萬兩的營業額，而學部既是在教科書市場上與其他書商競爭的一員，同時又透過審定司這隻有形的手規範監管民間教科書的編纂。

許多出版商擔心，一旦學部發行「官編」教科書，他們享有的生意榮景將一去不復返，畢竟民間的個人不可能和替國家定義正統知識的政府機關競爭。一位書商說出大家普遍的擔心：「吾國人之心理，最信服政府，苟一國定，則無人敢言其非，而全國風行，雖有民間之善本，亦必不用。」[79]

一九〇七年，幾經延宕之後，學部編譯圖書局終於發行了第一卷「官編」小學國文和修身教科書。出乎所有人意料之外，編譯圖書局的教科書顯然是抄襲商務印書館和文明書局的教科書，從設計和版面看來格外明顯。[80] 在帝制晚期中國，翰林院或國子監編纂出版的書籍皆因著述出色、縝密正確而備受推崇，然而學部出版的教科書卻立刻招致媒體和其他官員的嚴厲批評。這些批評使得大家進而懷疑國家知識上和文化上的優越地位。[81]

在第一批「官編」教科書出版後不久，文明書局一位年輕編輯陸費逵（一八八六—一九四一）[82]在上海一家進步報紙上公開批評官編教科書。據一位同時代人日後回憶，陸費逵的嚴詞批評在當時備受讚許、廣為流傳，他的批評開闊了大家的視野，讓讀者可以從不同角度批評學

78 〈萬國歷史作新社編譯〉，《學部官報》第五七期（一九〇八年六月十九日），頁七b；〈萬國歷史教授細目〉，《學部官報》第六一期（一九〇八年七月二十八日），頁三～九。
79 伯鴻，〈論國定教科書〉，《圖書月報》第三期（一九〇六）。
80 汪家榕，《民族魂》，頁三一～三五。
81 江夢梅，〈前清學部編書之狀況〉。
82 陸費逵後來在一九一二年創辦中國第二大出版公司中華書局，一九二〇、三〇年代成為上海書業領袖。

部的教科書。[83]陸費逵從教育者的觀點審視教科書，結論是「官編」教科書實在太過艱澀，無法實際用來上課，他的評論一一說明這兩本教科書何以「不合兒童心理」、敘述「不合理論」、插圖「惡劣」，諸如此類。[84]審定司的標準是著述出色與否，與此相反，陸費逵評斷這兩本教科書的標準著眼於實用性：書籍架構是否適合學校課表，內容是否能讓學童理解，設計是否能沿用至其他科目。

陸費逵對學部「官編」教科書的評論意義重大，這不只是因為他採取另一套標準來審視教科書的價值和品質，更是因為他暗示了官編教科書就跟民間出版的教科書一樣，都**可以**付諸審視與批評。同年的一段時日之後，嘉定一位教科書編輯兼校長黃守孚（一八七八—一九一一）出版題為《教科書批評》的小冊子，呼應陸費逵提出的方向。黃守孚細讀學部的小學國文教科書，和十一本「民間」教科書放在一起比較。評論學部的國文教科書時，黃守孚直言，儘管他承認學部努力想為中國學生提供標準教科書，但這不表示教科書的內容不能加以評論。[85]這些評論人的言論指出一點：在學校應該傳授何種知識，以及著述的思想或藝術價值應該如何品評等議題上，他們有可能挑戰國家身為最高權威的地位。

陸費逵的批評指出，學部「官編」教科書最嚴重的問題是抄襲。他點出「官編」教科書不只在版面和架構上模仿文明書局和商務印書館的教科書，編譯圖書局的人員還一字一句照抄私纂教科書的內容，只是把幾個字換成同義詞，卻假裝官編教科書出於他們的原創。陸費逵表示，快速比對之後，他發現部編國文教科書至少有十二課內容抄襲自民間教科書，若更仔細對照，相信會找出更多抄襲或模仿之處。陸費逵進而質疑：「學部亦有審定圖書、保其版權之言。凡有版權之書，無論何人不得抄襲仿冒明矣。不圖部纂之書，除其艱深之數課外，頗有類似抄襲私家編著之處。夫民間有翻刻盜印之事，例應懲罰，則試問學部將何以自處也？」他說：「……課本關係教育最為重要，部編如此，記者深為教育前途慮。」[86] 陸費逵的批評挑戰了國家身為知識最高權威的地位。如果身為學部左手的編譯圖書局編不出優良教科書，抄襲私纂教科書了事，那麼身為學部右手的審定司又如何能握有審定私纂教科書的權威和能力，遑論要授予書籍版權？

將版權和內容審查分離

一九〇五至一九〇六年間，中國書商和文人對學部的版權審查制度寄予厚望，但他們不久便意識到學部只關心一種書的審查——教科書。許多人向學部請求承認版權的請願遭到駁回，理由是他們呈送的書籍不是新式學校教科書。例如四川一位中醫專家將自己編輯的醫學教科書上呈學部，請求版權保護，但卻被告知：編輯此書的「用意甚善，但非（新式學校學生使用之）

83 江夢梅，〈前清學部編書之狀況〉。
84 伯鴻，〈論學部編纂之教科書〉，《南方報》，一九〇七年四月四日、五月四日。
85 汪家榕，《民族魂》，頁三三。
86 〈論學部編纂之教科書〉，《南方報》，一九〇七年五月四日，頁一。

教科書體裁，無庸審定，原書發還。」[87] 雖然呈送的書籍書名包含「教科書」一詞，但醫學不是新式學校的科目，因此版權保護的請求依舊遭到駁回。從學部的答覆可以看出他們遵循一項不成文政策：版權只將授予給新式學校科目的教科書。其他書籍無論編寫得再完善、再實用，皆被悉數排除在審查範圍外，因此也沒有資格從學部獲得版權。書商和作者似乎不是非常清楚學部授予版權的對象僅限於特定範圍，仍持續將書籍呈送給審定司接受版權審查。一九〇七年起，審定司指示所呈書籍不是教科書的申請人，應待版權法正式制訂後再行辦理。[88] 但版權法並未在短期內頒布，於是想為非教科書出版品取得版權的書商和作者陷入了三不管地帶。

一九一〇年五月，商務印書館一位年輕編輯陶保霖在商務印書館的《教育雜誌》發表社論，敦請清政府即刻頒布版權法。陶保霖不只請求國家兌現承諾，制訂版權法，他進一步提議國家應趁此機會將版權授予和內容審查切割開來。他主張中國的版權法應該不論書籍的品質好壞、實用與否，對所有書籍的版權一概予以保護。陶保霖的提案也試圖脫離過往的慣例，讓版權不再是國家透過兩種管道授予的特權。陶保霖指出，中國官員和書商似乎誤解了版權法和出版法的本質，他們始終認為版權是國家因認可作者和出版商對社會的貢獻而給予的獎勵與報酬。陶保霖總結，「版權報酬」論認為「著作者裨益一國之文明最大，社會之發達、人類之幸福，實賴於焉，故不可不給予報酬。」[89] 這種理論將永遠把版權保護和任何著述的審定甚至言論審查綁在一起。

陶保霖說，這種邏輯認為對社會進步有貢獻的作者應該獲得版權的獎勵，同時也暗示，若作者的著作無益於社會則不應以版權獎勵之。陶保霖認為這種看法深深誤解了版權的本質，事實上若按他國現行的版權法，「不論何種著作物，苟屬著作，即享有保護的利權。」換言之，對著述的所有權是一種財產，在著述創作完成時即自動產生，無關乎著述的思想深淺或藝術價值高低。

陶保霖進一步將同時代人對版權的誤解歸咎於前文討論的帝國晚期實踐。陶保霖指出，「翻印必究」的套語確實類似歐洲的版權，但中國的翻印禁令目的是保護文本的純正，而非保護財產所有者的權利。如今一談到版權，這種概念已經深植中國的書商、官員、作者心中。緣此之故，即使大部分中文書籍都是為了盈利而付梓，大家往往照樣把版權和書籍的品質及「實用性」聯想在一起。陶保霖說，時機已經成熟，中國應該將版權單純視為經濟事務，由商部而不是學部來主管，因為「著作物發行，必藉印刷，而印刷營業，固商業也。」[90]

他不反對審定或言論審查有其必要，但認為應該將審查和版權視為兩件獨立的事。他仔細解釋：「譬如有一極不潔之物，置公眾之處，警察可以其有礙衛生而禁止之，然不能因此謂其

---

87 〈四川舉人梅光鼎呈編輯醫學教科書請審定並給版權稟批〉，《學部官報》第五期（一九〇六年十一月七日），頁九a。

88 例如〈舉人徐鴻寶等編輯無機化學請示禁翻印稟批〉，《學部官報》第二六期（一九〇七年八月九日），頁四〇a；〈南洋官書局職董陳作霖呈書三十五種請審定稟批〉，《學部官報》第三一期（一九〇七年八月二十九日），頁四四a。

89 陶保霖，〈論著作權法出版法急宜編訂頒行〉，《教育雜誌》第二卷第四期（一九一〇年五月），頁三九。

90 同前註，頁四一。

所有權亦隨之喪失。」[91] 國家可以用出版法來控制輿論、提倡國家的文化價值觀，但版權法的使命是積極保護個人的思想結晶，這是創作者的私有財產。陶保霖因此主張「無論其著作物有無價值，均不得禁止發行。」[92] 即使是編寫奇差或至為無用的著作也是屬於其創造者所有的財產，因此同樣應該擁有版權、同樣應該受到國家保護。

小結

一九〇二至一九一一年間，在《大清著作權律》正式制訂之前，中國出版商、作者和清政府使用兩種權宜機制來規範版權，分別是地方官員個別發布的通用版權保護令，以及學部授予的版權證書。兩種手段皆源自明清時期翻印禁令的傳統，奠基於認同書籍社會文化意義的共識。政府透過這兩種機制授予版權，施者和受者都認為版權是國家權威的獎勵，報酬編寫出優秀書籍的個人，讚揚其書籍展現的精妙思想或做出的重大社會文化貢獻。與此同時，國家將授予版權視為有力手段，以吸引民間的個人和書商為新式學校提供迫切需要的教科書，同時也能設定及控制新學知識思想及意識形態的方向。清政府的如意算盤受到當時中國作者和出版商的歡迎，他們將國家視為學界的最高權威，在這種背景下，獲得版權也代表他們的著作得到政府的認可及讚許，既能增加經濟收益也能提高文化資本。

這兩種版權機制從未明確界定版權的性質以及國家在執行版權保護上的角色。等到中國作者和書商想要實際行使版權保護時，他們面臨了這種模糊地帶造成的挑戰和影響。一九〇四年，文明書局和袁世凱北洋官報局之間的激烈爭執正是一例，這場爭執揭露了個別發布的版權保護令有可能被發布保護令的機關輕易撤銷，原因在於這種保護令被視為一種特權式「獎勵」。北洋官報局還認為國家不必受制於自己訂定的法規，依此邏輯，北洋官報局堅稱其翻印文明書局書籍的決定，應該豁免於政府版權保護令的約束。一般認為版權是對內容卓越的獎勵，因此在出版商和作者要求國家當局給予版權保護或與國家發生版權糾紛時，這種想法也讓出版商和作者陷入弱勢地位，因為最終決定權握在公認的「學界最高權威」手中，政府可以定奪這些民間出版物「夠不夠好」，是否有資格獲得版權的承認和保護。從文明書局一案可以看到，即使面對同一本書，內容好壞和實用性的標準也可能隨情況不同而任意變動，時而有利時而不利。

國家將內容卓絕和版權保護綁在一起，但這是一把雙面刃。清政府審定書籍和授予版權的合法性，奠基於大家相信國家是知識的最高權威，然而一旦大家發現國家盜印或抄襲民間企業的書籍，那麼國家在知識和文化事務上的至高地位必然不保。如果主管新學知識的機關，盜印或抄襲趨利書商不完善的書籍，那麼主管機關真的有能力、有資格可以審定書籍價值、授予版權特權嗎？

一九〇〇年代，文明書局等民間出版商陷入政府機關翻印其著作的困境，他們面臨的挑戰，在本質上，和福澤諭吉一八七〇年代辛苦應付的難題如出一轍。受挫的福澤諭吉決定創造

91 陶保霖，〈論著作權法出版法急宜編訂頒行〉，《教育雜誌》第二卷第四期（一九一〇年五月），頁四〇。

92 同前註，頁四一。

「版權」一詞，強調版權是一種個人的「權利」，不需國家「贊同」即可產生；相較之下，清末作家和出版商從未真正踏出這一步，徹底脫離舊框架。面對文明書局和袁世凱北洋官報局的爭執，廉泉嘗試扭轉局面的辦法是尋求更高的政治權力來推翻袁世凱的決定，但他們從未質疑政府頒行版權令背後的道理。確實有林樂知、陶保霖等人就此發聲，指出中國人普遍誤解了版權的真諦，因而難以保護自己的著作不受政府翻印。與清政府的理解不同，林樂知、陶保霖等人主張版權是一種財產，不是某種附屬於內容審查的特權。他們強調版權是個人的「權利」，著述創作是一種私有財產，但他們的想法似乎並未得到同時代人附和。事實上，清末中國關於版權的討論，多半並不聚焦於「權利」，而是聚焦於文明進步、書籍的著譯出版，以及出版商、作者得自書籍的專有物質收益，三者間的相互關係。即便是像嚴復和梁啟超這樣的「進步」知識分子，也鮮少在著作中闡述版權中「權」的部分。觀諸現代中國文化人物爭取版權保護的修辭，多數人強調的反而是他們如何不在乎一己之利、如何對完善著述和促進公益的無私奉獻，這兩者關乎層次更高的知識真確性和文化聲譽。這種修辭或多或少也讓他們難以主張版權是個人的權利，難以將版權獨立於國家（代表社會給予獎勵者）及某種內容審查（證明書籍的著述完善、實用）之外。

一九一〇年十一月，清政府新成立的資政院頒布了大家期待已久的《大清著作權律》，但激起的公眾討論卻十分有限。《大清著作權律》深受日本一八九九年著作權法的影響，這部中國首部著作權法大幅套用《伯恩公約》的著作權定義，授予原創著作的創作者重製其著作的專有權利。著作在民政部註冊之後，著作權將在作者有生之年及身故後三十年內受到法律保護；

未授權翻印或仿冒等侵犯著作權的行為將處以十至兩百元的罰款。商務印書館在著作權律頒布不久後出版了《著作權律釋義》，留學日本的法學家秦瑞玠（生於一八七四年，卒年不詳）在書中一再向讀者強調，著作權是「個人之私權」，應理解成一種特殊的無形財產。[93]

中國書商和作者多年來殷切盼望國家制訂版權法，保護他們免受未授權翻印的侵害，對他們而言，《大清著作權律》的力量太小，也來得太遲。雖然他們還是持續將教科書送給學部審定，但早在一九〇五年，上海的中國書商就已經決定自立自強，建立自己的版權體制。下一章將探討上海書商如何建立習慣法式的版權制度，與國家著作權法平行。在書商的版權制度裡，版權在定義上和實踐上都是一種十分有形具體的私有財產。

93 秦瑞玠，《著作權律釋義》，頁二。

Chapter 5

棋盤街的「版權」制度

對於想要自我「開發民智」的清末中國人來說，上海無疑是必訪之地。他們認為，如果人的知識深淺可以用開卷多寡來衡量，那麼社會的進步將視新書的出版量而定。一九〇三年出版的一本上海旅遊指南指出，在這座城市裡，出版社、書肆林立，密度首屈一指，使上海成為「中國文明之藪」。[1] 不論是自傳或小說，前往上海，往往被描述成刺激思想發展的契機，是全新的出發點抑或覺醒時刻。例如在諷刺小說《文明小史》裡，劇情發展到賈家三兄弟這幾個小角色踏上壯遊之旅、到上海「見世面」之後，**真正**的故事——偽改革派和現代性可笑又可悲的相遇——才終於展開。到上海不久，三個鄉巴佬就被他們「進步」的老師帶到可以「長見識」的地方。賈家三兄弟之前一直在家裡讀報紙、閱覽新學書籍，自我「啟蒙」，現在他們被帶到這

1 張仲民，〈從書籍史到閱讀史〉，頁一六八。

些報刊書籍的產地——棋盤街。[2]

這片商圈位於上海公共租界中央，從棋盤街（河南路）和福州路的十字路口綿延四、五個街區，十九世紀末到二十世紀初一直是三百多家書商和出版社的根據地。如果說上海是當時「中國文明之藪」，棋盤街則是樞紐的正中心；盤踞在十字路口東南角的是商務印書館（創立於一八九七年）、中華書局（創立於一九一二年）和文明書局（創立於一九〇二年）。清政府學部在一九〇六年公布第一批「學部審定」的教科書，名單上有一百零二種，其中八十五種是由商務印書館或文明書局出版。一九二〇、一九三〇年代，商務印書館和隔壁的中華書局主宰了全國中小學教科書百分之九十以上的市場。從十字路口往南走一個街區，遊客會在棋盤街看見一家又一家的石印出版社，像是掃葉山房、廣益書局等等。十九、二十世紀之交，上海的石印出版社主導了傳統文本和通俗著作的石印。

現代中國的主要出版公司幾乎每家都曾在棋盤街一帶設立總部或旗艦店，設立的時間點或早或晚。不論是有志以寫作為業的知識分子和作家，或需要購入最新暢銷書補充庫存的各地批發商，或是希望自我啟蒙的讀者，棋盤街都是他們的最終目的地。從一八九〇年代到一九五〇年代，棋盤街地區的書店和出版社是塑造中國出版業和文化潮流的主要力量。在這個擁擠不堪的小小街區，街頭發生的大小事往往會在全國激起更廣大的波瀾。現代中國文化經濟裡有許多創新都發軔於棋盤街，版權的普及也是其中之一。

中國許多早期版權提倡者都是棋盤街的出版商、書商，他們正是率先採用日文外來語「版權」的先鋒，用「版權」一詞來定義和聲明他們對書籍的所有權。他們發明「版權所有翻刻必究」的聲明，在印製的書冊上加蓋版權章。他們投資出版新學書籍，向著譯者支付高額酬金，以獲取最新書稿的版權。他們也向地方官員和中央官員請願，不只要求個別的版權保護，更呼籲政府制訂系統化的正式規範禁止翻印。他們受到十九、二十世紀之交盜版問題的戕害，但同時也翻印抄襲他人的暢銷書籍，汲汲圖利。

為了讓單打獨鬥保護版權的努力往前推進，一九〇五年，上海的中國書商組成兩個民間組織——上海書業公所和上海書業商會，以建立自己的法外「版權」制度。[3] 本章追溯棋盤街的中國書商如何利用商人公所的傳統和清政府的改革行動，創造自己的準法律制度，規範和保護他們心中的「版權」。本章聚焦於上海書業公所，說明這個完全不具備法律管轄權或官方授權的民間組織，如何依照自身認同的道德、規範和習慣，來落實版權規範及懲處盜版商。上海書業公所留下豐富紀錄，展現他們如何定義、註冊及保護版權，這些紀錄為我們開啟獨特的窗口，讓我們能夠從微觀層面探看書商的日常經濟生活。公所的紀錄不只透露現代中國文化經濟的日

2 《文明小史》，頁一二五～一二六、一三三～一三八。

3 這兩個組織在一九〇五年至一九二八年間同時存在，不過上海書業商會的會員多半也是上海書業公所的會員，兩個組織的會員和領導階層互相重疊。整體而言，上海書業公所是上海規範和調解版權糾紛的主要力量，上海書業商會則較著力於向國家請願。一九二八年，兩個組織與其他較小的書業相關公會合併，組成新的上海書業同業公會。新公會繼續規範及保護書商同業的版權，也試圖將其版權制度擴展到上海之外。為了強調上海書業公所新舊組織的連續性，本書皆以上海書業公所稱之。雖然上海書業商會也說版權保護是商會的主要宗旨，但筆者在上海市檔案館找到的版權案件大部分都是由上海書業公所調解，因此本章的討論主要聚焦於上海書業公所的機制和程序。

常運作和衝突，也透過書商日常交易中的發言和爭論，告訴研究者，書商如何理解財產所有權、行業規矩和信任。

一九一一年，中國頒布首部著作權法，本章後半將重點放置於書商在著作權法頒布後如何與國家的正式法律體系交涉。終其一九一〇年代及一九二〇年代，儘管出現了保護著作權的新法律，筆者認為，由於政治長期動盪，中國中央政府無力在領土上充分確立法治掌控，因此實際上鮮少執行著作權法。上海書業公所名義上遵循國家的正式法律，但實際上仍繼續實行他們自行制訂、與國家法律平行的「版權」制度。雖然國家的著作權法具有法律效力，但公所的版權制度才是地方上真正有效運作的制度。

「一盤散沙」

一八四二年，上海成為第一波開放對外貿易與允許外國人居住的五大通商口岸之一。在成為通商口岸之前，上海處於中國圖書界的邊緣，這個位於黃浦江畔的城鎮，當時只是小小的行政和商業區域中心，城內書店寥寥無幾；明清時期當地文化精英編纂出版的書籍，在中國學界只獲得有限的認可。[4] 到了十九、二十世紀之交，上海成長為東亞最繁忙的港口，同時也是帝國毋庸置疑的新出版中心。上海的崛起體現了中國文化中心的地理位置從內陸轉移到沿海。在太平天國（一八五〇—一八六四）的內戰蹂躪下，長江地區的幾大文化和商業樞紐大受打擊，一蹶不振，但上海身為通商口岸，外國勢力在這裡有租界，還有安全部隊抵禦叛軍，因此毫髮無傷地度過戰亂。蘇州、杭州在太平天國之亂中淪為戰場，書商、學者、社會精英隨著數十萬中國難民，從享譽天下的文化重鎮逃往上海租界尋求庇護。戰爭摧毀了蘇杭文人圈幾世紀以來引以為傲的藏書樓、學塾、出版社和善本收藏，不過江南印刷文化和書業傳統，卻隨著其繼承人在上海東山再起而得以倖存。[5]

不過上海書業的興起，並不單純是清末的江南書業轉移陣地，在陌生大城市重起爐灶。十九世紀下半葉，愈來愈多中國書商和文人被吸引到上海租界，他們利用租界的地緣政治優勢，開創出自己的文化經濟。首先也是最重要的一點，太平天國平定後上海經濟蓬勃發展，刺激了新形態的城市娛樂和讀者群的飛躍成長。高度商業化的繁榮文化市場，吸引騷人墨客來到這座城市，探索出版、報業、戲曲等各種職涯出路。其次，租界讓這些中國文化企業家容易接觸到最新的印刷技術和資訊，取得資金或利用現代交通建設。在大環境的助益下，他們成為中國採用現代工業印刷術和企業資本主義的先驅，也成為新學知識的主要生產者及提倡者。除此之外，租界自治的政治體系為上海打造出相對自由穩定的公民環境，不受中國司法管轄；上海因而成為大膽作家和激進改革人士的理想天地，在其他地方可能會遭清政府禁止的顛覆性政治言論，或諷刺社會的色情著作等敏感或不合道統的內容，都在這裡可以自由出版。[6]

4 《上海出版志》，頁三。

5 Meng, *Shanghai and the Edges of Empires*, 3–30.

6 關於清末的上海印刷文化與大眾傳媒，參見 Reed, *Gutenberg in Shanghai*; Meng, *Shanghai and the Edges of Empires*; Yeh, *Shanghai Love*, 178–219; Wagner, ed., *Joining the Global Public*.

中國書商享受上海通商口岸帶來的地緣政治優勢，同時也不得不面對明清時期的前輩從未遇過的新挑戰。在上海租界經營生意不只要互相競爭，還要和外國人競爭。美華書館（American Presbyterian Mission Press，創立於一八六〇年）、廣學會等歐美傳教士出版社，以及安納斯脫・美查（Ernest Major）的《申報》（創立於一八七二年）等營利企業也一樣在此出版中文書籍；幾十年來，外國企業擁有更先進的印刷設備，資本更雄厚，對「西方」知識的理解也更權威。中國書商雖然受益於租界自由穩定的環境，但同時也受制於由外國人發號施令的租界管理機構，以及城市的多重法理體系；外國競爭對手還享有條約賦予的特權，他們則是被排除在外的。如第四章所述，一九〇三年的《中美續議通商行船條約》納入版權保護條款，許多中國書商（尤其是上海書商）因此認為自己被迫面對毫無勝算的不公平競爭。

這些新挑戰不是只有上海的中國書商才需面對，而是城裡所有中國住民共同關切的問題。他們體認到地域和職業的凝聚力，可以強化自身在這座陌生大都市的競爭優勢，中國商人和工人於是組成同鄉會、同業公會，甚至犯罪幫派，以建立及深化社群連結及身分認同。至十九世紀末，上百個公會和民間團體在上海成立，這些組織為會員提供福利服務，規範自身行業及生意，也充當中間人，協助會員和上海的無數民間組織及政府當局打交道。[7]

一八八〇年代以來，上海的第一代中國書商雖然和其他中國住民一樣認為擁有自己的公所十分重要，但他們的努力總是失敗。一八八六年，掃葉山房的上海經理和幾家從蘇州遷來的書商，提議在上海重振有數百年歷史的蘇州書商組織——崇德公所。[8] 幾家書商在中國城（也稱「舊城」）買下房地產，準備修建未來的會館，但購屋之後負債累累。因缺乏維持運作所需的資金，加上書商參與不踴躍，公所從未順利長時間穩定運作；[9]團體一年只聚會兩次，共同祭祀守護神文昌帝君。[10]一八九五年以後，上海書業規模迅速擴大，書商（尤其是專營石版印刷的書商）不再安於這種狀況，他們開始在福州路轉角的茶館聚會，下午碰面交流資訊、買賣書籍，試圖在同業之間建立某種市場秩序。一八九七年，一些書商希望將日常的茶館交流制度化，於是再次提出成立書商公會的想法，他們集資在棋盤街附近租了一間小屋，當成暫時的公會會館。但這群人無法說服其他書商定期捐款，這次試組公會的努力在兩年內宣告失敗。[11]

幾次試組公會之所以一再受挫，主要是因為當時上海的中國書商根本稱不上是同質的社群。書商的據點確實集中在熱鬧擁擠的棋盤街，但是他們的資產規模、生意結構和使用的印刷技術千差萬別，讓人眼花撩亂。掃葉山房是一九〇〇年前後棋盤街一帶的主要書商，其是席家於十六世紀末在蘇州創立，一八八〇年代將主要業務遷至上海。掃葉山房不只繼續經營有數百

7 關於上海公會的歷史及其在城市、國家政治、經濟發展中的角色，參見Goodman, *Native Place, City, and Nation*.

8 蘇州崇德公所的歷史可以追溯到一六六二年，舊會館在一八六〇年毀於太平天國之亂。關於蘇州崇德公所的歷史，參見McDermott, "Rare Book Collections in Qing Dynasty Suzhou," 172–173.

9 根據上海書業公所的記載，書商至少四度（一八八六年、一八九七年、一八九八年、一八九九年）試圖組成書商公會，但幾次都迅速宣告失敗。

10 上海市檔案館S313-3-1，葉九如，〈書業公所創立經過事實略記〉（一九五三年一月九日）；S313-1-2-1，〈上海書業公所落成全體大會開會詞〉（一九一四）。

11 根據葉九如一九五三年的回憶，很多書商（尤其是專營石版印刷的書商）習慣天天在四馬路轉角的茶館碰面，買賣書籍、交流情報。參見上海市檔案館S313-3-1，〈書業公所創立經過事實略記〉。

年歷史的雕版印刷生意，同時也開始運用新的石印技術印製經典書籍和文學作品的善本，一邊兼印新學書籍。[12] 掃葉山房是明清傳統商業出版的代表，幾步之遙的商務印書館則是中國現代印刷資本主義的翹楚。一九〇二年，商務印書館吸引到日資投資，重組為現代公司。相較於這些大公司，光譜的另一端則是個體戶出版商和小量印刷商，他們經營的小作坊通常設立在棋盤街的邊緣地帶。《文明小史》的作者李伯元（一八六七—一九〇六）正是一例，他以家庭作坊的形式經營小報文學王國。李伯元出版的娛樂小報上的文章，幾乎篇篇都是出自他的手筆，另外也出版自己的小說。李和寡母住在印刷作坊樓上，小屋樓下則放著一架租來的印刷機，雇一位印刷工人工作。[13] 在棋盤街的邊緣地帶還有其他類型的商家，像是報紙出版商、古書商、文具商等等，他們也兼營書籍出版銷售。

至於棋盤街販售的書籍，其印刷方法也是各色各樣：木版印刷、鑄字印刷、電鑄印刷、凸版印刷、石版印刷、珂羅版印刷、鋅版印刷等等。大部分的印刷商和書商都是經由傳統拜師學藝的，有些人則是在傳教士出版社和教會學校接受訓練，專精於西式印刷術的人多屬後者。前者仍然看重傳統的師徒傳承關係，後者卻對之不以為然。上海書店和出版社的老闆來自中國各地，社會背景各不相同。雖然蘇州書商勢力龐大，但浙江人和福建人在上海書業的規模也不容小覷。有些書商來自出版世家，如席家；有些是以印刷工人和工匠的身分加入這一行；有些則跟廉泉、汪康年一樣當過官；還有一些是政治改革者或革命家。綜合觀之，上海書業內部歧異過大，無法單靠地緣組織或共同的行業規矩就讓同業中人全體團結。

為版權組織公會

一九〇五年到一九〇六年間，上海的中國書商似乎在忽然之間團結起來，他們一下子共組了不只一個，而是兩個民間組織，也就是上海書業公所和上海書業商會，他們更成功讓兩個組織持續運作數十年。部分學者將功勞歸給清朝商部鼓勵商會組織以及商人關係網絡制度化，認為商部當時推行全國的商會運動影響甚鉅。[14] 有些學者主張原因在於對西式印刷術的投資，這點促使中國印刷資本家尋求保護、追求市場秩序。[15] 不過上海書商日後追述公會歷史時，則表示將他們團結在一起的是共同的新敵人——未經授權的翻印。一九一四年，上海書業公所的一位領袖回憶，新學書籍普及、科舉考試廢除之後，「同業中時有翻版涉訟之事，糾葛日多，同人等乃為固結團體，保護同業版權起見，」而重組公所。[16] 上海書業商會在一九一五年慶祝成立十週年，他們也說商會成立的主要宗旨是「保護同業之版權。」[17]

利用民間組織來規範和保護版權，中國做如是想的第一人似乎是林樂知，他在一九〇四年

12 關於掃葉山房的歷史，參見楊麗瑩，《掃葉山房史研究》。
13 魏紹昌編，《李伯元研究資料》（上海：上海古籍出版社，一九八〇），頁四〇。
14 江耀華，〈上海書業同業公會史料與研究〉，收錄於《上海書業同業公會史料與研究》，頁二六三。
15 Reed, *Gutenberg in Shanghai*, 171.
16 上海市檔案館 S313-1-2-1，〈上海書業公所落成全體大會開會詞〉。
17 上海市檔案館 S313-1-4-1，〈書業商會十年概況〉（一九一五）。

春提議組織公會。當時袁世凱關閉了文明書局，將先前授予文明書局的版權保護全數撤銷，林樂知在事發後數日造訪文明書局，據傳他提議中國書商不應仰賴國家不可靠的版權保護令，應該團結組織自己的「版權公會」。[18]「版權公會」的想法是個矛盾但實際的方案，可以解決當時中國未授權翻印的問題。在明清時期，同鄉或同業、同類型的工藝從業者，在城市組成會館和公所等組織，這類同鄉會或同業公會的會員互助合作、促進集體利益、維護業界內或工藝界的秩序。十九世紀末以來，外國人的記載常以「guild」（公會）一詞來指稱會館和公所，因此當時的學術討論往往將這些帝國晚期的組織，視為相當於或等同於近代早期歐洲公會的組織。[19]馬克斯・韋伯（Max Weber）和後來一些韋伯派的學者認為，這些中國的「中古」機構，是中國社會何以沒有像歐洲轉變成「理性」或「現代」社會的原因，也是證明這類轉變未曾發生的證據。[20]十九、二十世紀之交的西方觀察家和學者普遍認為，中國的公所透過執行嚴酷章程以規範自身行業，對會員也握有強大控制權。韋伯主張，中國公會之所以走上這條「鐵腕作風、獨行其道的自立自強之路」，是因為中國公權力無法建立「穩固、正式、可靠、獲得公眾認可的法律基礎。」[21]

不過，後來的歷史研究探討了明清中國城市裡的商人組織，及其作為自律機構和準法律權威的角色，學者指出，這種調解機制和民間治理的興起，不應視為國家權威的失敗，而是帝國制度演變的結果。這些學者主張，清代城市中心的商人團體是在國家許可下擔任行政中間人，和韋伯的說法相反，他們組成跨公所的聯盟，對公共事務提出建言。[22]由於帝國的法律並未觸及多數商業糾紛的爭執議題，即使說不上外包給商人公會，地方官也不得不仰賴公所會館協助調解和解決糾紛。商人團體因而獲得了某種法律權威，同時也能以經濟行動者的身分建立市場秩序，並保有商業協議的靈活度。[23]

新成立的商部體認到商人組織在市場和社會規範上發揮的重要作用，因此在一九〇四年呼籲全國商人組織正式制度化。商部以上海商務會議公所為模範，鼓勵中國商人組織（或重組）公所和同業公會，並成立各地的商務總會。商部推行的運動不只計劃將商人民間組織的上下階

18 〈擬立版權公會〉，《大公報》，一九〇四年三月六日。關於林樂知的版權提倡行動，參見第二章；關於他對中國官員版權保護的評論，參見第四章。

19 最早用「guild」（公會）一詞來翻譯中國「會館」和「公所」的文章，是瑪高溫（D. J. Macgowan）寫於一八八〇年代的一篇短文。為求方便，也為了強調這些民間組織法外習慣的延續性，本書以「公會」一詞指稱明清帝國晚期中國商人和工匠的「會館」及「公所」組織，以及之後二十世紀初「商會」及「同業公會」的組織形式。應該注意的是這些組織和歐洲公會相似，但並不完全相同。

20 馬士（H. B. Morse）的 *The Guilds of China*（《中國公會》）是第一部比較中國公會和英國中世紀公會的著作，暗示中國城市社會的發展停滯在中世紀。馬士的書為韋伯關於中國城市和公會的討論奠定了基礎。參見 Weber, *The Religion of China*, 13–20.

21 Weber, *The Religion of China*, 20.

22 例如參見 Rowe, *Hankow: Commerce and Society in a Chinese City* and *Hankow: Conflict and Community in a Chinese City*.

23 參見 Rowe 討論漢口的兩本書；Golas, "Early Ch'ing Guilds"; Goodman, "Democratic Calisthenics." 根岸佶、仁井田陞、今堀誠二等人皆曾簡單討論過中國公會在城市地區規範市場秩序、解決商業糾紛的準法律權威角色。關於蘇州和四川公會的準法律實踐或法外實踐，可參見下列近期研究：張渝，《清代中期重慶的商業規則與秩序》；邱澎生，《當法律遇上經濟》；邱澎生、陳熙遠編，《明清法律運作中的權力與文化》，頁二七五～三四四；Dykstra, "Complicated Matters."

層結構標準化，也希望將商人團體在聯絡政府、自我規範地方市場及調解商業糾紛等方面的權利正規化。[24] 戴史翠（Maura Dykstra）和蘇基朗（Billy So）指出，商部呼籲大家成立商會的用意，不單單是移植或借用西方制度。觀諸商部建議的體制，其中納入的特點有不少來自既有的解決商業糾紛的法外（extra-legal）結構，因此商部提出的體制，實際上是以正式制度承認商人組織調解商業糾紛的角色，而這本已是商人組織手上嫻熟的業務。[25]

從上海書業公所和上海書業商會的成立時間及制度架構來看，商部推行的運動確實可能鼓勵了這兩個組織的創立。就像其他成立或重組於一九〇四年至一九〇七年間的公會或商會，上海書業公所和上海書業商會的章程，也嚴格遵照商部一九〇四年頒布的《簡明商會章程》而訂。兩個組織的制度架構也模仿商部建議的商人組織模範——上海商務會議公所；他們的會員完全由中國人組成，每個會員皆需繳納會費，依其生意規模可投若干票。領導階層（例如董事和議董）及行政人員（例如會計董事、調查員、列表員）每年由會員選舉產生。公會可以透過定期會議或臨時會議處理地方書業事務、訂定流程，也可調解會員之間的糾紛。[26]

商部的鼓勵可能為上海書商提供了組織公會的平臺、框架和時機，但商部無法保證書商會熱心參與，也無法保證公會能夠有穩定財源，或是可以長期維持運作，事實上，上海書業公所不久就陷入了財務困境。由於多數會員的據點都位於棋盤街，公所並未利用他們位於舊城的產業，反而在附近租下一幢昂貴洋房當作公所會館。[27] 公所必須向上海商務總會捐輸會費，這又是一筆開銷。即使公所會員的捐輸不斷增加，上海書業公所始終入不敷出，為了確保穩定的收入來源，一九〇六年，他們決定由公所壟斷《官商快覽》的出版，利用書籍銷售利潤支應各項開銷。[28]就像之前一八八〇年代、一八九〇年代幾次嘗試一樣，公所營運依然造成書商沉重的財政負擔，甚至有過之而無不及，但這次他們既未退出，也未讓公所就此解散。一九〇五年發生了某個和他們切身相關的要事，促使上海書商勉力維持公會的運作，也將他們團結成一個社群。

上海書商這次之所以凝聚在一起，是因為他們需要保護自己的所有權和利益，也渴望在興盛但混亂的文化市場中建立秩序。他們將規範版權視為滿足這些需求的第一步，也是最關鍵的一步。上海書業公所和上海書業商會在一九〇五年至一九〇六年相繼成立，兩個組織都將註冊版權和懲罰盜版列為章程的主要目標。上海書業公所將版權保護的條款和程序，安插進商部推薦的通用章程，藉此將國家認可的仲裁職能挪用來建立自身的版權規範。舉例而言，上海書業

---

24 關於一九〇四年商部推動的運動，以及運動推展後公會和商會的成立情形，參見 Chen, *Modern China's Network Revolution*, chap. 1.

25 關於商會在調解商業糾紛方面新制度化的權力，其全面研究參見范金民，《明清商事糾紛與商業訴訟》，第五章。關於明清帝國晚期商人團體的糾紛調解機制與商部引介的「新」模式之間的延續性，其討論參見 Dykstra, "Complicated Matters," 390–391, and Billy So and Sufumi So, "Commercial Arbitration Transplanted."

26 上海市檔案館 S313-1-1、上海市檔案館 S313-1-3。

27 河南路房子後期的租金昂貴到不堪負荷，因此一九一四年，上海書業公所決定將據點遷回舊城的產業。參見上海市檔案館 S313-3-1，〈書業公所創立經過事實略記〉。

28 參見上海市檔案館 S313-1-122、S313-1-3。為了籌募更多資金，上海書業公所後來還壟斷了兩本暢銷書《幼學瓊林》和《白話四書》的出版。

公所一九〇五年章程呼應商部的指導原則，宣稱其宗旨是「聯合同業」。[29]公所接著詳細說明如何團結書商，表示實現宗旨的方法是「釐定（書業）規則、杜絕翻印、稽察違禁之私版、評解同業之轇轕。」[30]

一九〇五年的章程包含幾點詳細措施，描述上海書業公所將如何實現這些目標，這些措施反映了公所創辦人（主要是前蘇州書商和石版印刷商）的願景，他們希望建立涵蓋範圍寬廣的版權規範。其中一條條款表示，無論經營何種生意，凡是上海之內「關於圖書業之商家，無論木板、石印、銅版、鉛版、莊局、坊店以及各報館、儀器館之兼售書籍者」，公所都將視之為「同業」。只要商家老闆或經理是中國人，就有資格加入公所，可在公所註冊書底和版權。若會員提出要求，公所將以書底掛號為依據，調解會員之間的版權糾紛。在上海書業公所註冊的刊物皆禁止未經授權翻印，違反公所規定印製禁書或翻印已註冊書籍者，一經發現，其刊刻本和雕版都將由公所當眾焚毀，書商也將依翻印規模處以罰款。[31]和上海書業公所一樣，上海書業商會的會員主要也是專門出版新學書籍的書商，商會同樣表示「保護版權」是其主要宗旨，[32]他們甚至頒布了自己的「版權章程」。這部「版權章程」讀起來簡直像小型版權法，鉅細靡遺地定義上海書業商會將如何為會員註冊、審查及保護版權，以及若發現違反規定，盜版者將受到何種處罰。[33]書商根據自身需求打造出版權相關條款和措施，這表示他們不是單純遵循商部的章程而已。他們積極運用國家提供的新平臺及認可，奠定自我規範版權的基礎。

雖然上海書業公所自稱是繼承舊蘇州崇德公所的機構，也繼承了崇德公所在舊城的產業，但公所已經不再是席家等蘇州書商最初設想的互助組織。幾家蘇州書商曾在一八八〇年代試圖重振過去的公所組織，他們對公所的定位主要是提供社會安全網，負責照顧年邁會員及其家人、支付會員的喪葬費用；公所也負責舉辦書商界的年度祭儀，像是祭祀書業的守護神文昌帝君。身為注重道德的紳商，他們也會支持慈善工作、查禁淫書。[34] 這些強調互助和宗教的傳統在新章程裡幾乎了無痕跡，版權的規範取而代之，成為章程強調的重點。儘管文昌帝君仍在上海書業公所的版權制度裡發揮重要的象徵作用，公所領導階層也定期討論慈善工作和年長會員的福祉，但這些都不再是他們最關心的要務了。[35]

建立書籍所有權秩序

上海書業公所和上海書業商會希望採取行動保護會員的版權，避免他們的書刊遭到未授權

29 上海市檔案館 S313-1-1，〈上海書業商會章程〉（一九〇五）。

30 上海市檔案館 S313-1-1，〈上海書業公所初次訂定章程〉（一九〇五—一九〇六）。

31 同前註。

32 上海市檔案館 S313-1-1，〈上海書業商會章程〉。

33 上海市檔案館 S313-1-1，〈（附件一）版權章程〉。

34 〈創建書業公所啟〉（一八八六），《上海書業同業公會史料與研究》，頁五～六。

35 上海書業公所從互助組織轉變成準法律機構，不過中國其他書商公會似乎並未發生這種轉變。以北京有數百年歷史的北直文昌公會為例，一九〇八年改建琉璃廠會館時，北直文昌公會主要仍然是互助組織。參見佐伯有一編，《仁井田陞博士輯北京工商ギルド資料集》第一卷，頁五九～六〇、七五～七六。

翻印，但在這之前，他們必須先設法辨認及定義哪些人擁有哪些書籍的版權。為了在瞬息萬變的市場上建立起書籍所有權的新註冊清單，上海書商不得不說明什麼是版權，「書」的本質到底又是什麼？誰有資格註冊版權？哪種刊刻本可以註冊？要如何讓書籍所有權可以歸責（accountable）、可以證實？他們如何確定看似相同的書，實為不同的作品？界定「正版」書和書籍「原始」所有者的標準是什麼？

一九〇六年三月底，上海書業公所在上海各大報刊登廣告，歡迎上海書商同業加入公所，向公所註冊商號和書底。呼應章程強調的願景，希望建立涵蓋範圍廣泛的版權制度，公所向讀者保證，他們的書底掛號將接受各種書籍，不限內容、印刷方法或出版日期。書籍一旦在公所註冊，就「不准重疊翻印」，全體書商可以「共同保護之利益」。[36] 他們註冊的不是某種版權，而是曖昧不明的「書底」。在上海書業公所早期的會議紀錄中，版權似乎被理解成書商透過請願或註冊，從國家當局取得的一種特權或許可。與此相反，書底則是具體有形的，是書商用來印製書冊的手段工具，例如木版印刷用的雕版、石版印刷用的石印灰岩版、凸版印刷用的活字版或紙型鉛版。書底的差異可以從實際外觀分辨，像是頁數、字型、雕版或印版大小等，[37] 故以此作為向上海書業公所註冊的主要對象。上海書業公所也要求會員將出版的書籍，每種呈交一冊到公所的展覽室存底，以備日後參考。[38]

上海書業公所在章程中試圖仔細區別版權和書底，不過有趣的是，根據這份章程，獲得國家授予版權的書籍和在公所註冊書底的書籍，皆在公所享有一視同仁地保護。[39] 在討論盜版罰則的會議上，公所會員決定「未有『政府授予』版權者，自經公所書底註冊後，亦不能翻印，作為公所同人公認版權。」[40]上海書業公所後來正式使用「公認版權」一詞，在一九一〇年代將其寫入章程，取代「書底」。[41]

上海書商熱烈響應上海書業公所的號召，註冊活動在十天後落幕，共有一百一十九名書商加入上海書業公所，包括來自上海書業商會由文明書局代表的二十三名「新書商」。[42]公所接著彙編了一份書底掛號，記錄五十七家書商在活動期間註冊的兩千四百七十八種書籍。[43]書底掛號列出的書籍五花八門，從傳統小說、經典童蒙書、實用手冊，到醫書、新學書籍、翻譯書、日常百科等樣樣俱全。書底掛號裡，小書商註冊的書籍可能不到五種，而掃葉山房、文宜書莊、千頃堂等歷史悠久的書商則自稱擁有數百種書籍的書底。

但這份紀錄絕不等於十九、二十世紀之交上海書業的全貌，當時市面上有許多書籍並未收錄於書底掛號。文明書局和商務印書館等新學書商出版了數百種書籍，這些書籍皆已向上海書

36 〈上海書業同業要緊廣告〉、〈調查書底廣告〉，《申報》，一九〇六年三月二十九日至四月六日。
37 上海市檔案館 S313-1-1，〈上海書業公所初次訂定章程〉，第六條丙項、第六條巳項。
38 同前註，第六條戊項。
39 同前註，第六條丙項。
40 上海市檔案館 S313-1-132，〈念（廿）三日〉，一九〇六年五月十六日。
41 上海市檔案館 S313-1-1，〈上海書業公所現行章程（癸亥重訂）〉。
42 上海市檔案館 S313-1-76。
43 上海市檔案館 S313-1-77。

業公所登記，卻不見於這份書底掛號。[44]有時候出版社向公所註冊商號及刊物，但因為本身不具備加入公所的資格，註冊不被接受。以傳教士出版社廣學會為例，其在一八九〇年代率先發聲，敦促中國政府應保護版權，獲得個別的版權保護令，後來也將刊物清單送到上海書業公所註冊。諷刺的是，雖是長期主持廣學會的林樂知率先向中國書商提出設立「版權公會」的想法，但由於廣學會主事者無一是中國人，他們向公所註冊版權的要求遭到駁回。[45]

書底掛號只列出中國書商成功在上海書業公所註冊的書籍。書籍若不見於書底掛號，可能是因為書商決定不註冊盜印的書，或者他們認為價值較低的書；也可能是因為公所在註冊過程中拒絕了部分書籍。舉例而言，掃葉山房並未將當時出版的書籍悉數註冊。比較掃葉山房一九〇四年至一九〇五年

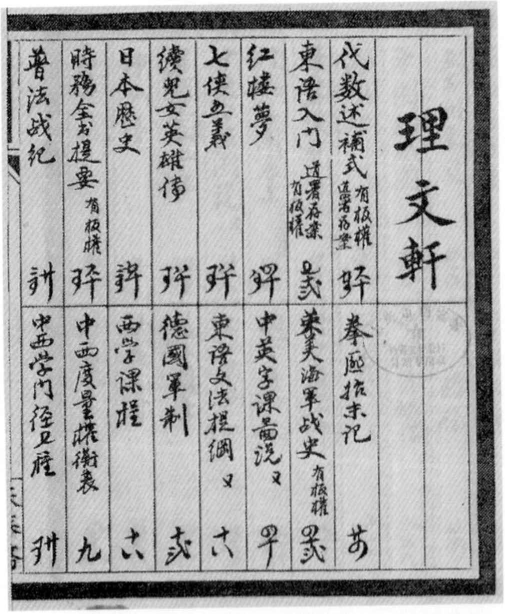

圖五之一　上海書業公所一九〇五年的書底掛號。
資料來源：上海市檔案館，S313-1-76。

左右發行的銷售書目，和他們在上海書業公所一九〇六年書底掛號中的書底條目，我們一眼就能看出掃葉山房向上海書業公所註冊的書籍，遠少於銷售書目列出的書籍。其出版的一本科舉參考書沒有註冊，可能是因為科舉考試已在前一年廢除，這些參考書（及其書底）變得一文不值。此外，掃葉山房雖然翻印了經典或詔書的「殿本」，但也並未加以註冊，或許是因為他們不敢主張對這些文本的所有權；他們也沒有註冊未經適當授權而逕行印製的書籍，像是廣學會的暢銷書《中東戰紀本末》。[46]

上海書業公所的書底掛號或許不是清末出版品的完整紀錄，但仍提供我們寶貴的視角，讓我們瞭解上海書商和公所如何確認及整編書籍所有權。上海書業公所書底掛號的條目一一寫出判定刊物真偽的關鍵資訊，列出書底的基本資料：公司名稱、書名、印刷方法、雕版或石版數量，有時也寫出大小和體積。對上海書商而言，辨認書籍時，書底的版數、大小、材質等物理特徵，似乎比書籍內容、作者姓名或出版日期更重要。上海書業公所的書底掛號就許多方面看來都與倫敦書商公會（London Stationers' Company）的紀錄類似。不過倫敦書商公會肯定手稿對書籍的誕生是不可或缺的，相較之下，上海書業公所似乎只承認印製手段是主張所有權的

44 雖然這二十三家「新」書商的書底（版權），並未列在上海市檔案館 S313-1-77 中，但從上海書業公所的調解紀錄和內部書信來看，這些書商的書底（版權）顯然曾在公所註冊過，也得到公所承認。

45 上海市檔案館 S313-1-76。

46 上海市檔案館 S313-1-76，〈掃葉山房南號〉、〈掃葉山房北號〉；〈上海掃葉山房發兑石印書籍價目〉，收錄於周振鶴編，《晚清營業書目》，頁三八七～四〇〇。

對象，將印製手段和版權連結在一起。[47]

表五之一　向上海書業公所註冊的各版《萬國公法》

書商	書名	版數／頁數	印刷方法
嘉惠書林	全圖萬國公法	無資料	石版
著易堂	萬國公法	一九二	木版
古香閣	萬國公法	一二二	石版
美華賓記	萬國公法	一一九	凸版
千頃堂	萬國公法	無資料	鉛版，四開本
六藝書莊	萬國公法	一四四	無資料
廣益書局	小萬國公法	八一（四卷）	石版，袖珍本

資料來源：上海市檔案館 S313-1-77。

一如書商的版權章，上海書業公所的書底管理，也反映出他們對所有權的理解源自近代早期的「藏版」觀。書籍印製工具的擁有者即是書籍版權的所有者；投資印製書冊的出資者即是書冊利益的所有者，能夠明正言順的壟斷書冊產生的利益。順著這個邏輯，上海書業公所的書底掛號開放各種書商、出版商、印刷商和書店註冊，但不開放作者或譯者註冊，除非他們同時身為自己著作的出版者。[48] 公所認為界定刊物所有權的關鍵判準在於書籍的實物——關鍵不是書的內容，而是書籍的實際外觀。

對上海書業公所而言，由於註冊主體是有形財產，同一種書可以接受多家書商同時註冊書底。內容相同的書籍，只要外觀特徵不同，公所也會將其認定為不同刊物。換言之，用來判斷書籍真偽和獨特性的衡量標準不是內容，而是書底的物理特徵。緣此之故，在上海書業公所的書底掛號，我們可以看到同一本暢銷書有多筆註冊條目，像是《勸學篇》、《聊齋誌異》等等。一九〇六年，有七家書商分別向上海書業公所註冊了《萬國公法》的書底，根據公所書底掛號所記錄的描述，七種書底外觀各異，內容可能毫無二致（見表五之一）。

另一方面，上海書業商會的「版權章程」反映了另一種版權願景。多數類似的商業組織都只保護自身會員的利益和財產，但上海書業商會獨樹一格，他們開放上海所有中國書商向商會註冊版權，不論是否有意加入商會都無所謂，只要預計註冊的書籍是一八九八年以後出版即

---

47 關於倫敦書商公會的註冊制，參見 Johns, *The Nature of the Book*, 213–230.

48 舉例而言，一九一〇年代初，暢銷小說《玉梨魂》的作者徐枕亞向上海書業公所申訴，指控其前任雇主《民權報》等出版商未經他的授權逕行出版了《玉梨魂》。上海書業公所拒絕受理徐枕亞的申訴，告訴他由於作者不能成為公所會員，因此案件拒絕受理。後來徐枕亞決定自己開設出版社，出版《玉梨魂》的大開本修訂版，與盜版競爭。他的書商身分獲得上海書業公所承認，有資格加入上海書業公所，向公所註冊書籍。關於徐枕亞和上海書業公所的往來經過，參見上海市檔案館 S313-1-121。

可。[49]商會會員無需另外付費即可註冊刊物的版權，非會員註冊書籍時，每種需支付一筆版權費（費用是書價的十倍）。一旦成功註冊，上海書業商會就會承認及保護其版權，協助版權所有者處理盜版問題。雖然認可「版權章程」者或許僅限於商會會員，但商會承諾，若有非會員盜印註冊書籍，眾會員將合作找出盜版商，代表版權所有者對違規者加以懲處。[50]上海書業公所的書底掛號強調刊物物理外觀上的獨特之處，上海書業商會的「版權章程」則不一樣，他們認為內容的原創性是保護書籍版權的根本理由所在。根據章程規定，任何書籍註冊版權的標準，必須符合下列兩大項：一、書籍內容必須係真確，不得是抄襲或模仿而來；二、書籍不得涉及顛覆思想或是色情等低俗內容。[51]上海書業商會所謂的內容真確性，指的並非是作者的獨到思想或文學獨創性，他們在意的是其他人是否曾出版過相同書籍或相同內容。

原則上，一旦書籍在上海書業商會成功註冊，書商將收到版權證書當作註冊證明，商會的展覽室將收藏一冊書籍以備查考，每冊實體書都會蓋上「版權所有」字樣，確保是正版的。[52]如果發現有任何會員盜版註冊書籍，上海書業商會有權力將盜印本一律沒收，予以焚毀。除了銷毀盜印本之外，商會還可以根據盜版規模對盜版商罰款。如果會員第二次被抓到盜版註冊書籍，不只罰款加倍，累犯者也將被逐出商會，日後遭到所有會員抵制。[53]

值得注意的是，雖然上海書業公所和上海書業商會會員重疊，但對於書商為何能夠專有某刊物的版權，兩方想法略有不同。上海書業商會的創辦者主要是新學書商，他們的版權註冊制主要是針對新出版的書籍和未來即將發行的書籍而設計。商會認為，判斷刊物是否有資格獲得版權的主要標準在於內容是否真確，或者過去是否未曾出版。相較之下，上海書業公所更關心的是，如何先釐清市面上既有刊物的所有權。公所時而以書底指稱版權，時而以版權指稱書底，兩詞交替使用，他們根據印製工具的所有權來確定刊物所有權。

在書商法庭懲處盜版商

儘管上海書業商會得意表示他們在成立的最初十年間就處理了數十起版權侵權案，但幾乎沒有檔案文件細述他們如何執行其「版權章程」。[54] 另一方面，上海書業公所的紀錄顯示，上海書業商會會員（同時也是上海書業公所會員）時常要求上海書業公所協助解決盜版糾紛。筆者利用公所的檔案紀錄重建公所平日如何執行其版權制度，這些案件也說明了棋盤街地區經濟

49 我們不是非常清楚上海書業商會到底為何以一八九八年為分水嶺，但選擇這一年可能是因為戊戌變法發生的時間。前一章提過，光緒皇帝曾在戊戌變法期間頒布保護發明和思想創作的詔令，一九〇四年幾個文人援引光緒皇帝的詔令，當作版權保護的法律依據，聲援文明書局。

50 上海市檔案館 SMA S313-1-3，〈版權章程（附件一）〉（一九〇五）。

51 同前註。

52 同前註，以及〈批上海書業商會稟設書業商會應准立案所有版權字樣印記遵飭更正裨符名實而示區別由〉，《商務官報》第十期（一九〇六年七月二十五日），頁二二b。

53 上海市檔案館 SMA S313-1-3，〈版權章程（附件一）〉。

54 這不表示上海書業商會沒有執行「版權章程」。一九三〇年，上海書業商會和上海書業公所合併組成上海書業同業公會，商會或許並未在合併之際將所有紀錄都提供給新成立的同業公會，也或許這些紀錄單純亡佚不存。

生活的另一個重要面向——書商如何盜版他社的書籍。

要瞭解上海書業公所如何完成工作，我們必須先走訪公所位於河南路的會館，公所董事們在此受理書商的申訴、調解所有權糾紛、懲處盜版註冊書籍的不肖商人。[55] 想像你是上海書業公所的會員，不久前發現有別家書商盜版了你註冊的書籍，雖說可一狀告到上海縣令那裡討公道，但要阻止非法翻印，更簡單的辦法是到公所會館舉報對方侵害版權的犯行，要求公所「評理」。公所十分有效率，呈報的案件多數都能在一週內解決，甚至更短時間就落幕，案件兩造接受公所的裁決，尊重評理的結果。

到公所會館呈報案件時，你必須遞交書面陳詞給值班人員。上海書業公所的董事會成員輪流在公所會館值班，受理會員申訴、調解糾紛。為了成立案件，你必須提出證據證明所指控的書商確實翻印了你的書籍，接著值班董事將代表公所要求被指控者以書狀回應你的說法。檢視兩造的陳述（及證據）後，公所將要求原告和被告來到公所會館聽取正式裁決，一旦確定盜版商有罪，董事會將要求盜版商根據公所訂定的盜版罰則支付罰款，也必須將書底及所有盜印本全部交給公所。原則上，原告會獲得一半的罰款，公所則收下另一半。最後公所將在文昌殿前當眾焚毀盜版書底及盜印本，確保將來只有你在實質上擁有出版註冊書籍的權力，案件在此告一段落。

相較於交互詰問或口頭證詞，上海書業公所的領導人似乎更依賴白紙黑字和物證。值班人員或董事會根據涉案各方遞交的書狀，以及實體書和收據等物證決定糾紛的「真相」，做出判決。事實上，公所的評理章程明文禁止涉案各方在公所審理案件的會議上直接交談或未經許可任意發言。上海書業公所認為口頭溝通太過不理性，容易引起衝突，因此指示涉案各方必須「靜聽公正人辯駁，以免衝突。」[56]上海書業公所假設真實的陳述應是前後一致、合乎邏輯，認為「如有誣謬，即是虛情。」[57]

由於上海書商特別信賴文字的憑據，書商舉報盜版的報告、被告會員的辯詞或供詞、公所和會員針對版權糾紛的往來信件，連同公所對糾紛的判決，皆留存在上海書業公所的檔案中。筆者利用豐富的檔案，下文將焦點放在上海書商向上海書業公所舉報的各種版權糾紛，以及在清政府一九一〇年正式頒布著作權法以前，公所早年如何處理這些版權糾紛。

濫用租版

在清末上海最常見的一種版權糾紛，是對租借書底的使用超出許可範圍，這類書底多半是木刻雕版或石印灰岩版。在這種狀況下，「盜版」書冊和「正版」書冊都是以同一套書底印製而成，因此盜版和正版一模一樣。盜版書冊的印製並未經過原書底主人同意，上海書商視之為侵權的犯行。第一章提過，雕版是印製書籍的實際工具，明清出版商和文人視之為可以共享、交換、購買、租借的可轉讓資產。為了讓雕版物盡其用，發揮其效益，藏版者常常將閒置的書

55 上海書業公所天天調解和裁決上海書商之間的各種商業糾紛，從拖欠債務、店員捲款潛逃到交貨延誤，但上海書業公所民間法庭審理的案件大宗是版權相關糾紛。

56 上海市檔案館 S313-1-100，〈評理章程〉。有一名會員的確因為在判決會議上未經許可發言而被罰款。

57 同前註。

底出租給他人，約定一段租期或可印製的書量，收取「版租」當作報酬。如果「租版人」私下違反租賃協議，印製量超過藏版者的授權量，往往引發激烈糾紛。

上海書業公所早期「評理」的版權糾紛，有許多涉及書底的租借問題。這類「盜版商」並未製作一套自己的書底，公所對於他們侵權所裁定的處罰通常是一筆小額罰款，稱為「補繳印租」。舉例而言，一九〇六年六月，彪蒙書室向公所舉報有人販售其《速通靈字法》的未授權翻印本。公所向販售此書的零售商調查，發現涉嫌盜版的書是由鴻文書局印製。原來鴻文書局多年以前曾向彪蒙書室租借此書的書底，其老闆起初聲稱當時印製的書冊已全數售出，但後來還是向公所坦承，一名職員偷偷多印了兩千冊，彪蒙書室發現有問題的書冊就是這批私下多印的書。經過公所調解，彪蒙書室同意將多印的書冊當成原先書底租賃協議中允許的印製量。公所命令鴻文書局向彪蒙書室支付四百冊書的費用當作「補繳印租」，並將剩餘庫存書全部交給彪蒙書室作為賠償，而公所收下一半的版租當作盜版商對公所的「捐輸」。[58]

利用租來的書底私下超印、未向原書底所有者支付足額「版租」，這類盜版商的犯行就上海書業公所看來情節輕微，他們並未製作**另一套**書底，只是濫用了租來的書底。公所及會員最擔心的「真正」盜版商，是複製了另一套書底或複製註冊書籍部分內容的盜版商。新的印刷技術（尤其是照相凸版印刷和石版印刷）讓書商能夠快速製作自己的書底，隨心所欲印製想要的冊數。許多被指控的「盜版商」擁有他人註冊書籍的石印灰岩版或珂羅版，因而被公所判定有罪，對於原書底的註冊所有者而言，將盜版書底焚毀是第一要務。[59]

複製書底

上海書業公所承認刊物所有權的依據不是內容而是書底，因此只要書底的外觀呈現和使用的印刷法不同，同一種書籍可以被多家書商註冊。從公所的觀點來看，書商向公所註冊的所有權是對某套書底的所有權，而非對某種書籍的所有權，因此書商只能以他們持有的那套書底印製該書。舉例而言，一九〇八年二月，飛鴻閣要求公所調查周月記出版的圖文戲曲精選《綴白裘》，是不是翻印自其出版的書籍。面對飛鴻閣的指控，周月記表示他們有一套《綴白裘》的舊木刻雕版，是合法出版商，但他們也承認，現在販售的書冊不是用這套舊木版書底印刷的，而是根據飛鴻閣《綴白裘》石印本複製的一套石印灰岩版。公所裁定，儘管棋盤街一帶皆知周月記有一套該書的舊木刻雕版，但他們擁有的是木版，也只有權利以這套木版印製。飛鴻閣是最早向公所註冊《綴白裘》石版書底的書商，是石印版的合法所有者，因此裁定周月記侵害了飛鴻閣石印版的所有權。[60]

上海書商當時遭遇的未授權翻印，往往不是這種一目瞭然地直接複製，而是對「正版」書籍的部分複製或模仿。舉例而言，一九〇六年七月，寶善齋向公所舉報，他們的《白話四書》

58 上海市檔案館 S313-1-100，〈丙午年書業公所交涉報告緣由〉，頁三六～三八；以及上海市檔案館 S313-1-100，〈丙午年原冊書業公所同業交涉事件公判存根〉，頁一二。

59 上海市檔案館 S313-1-100、上海市檔案館 S313-1-75。

60 上海市檔案館 S313-1-100，〈元月二十八日棋盤街飛鴻閣報告〉，一九〇八年二月二十九日。

有幾幅插圖被鴻文興記的閱讀童蒙書盜用。上海書業公所比較兩本書籍，裁定被告只從受害者的刊物「挖」十六幅插圖，但此舉依然違反了「同業公理」，不過由於鴻文興記並未翻印全書，公所只要求他們交出有問題的刻本及十六幅插圖的原版，予以焚毀。[61] 教科書的精美插圖或地圖是最容易遭到部分翻印的對象，可能是因為插圖原稿的製版費用高昂，但透過照相凸版印刷和石版印刷加以複製則相當容易。

仿冒

二十世紀初的上海，城市消費者能接觸到五花八門的新商品、新服務，仿冒成為普遍的問題。翻開上海各大報的頭版，總充斥著焦急的書商、成藥商甚至保險公司刊登的廣告，他們譴責狡猾的仿冒者，呼籲消費者好好認清正字商標及授權零售商，確保買到的產品是正牌貨。上海書業公所認為，此種盜版是極端可惡的行為，仿冒者製作的山寨商品，可能誤導或混淆消費者，不只侵犯了正版的獨家性，更損害了商家商標的信譽。

一些書商認為保護商標比追回因盜版而損失的利潤更重要。舉例而言，一九〇七年十月，科學會編譯部向上海書業公所舉報，有個仿冒者自稱「科學編譯局」，名稱和他們非常相似。科學會編譯部指出，仿冒者出版了一本名為《算術教科書全章》的數學教科書，是盜版自該社的《陳文算術教科書》。由於兩家公司的名稱和兩本書的書名都十分相似，科學會編譯部表示他們的生意因此大受影響，書籍銷量一落千丈。面對公所的質詢，仿冒者承認他們抄襲了科學會編譯部的書，同意將剩餘庫存和該書書底交給公所。[62]

但這不是科學會編譯部希望達到的目標，他們認為自己的商譽受損，就算將剩餘的盜版書全數燒毀也於事無補。為了恢復受害者的名聲，公所要求「科學編譯局」賠償兩百元，公所使用一半的賠償金，在上海《申報》和《時報》等兩大報的頭版連登三天廣告。廣告申明，上海書業公所宣布「科學編譯局」已坦承仿冒之罪，公所重申科學會編譯部才是「正版」書商。[63]科學會編譯部對公所的廣告非常滿意，決定額外將餘下的賠償金向公所捐輸。[64]

靈活的懲罰

原則上，上海書業公所根據標準章程和「翻版罰則」來懲罰盜版商。不過實際上，公所的調解和處罰程序非常有彈性，案件兩造也有一定的主導能力和權力，可以和公所協商最終判決結果。舉例而言，一旦發現盜版，按正常流程，翻印本的成品、半成品連同盜版的書底，都會在文昌殿燒毀或銷毀，這個做法是為了保障正版書的獨家生意。不過有些「正版」版權所有者，更希望沒收翻印本拿來轉賣，而非任其付之一炬。公所也認為翻印本是有商業價值的商品，有時會要求被控侵權者交出翻印本當作「賠償」。例如一九〇六年五月，公所為鴻文堂和千頃堂

61 上海市檔案館 S313-1-100，〈丙午年書業公所交涉報告緣由〉，頁四二；上海市檔案館 S313-1-100，〈丙午年原冊書業公所同業交涉事件公判存根〉，頁一九。

62 上海市檔案館 S313-1-100，〈丙午年原冊書業公所同業交涉事件公判〉，頁二三。

63 上海市檔案館 S313-1-100，〈書業公所廣告〉；以及〈書業公所廣告〉，《申報》，一九〇七年十一月七日。

64 上海市檔案館 S313-1-100，〈丙午年原冊書業公所同業交涉事件公判〉，頁二三。

調解《芥子園畫譜》的糾紛，公所裁定鴻文堂應當將兩百冊的盜版書交給原告當作「版租」，另外交給公所五十冊作為「公所經費」。[65] 又如在周月記翻印石印版《綴白裘》一案，公所也並未對周月記罰款，而是要求周交出五十冊盜印本給公所。[66]

為了取得被控盜版商的翻印本和盜版書底，受害者有時甚至會付錢給公所。舉例而言，一九〇九年八月，煥文書局發現海左書局大量翻印了他們的《商務教科尺牘》，其向公所舉報，表示「（盜）版中的每一個字都（與他們的原版）相同。」[67] 公所最初裁定盜版商應交出剩餘的四百五十冊存貨，盜版的珂羅版書底必須銷毀，此外還必須向公所繳納六十三元的罰款，不過原告煥文書局更希望盜版商能將庫存書交給他們轉賣。和盜版商及公所進一步協商後，「受害者」付給盜版商二十三元，「補貼罰款」給公所；煥文書局收到的回報是四百五十冊盜版書，可以當成正版書來賣。[68]

棋盤街的集體正義

一九〇〇年代，上海書業公所實施書底（版權）的一般註冊制、在公所會館調解糾紛、懲罰盜版商，成功在棋盤街建立起靈活有效率的版權制度。不過這些做法的目的都不在於積極「抓住」盜版現行犯，公所雖努力創造及維護書業秩序，但他們並不認為定期巡邏市場是應盡的職責，注意可能侵犯版權的可疑書籍是個別書商的責任。公所仰賴會員「抓住」翻印註冊書籍的盜版商，但並未明文規定會員為了「抓住」盜版嫌犯可以做到什麼地步。

上海書商把版權案件狀告公所時，往往已經查清楚盜版嫌犯的身分，甚至也已經查清楚對方盜版的規模。投訴人的書狀往往一併檢附了未授權翻印的實體書或被告的廣告、傳單等物證。在書商遞給上海書業公所的書狀裡，他們偶爾會透露零星細節，談到如何獲知疑似遭到盜版的消息，或是追捕盜版商時發生了什麼事，這些細節需要放在棋盤街的背景下理解。書商在棋盤街經營生意、印刷書籍，在緊密親近的環境中交際往來，當地居民經常彼此互通情報消息，書商遞給公所的書狀，不時可以看到這樣的開頭：「本局聞悉」自家出版某書的翻版在市面上流通。得到消息之後，書商為了蒐集鐵證，但不想驚動盜版嫌犯，經常謹慎地雇用棋盤街居民

65 上海市檔案館 S313-1-100，〈丙午年原冊書業公所同業交涉事件公判〉，頁八～九。
66 上海市檔案館 S313-1-100，〈元月二十八日棋盤街飛鴻閣報告〉。
67 上海市檔案館 S313-1-100，〈宣統元年七月初四〉。
68 同前註。

的生面孔當臥底買家或線人，試著獲取涉嫌的盜版書。舉例而言，彪蒙書室接獲消息說《速通靈字法》可能遭到盜版翻印，書室老闆於是請一位山西老顧客幫他買來五十冊有盜版嫌疑的書。書室老闆拿到了所需的證據，確認這些書確實是《速通靈字法》的未授權翻印本。[69]

有些會員呈報案件給上海書業公所「評理」時，已經找到也沒收了剩下的盜印本和半成品，同時沒收了印刷用的書底。有幾起案件裡，書商在向公所舉報前已先尋求上海公共租界巡捕房（Shanghai Municipal Police）協助，請巡捕房搜查嫌犯的印刷作坊或倉庫，沒收有盜版嫌疑的書。不過上海書業公所的領導人似乎更希望版權糾紛能在社群內解決，不希望書商先報警。公所曾經要求文明書局向上海巡捕房撤回案件，取消警方安排的查抄行動。[70]又有一次，公所甚至通知上海巡捕房，投訴人已放棄此案，請巡捕房「即銷案」，並將扣留在警局的書籍和書底交給公所，「以便當眾銷毀。」[71]

根據小道消息追查盜版，展開如踏入他人店面或倉庫搜查證據，或任意沒收有盜版嫌疑的書等行動，在棋盤街這樣熱鬧擁擠的地方是曖昧難辨的。二十世紀初的上海盜版商不是如黑社會般經營見不得光生意的獐頭鼠目之流，從上海書業公所的檔案可以看到，「盜版」嫌犯大部分都是「正派」書商、印刷商，和「受害者」在同一個世界生活工作，許多人也是公所的正式會員。一個書商可能是某案的盜版受害者，到了另一個案子卻成了被告。老牌書商有自己的設備和店面，但許多小型書商和他人共用印刷作坊和倉庫，或是在茶館、鴉片館等公共場所兜售書籍。在這樣一個書商密布雲集的環境中，各家書商之間界限模糊不清，無辜鄰居一不小心就會被誤認成盜版商。一旦被誤認，書商的店面和作坊會遭到他人搜查，令人倍感困擾。對於曾被定過罪的書商，若遭遇冤枉地指控，可能會造成嚴重的後果。舉例而言，一九〇六年秋，文明書局指控小書商簡青齋盜版了他們的地理教科書，該出版社上個月才被抓到盜版了文明書局的另一本教科書。文明書局和上海書業公所都認為簡青齋屢犯不改，是「吾業之敗類、公所之罪人」，公所決定取消簡青齋的公所會員資格，將之逐出上海書業。但最後發現簡青齋在這個案件中是無辜的，犯下罪行的是與其共用同一間印刷作坊的另一家書商，簡青齋的印刷機恰巧位在真正的盜版商隔壁。但是因為他們的盜版前科，文明書局誤以為犯人是簡青齋。[72]

有些公所會員蒐集證據的手段比較粗暴，所以靠書商各憑本事抓盜版商，可能會掀起另一種混亂。上海書業公所並未制訂明文流程，規定會員為舉發案件可以採取哪些合理行動。從下面這起綁架案的經過，我們看到在擁擠的棋盤街，居民可以參與公所的調查、揭發真相，從而實現某種集體正義。

一九〇六年夏，李迪凡（滌帆）抱懷微薄的希望來到上海書業公所，他向公所報案，指控商務印書館總經理兼上海書業公所董事夏瑞芳（一八七一——一九一四）在大街上綁架他。李迪凡是另一家書商「商業圖書部」[73]的銷售員，他說八月三十一日，有兩個男人到信昌祥來找他；

---

69 上海市檔案館 S313-1-100，〈丙午年書業公所交涉報告緣由〉，頁三六～三八。

70 上海市檔案館 S313-1-75。

71 上海市檔案館 S313-1-75，〈書業公所致巡捕房執事先生〉。

72 上海市檔案館 S313-1-100；上海市檔案館 S313-1-75，〈簡青齋報告〉，一九〇六年九月二十二日。

73 參見上海市檔案館 S313-1-75、上海市檔案館 S313-1-100。李迪凡自稱是商業圖書部的員工，但調查員陳詠和的報告指出李迪凡受雇於支那書局，專門服務外地顧客。

信昌祥位於棋盤街附近，是間生意興隆的鴉片館。兩人自稱是外地學校的代表，到上海來購買教科書，他們聽說自己要買的書在李迪凡這裡可以拿到十分優惠的價格。李迪凡是專門經營外地顧客的銷售員，他知道這是筆大生意，一口答應幫忙。之後雙方在附近的茶館青蓮閣再度碰面，[74]李迪凡帶來了他們要的書籍樣本：七本支那書局的書，還有幾本商務印書館的教科書，其中也包括《中國歷史》。沈先生及友人這兩位外地買家相當滿意書籍的品質，以及李迪凡開的價格，他們當場簽約，安排好下午交貨付款，約定由李迪凡把書送到他們住的地方——高陞棧十一號房。[75]

然而李迪凡和這批書並未抵達高陞棧。下午三點左右，李迪凡和友人陳雲生（允升）一起送貨，陳是個自營的圖書經銷商。在把書送往高陞棧的路上，他們推著手推車從棋盤街的江左書局前經過，突然間不知道從哪裡冒出來一群人，將他們團團圍住，拖到隔壁的樓房裡。原來那裡是商務印書館總部，夏瑞芳正在裡頭恭候大駕。他憤怒地指控李迪凡盜版商務印書館的書籍，並將手推車上的書全數沒收。

大約一小時後，李迪凡和陳雲生總算從夏瑞芳那裡逃出來，他們沒有向警方報案，反而直接前往附近的上海書業公所會館討公道。李迪凡指控夏瑞芳設局綁架他，不當地沒收了他的商品。[76]他在書狀中表示，他懷疑沈先生及其友人並非真的外地買家，而是夏瑞芳派來引誘他的誘餌。他認為，要求他把書送到高陞棧的安排是個陷阱，客棧坐落於死巷之內，前往客棧的唯一一條路必定會經過商務印書館總部前方。[77]

對上海書業公所而言，李迪凡對夏瑞芳的指控在兩方面讓他們大感棘手。其一，夏瑞芳是有影響力的書商，也是公所的董事。面對盜版嫌犯，夏瑞芳並未蒐集必要證據後呈報公所請求裁決，而是決定綁架嫌犯、扣押涉案書籍。雖然夏瑞芳是公所的領導階層，但他的作為可以看成是在貶低公所的權威。為了鞏固新樹立的權威，站穩糾紛調解機構和書商反盜版堡壘的地位，公所必須自行採取行動，藉此案立下榜樣，證明公所比個別書商更有能力公平公正地解決盜版糾紛。另一方面，要公正裁決此事並不容易，畢竟案件兩造的聲望信用，顯然無法相提並論。像李迪凡這樣的小小銷售員，竟然能以優惠價格提供大量商務印書館的教科書，此事確實不太尋常，甚至啟人疑竇，但這不能自動證明李迪凡和友人陳雲生是盜版商。如果公所因為商務印書館資本雄厚、規模更大而認為夏瑞芳更值得信賴，那麼恐怕會讓人擔心，公所是否會認為業界小型書商的顧慮無關緊要，無辜的會員恐怕會被冤枉成盜版商。

為了查明夏瑞芳是否設下圈套綁架李迪凡，上海書業公所董事會寫信詢問了本案的關鍵第三人——外地買家沈先生。九月三日，沈某回覆公所，書狀中提出一個完全不同的事件始末。他說交貨地點原本就是商務印書館，不是高陞棧，他和同伴打算從商務印書館將書籍打包寄

74 青蓮閣是這一帶重要的社交場所。青蓮閣一樓是娛樂場所，有戲曲、說書等種種娛樂，二樓同時是商品交易中心，商人在此審視樣品，簽約成交。

75 位於福州路和平巷的高陞棧是生意相當興隆的中式客棧，清末幾部社會寫實小說也提到高陞棧，主人公或次要角色到上海出差時在此下榻。高陞棧有時也作高升棧。

76 上海市檔案館 S313-1-100，〈丙午年書業公所同行交涉報告緣由〉，頁一五，一九〇六年九月三日。

77 上海市檔案館 S313-1-100。

出。根據沈某的說法，這不是夏瑞芳和李迪凡之間的糾紛，而是李迪凡和他之間的糾紛。李迪凡送來的書和他們訂的書不符，這也是他們扣留書籍、拒絕付款的原因。他堅稱自己的訂書行為不是個圈套，懷疑這個荒謬的綁架故事是來歷不明的自營圖書經銷商陳雲生編造的，敦促上海書業公所查明真相。[78] 按照一般流程，公所董事會將審酌案件各方遞交的書狀做出裁決，但是李迪凡和沈某的說法同樣可疑。李迪凡避而不談自己為什麼擁有大量商務印書館教科書，沈某則無法解釋既然打算讓商務印書館包裝、寄送書籍，為什麼不直接向商務印書館訂書。

面對這個僵局，九月三日，上海書業公所從選出的八名調查員中派出六名，在棋盤街一帶打聽這起離奇盜版綁架案的情報。調查員一職最初是公所仿照上海商務總會的類似職位設立，根據上海商務總會的章程和商部的章程，調查員的任務原是調查市場、蒐集諸如市場趨勢和物價波動等有用資訊、增進商務總會和國家對經濟的瞭解。不過公所的八名調查員鮮少將時間精力投注於研究市場；當案件各方遞交的書狀陳述出入太大時，調查員會應公所要求找出糾紛真相，讓董事會成員能夠做出裁決。兩天後，調查員將調查發現回報給公所。他們蒐集了二十多位目擊證人的說詞，集合起來能夠重建一九〇六年八月三十日、三十一日棋盤街上發生在李迪凡、沈某、夏瑞芳等人身上的事情。他們揭開了案件真相。

首先，調查員發現根本沒有高陞棧十一號房的外地顧客這號人物。客棧目前的住客無一是為買書前來上海，[79] 也沒有姓沈的房客。[80] 沈某和友人告訴李迪凡他們住在十一號房，客棧掌櫃說該房早已另有住客，是位寧波來的徐先生，已經在此住了一個多月。[81] 這拆穿了沈某來上海買教科書的說法，因此他敘述商務印書館總部衝突的證詞也令人存疑。既然上海書業公所聯絡得到他，他也即時回函答覆公所的詢問，沈先生毫無疑問是真實存在上海的一號人物。那麼問題是，當初在信昌祥鴉片館裡找上李迪凡的那兩位「顧客」，究竟是何方神聖？

在神祕的沈先生找上李迪凡之前，根據多位調查員的報告，前一晚在信祥昌發生的某事是解開謎團的關鍵。八月稍早，夏瑞芳得知市面上出現了一批商務印書館暢銷教科書的廉價翻印本，《中國歷史》的翻印問題最嚴重。翻印本的價格只要正版書的三分之二到二分之一，好幾位書商和股東都聽到夏瑞芳十分擔心地抱怨，這些盜版書可能造成多少損失。[82] 八月三十日晚上，商務印書館的員工程申甫和朱冠亭前往信昌祥，他們看到隔壁的鴉片床上有好幾本可疑的教科書，包括《中國歷史》在內，這些書立刻讓他們聯想到老闆日前一再抱怨的廉價翻印本。程申甫和朱冠亭得知這些是李迪凡的書，李當時不在場，他們趁機檢查了他的隨身物品。[83] 兩人的一舉一動被當晚剛好也在信昌祥的幾位書商看在眼裡，其中一位是文海閣老闆袁志才，他當時也在信昌祥抽鴉片。袁志才告訴調查員徐鶴林（齡），兩個商務印書館員工跟他說這些書

78 上海市檔案館 S313-1-75，〈沈紹賡致公所〉，一九〇六年九月三日。
79 上海市檔案館 S313-1-100，〈榮少甫報告〉、〈陳小湖報告〉。
80 上海市檔案館 S313-1-100，〈榮少甫報告〉、〈許鴻雲報告〉、〈葉九如報告〉。
81 上海市檔案館 S313-1-100，〈徐鶴林報告〉、〈葉九如報告〉。
82 上海市檔案館 S313-1-75、上海市檔案館 S313-1-100，〈陳詠和報告〉。
83 上海市檔案館 S313-1-75、上海市檔案館 S313-1-100，〈陳詠和報告〉、〈榮少甫報告〉、〈許鴻雲報告〉、〈葉九如報告〉。

是盜版，問他是誰在賣這些書。袁還告訴徐，他注意到隔天有幾個生面孔在信昌祥出現，專程來找李迪凡洽談購買教科書的事，他相信這一定跟前一晚與他搭過話的兩個商務印書館員工有關。[84]

果不其然，兩個職員立刻向夏瑞芳報告，說他們找到了夏瑞芳尋尋覓覓的盜版商。榮少甫的調查報告指出，隔天夏瑞芳派出沈季芳和卜勝同兩位公司會計前往信昌祥，兩人向李迪凡搭訕，假裝自己是杭州來的外地顧客。[85] 兩位臥底買家很快跟李迪凡談妥一筆六百銀元的交易，拿到六折的折扣。雙方之後在青蓮閣再度碰面，檢查樣書，談妥交易條件，並請青蓮閣一位侍者拿來紙筆，讓李迪凡和沈季芳擬訂合約；侍者證實了這段經過。

調查員能夠蒐集到如此詳細情報，這顯示棋盤街或許沒有祕密可言。高陞棧、青蓮閣等其他行業的員工提供的說法十分有幫助，可以驗證李迪凡、沈季芳說詞的真偽。不過最有價值的情報，來自其他公所會員在鴉片館和茶館有意無意間的所見所聞，這些公共空間是書商和其他商人做生意、交換消息和放鬆休閒的地方。袁志才和其他書商能夠將細節一一告訴公所的調查員，包括李迪凡鴉片床上床下有哪些書、沈季芳到底訂購了哪些書、交易和折扣情形、沈季芳和卜勝同如何介紹自己的身分，以及說自己在哪裡投宿——顯然上海書商可能隨時都在注意書商同業的動向。

八月三十一日下午江左書局門前的「綁架」案有無數目擊證人，因為案件就發生在棋盤街一帶的中心。江左書局老闆徐鴻雲也是公所調查員之一，他在報告中言之鑿鑿地指證，他當時一直在辦公室裡工作，後來聽見外頭傳來不尋常的吵雜聲。他走到門外，看見店門口有輛手推車，車上載滿書，李迪凡正和幾個商務印書館的員工吵得不可開交。他聽見李迪凡大吼：「當我偷來的乎？」商務的員工隨即將手推車拖進總部。看到夏瑞芳現身，李迪凡再次怒吼：「當我偷來的乎？」夏制止了李的怒罵，他回答：「並未說你偷來的，終歸買你的是了！」接著夏瑞芳不由分說地把李迪凡拖進了辦公室。[86]

附近其他書商也目睹了李迪凡和商務印書館員工之間的衝突。李迪凡大喊：「當我偷來的乎？」這聲怒吼顯然傳入了許多人耳中，六份報告裡有五份提及此事。葉九如的報告還提到，有些人聽到李迪凡大吼：「爾等是否為我來路不明？我乃有實據（證明書是正版）！」[87]李迪凡手上的書是不是正版、書籍從何而來，這些問題似乎是現場衝突的導火線。幾位書商作證，他們在雙方爭執過程中聽見「翻版」一詞。[88]兩名調查員的報告也證實了李迪凡的說法，他原本的目的地確實不是商務印書館。手推車最初是往南朝高陞棧前進，但經過江左書局前面時，雙方爆發衝突，手推車被往不同方向拉，最後朝北方被拉進了商務印書館。[89]這些書商擠進屋

84 上海市檔案館 S313-1-75、上海市檔案館 S313-1-100，〈許鴻雲報告〉。

85 上海市檔案館 S313-1-75、上海市檔案館 S313-1-100，〈榮少甫報告〉。沈季芳在商務印書館負責處理外國合約，李迪凡或許因此不太認得沈季芳的長相。

86 上海市檔案館 S313-1-75、S313-1-100，〈徐鴻雲報告〉。

87 上海市檔案館 S313-1-75、S313-1-100，〈葉九如報告〉。

88 上海市檔案館 S313-1-75、S313-1-100，〈許鶴林報告〉。

89 上海市檔案館 S313-1-75、S313-1-100，〈許鶴林報告〉、〈徐鴻雲報告〉。

內看他們吵成一團，因此知道後來在商務印書館總部裡頭發生了什麼事。陳小湖和榮少甫在報告中詳細說明夏瑞芳如何檢查李迪凡手上的書籍，以確定李是不是他們懷疑的盜版商。經過仔細比對李迪凡的書和他們自己的正版書後，夏瑞芳的結論是李迪凡拿到的書確實是「真」的書。[90] 但是李迪凡手上為什麼會有這麼多商務印書館的教科書？

支那書局提供了李迪凡訂單的字據，證明其手上的支那書店教科書是正版書，[91] 但是商務印書館沒有任何記錄顯示李迪凡向他們訂過書。根據陳小湖、榮少甫、葉九如的報告，李迪凡在衝突現場告訴商務印書館的員工，書是他從一位廣東顧客那裡拿到的。商務印書館隨即派經理陪同李迪凡前往舊城南市的一間糖業公司，確認李迪凡所言是否屬實。糖業公司的廣東老闆證實書籍是他賣給李迪凡的，因為另一個廣東人訂了書但沒有付款，故而這批書籍被退還給他。[92] 報告指出，李迪凡和友人陳雲生回到商務印書館總部後，夏瑞芳向李迪凡道歉，很抱歉將他誤認為盜版商，但拒絕把書還給李迪凡。[93] 李迪凡不滿夏瑞芳扣留他的書，設法離開商務印書館之後，便前往上海書業公所申訴。

調查員將報告交給了上海書業公所，幾天之後，商務印書館一位「知情人士」在夜裡登門拜訪調查員許鶴林，解開了這樁奇案的最後一個謎團。「知情人士」告訴許鶴林最早「發現」李迪凡「盜版」書的職員程申甫，日前在帳務上犯了大錯，他亟欲為公司立下大功、將功折罪，因此一看到李迪凡鴉片床上那幾本《中國歷史》，就急急忙忙向夏瑞芳報告此事，希望博得老闆歡心。[94] 結果事情發展到最後，程申甫的不實消息導致這起丟臉的誤會。九月中旬，上海書業公所證實了李迪凡的清白，公所裁決商務印書館應當賠償李迪凡的損失，而且還要為他們不慎引起的風波向李迪凡及業界公開道歉。[95]

在上海書業公所成立初年，遇到書商遞交給公所的正式書狀遺漏某些關鍵資訊時，公所選出的調查員偶爾會被派去蒐集案件情報。調查員利用他們在棋盤街的人脈，蒐集關於各個糾紛的消息和目擊證詞，為公所和公所會員提供另一種「伸張正義」的方式——雖然這並非是設立「調查員」一職的本意。上海書業公所利用商部鼓勵開設公會的運動及標準章程，來實現他們的版權規範，調查員的職位也一樣，公所董事將商部為蒐集商情而設的手段，用來協助他們裁決複雜的案件，像是這起李迪凡綁架案。書商在擁擠不堪的棋盤街地區共享街巷、鴉片館、茶館、印刷作坊、倉庫等各種社交空間，他們可以提供目擊證詞給上海書業公所的調查員，因此即使不是涉案關係人，也能參與公所的糾紛解決機制。書商隨時關注彼此的動向，也時時受到他人注意，得以維持某種集體正義及社會秩序。

一九一五年，上海書業公所將公所會館從棋盤街搬到舊城，他們決定授予調查員更多權力，管制書商自行搜捕盜版商的行為。過去會員往往先自行搜索可疑書籍及可能的盜版商後再

---

90 上海市檔案館 S313-1-75、S313-1-100，〈陳詠和報告〉、〈榮少甫報告〉。

91 上海市檔案館 S313-1-75、S313-1-100，〈葉九如報告〉。

92 同前註。

93 上海市檔案館 S313-1-75、上海市檔案館 S313-1-100，〈徐鴻雲報告〉。

94 上海市檔案館 S313-1-75，〈許鶴林二次報告〉。葉九如也從商務印書館的另一位員工那裡聽到類似情報。

95 上海市檔案館 S313-1-75、上海市檔案館 S313-1-100。

向公所舉報，如今公所不再讓會員各行其是，公所總理改而指派一名或多名董事擔任「審查董」，負責判定可疑書籍的真偽，也負責調查糾紛。董事會再根據審查董的報告決定如何調解盜版糾紛。[96] 一九二八年，上海書業公所和上海書業商會併入新的上海書業同業公會，新公會進一步成立了「查究偽版委員會」，更加積極地利用棋盤街內外的公會資源打擊盜版。委員會最後成為上海書商的私人警力，在北平及周邊地區追捕盜版商，執行棋盤街的規則。

平行共存的「版權」制度

前兩節說明上海書商如何執行版權制度，他們以公所的版權和書底掛號當作書面紀錄的憑據。但就清政府的角度而言，書商並沒有自行註冊版權的法律資格。舉例來說，一九〇六年，上海書業商會自豪地將「版權章程」上呈商部，希望獲得官方承認，然而商部拒絕了商會的「法規」，明白表示**唯有**國家才有權力將版權授予他人。商部不只要求上海書業商會將「版權章程」改稱「出版公約」，也不願支持上海書業商會在會員出版物加蓋「版權所有」印章的計畫。[97]

商部一九〇四年的商會章程，確實授予商人組織自行調解仲裁內部衝突或商業糾紛的權力。與此同時，清政府也頒布了商法、公司法、破產法、商標章程等，將國家的經濟規範法制化。一九〇四年以後，清末商人遇到商業糾紛時，可以選擇將案件告上法院，依國家商法裁決，或是選擇由商人組織調解。范金民和蘇基朗（Billy So）、蘇壽富美（Sufumi So）的研究指出，商人是法理型（rational-legal）行動者，他們通常偏好在商人組織解決糾紛，因為這樣比正式訴訟省錢，且通常更有效率。[98]版權所有權糾紛是清末上海書業最常見的一種糾紛，但由於政府尚未正式頒布國內版權法，書商無法選擇循國家的正規法律解決。如第四章指出，政府頒布的個別版權保護令在書商看來成效不彰、問題重重，為了行使國家認可的權力、裁決版權糾紛，上海書業公所和上海書業商會都體認到必須制訂某種規則，以界定和記錄會員的版權所有權。版權糾紛牽涉的多半不是書面商業協議，而是涉及互相衝突的書籍所有權主張，因此書業認為這些規範有其必要性。當時書籍所有權，不像土地、房產、貨物等其他財產，缺乏有系統地註冊或記錄。不過從商部對上海書業商會的批覆看來，書商固然可能是出於必要而提出這種近似法律的版權章程，但商部顯然認為他們的作為已經逾越了平民的分際。

上海書業商會的內部紀錄顯示，他們最後假意遵守了商部的命令。商會確實將「版權章程」改名為「出版公約」，讓商會得以順利在商部註冊，不過其他內部文件依舊繼續聲稱上海書業商會為其會員註冊及保護版權。另一方面，上海書業公所則在章程中仔細區分國家授予的版權和公所註冊的書底，他們後來將書底稱為「公認版權」。然而在現實中，上海書業公所對國家

96 上海市檔案館 S313-1-2-8，〈上海書業崇德堂公所現行規則草稿〉（一九一五）。

97 〈批上海書業商會稟設書業商會應准立案所有版權字樣印記遵飭更正俾符名實而示區別由〉，《商務官報》第十期（一九〇六年七月二十五日），頁二二b。

98 范金民，《明清商事糾紛與商業訴訟》，頁二八五～二八八；Billy So and Sufumi So, "Commercial Arbitration Transplanted."

授予的版權，以及公所的「公認版權」一視同仁，這表示上海書業公所的會員認為兩者效力相等。一九一〇年三月，上海書業公所甚至進一步擴大了「公認版權」的做法；公所會員在一次大會上決定，上海書業公所將授予新書一定年限的「版權專利」，嚴格禁止未經授權而翻印、模仿或販售擁有「版權專利」的書籍；版權糾紛現在交由董事會成員共同在大會上裁決。公所會員決議的「版權專利」流程細節如下：上海書業公所對註冊的新書收取一小筆費用或稅費（每冊書籍售價的千分之二）。傳統童蒙書或四書五經等經典視為書業共享的公共財，只要事先告知公所，上海書業人人都能自由出版。同時，若書商擁有「舊鈔精本、名人祕本」或「著作家自撰新書與譯出之本」書稿的書底，向公所註冊書籍後，「應准獨執版權，許與專利，他人不得仿印」。為了防止握有珍貴書籍獨家版權的書商過分哄抬書價，公所也決議這類書籍的售價應該由同業在公所大會上共同決定。他們還考慮開放上海以外的書商向公所註冊書籍。[99]

雖然國家命令上海書商停止在註冊時使用「版權」一詞，但書商在與國家保持微妙的距離之上，仍繼續實施自訂的版權制度。一方面，上海書業公所不願意讓任何政府機關插手他們的盜版調解和規範，公所勸會員不要向地方官舉報上海書商同業，指稱向官方舉報不只會造成盜版受害者的困擾，還會害上海書商這個大團體在公眾面前丟臉。[100] 另一方面，為了確保自己名義上是國家承認的合法民間組織，上海書業公所和上海書業商會也會適當地遵循國家的最新指示進行註冊，也乖巧地表示自己是奉公守法的順服臣民。一九一〇年十二月，清政府終於公布了書商引頸期盼的著作權律，上海書業公所董事會立刻將新法免費付印，發給會員「研究」。公所將「遵守著作權律」寫進新章程裡，隨即將文件上呈給新成立的民政部，確保他們在著作權律頒行後，依然受到政府認可。[101]

在修訂章程中，公所表示今後將以國家著作權法馬首是瞻，但公所並未放棄自己的「公認版權」。上海書商的版權制度與國家的著作權制度並行，並行的不只是習慣法和國家法典，更是以書商為中心的版權觀和以作者為中心的著作權觀這兩種觀念。許多學者指出，《大清著作權律》大幅借鑑日本一八九九年的《著作權法》，[102]這部新法正式向中國人介紹了新的智慧財產詞彙——著作權。[103]「著作權」是日本法律學者一八八〇年代創造的新詞，用來指稱歐陸的智慧財產概念，尤其是法語的「droit d'auteur」（著作權）和德語的「Urheberrecht」。為了符合《保護文學及藝術著作之伯恩公約》（Berne Convention for the Protection of Literary and Artistic Works）的要求，水野鍊太郎（一八六八—一九四九）在一八九〇年代末為日本起草新的著作權法，他選擇使用「著作權」，而非福澤諭吉一八七三年創造來翻譯「copyright」的「版權」一詞。水野鍊太郎認為「版權」代表的是「有權印製」（right to copy），是僅針對印刷品

99 上海市檔案館 S313-1-120-15。

100 上海市檔案館 S313-1-100。

101 上海市檔案館 S313-1-120-48，〈辛亥三年二十一日開會提議各種問題列後〉；上海市檔案館 S313-1-120-60，〈民政部宣統三年四月稟啟註冊錄稿〉。

102 王蘭萍，《近代中國著作權法的成長》，第三章。李明山編，《中國近代版權史》，頁一〇八～一一一。

103 儘管《日本法政辭解》（一九〇七）及《漢譯日本法律經濟辭典》（一九〇九）等清末出版的中文法律辭典已經出現「著作權」一詞，但一般大眾很少使用這個說法。這段期間，書商、作者和官員最常用來指稱「copyright」的詞語，依然是「版權」。關於清末法律辭典的討論，參見《近代中國著作權法的成長》，頁三〇～三五。

而言的權利，因此他改用「著作權」來涵蓋音樂、戲劇、圖像等各種文學藝術作品。在創造著作權一詞的同時，也等於在這部新法承認作者既是其智慧財產的創作者，也是其智慧財產的所有者。[104] 清政府頒布的著作權法將「copyright」正式定義為「著作權」——對於思想藝術創作的所有權。國家不再授予個別的版權保護或特權，如今書商和作者必須向國家註冊著作以取得著作權保護；正式法律並未使用「版權」，因此「版權」一詞沒有法律效力。儘管如此，《大清著作權律》頒布以後，中國出版界的「版權」一詞也未被「著作權」取代，終其二十世紀，「版權」一詞在中國始終比「著作權」更普遍。在棋盤街，無論政治局勢如何變化，無論未來數十年歷代政府前後頒布了幾部新著作權法，版權始終是上海書業公所執意註冊、規範、保護的對象。

《大清著作權律》的實際執行情況相當難以評估，因為法律施行不過數月，大清帝國就被革命黨人推翻了。辛亥革命期間，上海書商是城裡最早表態的商人團體之一，他們支持新成立的共和國，迅速組成一個叫「上海書業商團」的小型治安服務隊，在城市巡邏，為新的共和國宣傳。[105] 對於棋盤街來說，政權更迭帶來的是商機，而不是政治動盪。就像幾年前響應清朝教育改革一樣，許多書商立刻配合共和國的新方向做出調整，爭相為「新中國公民」出版新教科書、新日曆、新手冊。舉例而言，一九一二年一月，陸費逵和商務印書館的幾位編輯把握時機創辦了中華書局，他們迅速出版了一系列教科書，介紹新成立的中華民國（以下簡稱民國）及其民族主義思想。商務印書館在革命後遲疑不決，沒有立刻更新教科書，中華書局趁勢而為搶下市場，成為民國時期第二大的教科書供應商。

中國的著作權法規在革命之後沒有太大變化。一九一二年三月，新的民國政府宣布《大清著作權律》暫時有效，也決定承認一九一一年以前的著作權註冊。[106]上海書業公所和上海書業商會修訂了章程，認可新政權，快速向新政府註冊組織。雖然中華民國內務部得意地表示，他們成立不過數月就有超過一百筆的著作權註冊，但是和上海書業公所的書底掛號比起來，官方註冊的規模還是小巫見大巫。目前上海書商似乎對新政府寄予厚望，期待新政府能在國內實施有效的版權保護。畢竟上海書業公所面對當地的版權糾紛或許處理有方，但公所的權威無法延伸至棋盤街以外太遠的地區。商務印書館希望能借助國家的力量打擊外地的盜版，在一九一二年至一九一三年間對十七個省市的三十二家書商發起一連串訴訟。[107]訴訟結果似乎令人大失所望。一九一四年，接替夏瑞芳出任商務印書館總經理的印有模（一八六三—一九一五）[108]透過上海商務總會和全國商會聯合會向司法部請願，請求司法部關切各省對於上海刊物的猖獗翻印。印有模敦請司法部重申《大清著作權律》依舊有法律效力，下令地方法院在裁決侵害版權

104 日本希望歐洲列強撤銷雙方在十九世紀中葉簽署的不平等條約，加入《伯恩公約》是歐洲對日本提出的交換條件之一。一八九九年，日本加入《伯恩公約》，成為首個非歐洲會員國。關於水野鍊太郎起草的《著作權法》及他對「droit d'auteur」（著作權）的詮釋，參見大家重夫，《著作 を確立した人々》，頁一一七～一三〇。關於日本改訂著作權法，以加入《伯恩公約》的經過，參見《著作権法百年史》，頁八三～一三七。

105 關於上海書業商團的章程、預算及活動，參見上海市檔案館 S313-1-52。上海書業商團還有團歌和小型戲曲社團。

106 〈內務部通告〉，《政府公報》第五四三期（一九一三年十一月七日）。

107 同前註。

108 夏瑞芳在一九一四年一月遇刺身亡。

案件時，認真執行《大清著作權律》的罰則，「不得稍涉輕縱」。[109]

一九一五年，北洋政府頒布《中華民國著作權法》（以下簡稱一九一五年《中華民國著作權法》），取代清朝的著作權法。這部民國的新著作權法，不只條文幾乎和前身相同，[110]就連命運也和舊的著作權法十分相似。正如上海書業商會一九二三年的請願書所言，他們甚至不確定一九一五年的《中華民國著作權法》是不是經國民大會正式通過的有效法律。[111]事實上，這部著作權法幾乎和前身一樣沒有機會好好落實。一九一五年十一月，正值著作權法開始生效之際，國民大會同意改變政體，總統袁世凱自立為中華帝國皇帝。袁世凱重振帝制的企圖轉眼宣告失敗，中華帝國流產之後，袁世凱不久也撒手人寰，接著中國經歷了十年各地軍閥的內戰。軍閥相互征戰，爭奪北京和中華民國中央政府的控制權，但是沒有一個軍閥能夠真正長時間控制住全國。一九一〇年代和一九二〇年代的政權真空時期是國家權力的低點，中央政府多數時間只是名義上的存在。[112]

視角回到上海，儘管國家政治動盪，書商的經濟生活及上海書業公所的日常業務依然繼續運作。因應北京的當權者一再易主，上海書業公所和上海書業商會定期修訂章程，向新政府（重新）註冊，但實際上，上海書商區辨和記錄刊物所有權的方式沒有太大變化。雖然上海書業公所和上海書業商會自稱以國家的著作權法為依歸，但他們持續註冊會員的新書，未曾放棄自己行之有年的制度。雖然從國家的角度來看，公所的註冊和認可都沒有法律效力，但上海書業公所仍繼續承認向公所註冊的書底（版權）是公認版權。比起向法院提起著作權訴訟，上海書商似乎依舊寧願向公所申訴。上海的盜版商還是一樣被帶到公所會館，接受的處罰是在公所大會上依公所規則而決定，而非依據公所聲稱遵循的著作權法而決定。從上海書業公所一九一〇年代至一九三〇年代的檔案和會議紀錄可以看到，盜印本及書底還是被送到公所，在公所領導人或正版版權所有者的監督下公開燒毀。[113]上海書業公所沒收及燒毀未授權翻印本和書底，然而在《大清著作權律》及後來一九一五年的《中華民國著作權法》中，法律對盜版施加的唯一正式罰則是現金罰款，因此就國家的立場而言，公所的所作所為完全是在法律之外。至於上海書業公所沒收和銷毀盜版商財產的這種做法，是否侵犯了盜版商的財產權？有趣的是，這似乎對公所來說，從來不是個問題。

一九一〇年代和一九二〇年代，上海書業公所聲明公所遵循國家的著作權法；理論上，如此公所得以一視同仁地保護向國家註冊的書籍以及向公所註冊的書籍。但萬一國家的著作權註冊和公所的版權註冊，在同一本刊物的所有權上相互衝突時，該怎麼辦？一九二〇年七月二十一日，上海書業公所就陷入了這樣的兩難。廣益書局向公所申訴，他們的《童子新尺牘》遭到公所另一會員掃葉山房以《普通新尺牘》之名盜版，他們聲稱《童子新尺牘》的版權已在內

109 〈司法部通飭嚴辦翻版案件〉（一九一四年六月四日），收錄於《中國版權史研究文獻》，頁一三五。

110 關於《中華民國著作權法》與《大清著作權律》的比較，參見李明山編，《中國近代版權史》，頁一六五～一六九。

111 《中國版權史研究文獻》，頁一六二～一六六。

112 上海書業商會一九二三年向江蘇高等法院發出詢問函，表示他們不確定《中華民國著作權法》在一九二〇年是否有效。參見上海市檔案館 S313-1-139-27。

113 上海市檔案館 S313-1-86、S313-1-87、S313-1-88、S313-1-89、S313-1-90、S313-1-121、S313-2-11。

務部註冊，受到保護，並詳細列出兩書雷同之處，敦促公所懲罰掃葉山房。[114] 結果發現，掃葉山房早在更久以前，就於上海書業公所註冊過《普通新尺牘》。根據公所的紀錄，掃葉山房曾在一九一七年出面指控廣益書局盜版了《普通新尺牘》，當時廣益書局坦承犯行，承諾將更改仿冒書的書名和內容，避免日後再引起混淆。烏仁甫自一九〇五年起擔任上海書業公所的董事，他曾為兩家書商調解過當年的糾紛，一九一七年廣益書局認罪後，雙方曾簽字確認案件結果。一九二〇年七月三十日，烏仁甫將當年雙方所簽協議的照相複本，交給上海書業公所。這件證據證明，依據公所的版權制度，掃葉山房是這起糾紛的受害者而非盜版者。[115] 廣益書局原本強調兩書的相似處，以示掃葉山房盜版了他們的書，三天後廣益書局更改口徑，如今改而強調兩書版面和格式上的差異，以示《童子新尺牘》完全是原創之作。[116]

上海書業公所應該擁護哪一種版權註冊的效力？按照公所的註冊紀錄和章程，掃葉山房擁有《普通新尺牘》的版權，廣益書局是盜版商，但是在內務部正式註冊《童子新尺牘》著作權的卻是廣益書局。那麼根據國法，掃葉山房才是侵犯他人版權的一方。比較過兩本幾乎一模一樣的書之後，或許是為了避免讓這場糾紛演變成公所版權制度和國家法律之間的對抗，公所的董事會成員決定召開非正式的調解會。雙方不在公所的會館，而是在一個茶館中見面，公所邀請書業一位德高望重的「耆老」擔任調解人，雙方在茶館達成的協議，得到公所董事會贊同：兩造都可保留剩下的庫存，也可任意販售，但必須將糾紛牽涉的這兩本書的書底交給公所，之後公所將公開燒毀這兩套書底。[117] 如此一來，兩個「盜版商」都受到懲罰，兩個「受害者」的正義也都獲得伸張。兩家書商的書底都已銷毀，雙方皆無法繼續印製這兩本書，因此日後也不可能再為了這兩本書發生爭執。既然掃葉山房和廣益書局雙方都受到補償和懲罰，上海書業公所等於同時承認了公所的紀錄和內務部的註冊，因而將公所的「版權章程」提升至和一九一五年《中華民國著作權法》平起平坐的地位。除此之外，上海書業公所對盜版商施加的罰則是公所一貫的懲罰（燒毀印製書籍的工具），而非現金罰款，這展現了公所才是棋盤街上版權保護的有效執行者。

一九二三年春，因應北京的新軍閥政府上臺，上海書業公所的董事會成員再次修訂章程，力圖讓國家正式認可公所的「公認版權」。在新章程裡，公所表示他們將「依法辦事」，[118]公所董事會所謂的「法」，指的是北京政府一九一八年頒布的《工商同業公會規則》，這部法律的目的是將公所行會、同業公會及商會制度化。吳佩孚（一八七四—一九三九）一九二二年秋接管中央政府之後，上海商務總會敦促包括上海書業公所在內的各會員，遵循一九一八年這部長年遭到忽視的法規，鼓勵他們依照條例修改章程和組織結構，以便獲得新政府的正式註冊和認可。修訂章程時，上海書業公所的會員也一併更新了版權章程，將版權章程呈送內務部，希望獲得內務部批准。

114 上海市檔案館 S313-1-88，〈補六月初六日廣益來函〉，一九二〇年七月二十一日。
115 上海市檔案館 S313-1-88。
116 同前註。
117 上海市檔案館 S313-1-88，〈六月二十日特會〉，一九二〇年八月四日。
118 上海市檔案館 S313-1-1，〈弁言〉，一九二三年。

上海書業公所一九二三年修訂的新章程，最引人注目的特點是公所將版權糾紛的解決流程進一步制度化，並將被定罪的盜版商逐出公所。上海書業公所的董事會成員不再輪流主持版權糾紛的臨時裁決，改而在定期會議上共同裁決版權糾紛。透過這種做法，他們承諾能「不令雙方受纏訟之損害」。若有會員蓄意侵犯書商同業的版權，一旦遭到五名會員舉報，將被逐出公所，失去公所提供的保護和社會安全網。若發現非會員或被逐出公所的前會員，翻印已在公所註冊的書籍，公所及會員將與其斷絕生意往來。上海書業公所將在上海各大報公開宣布抵制盜版商，讓被逐出公所的書商名號廣為大眾所知。[119]

公所董事會成員在一九二三年修訂上海書業公所的章程，當時討論最熱烈的就是「公認版權」的性質。「公認版權」一詞在一九〇六年首次出現，指的是公所註冊的書底，一九一六年正式寫入上海書業公所的章程。一九二三年公所修訂章程以符合最新法規，幾位董事會成員認為，為了謀求書業更好的發展，必須定義「公認版權」，賦予「公認版權」相當於國家著作權註冊的法律地位。[120]例如一位董事會成員認為，「公認版權」者，即會員出版新書時，「將樣書送呈公所，由正副董看過，此書確是市面上從未印過的」，經審核後，由公所出保護捐的權利。擁有某書「公認版權」的書商，可以享有印製該書的專有權，壟斷該書產生的全部利益。這位董事會成員又建議，上海書業公所應該頒發證書給書商，作為其「公認版權」的有形證明。[121]雖然他的提案並未寫入最終定案的章程，不過新章程依然堅定申明上海書業公所將「遵照著作權法出版法保護版權，及維持同業公認之版權。」[122]

上海書業公所試圖為其「公認版權」爭取能與國家認可的著作權平起平坐的法律地位，但未能如願。和一九〇六年的清朝商部一樣，中華民國內務部表示只有國家才有權授予和註冊版權，要求上海書業公所刪去章程內的「版權」一詞。[123] 公所從善如流，將條款文字裡的「版權」改成「發行權」，以滿足政府的要求。[124] 但是實際上，公所日常運作時照舊使用「公認版權」一詞，甚至在一九二〇年代、一九三〇年代自行頒發版權證書。[125]

作者應得的收入

清政府和北洋政府頒布了以作者為中心的著作權法；由於政治動盪不斷，這兩部著作權法或許從未被認真落實，不過依法而言，作者現已成為國家法律承認的原始著作權所有者，因此法律的存在，仍為作者賦予在公所版權制度發言的權利。一九一〇年代和一九二〇年代出現過

119 上海市檔案館 S313-1-1，〈上海書業公所現行章程（癸亥重訂）〉，第三條、第十八條、第十九條、第二十五條、第二十六條。

120 上海市檔案館 S313-1-1 69，〈上海書業公所章程初擬草稿〉。

121 同前註。

122 上海市檔案館 S313-1-1，〈上海書業公所現行章程（癸亥重訂）〉，第三條第二項。

123 上海市檔案館 313-1-1 24–29，〈上海縣知事公署訓令第六十一號令〉，一九二五年三月十九日。

124 上海市檔案館 S313-1-1，〈上海書業公所章程（民國十四年八月農商部內務部核准備案）〉。

125 公所檔案仍保存了其中一份證書。參見上海市檔案館 S313-1-121。

作者向上海書業公所尋求協助的案例，作者敦促公所懲罰曲解合約的書商，或者針對被盜版商濫用的著作，作者希望公所幫助自己洗刷名聲、伸張權利。上海書業公所對於協助這些非會員不太熱心，常常建議作者上國家的法院討回公道。[126]公所對這類案件通常冷眼旁觀，但有時候會阻礙作者行使合法權利，對作者的出版商施壓，藉此阻撓他們對公所會員提起訴訟。舉例而言，一九二六年，梁啟超想對翻印其早年著作的商家提起告訴，儘管他身為二十世紀初中國影響力數一數二的公共知識分子和政治家，卻也因上海書業公所不願支持其行動，而不得不放棄法律訴訟。

一九二六年，中華書局創辦人陸費逵接到自家明星作者梁啟超的請求。梁表示他的《飲冰室文集》遭到幾家上海書商翻印，他要求陸費逵對這些盜版商提起訴訟。但是陸費逵自一九一二年以來一直積極投入上海書業公所和上海書業商會的活動，他不想因為書商同業侵犯梁啟超的版權而與之對簿公堂，於是決定求助於上海書業公所。[127]

《飲冰室文集》最早在一九〇二年由廣智書局出版，這部書是梁啟超政論文章、儒家經史批評及新學知識譯介的合集。梁啟超文白夾雜的新文風，身影活躍於主要的政治和文化運動，種種魅力讓《飲冰室文集》一書在十九、二十世紀之交廣為流傳、受到讀者喜愛。雖然當時市面上有幾種《飲冰室文集》的未授權翻印本，不過身為作者及後來兼為廣智書局老闆的梁啟超，似乎對這些翻印本不以為意。一九二五年，梁啟超決定以新編排（按主題分而非按時序分）、新版面（活字印刷的洋裝書）在中華書局重新出版《飲冰室文集》。在這次重新出版時，他的想法改變了。現在身為清華大學教授、京師圖書館館長、籌備中的司法儲才館館長的梁啟超，由於自感身體日漸衰弱，加之不久前患病住院，他開始更加認真看待版權的經濟價值。此時他在家書裡，經常焦慮地擔心年幼子女將來在經濟上會無所依靠。[128]

《飲冰室文集》改版重新出版時，廣智書局舊版的各種翻印本依然在市面上廣泛流通，因此梁啟超決定對翻印舊版的書商採取行動。身為《飲冰室文集》新版的出版商，陸費逵不認為向印刷銷售舊版《飲冰室文集》的書商提起訴訟是好主意。第一點，舊版本已經出版多年，原出版商廣智書局早就歇業；第二點，雖然新舊兩版內容一樣，但編排和版面截然不同。梁啟超毋庸置疑是這兩版《飲冰室文集》的原創者，但是根據上海書業公所認定版權的慣例，因新舊兩版外觀不同，自應視為兩種不同的書籍，上海出版界不會樂見他們把舊版本的未授權翻印本視為中華書局新版本的盜版書。一九二六年六月五日，陸費逵寫信給上海書業公所的總理蔡九如和副總理高翰卿，陸費逵在信中表示，雖然梁啟超要求中華書局代表他循「法律解決」問題，但陸費逵個人不希望鬧上法庭，畢竟我們「且須顧及同業感情」。陸費逵擔心大規模地向多家書商提出興訟，會讓他在書業不受歡迎，希望上海書業公所能夠介入協調，協商出解決問題的替代方案，無需對簿公堂。[129]

高翰卿代表上海書業公所提出一個雙贏方案，讓雙方都能從《飲冰室文集》的翻版中受益。

---

126 上海市檔案館 S313-1-121、上海市檔案館 S313-2-11。
127 上海市檔案館 S313-1-121，〈陸費逵致蔡九如、高翰卿〉，一九二六年六月五日。
128 梁啟超、張品輿，《梁啟超家書》（北京：中國文聯出版社，二〇〇〇），頁三八九～四一二。
129 上海市檔案館 S313-1-121，〈陸費逵致蔡九如、高翰卿〉，一九二六年六月五日。

為了讓新舊兩版的區分更明確，舊版本應針對兩部分進行修改：首先，出版商應為舊版更改書名，往後只有中華書局出版的新版本才能使用《飲冰室文集》這個書名，理論上，如此可以幫助讀者區分新版本和舊版翻印本。其次，為了確保舊版翻印本的品質，出版商還應仔細校對舊有的書底，改正所有可能的錯漏和別字；這項和解協議僅適用於一九二五年以前出版過舊版《飲冰室文集》的書商。[130]由於陸費逵拒絕對翻印舊版的書商提起訴訟，梁啟超別無選擇，只能接受以公所的提案了結此事。即便梁啟超當時是司法部司法儲才館館長，也無法運用國家的著作權法，將協商導向對他有利的方向。接受公所的決議之後，梁啟超向過去翻印廣智書局版《飲冰室文集》而現在也獲准繼續翻印的書商，提出幾項要求，其中之一是每年向他支付版租，代替版稅。[131]根據上海書業公所素來的版權制度，梁啟超確實有權要求版租；他曾是廣智書局的老闆，因此有權要求侵犯其書底專屬所有權的書商，支付版租作為賠償。上海書業公所在協商會議上將梁啟超的要求轉告翻印舊版的書商，書商表示對於紙張品質和更改書名方面的要求，他們樂意完全照辦，但是拒絕支付任何形式的版稅。他們表示：「此書印行已久，梁先生既大度於前，不曾計較（版稅），於後仍請免提。」[132]

儘管書商拒絕，梁啟超仍堅持「版租」是他應得的報酬，只要能從盜版產生的利益中分得一杯羹，他就能接受《飲冰室文集》有多種翻印版本存在。一九二七年三月十日，陸費逵將梁啟超的提案呈交給上海書業公所，梁啟超為確保自己能從翻印本獲得一份合理的利潤，決定採用版權印花這個常見手法，他要求公所擔任監督印花使用的保證人。梁啟超將交給上海書業公所一萬枚印花，由公所負責將印花賣給書商，一枚印花售價五毛錢，書商可以各依所需到公所購買。印花代表梁啟超的授權，將「盜版」翻印本變成「授權」翻印本的證明。書商向公所購買梁啟超的版權印花時，公所代梁收取一冊五毛錢的「版租」。[133] 這個解決方法既不符合中華民國著作權法，也不完全遵照上海書業公所的章程來安排，這是作者、新版本的「授權」出版商、上海書業公所和舊版本盜版商等各方協商的結果。這個辦法雖然增加了上海書業公所的工作量，卻成功消弭了一場複雜且大規模「盜版」訴訟的爆發。

小結

本章重建了上海中國書商二十世紀初透過民間組織所建立和執行的習慣法式「版權」制度。一九〇五年，上海書商在保護利潤的群體利益及關於盜版的共同擔憂下團結起來，上海書業公所和上海書業商會等兩大書商組織於焉成立。上海書商自一九〇二年以來就持續向地方官員請願，請求個別授予版權保護令，儘管如此，他們並不認為版權單純是一種特權，純為表彰傑出著作或書籍的重大社會思想貢獻而授予書商或作者。在上海書業公所的版權制度中，有形

130 上海市檔案館 S313-1-121，〈致蔡九如〉，一九二六年六月二十六日。
131 上海市檔案館 S313-1-121，〈致高翰卿、蔡九如〉，一九二六年十一月十三日。
132 上海市檔案館 S313-1-121，〈致陸費逵〉，一九二七年一月二十六日。
133 上海市檔案館 S313-1-121，〈致蔡九如、高翰卿〉，一九二七年三月十日。

的書底及後來的新書手稿是主要註冊對象，擁有書籍印製工具的書商是公所承認的版權所有者。依循這套邏輯，公所會在文昌殿當眾焚毀未授權翻印本及盜版書底，這是公所落實版權的重要做法，因為唯有這麼做才能根絕盜版商日後繼續生產未授權翻印本的能力。版權所有者對某書的專有權正是藉此實現、獲得保障，以落實版權所有者才是擁有印製該書的**唯一**工具。

十九、二十世紀之交，上海書業公所和上海書業商會在缺乏正式版權法的情況下，制訂了類似法律的程序和規章，雖然這些規章確實沒有法律效力，但即使在《大清著作權律》頒布之後，公所依然繼續執行其版權制度。終其一九一〇年代及一九二〇年代，這套靈活的版權規範機制在棋盤街始終堅韌不倒，相較之下，由於政治持續動盪，正式的著作權法從未全面落實。儘管上海書業公所的章程再三重申公所謹遵「中央」的著作權法，但實際上他們持續在棋盤街執行自己的版權制度，地位視為與國家法律平行。一位書商在一九三五年稱：「書業習慣尊重他家版權，不僅為道德問題，而且公認（版權）與法律有同一效力。」[134]

上海書業公所懲罰盜版商的能力，不僅獲得棋盤街居民的認可，也得到在上海營運的外國出版商和作者認可。二十世紀上半葉，外國出版商和作者在中國的版權依一九〇三年的《中美續議通商行船條約》受到保護。筆者在第四章討論過，中國出版商擔心條約的版權保護條款獨惠外國人，會讓他們陷入競爭劣勢，因此要求政府制訂國內版權法。不過眾人後來發現條約的版權條款有漏洞，不能遏止外國書籍在中國遭到未授權翻印的情形，[135]無法提供他們想要的法律保護。上海的英美出版商、作者和書商，在失望之下，決定模仿上海書業公所的自律機制和版權註冊。一九一四年，他們仿照中式公會成立了萬國出版協會（International Publishers'

Association），保護自身版權免受當地盜版的侵害。萬國出版協會在其成立宗旨和布告中宣稱，中國出版界已有百分之八十的書商加入該協會，中國會員將在「地方公所」構成一股「夠強」的聲量，因此上海書業公所的版權保護也將擴及萬國出版協會的會員。協會還向會員承諾，版權侵權行為將依當地公所的規範受到禁止。[136]然而實際上沒有任何中國人加入萬國出版協會，因此這個模仿公所的組織從未充分發揮自己號稱的影響力。[137]這個有趣的提案顯示，相較於正式的條約、法律，上海書業公所的版權制度在大家心目中更有分量——影響力強大到外國出版商都願意放棄條約的版權特權，改採習慣法式的當地機制來處理盜版問題。

上海書商建立的自律機制活力充沛，但卻侷限於上海一地。本章指出，上海書業公所的版權制度維繫於上海書商共同遵守的規則和人際關係，與棋盤街地區的社會結構和緊密社群交織在一起。若是缺乏這樣的共同利益、羈絆和慣例，出了上海，公所很難號召大家像在李迪凡一案中那樣的通力合作。另一方面，商務印書館在一九一二年至一九一三年對外地盜版商提起訴訟，其結果令人失望，由此可知，國家正式的著作權法或許沒甚麼實質效力可言，但上海書商要對抗棋盤街外的盜版商，卻也只能循此法律途徑。

134 上海市檔案館 S313-2-11，一九三五年三月八日。
135 關於中美商約的缺陷及二十世紀初外國出版商對抗中國盜版的困境，其討論參見 Wang, "Partnering with Your Pirate."
136 "The International Publishers' Association: Prospectus," 03-43-013-04-006; 外交部檔案。
137 〈上海書業商會同稟意見：外國書商要求享有版權防害教育工商前途懇請駁拒由〉，一九一四年七月二十七日，03-43-013-04-001；外交部檔案。

一九二八年，上海書業公所、上海書業商會和幾個小型公會合併，組成新的上海書業同業公會，新組織繼承了公所的版權制度，也一併繼承了地緣限制。一九三〇年代，對國家的著作權法執法不抱信心的上海書商，敦促新的上海書業同業公會將版權保護擴大到中國其他地區。上海書商如今成了左右國內出版業的**最大**勢力，為了在上海以外打擊盜版商、保護會員的財產及利益，新的上海書業同業公會決定採取一個非比尋常的手段——他們在華北成立了一支私人偵探隊，揪出違反棋盤街版權規則的人。

Chapter

6

在北平抓盜版

走進北平[1]古書街區琉璃廠的小巷，上海書業公所在一間不起眼的房子裡建立了一支不尋常的私人警力，負責打擊盜版。終其一九三〇年代，上海書業同業公會查究偽版委員會駐北平辦事處（以下簡稱「辦事處」），在舊都城各處追捕盜版商。儘管以執法者自居的辦事處人員對盜版事務沒有合法管轄權，但他們鍥而不捨地追查侵犯公所會員版權的盜版商，以自己的手段懲處他們。

在二十世紀初，英美兩國不久前也成立了類似以保護智慧財產權為要務的私人警隊，但辦事處可能是在東亞第一個這樣的組織。此外，另一個值得注目的是，辦事處為上海書業公所在**另一個**城市設立的分支機構。中國傳統的公所會館和同業公會慣以職業或地緣為中心組成，有

1 這座城市現在稱為「北京」，過去的名字曾幾度更迭。本書使用一九二八年至一九四九年所用的「北平」之名；敘述北京作為中國首都的過去時，則以「北京」稱之。

極強的地盤感。公會也只照顧自己的會員，其規範的市場範圍僅限於自己所在的城市及周邊地區。雖然清末可以看到同城的異業公所之間，為了公共利益而結盟合作的例子，[2]但時人一般認為其他城市發生的事務，歸其他城市的民間組織所管。不過上海書業公所在一九三〇年代的創舉，超出了我們一般對中國同業公會的認識，當時北平早有自己的書商組織，上海書業公所卻一腳踏進外地書業的地盤，規範非會員的行為。[3]

在二十世紀初的中國，版權的種種概念和實踐彼此交織，無法分開而論。辦事處在北平的反盜版行動，本身自成獨特的故事，但更深刻的意義是，辦事處的行動為我們開啟瞭解該時期中國社會的新可能，讓我們得以瞭解偵查、執法、協商等手段如何實現智慧財產權法，實效又如何。辦事處人員遊走在介於合法與非法的灰色地帶，他們搜查舊都城內及周邊市鎮的書店，和當地警方合作展開搜查行動，打擊盜版；有時候為了確保行動成功，他們自己也會訴諸欺騙、賄賂、私闖民宅等非法手段。外地盜版商和棋盤街之間沒有社群羈絆，為了將上海書業公所習慣法式的版權規範，加諸在外地盜版商身上，這些偵探學會了如何操縱國家的法律、法院和警力，以為他們的法外行動獲取更多支持。

上海書商走向全國

雖然多數上海書商都將營業據點櫛比鱗次地設在棋盤街，但他們的直接影響力遠遠超過上海一地。到了一九二〇年代，上海出版物在中國各大城市所向披靡，上海印刷資本家淘汰了小型的地方出版商。上海書業公所的會員成為主導全國出版業的勢力，公所保護版權的任務也隨之演變得更為複雜，複雜程度遠遠超出公所創辦人二十年前最初的設想。

中國在二十世紀的頭十年引入現代教育體系，自此以後，專營教科書出版的上海公司資本呈指數增長，生意交易規模也直線上升。[4]根據王雲五（一八八八—一九七九）的整理統計，商務印書館、中華書局、世界書局等上海三大出版商，共佔一九二八年至一九三七年間中國新出版書籍的百分之六十至七十（見表六之一）。[5]雖然時任商務印書館總經理的王雲五可能誇大了自家公司的市場影響力，[6]然而當時的其他紀錄與王雲五統計的資料，呈現出的大趨勢若合符節。舉例而言，一九三四年一份針對開封書攤和租書店的社會學調查發現，當地讀者看得到的通俗小說、歌本、插畫小說幾乎完全來自上海。[7]一九三七年的全國統計資料也顯示，中

2 參見 William Rowe 關於漢口的兩本書，尤其是 *Hankow: Conflict and Community in a Chinese City*.

3 北京（北平）有深厚的公會傳統。早期中國公會的研究有許多都以北京為研究地點，參見 Burgess, *The Guilds of Peking*. 以及仁井田陞，《中國の社會とギルド》。關於北京民間組織的更多近期研究，參見 Strand, *Rickshaw Beijing*.

4 Reed, *Gutenberg in Shanghai*, chap. 5.

5 王雲五，〈十年來的中國出版事業〉（一九三七），收錄於《中國現代出版史料》第二卷，頁三三五～三五二。

6 例如張靜廬十分懷疑這些統計資料是否可信，他認為王雲五誇大了商務印書館的生意規模。參見張靜廬在《中國現代出版史料》第二卷評論，頁三五二的評論。

7 張履謙，〈相國寺民眾讀物調查〉（一九三四），收錄於李文海編，《民國時期社會調查叢編：文教事業卷》（福州：福建教育出版社，二〇〇四）。

國書商出版的書籍，超過百分之八十六是在上海生產。[8]

上海出版物如何流通全國？外地批發商前往棋盤街採買最新的教科書和暢銷書，此外，上海公司也在各地開設分公司，建立全國銷售網絡。例如商務印書館至一九三〇年已在中國成立三十六個分館，幾乎遍布各大城市中心。[9] 中華書局有三十九個分局，[10] 現代書局有十六個分局。[11] 就連比較保守的掃葉山房也在長江中下游地區設了五家分店。[12] 至於小型出版商，他們可以將書籍託給大公司的分公司、或各當地的書店寄售。不停擴大分公司網絡的同時，上海書商也定期派遣業務員、寄送目錄，以擴大客戶群；一九一〇年代後期起，許多書商更為外地讀者提供郵購服務。這

表六之一　主要出版商之新出版書籍種數（一九二七年至一九三六年）

年份	商務印書館	中華書局	世界書局	三大出版商合計	全國總計
1927	842	159	323	1,323	無資料
1928	854	356	359	1,569	無資料
1929	1,040	541	483	2,064	無資料
1930	957	527	339	1,823	無資料
1931	787	440	354	1,581	無資料
1932	61	608	317	986	無資料
1933	1,430	262	571	2,263	無資料
1934	2,793 (45%)	482	511	3,786 (61%)	6,197
1935	4,293 (46%)	1,068	391	5,752 (62%)	9,223
1936	4,938 (52%)	1,548	232	6,717 (71%)	9,438

資料來源：王雲五，〈十年來的中國出版事業〉（一九三七），收錄於張靜廬編，《中國現代出版史料》第二卷，頁三三六～三三七。

些新服務挑戰了各地書業既有的地域界限，催生了由上海書商主導的跨地域（甚至是全國性）圖書市場。

離開棋盤街做生意，上海出版企業的分公司經理不得不想方設法融入當地環境。他們常常把分公司的店面開在傳統書店區，像是北平的琉璃廠、漢口的司門口和交通路，或是福州的南大街。來自上海的公司也喜歡把分公司開在彼此附近，營造加乘效果（synergy）。[13]上海書商在其他城市的傳統書店區開設分公司，這表示他們熟悉外地地方書業的文化地理。許多分公司經理也表示，比起建立新權威，他們更希望參與當地書商公會，加入既有網絡。舉例而言，商務印書館四川分館的經理認為，加入當地書商公會是善意的表現，表示他們積極投身地方事務。不過種種積極之舉，在當地人眼中意義往往截然不同。一位漢口書商回憶，雖然本地人（本幫）和上海人（洋幫、石幫）在公所會議上似乎相處融洽，但兩派人會在背地裡彼此較勁。有

---

8 Reed, *Gutenberg in Shanghai*, 207.

9 這個數字不包括福州路總部和上海的兩家分館。三十六家分館裡有兩家實際上位於中國境外，在香港和新加坡；北京分館和香港分館有自己的印刷廠。商務印書館編，《商務印書館志略》，頁一六～一七；莊俞，〈三十五年來之商務印書館〉，收錄於商務印書館編，《最近三十五年來之中國教育》，頁三五。

10 《中華書局圖書目錄重編第二號》。中華書局在香港和新加坡也有分局，有趣的是，他們在南京設了三個分局。

11 《現代書局出版書目》。

12 關於掃葉山房的歷史，參見楊麗瑩，《掃葉山房史研究》。

13 舒興文，〈交通路——文化一條街〉。〈書業貿易〉，收錄於曾兆祥、余鑫炎編，《湖北近代經濟貿易史料選輯第四輯》（武漢：發行湖北省志貿易志編輯室，一九八四），頁六三。

些漢口書商甚至週五固定在茶館聚會，集思廣益如何排擠妨礙上海人。[14]

儘管當地人不願意完全接納上海人，上海書商的分公司經理還是積極參與當地公會的政治活動，到一九三〇年代，他們往往在公會董事會擁有一席之地。一九三七年中日戰爭爆發，辦事處決定放棄北平辦公室，他們將財產託付給北平書業公會保管。負責正式清點辦事處財產的董事會成員當中，有一半是上海書商的分公司經理。[15] 一位北平書商甚至號稱，整個一九三〇年代，北平書業公會的日常運作泰半掌握在上海人手中。[16]

如果上海書商的分公司經理是各地書商公會的領導人，而上海書業公所的董事會又是由這些分公司經理的「老闆」組成，那麼上海書業公所便不再只是「地方」公會，而是掌控中國所有地方書商公會的**頭號**公會，這麼說似乎並不為過。不過即使身為頭號公會，上海書業公所的「版權」制度也不會因此自動延伸至其他地區。第五章提過，上海書商建立的「版權」制度是一種仰賴緊密社交關係的制度，基礎來自大家同樣渴望市場秩序，以及彼此共同相信自律和同儕壓力。上海書商擁有壓倒性的資本，控制圖書供應，也擁有廣泛的商業網絡，這些固然強化了他們的力量，但光憑這些無法保證上海書商可以將上海一地的「版權」制度輕鬆拓展至全國。

新書商面臨的危機

上海書業規模在一九一〇年代及一九二〇年代不斷擴大，同時中國的文化趨勢也大幅改變。「新書」一詞過去指的是相對於舊書和古籍的新刻本，或是十九、二十世紀之交的新學書籍，如今在新文化運動的重新定義下，「新書」指的是科學、民主、自由戀愛、社會主義等方面的書籍。[17]這個新趨勢讓上海的大出版商必須和北京的知識分子及大學教授更加密切合作，不只如此，新趨勢還在上海造就了新型態的書商。

新文化運動雖然發軔於北京大學，但利用「賽先生」和「德先生」大發利市的卻是上海書商。一九一八年至一九二〇年間，數百家小型期刊和出版社如雨後春筍般冒出。在青年學子們熱情地推動下，這些小型文化企業出版的著作呼應（甚至可說是模仿）北京大學知識分子領袖發表在《新青年》的文章，呼籲個人主義、理性思考和白話文學。他們快速改變了受過教育的讀者的喜好，影響了上海出版物的銷量，但是由於人力和資金不足，多數出版社在幾個月之內旋生旋滅。《新潮》是五四運動學生領袖創辦的月刊，其一九一九年的銷量堪比商務印書館的旗艦雜誌《東方雜誌》，但是隨著成員一一從大學畢業，《新潮》面臨重大經營危機。另一方面，雖然商務印書館和中華書局等上海印刷資本家，遭到五四知識分子批評太過市儈，但他們看見了新文化運動可能帶來的潛在利益。一九二〇年至一九二一年，他們將自己重新定位成五四思

14 劍琴，〈統一街的圖書市場〉。
15 上海市檔案館 S313-1-11-43，〈調查翻版委員會駐平辦事處文件書籍家具移交清冊〉，一九三七年十一月一日。
16 宗時，〈清代以來北京書業〉，頁六五。
17 〈發刊詞〉，《中國新書月報》第一卷第一期（一九三〇年十二月），頁一。古粹鋒、華狷公，〈先天不足後天失調的現代出版界〉，《中國新書月報》第一卷第六、七期（一九三一年五月），頁一～五。

想的提倡者，雇用如同茅盾般的五四相關年輕知識分子擔任編輯，委請知名北大教授開創新書系。大出版社就這樣一邊推廣新文化運動的思想，一邊將新投資計畫的大半利潤收進口袋。[18]

在後五四時期，棋盤街地區也迎來兩種新形態的書商，這兩種新書商不久就成為上海書業公所最活躍的會員，敦促公所將「版權」保護擴展到上海之外。第一種新書商，主要以銷售五四文化明星的著作為主要業務，比如亞東圖書館為。一九一七年《新青年》甫問世時，當時的亞東圖書館還是個小公司，由於出版社老闆汪孟鄒（一八七八—一九五三）和陳獨秀（一八七九—一九四二）交情甚篤，故而亞東圖書館一度成為五四時期兩大公共知識分子陳獨秀和胡適（一八九一—一九六二）的獨家出版商。北新書局是知名刊物《新潮》最後一位主編李小峰（一八九七—一九七一）的心血結晶，一九二六年，為了逃離北京對自由知識分子日益壓迫的環境，北新書局遷往上海，透過出版魯迅的作品而成功打響名號。第二種新書商則是通俗文學的推手；通俗文學飽受五四知識分子批評，但得到城市讀者歡迎；此類書商出版娛樂性十足的書籍，包括賺人熱淚的言情小說、偵探故事、歷史小說等等，滿足大眾市場的需求。[19] 舉例而言，三友書局靠著鴛鴦蝴蝶派大家張恨水（一八九五—一九六七）的暢銷言情小說大賺了一筆，廣益書局則在全國攻下傳統小說廉價刻本的市場。

這些新書商的商業模式特別容易受到盜版衝擊：與一九〇〇年代前後成立的全方位上海書商不同，他們多半沒有自己的印刷工人（或印刷部門），必須委託外部的印刷作坊幫忙印書。印刷作業外包表示其他人可以拿到他們書籍的書稿、紙型或書底，接受委託的印刷作坊能輕易地使用「正版」書底「盜印」他們的書籍。他們生意的主要收入來自暢銷書或明星作家著作的銷售，只要把幾種暢銷書賣好，就能在短時間內賺得可觀利潤，但如果他們的搖錢樹遭到盜版，則整個生意必遭重創。[20]

亞東圖書館因為書籍被盜版而陷入困境，他們的經歷貼切地說明了這個問題。如圖六之一所示，這家中等規模的出版社在新文化運動的高峰過後，仍能維持不錯的利潤率。但是由於其利潤大部分來自少數幾種暢銷書的銷售，而《胡適文存》、《獨秀文存》、《白話書信》等書的盜版猖獗，導致出版社出現虧損。汪孟鄒的侄子汪原放（一八九七—一九八〇）是亞東圖書館的經理，根

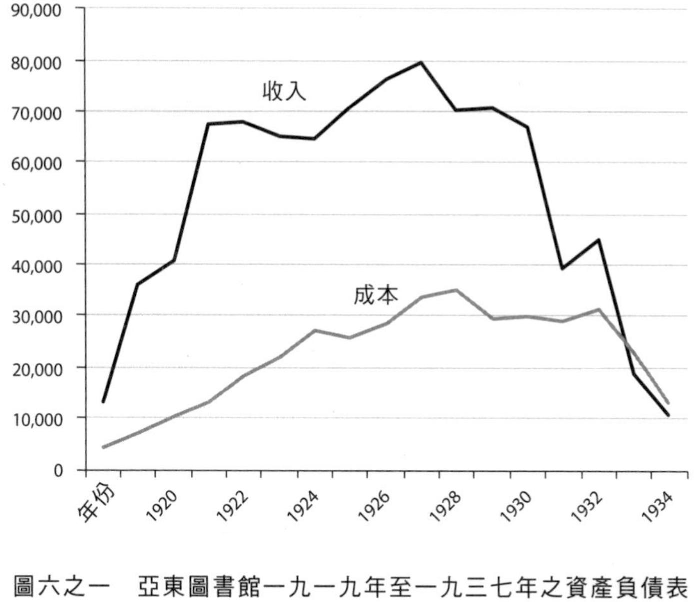

圖六之一　亞東圖書館一九一九年至一九三七年之資產負債表（收入以元計）

資料來源：《亞東圖書館與陳獨秀》（上海：學林出版社，二〇〇六）。

18 例如王飛仙，《期刊、出版與社會文化變遷》。也參見 Culp, *Articulating Citizenship: Civil Education and Student Politics in Southeastern China, 1912–1940.*

19 關於二十世紀初中國通俗小說的興起，參見 Link, *Mandarin Ducks and Butterflies.*

20 上海市檔案館 S313-1-8-137。

據他的估計，他們多年來出版的一百種書中，只有十到二十種書有「市場價值」。一九二〇年代後期，就連外包印刷商也在盜版他們的搖錢樹，致使年獲利一落千丈。到了一九三四年，曾經欣欣向榮的生意最後虧損赤字。

北平：成為盜版之都

戰後著名的日本漢學家及目錄學家長澤規矩也（一九〇二至一九八〇），一九三一年再次來到北平，這次重訪故地，他立刻注意到上海書籍的盜印本四處可見：[21]

> 橘色、灰色或紅色封面，今年市面上充斥著上海暢銷刊物的盜版書。……儘管盜版禁令三令五申，卻從未見過（命令）實際執行。[22]

長澤規矩也觀察到的現象，正是上海書商日益警覺的問題，新書商將盜版視為危害生意的罪魁禍首，尤為憂心。[23]北平的盜版猖獗，也是上海書業公所設置**駐平**辦事處的主因。

上海書商將生意擴展到全國之後，外地的盜版成為各家書商和上海書業公所皆日益擔心的問題。在早前的一九一〇年代、一九二〇年代，上海書商並未有系統地努力打擊外地盜版商，可能是當時內戰不斷，加上未感到問題的迫切性有關。一九一二年至一九一三年，商務印書館或許是為了測試新共和國的司法力量，曾對全國各地的三十二家書商提起大規模訴訟，然而結果並不理想，且大部分案件懸而未決。[24]從一九一〇年代到一九二〇年代，上海書業公所確實曾向各大軍閥勢力請願，請求軍閥承認及保護公所會員的「版權」。不過公所的請願書中充滿客套之辭，與其說是強勢要求地方軍閥認真執法，不如說更像公所的禮貌知會。[25]

然而到了一九三〇年代初期，情況有所改變。稍早在一九二八年，蔣介石的國民政府在名義上統一全國，雖然國民政府實際控制的範圍，可能只涵蓋幾個大城市中心和長江下游地區，但這仍然讓民眾燃起樂觀的希望，期待蔣的政府能將穩定的法律和秩序，落實全國。其次，如今上海出版商已將銷售網絡拓展到中國各大城市和地方的書業中心，打擊外地盜版對他們的全國生意布局日益重要。另一點，或許也是最重要的一點，盜版商的「商業模式」也隨著時間演進。一些上海出版商抱怨，盜版商變得比過去更「專業」、更有組織，上海的暢銷書遭到系統化的小量翻印，這些廉價翻印本隨著火車、郵寄以及巡迴各地的推銷員散播到小鎮。上海書業

21 長澤規矩也在一九二三年至一九三二年間七度造訪北平，每次都停留數月。他身為學者，同時也是代表三菱集團靜嘉堂文庫的採購人，很快成為中國圖書市場的外國「圈內人」，特別熟悉北平的善本書市場。

22 長澤規矩也，〈中華民國書林一瞥補正〉，頁三八。

23 例如參見上海市檔案館 S313-1-8-1 一九二八年至一九二九年關於建立新書書業公會的討論，或是上海市檔案館 S313-2-14, 1-2（一九三二年六月九日）北新書局和亞東圖書館一九三二年的抱怨。

24 《內務部通告政府公報》第五四三期（一九一三年十一月七日）。

25 上海市檔案館 S313-1-139-2。

公所過去面對的盜版商，多是躲在上海暗巷的投機分子，而現在的對手卻是擁有完整生產銷售網絡的盜版企業。

中國第二大書業中心北平，被上海書業公所點名為「新」盜版的「魔窟」。[26] 上海書商早在一九三一年就開始抨擊北平蓬勃發展的盜版生意，他們對北平書市的負面評價屢屢見於全國平面媒體。[27] 多家上海出版商的北平分公司的經理也向市政府請願，要求政府從嚴禁止盜版。[28] 但是享譽天下的文化古都北平，為什麼在一夕之間淪為惡名昭彰的盜版之都？

答案就在北平書業賴以為生的獨特社會文化環境裡。在一九二八年失去首都地位，並更名為北平之前，北京這座城市是幾世紀以來中國的政治中心。明清時期，這座帝都匯聚了帝國最有才氣的士大夫，地位享譽漢字文化圈。除了有京城官僚、朝廷貴族，三年一次上京赴試的殿試考生，還有朝鮮、日本、越南的使節，他們既是讀書的人，也是委託印書的人，塑造了北京圖書市場的基本面貌，即使經過辛亥革命，書市的樣貌也幾乎毫無變化。不分中外的讀書人照舊到琉璃廠和隆福寺尋寶、找善本書；而以印製廉價歌本、繡像小說和日用類書為生的書商，依然在前門地區蓬勃發展。前來北京接受高等教育、尋求職涯發展的學子，填補了原本科舉考生的位子，將他們的積蓄貢獻給書店，購入城裡時下最受歡迎的新書。圖書市場依然對當權者的喜好極為敏銳，例如袁世凱之子袁克文（一八九〇—一九三一）是狂熱的善本藏家，他造成了一九一四年至一九一五年間的宋版書價格飆漲。徐世昌（一八五五—一九三九）一九一八年至一九二二年間擔任北洋政府總統，他當時決定編纂清末詩集，清代詩人的作品價格立刻水漲船高。

一九二八年，國民政府正式將南京定為共和國首都，北京如今更名北平，在失去政治威望的同時，經濟也受到沉重打擊。根據《北平晨報》一九三二年的調查，過去該市印刷業的生意依賴中央政府局處和達官貴人的大量委託，而如今「一落千丈」。調查指出，由於城市預算縮減、委託案量下降，全市曾有的七百多家印刷廠，只剩寥寥幾家能維持正常營運，許多印刷廠又為了節省成本，開始雇用缺乏技術的童工當印刷工人。[29] 北平印刷業衰退以及印刷出版勞動力未充分就業，被認為是城裡盜版突然興起的主因。[30] 北平市政府談到城市的工商業概況時，甚至半公開的承認，印製盜版書或非法刊物已成為城裡無數印刷廠的主要生意。許多苦苦掙扎的書商為求生存也變身為盜版商，「新書生意」因此受到沉重傷害。[31]

---

26 〈舊都出版界之魔窟〉，《中國新書月報》第一卷第十、十一期，頁三一。也參見狷公，〈看他橫行到幾時的「翻版書」〉，《中國新書月報》第一卷第八期（一九三一年八月）。

27 例如一九二九年春，上海書業公所公開表態反對北平盜版商，他們（在北平的幾家主要報紙上）刊登懸賞廣告，只要有人提供盜版商的情報就給予賞金報酬。參見上海市檔案館 S313-1-8-23, 31，一九二九年三月二十九日。《中國新書月報》等雜誌和《華北日報》、《晨報》、《申報》、《國民日報》等報刊一直幫忙上海書業公所報導北平盜版的新聞，後來也報導辦事處對盜版商發動的搜索。

28 關於一九三一年的請願，參見〈北平出版界開始向翻版書下攻擊令〉，《中國新書月報》第一卷第十、十一期（一九三一年十一月）。

29 〈文化中心的印刷業〉，《北平晨報》，一九三二年四月二十五日，頁六。

30 〈看他橫行到幾時的「翻版書」〉，《中國新書月報》第一卷第八期、第一卷第六期。

31 王國華，〈三十年代初北平之出版業〉，頁六九~七一。

當時在北平當盜版商是很誘人的生意，因印刷成本相當低廉，又有機會賺得可觀回報。例如就一本兩百頁的書來說，印製兩千冊的淨成本如表六之二所示。「正版書」的每冊成本在○．二五元左右，不過其零售價通常定在○．五至○．六元之間，這是為確保出版商能獲得百分之十至二十的收益。如果書是本地書店從上海訂購而來，加上運費和處理費，最後的成本會比○．二五元更高。[32]相較之下，在當地印製的盜版書售價不會超過○．三元，[33]而盜版商還可以從這樣的低成本中榨出將近百分之五十的利潤率。

上海新書供需失衡是促成北平盜版崛起的另一個關鍵原因。北平

表六之二　印製正版書和盜版書的成本（以元計）

成本項目	正版書	凸版印刷盜版書	石版印刷盜版書
版稅	250	0	0
排版、製版	70	70	40
印刷	26	24	26
紙廠成本	13	13	0
紙張	74	72	72
裝訂	14	13	13
校對	10	10	0
廣告及其他	40	0	0
總成本	497	212	151
每冊成本	0.25	0.10	0.07

資料來源：狷公，〈看他橫行到幾時的「翻版書」〉，《中國新書月報》第一卷第八期、第一卷第六期。

失去主要的政治軍事功能後，高等教育成為當地一九三〇年代還能維持生計的主要「生意」。中國的大學和高等學院有一半位於北平，國內的兩大研究機構北平研究院和中央研究院也在這座城市，同時這裡還有四百多所各級學校，大大小小的文教機構為北平帶來了十萬多名學生、旁聽生，也帶來一年兩千萬元的收入。為滿足學生需求，出租公寓、廉價小飯館、書店，以及各式服務業隨之蓬勃發展，但其他生意則蕭條不振，漸漸倒閉。[34] 如果學生喜歡的「新書」是在北平本地生產，當然會對當地經濟大有貢獻，但是新書的生產地不在北平，新書絕大多數都在上海出版，再送往中國各地的分公司和零售商。雖然北平顧客對新書需求旺盛，但城內最新刊物的供應受限於以上海為中心的銷售網絡，而暢銷書總是一到北平便轉眼售罄。新書在北平嚴重供不應求的問題，為陷入困境的印刷商創造出絕佳機會，他們轉而投入盜版，分得市場的一杯羹。[35]

32 王國華，〈三十年代初北平之出版業〉，
33 筆者根據辦事處的帳簿和盜版商製作的目錄估算出這個價格，而盜版書的售價通常在一毛錢到四毛錢之間。
34 楊東平，《城市季風》，頁八〇。
35 〈看他橫行到幾時的「翻版書」〉，《中國新書月報》第一卷第八期、第一卷第六期。

經營盜版搜查隊

在上海出版商眼中，盜版商在北平搶占的那一杯羹或許大到不能坐視。一九三一年八月，五家上海主要出版商的北平分公司經理聯合向北平市政府請願，要求政府取締當地盜版。他們的請願書說明了北平盜版商的運作模式，也指出城裡幾個市場是未授權翻印本的「熱點」，憤怒的請願者要求政府對印刷業嚴加管理，同時暗示如果政府置之不理，他們將自行處理盜版問題。[36]北平公安局循著請願書提供的線索，迅速搜查了東安市場，立刻大有斬獲。他們在一家書商的倉庫裡查獲了暢銷言情小說《啼笑姻緣》十冊、英文書《性樂》（*Pleasure of Sex*）一千零七十九冊、張競生那被認為妨害風化的《性史》一千三百二十二冊、[37]《性談》一百六十六冊，[38]全部都是盜版書。

這次的成功搜查，為官民聯合打擊盜版帶來希望，但上海出版商很快發現公安局無意與他們長期合作。雖然這次行動戰果豐碩，可是僅靠一次搜查，無法阻止盜版商上街向學生兜售廉價翻印本，如果這場對抗北平盜版的戰爭是長期抗戰，上海出版商就必須在北平布署人力，隨時保護他們的利益。為了達成目標，上海書業公所決定在北平書業的中心琉璃廠設立查究偽版委員會的辦事處，在一九三一年至一九三七年間，以萬源夾道十六號的一間平房為據點，上海書業公所雇用的一小隊偵探展開非比尋常的行動，在這個「盜版之都」執行公所的版權正義。

多種名義

除了在上海書業公所檔案裡的紀錄外，駐平辦事處似乎是個默默無聞的奇妙組織，而應該是辦事處上級單位的查究偽版委員會，即便在公所的檔案裡，也鮮少留下任何痕跡。更讓人困惑的還有另一件事：在政府紀錄和北平報紙上還可看到另兩個類似的全國性組織——中國著作人出版人協會、中國出版人著作權保護協會，據稱都是由來自上海的文化人物和出版商創立，宗旨是保護他們在北平的版權，兩個組織和駐平辦事處活躍的時間大致重疊。這三個組織在名義上似乎分屬不同，只是恰好同以「反盜版」為目標，但有趣的是，三者的地址都是萬源夾道十六號。上海書業公所的檔案顯示，這三個組織不只共用同一個地址，連員工和帳簿也相通。[39] 換言之，這是以三種不同名義運作的同一個組織。

上海書商將公所的版權保護擴大到全國範圍時，他們試圖在上海之外的地方，為自己的反盜版行動爭取國家的認可和合法地位，辦事處的三個名字，可以看成是上海書商展開各種行動的結果。一九三二年九月，以上海出版商為主的四十餘家行號，聯合以五四知識分子為主的作

36 〈北平出版界開始向翻版書下攻擊令〉，《中國新書月報》第一卷第十、十一期，頁二七～二八。

37 《性史》是中國第一本從精神分析角度探討性與社會的著作，一九二六年出版後旋即遭禁。作者張競生是留法哲學家，他也因為這本書被北京大學開除。

38 〈舊都出版界之魔窟〉，《中國新書月報》第一卷第十、十一期，頁三一。

39 例如李明山等學者將三者視為不同組織。

者（如胡適、魯迅等人），向國民黨北平支部請願，請求准予成立「中國著作人出版人協會」。[40]他們組成全國層級（而非城市層級）的作者和出版商聯盟，希望新組織可以更適切地反映現實的變遷，如新興的全國圖書市場。請願人還有其他願景：由於新組織同時接受出版商、作者的加入，他們將脫離上海書業公所以書商為中心的保護模式，走向另一種模式，以更妥善地配合作者中心的著作權法。不過現實是，會定期繳納會費的作者僅郁達夫（一八九六—一九四五）一人而已，其他會員都是出版商。[41]一九三三年六月，國民黨北平支部拒絕了中國著作人出版人協會的申請，裁決理由是一門專業（寫作）和一種行業（書業）缺乏共組聯合民間組織的「法源依據」。國民黨北平支部的拒絕信進一步指出，如果成立協會的主要目的是打擊盜版，那麼有上海書業公所應該足矣。[42]一九三四年四月，同一群出版商再度嘗試成立協會，他們向國民黨上海支部及地方主管機關請願，請求准予成立「中國出版人著作權保護協會」。作者雖然是法律規範下實際的著作權所有者，但或許是鑑於前次請願不果，這次的規畫取消了作者的參與。請願人這次只強調盜版已成為「全國性」問題，因此出版商需要組成「全國性」組織。[43]國民黨上海支部拒絕了出版商的申請，理由和北平的同事如出一轍，他們說出版業已經有上海書業公所了，不需要再成立重複的組織。[44]

駐平辦事處直到一九三五年，才終於在國民政府正式註冊成功，而中國著作人出版人協會和中國出版人著作權保護協會，則始終沒有獲得正式批准。儘管如此，辦事處的偵探在和盜版商、警方和地方主管機關打交道時，會視他們處理的案件和代表的受害者來交替使用這三種名稱。有趣的是，終其一九三〇年代，從來沒有人質疑過他們為什麼常常改變隸屬的機構，也沒有人質疑過他們是否真的有權利在北平等地對盜版商進行搜查和懲處。大家似乎都認為辦事處的反盜版行動是合法之舉，就像坐落於琉璃廠不起眼角落的辦公室，辦事處本身也在法律的灰色地帶運作，視不同場合使用不同名稱，一如他們決心抓住的盜版商。

偵探

走進萬源夾道十六號的辦公室，駐平辦事處是一個人力精簡的反盜版單位，組成人員包括幾名「調查」、兩名辦公室職員、一名門房、一名人力車夫。他們先後在史佐才（一八九三—一九五七？）和楊述疑的帶領下，在一九三〇年代發起數十次搜查和攻擊行動，打擊北平及周邊華北城市的盜版。[45]

辦事處的第一任處長史佐才是個神祕人物，他同時隸屬多個機構，就跟萬源夾道十六號的辦公室一樣。他最初出現在上海書業公所檔案和北平報紙時，身分是北新書局的北平支局經

40 上海市檔案館 S313-1-10。

41 上海市檔案館 S313-2-25、S313-1-1-10, 22。

42 上海市檔案館 S313-1-1-10，一九三三年六月十三日。

43 上海市檔案館 S313-1-1-10 15–18，一九三四年四月。S313-1-1-10 20，一九三四年六月二十日。

44 上海市檔案館 S313-1-1-10, 38–42 (7)。也參見上海出版商關於著作權法的請求：上海市檔案館 S313-1-1-11、S313-1-8-49，一九三五年九月十四日；以及 S313-1-8-129，一九三七年六月十日。

45 他們在上海的上司似乎是北新書局的李志雲、現代書局的洪雪帆、開明書店的章錫琛。

理，但他有時也自稱現代書局的支局經理。除了領上海書業公所的一份薪水，他似乎也出現在現代書局的薪資名冊上。對付北平盜版商時，他主要以辦事處處長的身分行動，但偶爾也以中國著作人出版人協會的代表自居。從一些紀錄可以看到，杭州出身的史佐才和李小峰的大哥、北新書局的共同老闆李志雲是朋友，因此他曾在上海的北新書局當過會計。[46]不過根據亞東圖書館經理汪原放的說法，史佐才自一九二〇年代末以來，一直受雇於北新書局和亞東圖書館，專門為其打擊上海的盜版。當時他顯然已經是小有名氣的盜版查緝者，據說只要他一進城，當地的盜版商便望風而逃，以免被抓住。[47]他在開始為上海書業公所工作之前，似乎做過警務工作，後來一度考慮離開辦事處，去某地當憲兵隊隊長。他也熟識北平公安局局長和在華北地區活動的高階憲兵軍官，如黎天才等人。[48]

雖然這些偵探留下的檔案痕跡很少，而且有限的資訊還往往自相矛盾，不過根據筆者設法收集到的資料，其他偵探的背景似乎和史佐才相仿，大部分是浙江出身的年輕人，擁有軍隊、警務的相關經驗。他們不是書商，而是專精於偵查、調查的人才，也和法律及執法的社會網絡有關連。舉例而言，辦事處有一名蔣姓抄寫員是軍校畢業生，加入辦事處之前在鹽業單位和緝私隊擔任過警察。[49]他們可以快速從公部門轉到私部門工作，反之亦然；例如一位原姓偵探一九三七年和史佐才一起在上海追捕盜版商，後來在中日戰爭期間成為汪精衛上海政府的特務。[50]偵探的待遇和警察的薪水相比，可說是十分優渥，北平警員的月薪平均落在十元到三十元之間，辦事處人員的「底薪」則是每月二十元到一百元，[51]他們抓到的盜版商繳付賠償金之後，偵探還會獲得百分之二十到三十的金額當作「獎金」，這種獎金有時候可能跟底薪一樣多，甚至比底薪還多。[52]

偵查

雖然辦事處人員的日常工作包括定期巡視北平各大市場、尋找上海刊物的盜印本，然而因人手有限，史佐才和團隊就需要幫手當他們在北平街頭的耳目，協助留意城裡可疑的書籍和小販。除了上海出版商北平分公司的職員和雇員之外，他們也常常雇用線人提供情報，只要接獲線報指出有某本盜版書在某地或某人那裡出現或出售，辦事處就會派員工或線人前往確認消息是否屬實。按照之前在上海制訂的標準程序，他們會設法取得有盜版嫌疑的書籍一冊，情況允

46 熊融，〈魯迅日記涉及人物生卒年份、籍貫與生平注釋補正〉，頁四六。

47 汪原放，《回憶亞東圖書館》。

48 上海市檔案館 S313-2-14, 17，〈致洪雪帆〉，一九三三年三月二十七日；53–54，〈致施良謨〉，一九三四年五月八日。黎天才是五四青年、共產黨，後來成為憲兵，是受到張作霖、張學良信任的左右手，史佐才和黎天才的交情似乎不只是普通朋友。例如西安事變發生時，史佐才人在西安，而黎天才暗中出力促成事變。參見《胡適日記》第七冊，頁三六七。

49 上海市檔案館 S313-1-109，〈蔣公伯〉，一九三三年八月十日。

50 上海市檔案館 S313-1-8-129。

51 關於北平警察薪水的討論，參見〈改善警察待遇每月增飯費一元〉，《華北日報》，一九三三年十一月五日，頁六。老舍的小說《我這一輩子》，刻畫了一九三〇年代北平警察的惡劣生活條件、低落社會地位，及日常生活困境。

52 根據一九三五年的章程，上海書業公所可以收下百分之二十的賠償金，辦事處可以拿百分之三十，剩下的百分之五十歸受害者所有。參見上海市檔案館 S313-1-11-6。

許的話，也一併蒐集寫有賣家姓名和書籍賣價的收據，後者是讓案件成立的最有力證據。購買盜版書的過程中，上海公司的偵探、線人或職員有時會設下圈套，例如偽裝成遠道而來的批發商，說服盜版商帶他們到印刷作坊或倉庫，好讓他們可以摸清盜版生意的底細。

一旦辦事處掌握了確鑿證據，史佐才或楊述疑就會去找當地警方，自稱是受害者的代表或員工，請求警方協助進行搜索。辦事處只是私人警務機構，理論上沒有權力搜索或查抄可疑場所。第五章提過，雖然上海書商似乎不認為在缺乏適當授權下進入他人的作坊和倉庫會構成任何問題，但棋盤街的這種做法很容易被外人視為非法入侵。不過若有警察隨行，辦事處的搜查就會顯得合法，執法部門「正式逮捕」盜版嫌犯後，史佐才和楊述疑會代表受害者向盜版商提起訴訟，或是提議和解。我們會在本章後半看到，提起訴訟往往不是因為辦事處恨不得把盜版商關進監獄，訴訟只是一種策略，為迫使盜版商在庭外支付更高的賠償金。[53]

依照辦事處的劇本，理想案件大概是像一九三三年搜索雙義書局的行動。偵探在雙義書局找到大量盜印本，之後書局老闆迅速和辦事處達成協議，案件不到一個月就從警方那裡撤回。雙義書局同意支付一千元賠償金與辦事處和解，這金額是著作權法規定的最高罰款額的兩倍。雖然最後雙義書局只付得出七百元，辦事處還是拿到了說好的兩百元謝禮，而從史佐才到人力車夫的全體員工，都收到相當於半個月薪水的豐厚獎金。[54]

獎金並非總是輕鬆手到拿來。一般常見的情況下，辦事處追捕盜版商的行動需支出高昂花費，不僅麻煩累人，風險還很高。為了追捕外地盜版商，辦事處人員必須四處奔波；史佐才就經常往返於上海和北平之間，向上海書商取得必要文件，同時和上海書業公所的領導人當面討論重要問題。辦事處成立不久，其財務健全度就因節節高升的偵查費和差旅費而備受威脅，辦事處只好縮編人力、降低薪資、把一半的辦公室分租出去，甚至還想用「支應調查費」或「特別會員費」等名目，向盜版受害者索取費用。為了贏得和盜版商的對抗，辦事處人員遊走在合法與非法的邊界地帶，他們謊報身分，闖入他人產業，向他人勒索錢財，必要時還賄賂官員。另一方面，如果盜版商拒絕庭外和解，這起訴訟很可能會成為辦事處曠日廢時的負擔，處理起來相當麻煩又毫無回報。要將盜版商在法庭上定罪，往往必須花上數月甚至數年的時間，可是盜版商受到的懲罰卻十分輕微（最高罰款五百元或入獄服刑兩個月）。如果法官認為侵權情節輕微，未到需要懲罰的地步，那麼有些盜版商即使獲判有罪，也不會受罰。[55] 又或者，盜版商同意支付賠償金，但辦事處想要按時拿到全額賠償金也經常一波三折，許多盜版商談妥和解之後，不久就開始拖欠款項，或乾脆躲到鄉下。棘手的案件可能會糾纏數年，讓偵探的一切努力付諸流水。辦事處在一九三七年九月停止運作之時，仍有許多案件懸而未決。

下文將焦點移至辦事處費時多年、勞心勞力處理的三起案件。辦事處和盜版商之間的戰爭錯綜複雜，時而不擇手段，藉由追溯辦事處在其中面臨的種種挑戰，筆者想指出，其一再遭遇挫折的原因，主要是因為兩種版權（著作權）制度之間的落差和拉扯：一方面是在上海書業公

53 這套流程後來正式寫進一九三五年的章程。參見上海市檔案館 S313-1-11-6。
54 上海市檔案館 S313-2-9。
55 上海市檔案館 S313-2-14, 20–21。

所主導，由市場集體道德賦予力量的民間版權制度，另一方面是由疲弱不振的國家法律和註冊制所支持，正式的著作權制度。為了達成任務，辦事處學會和國家法律討價還價，最後更懂得操縱法律，為公所謀利益。

東安市場書攤和他們的終極武器

市場是辦事處打擊盜版商時鎖定的首要目標，綜觀筆者在上海書業公所檔案紀錄裡找到的辦事處案件，有三分之一的案件源頭都位於市場或市場周邊；而放眼全北平的市場，東安市場是他們「最愛」搜查的地方。位於內城王府井大街北端的東安市場，不只是北平二十世紀初最熱鬧的購物娛樂勝地，也是城裡第二大的書籍集散地。[56]這片高牆圍起的三十畝地（約兩百公畝）過去是八旗的駐紮地，一九〇三年改成露天市場，轉眼間裡面蓋起了有狹窄店面（寬不到五十公分！）和簡單閣樓的房子。從狹窄巷弄，到劇院走廊，處處都擠滿了叫賣小販和臨時攤位，任何可利用的空間都一再被壓榨分割，以塞進更多攤販。一九三〇年代初，東安市場擠滿了三百間店面、六百五十多個攤位，還有數不清的叫賣小販。[57]市場裡大約有六十家書店，書攤和小販更是遠超此數，他們大部分專門販賣新書、低價折扣書、二手教科書和二手外文書，這裡是北平學校師生淘買便宜書的尋寶地，不少知名的民國知識分子也是東安市場的常客。[58]

東安市場公開的祕密是，這裡不只買得到便宜的舊書，還可以透過「袖來袖去」的交易，買到未經授權的講義、上海刊物的盜版，還有被禁的「進步」書籍。[59] 錢穆（一八九五—一九九〇）的回憶錄生動描述了東安市場檯面下的生意：一九三〇年，錢穆開始在北京大學任教，他決定開設梁啟超一九二九年去世以前，在清華大學的招牌課程——「近三百年學術史」。在為這門知名課程備課時，他思考自己該如何教學，這位前地方教員決定研究梁啟超是怎麼上這門課的。為了取得梁啟超未出版的講義，錢穆遵照朋友的建議，到東安市場「某一街道中」的書攤走一趟。朋友告訴他：「有一書估坐一櫃上，櫃前一小桌，可逕授與八毛錢，彼即在其所坐櫃中取出一紙包授汝，可勿問，亦勿展示。」包裹裡正是梁啟超未授權的課堂講義翻印本。[60]

辦事處人員同樣對這些書攤、小販檯面下的生意一清二楚。一九三一年秋，他們在市場附近的一間倉庫發現幾千冊盜版書；[61] 一九三二年五月，他們又在離東安市場步行只要一分鐘的梅竹胡同裡，另一間倉庫中查獲兩百多種盜版書。倉庫主人趙動臣躲避追捕，帶著以盜版賺來

56 劉，〈北京市書業公會始末〉，收錄於《書店工作史料》第四卷，頁六八～六九。
57 董善元，《闤闠紀勝：東風市場八十年》（北京：工人出版社，一九八五）。季樹華編，〈東安市場舊聞漫拾〉。
58 略舉一二，例如胡適、傅斯年、劉半農、周作人、朱自清、沈兼士等人。
59 《闤闠紀勝》，頁一六三～一六四。
60 錢穆，《八十憶雙親師友雜憶合刊》，頁一四一。
61 〈舊都出版界之魔窟〉，《中國新書月報》第一卷第十、十一期，頁三一。

的鉅款，逃離東安市場。[62] 不過辦事處在東安市場的查抄行動，多半不會引領他們查出盜版商的祕密倉庫，往往只抓到零售小書攤，就像錢穆買梁啟超講義的地方一樣。這類書攤和小販通常只攜帶少量盜版書，辦事處若對他們提起訴訟並不實際，因為法院可能會認為侵權規模過小不值嚴懲。

舉例而言，一九三三年二月二十五日下午，偵探楊逑疑、向丕禎在警方陪同下前往東安市場展開查抄行動。從他們得到的情報看來，確實大有可為，但最後只成功抓到持有小量盜版書的四家書攤（見表六之三）。

由於查獲的盜版書總數稀少，辦事處決定向四家書攤老闆提議和解，打算儘快將這個小案件結案。辦事處表示，只要書攤老闆在警局坦承犯行、承諾悔改、同意支付賠償金，他們將查獲的盜版書銷毀之後就會撤回案件。出乎意料的是，書攤主人竟然拒絕和解。史佐才向上海報告：對方「有恃無恐，毫無悔過之意，故（我們）不得不依法追究。」[63]

辦事處在北平地方法院對四名「盜版商」正式提起訴訟，但他們很快發現自己困在兩種迥然不同的「版權」制度之間。身為上海書業公所的雇員，他們的職責是保護公所及上海書商基於慣習所認可的版權。上海書業公所會員宣告對書籍擁有「版權」的方式是提出實證，例如與作者的合約或書稿等皆可當作證據，而報紙廣告或書籍目錄等公開聲明一樣有效。但是到了國民政府的法庭上，上海書業公所這種「公認版權」，並被不被認為具有法律效力。根據一九二八年的《國民政府著作權法》，只有向內政部正式註冊者才能取得書籍的著作權，註冊過程包括內容審查，因此內政部可以利用著作權註冊來審查書籍。針對正式註冊的書籍，內政部會向

表六之三　一九三三年二月二十五日在東安市場查獲的盜版書

（冊數）

張星元書攤	《啼笑姻緣》*	1
	《冰心全集》	1
	《白話書信》	1
	《北極國王的情婦》 正版書的書名是《北極圈裡的王國》*	1
	《鐵流》	2
	《戰爭與和平》*	1
	《墨索里尼自傳》	1
	《煤油》	1
	《水平線下》*	1
蘇廷璞的書攤	《我的大學》*	3
	《文藝論集》	1
杜有善書攤	《胡適文存》*	4
	《國民政府外交史》	1
	《墨索里尼自傳》	1
張九齡的書攤	《白話書信》	1
	《戰爭與和平》*	2

資料來源：上海市檔案館 S313-2-14。

62 上海市檔案館 S313-2-14, 1-6，一九三二年六月九日；上海市檔案館 S313-2-14, 7，一九三二年六月二十七日。

63 上海市檔案館 S313-2-14, 12，一九三三年三月十日；8-9，一九三三年三月十三日。

出版商或作者頒發載有序號的證書，這份證書是法院唯一認可的合法憑證。因此即使上海書業公所承認某本書籍的「版權」，如果沒有依規定向政府註冊，該書籍在法庭上等同無主財產。而據著作權法規定，若未經授權而印製未註冊書籍，不視為侵犯著作權，因為本來就沒有「著作權」。

三月九日，法院對四家書攤主人的案子進行第一次審理，法庭上的狀況恰恰如上所述。史佐才在寫給洪雪帆的信中表達自己的擔憂：這次的法官「對於（著作權）註冊證及委託書特別注意。」本案查獲的十三種盜版書裡，史佐才懷疑只有《啼笑姻緣》、《胡適文存》和《我的大學》曾經正式註冊。他們疏忽的這點，可能會大大地削弱指控四名盜版商的力道，尤其是針對張九齡的指控。他們在張九齡的攤位只找到兩種盜版書，但這兩種書曾經正式向政府註冊的可能性渺茫，史佐才預估，張九齡很可能擺脫罪名全身而退，辦事處針對全體四名盜版商的訴訟將更不樂觀。[64]

史佐才催促這十三種書的出版商，盡快將委託書和手上所有的著作權註冊證全部寄來辦事處，同時也準備了一個備案：第一次開庭後，他將追加指控四家書攤老闆侵害商標權、妨礙商業，以防盜版指控不成立。[65] 辦事處認為商標案勝訴機會較大，他們常用的策略是聲稱公司名稱和書名也是出版商「商標」的一部分，控告涉嫌盜版者印製的未授權翻印本，也侵害了他們的「商標」。在他們無法提出法院要求的著作權註冊證時，會採取這種做法來彌補缺失。[66]

這十三種書裡，辦事處最後成功收集到其中五種的著作權證書（表六之三中以星號表示），讓案件能夠繼續下去。三月二十四日，北平地方法院的檢察官正式起訴四家書攤老闆，罪名是侵犯五種書的著作權，但駁回了辦事處追加指控的侵害商標權和妨礙商業。[67] 在判決確定後，史佐才立刻在辦事處辦公室舉辦一場「盜版展覽」，將目前為止查獲的所有盜版書和「正版」書並列展示，[68] 或許是為讓他們的反盜版行動引起更多大眾關注，也讓大家注意到城裡嚴重的盜版問題。這次展覽的宣傳效果可能是這起案件唯一讓辦事處滿意的報酬。我們不清楚四名盜版商最終的判決結果，根據上海書業公所的紀錄，這起案件最後一次回報進度時指出，辦事處於一九三三年九月設法從盜版商那裡拿到八十元賠償金，整個單位也只拿到二十四元獎金，[69] 相較於他們投入幾個月的心力，監視市場、準備文件、上法庭，這點微薄的獎金，實在算不上公平的回報。

事實上如果細算這類案件的成本報酬，其中的諷刺之處可能會讓人發笑。如果辦事處決定對簿公堂，盜版商反而佔優勢，因為法院只承認向內政部註冊的「著作權」，不承認上海書業公所的版權。不只如此，假如辦事處的目標是打擊盜版，為受害的上海書商討回盜版造成的經

64 上海市檔案館 S313-2-14, 8–9, 11–12。

65 上海市檔案館 S313-1-109，〈致各會員〉，一九三三年三月十三日；S313-1-109，〈覆史佐才君：戰爭與和平註冊證〉，一九三三年三月十四日；S313-1-109，〈覆史佐才君：北極圈的王國註冊證〉，一九三三年三月十八日。

66 例如上海市檔案館 S313-1-109，〈致各會員〉，一九三二年二月十四日；〈覆史佐才先生〉，一九三二年二月十八日。這也是外國出版商對付中國出版商盜版時常用的法律策略。

67 上海市檔案館 S313-2-14, 15–17。

68 上海市檔案館 S313-2-14, 16–17

69 上海市檔案館 S313-2-9。

濟損失，那麼提起訴訟或許不是最理想的處理方式，畢竟大部分書商皆未向內政部註冊其出版品。事實上，一九三〇年代，中國絕大多數的刊物都未向政府註冊。比較三大出版商每年出版的書籍，以及內政部註冊在案的書籍（見表六之四），我們可以肯定向中央政府註冊的書籍只佔一小部分。雖然註冊書籍的數量，確實逐年增加，但同時很明顯的是，就連為了取得教科書審定資格，通常選擇和國民政府合作的上海三大書商，其大部分出版品也沒向政府註冊，中國其他的出版商更不遑多讓。

上海書商遲遲不向政府註冊著作權，又或對註冊著作權不感興趣，這點成為辦事處和盜版商打官

表六之四　三大出版商出版的新書及內政部註冊在案的書籍

年份	商務印書館	中華書局	世界書局	三大出版商合計	全國合計	註冊書籍總數
1927	842	159	323	1,323	—	0
1928	854	356	359	1,569	—	79
1929	1,040	541	483	2,064	—	414
1930	957	527	339	1,823	—	103
1931	787	440	354	1,581	—	638
1932	61	608	317	986	—	668
1933	1,430	262	571	2,263	—	943
1934	2,793 (45%)	482	511	3,786 (61%)	6,197	1,322
1935	4,293 (46%)	1,068	391	5,752 (62%)	9,223	1,196
1936	4,938 (52%)	1,548	231	6,717 (71%)	9,438	無資料

資料來源：王雲五，〈十年來的中國出版事業〉；秦孝儀編，〈抗戰前國家建設史料：內政方面〉，《革命文獻》第七十一期，頁二六〇～二六一。

司時的致命傷。上海書商的大部分書籍在法律上都不享有著作權保護，因此在某種意義上，著作權法成為盜版商對抗史佐才及其同僚的終極武器。儘管史佐才另尋替代策略，控告盜版商侵犯商標權，但盜版商也快速擬出對策，稍微改動書名或出版商名稱。有些盜版商甚至進一步利用著作權法佔得優勢，他們在正牌的出版商註冊之前，搶先註冊自己盜版的書籍，如此一來盜版商就成了「合法」的著作權所有者，正牌的出版商反而成為「非法」之徒。[70]

經此一案，辦事處對這類盜版零售商的態度逐漸轉變。舉例而言，一九三三年五月下旬，辦事處再次接獲情報，得知東安市場有小販在販賣盜版書，但這次史佐才決定什麼也不做。此次發現的盜版書大部分都不是上海書業公所會員的書籍，因此他僅將線人收集到的證據，透過公所轉交給各個受害者。有趣的是，向上海書業公所領導階層報告此事時，史佐才表示，如果受害者因為這次事件決定在此時加入公所，他強烈建議公所領導人拒絕受害者的申請。他暗示，對辦事處來說，為這種投機取巧的新會員追捕小盜版商，實在太勞心勞力。[71] 後來楊述疑在勸業市場發現小量盜版書，他採取簡單而直接的手段，嚴格來說是毀損他人財產的犯罪行為：楊述疑沒收盜版書，直接將之撕成碎片，他把撕下的盜版書封面（圖六之二），以及攤位主人承諾絕不再賣盜版書的書面證明都留存下來，成為辦事處備查的紀錄，[72] 整個過程不必牽

70 上海市檔案館 S313-2-14，〈情報〉，一九三三年三月十二日；15–16，〈致洪雪帆〉，一九三三年三月二十七日。
71 上海市檔案館 S313-2-14，一九三三年五月二十六日。
72 上海市檔案館 S313-2-14，129–137，一九三七年五月十四日。

扯法院，也不需要著作權證書，案件透過暴力有效「解決」。

盜版商的名譽、偵探的名譽

盜版書可在市場上無足輕重的小攤販那裡找到，也能在琉璃廠的老字號書店裡找到。一九三三年夏，史佐才碰上了他在盜版商查緝生涯的宿敵——北平武學書館的老闆程煥卿。北平武學書館盤踞琉璃廠南方的黃金轉角地帶，距離萬源夾道不過幾分鐘路程，是北平城內知名的武學軍事書籍出版商兼零售商。書館老闆程煥卿曾經擔任北平中央印刷局經理，在琉璃廠是有頭有臉的人物，也是北平印刷業同業公會的執行委員。[73]

一九三三年七月一日，辦事處在警方陪同下前往搜查北平武學書館，他們在店鋪後方查獲成捆的盜版書，逮捕了一個名叫耿澤民的店員。現場查獲

圖六之二　一九三七年辦事處在勸業市場沒收的《啼笑姻緣》盜版書封面。

資料來源：上海市檔案館 S313-2-14。

的書籍，包括最初由南京軍用圖書社出版的一系列軍事教科書、上海出版商出版的幾本溫和社會主義書籍，還有幾本禁書，包括《性史》之類的「妨害風化」書籍、《中國大革命史》之類的「反動」書籍，以及弗里德里希・恩格斯（Friedrich Engels）《反杜林論》（*Anti-Dühring*）的中譯本。[74]老闆程煥卿本人不在現場，據說他逃回了河北老家。

對辦事處而言，這起案件從一開始就非常複雜。本案的主要受害者南京軍用圖書社，不是上海書業公所會員，因此辦事處是以（不太名正言順的）中國著作人出版人協會的職權代表他們；[75]當場同時查獲了其他禁書，因此這起盜版案也牽涉到妨害風化及政治顛覆等可能罪名。北平書業公會一九三三年十月舉行過年會之後，案件更進一步捲入公會的政治風波。在公會執行委員會的委員選舉時，會員仍讓藏身河北冀縣某處的程煥卿莫名當選，然而同樣當選的還有史佐才。史佐才在會議上對選舉結果提出質疑，認為像程煥卿這樣惡名昭彰的盜版商兼反動分子沒有資格擔任公會職務，應該取消他的資格。[76]公會後來以程煥卿缺席為由，宣布其當選席次無效，儘管如此，程煥卿還是將當選無效的結果歸咎於史佐才的發言，轉而控告史佐才誹謗。仍在逃亡中的程煥卿，在北平報紙上刊登公開聲明，宣稱史佐才的說法是無的放矢，要求史向

---

73 《北京工業志．印刷志》，頁一〇五～一〇六。

74 上海市檔案館 S313-2-14，〈照抄北平地方法院簡易庭刑事判決〉，一九三四年一月二十七日。

75 上海市檔案館 S313-2-14，〈南京軍用圖書社委託書〉，一九三三年九月十一日。

76 〈書業公會改選職員　翻印家當選執委〉，《華北日報》，一九三三年十一月七日。

他道歉。[77]誹謗官司的結果，於是與史佐才控告程煥卿侵犯著作權的訴訟，環環相扣，如果史佐才打不贏著作權官司，誹謗案也會一起輸掉。

在發給法院和警方的電報中，程煥卿聲稱自己不是盜版商，店鋪裡查獲的軍事書籍不是銷售用的，而是受一位山東將領之託印刷的；至於其他書籍，他和店員堅稱是朋友暫時寄放在他們的倉庫，他們對書籍內容一無所知，也無意販售。[78]法官似乎不太相信他們的說詞，但也不怎麼在意盜版的罪行。一九三四年一月，程煥卿和耿澤民分別被判處三個月及兩個月有期徒刑，外加五百元和一百元罰金，罪名不是盜版，而是散佈「妨害風化的書籍」。法官裁定，由於南京軍用圖書社並未向內政部註冊遭到翻印的八種教科書，因此盜版罪名不成立。[79]

程煥卿和史佐才都對判決結果感到不滿，雙雙試圖上訴。程煥卿仍然藏身冀縣，有趣的是警方從未找上門去，他不斷發電報給北平的執法部門，也寄去北平武學書館的帳簿和一些收據，希望透過這些「證據」，讓法院相信是「友人」在他們的倉庫寄放盜版書。不過法官駁回了他們的上訴，因為耿澤民指為「真正盜版商」的其中一個「朋友」早已去世多年，另一個朋友只是耿澤民的兒時玩伴。[80]另一方面，史佐才和身為憲兵高階軍官的朋友黎天才商量之後，決定用兩種方式重新包裝此案。其一，為了克服南京軍用圖書社並未向內政部註冊書籍的事實，史佐才主張向內政部註冊實際上並非必要，因南京軍用圖書社是在國民政府軍事委員會的直接委託下，出版這些軍事教科書，所以其版權已自動獲得身為國家最高政治軍事權威的軍事委員會的承認及保護；其二，為了把罪名牢牢釘在程煥卿身上，史佐才決定把審查制度當做武器，他更新了說詞，表示程煥卿和耿澤民不只是「書業的敗類」，還參與密謀顛覆政府，他們是和「匪共」勾結的反動分子，出版反政府書籍，企圖危害國家。[81]

辦事處在搜查中同時發現盜版書和禁書的情況並不少見，但取締禁書向來不是他們的工作，偶爾提起這個議題，也不過是為了吸引警方一起加入辦事處搜查盜版商的行動。在上海，終其一九三〇年代，上海書業公所始終明確反對國民政府的出版法，以及日益緊縮的言論審查和新聞控制。政府的標準變化無常，審查能力殊欠高明，在在導致出版商難以規劃出版計畫。很多過去可以「合法」出版的書籍現在卻成了「禁書」，許多出版商擔心自己的投資會因為政府不可捉摸的新聞控制而血本無歸。[82] 不過有一點毋庸置疑，國民政府和地方警力對政治監控日漸狂熱，更不遺餘力地鎮壓共產黨。[83] 面對像程煥卿這等狡猾的盜版商，辦事處決定運用上海書業公所不贊同的出版控制來打擊他們。

雖然史佐才的第一個策略失敗（法官甚至立刻駁回了盜版的訴狀），但第二個策略卻發揮奇效。一九三四年夏，此案移入高等法院審理，這時被告身分不再是盜版商，案件變成針對「反

77 〈武學書館經理程煥卿啟事〉，《華北日報》，一九三三年十一月九日。
78 上海市檔案館 S313-2-14，一九三四年一月二十七日。
79 同前註。
80 上海市檔案館 S313-2-14, 63。
81 上海市檔案館 S313-2-14，〈致施良謀〉，一九三四年五月八日；〈上訴程煥卿等狀告抄件〉，一九三四年五月九日。
82 魯迅，《且介亭雜文》，頁二。也參見《申報年鑑》（一九三五）、《中國近現代出版史料現代補編》、《中國近代文壇災禍錄》。
83 Wakeman, *Policing Shanghai*, chap. 10.

動分子」程煥卿的審判，程成了通緝犯。[84]然而，程煥卿控告史佐才的誹謗案，則完全是另一回事。著作權案的判決尚未確定，史無法援引法院判決，證明程確實犯下了盜版罪行。與此同時，程的律師卻握有確鑿的毀謗證據，史在公會年會上對程的指控明明白白地登在報上，最後史因為惡意散佈不實陳述，損害程的名譽，而被判賠償四百元。[85]

現在輪到史佐才保護自己身為盜版商查緝者的聲譽地位了。史指出，儘管程煥卿託詞稱病，在家鄉臥床靜養，從未親自出庭，但他還是能夠在北平興風作浪，遙控律師去「影響」審理誹謗案的法官。史佐才向上海書業公所領導人洪雪帆投訴，表示自己為捍衛個人名譽，「不得不奮鬥」。之後便從辦事處的帳戶提領三百元，交給辦事處的律師，要他們「分設活動」；[86]這筆錢很可能被用來賄賂可以「活動」的人。一九三四年六月下旬，判決結果在不明原因下大逆轉，史佐才獲判無罪，程煥卿的律師立刻撤回了告訴。[87]

史偵探保住了名譽，然而控告程煥卿的著作權案始終沒有塵埃落定。一九三四年六月，耿澤民保釋出獄；[88]程煥卿在鄉下似乎仍可行動自如，唯不敢返回北平。一九三五年夏，史佐才卸下辦事處處長職位，交接給楊述疑，兩人自嘲說，估計等程煥卿案結案，他們的反盜版任務就可大功告成了。然而直到一九三七年中日戰爭爆發、楊述疑決定暫停辦事處運作之際，程煥卿案依舊懸而未決。

盜版之王群玉山房

一九三三年八月九日，距離北平西南一百四十多公里的保定市中心，一名男子在名為群玉山房書店買下一冊暢銷言情小說《啼笑姻緣》，他要求店家開立收據，但店員堅定拒絕，只願意在包裝紙上寫下「群玉山房，四十分」。[89]這稀鬆平常的幾句往來，正是盜版商和線人之間日常角力的縮影。前文提過，交易收據是上海書商要讓盜版商無從脫罪的關鍵物證。雖然線人決心讓嫌犯留下確鑿證據，但盜版商或銷售盜版書的零售店，則會極力避免在交易時留下任何可能定罪的紀錄。上述事件裡，男子買來的《啼笑姻緣》是盜版書，他其實不是真正的顧客，而是辦事處一周前僱用的地方線人，任務是證明保定最大的書店群玉山房是個龐大盜版事業的總部。

時間回到稍早的七月下旬，史佐才和楊述疑接獲中華書局指出，自家教科書在安國遭到盜

---

84 上海市檔案館 S313-2-14，〈致中國出版人協會〉，一九三四年五月二十五日；〈照抄北平河北高等法院第一分院刑事判決二十二年度上字第六十六號〉，一九三四年六月三十日。

85 上海市檔案館 S313-2-14，〈致中國出版人協會〉，一九三四年五月二十五日。

86 上海市檔案館 S313-2-14，〈致洪雪帆〉，也參見 S313-2-9。

87 上海市檔案館 S313-2-14，〈致施良謀〉，一九三四年六月十日。

88 耿澤民保釋時，他坐牢的時間其實已遠遠超過當初被判的刑期。

89 上海市檔案館 S313-1-109，一九三三年九月二十五日；上海市檔案館 S313-2-14，〈致李志雲〉，一九三三年九月十八日。

版的消息，他們於是循線前往距離北平一百六十公里遠的中藥材集散地安國。到了安國，他們很快找到盜版嫌犯華盛印書局，在店內發現四捆未裝訂的散裝書頁。華盛印書局的經理和店員立刻被當地警方逮捕，印書局老闆隨即支付了三百元賠償金，承諾日後絕不再犯。[90]案件比預期中更快結束，史佐才和楊述疑決定順便看看在安國其他書店的狀況，很快地，他們發現到自己無意間撞上了大案。史佐才八月四日寫給中華書局的報告說：「城內外書肆共五家，陳列者俱係翻版，原版新書一冊也不見。」史佐才認為，安國遠在鞭長莫及之地，因此「翻版之徒……可以放膽發售」。他們共發現盜版書兩百多種，絕大多數來自同一個發行商——保定的群玉山房。[91]

辦事處對群玉山房的名號十分熟悉，一九三二年十二月到一九三三年二月間，史佐才查獲山西太原市的范華友和河北張家口的統一商行，販售上海刊物的未授權翻印本，[92]這兩起案件查獲的盜版書，據稱也是由群玉山房批發給地方零售商。統一商行經理甚至在法庭上提出從群玉山房處取得的「盜版目錄」當作證據，證明他們不是翻印本的源頭。[93]史佐才和楊述疑在安國再度碰上群玉山房，他們決定採取行動，反制這家顯然在華北各地廣賣盜版書的企業。史佐才敦促安國警方傳喚群玉山房的經理蘇藍田，不過傳喚蘇藍田的傳票從未收到回應。[94]

安國的調查告一段落後，史佐才展開長達一個月的盜版商查緝之「旅」。雖然此行原本的目的是，與南京軍用圖書社及上海書業公所領導人當面討論程煥卿案，不過史佐才沿路在石家莊、開封、蘇州等地停留，打擊小盜版商。[95]同時辦事處花了六十元雇用一位地方線人，在保定「密查坐探」，[96]他們希望線人能收集到充分的具體證據，以便對這個狡猾的盜版商採取法律行動，將其銷售網絡一舉摧毀。

雖然盜版書加上簽名收據是案件成立的必要基本證據，但是只憑收據很難證明銷售盜版書的嫌犯，就是印製及分銷盜版書的罪魁禍首。舉例而言，一九三四年四月，辦事處、上海老闆捕房、生活書店等三方聯手「制裁」春明書店。生活書店店員、學生、警察一行三人偽裝成顧客，成功在春明書店以不合理的低價買到《啼笑姻緣》和《字辨》，但要拿到收據卻困難重重。一名線人尾隨春明書店的店員到姊妹店文光書局，發現兩家商號的老闆陳氏兄弟把翻印暢銷書做成了家族事業（圖六之三）。[97] 警方用做了記號的鈔票買書，也成功拿到春明書店的收據，即便如此，他們在法庭上的證據主張依然不夠有力，就算證明了陳氏兄弟實際就是盜版書的印

90 上海市檔案館 S313-2-9，一九三三年九月。
91 上海市檔案館 S31-1-109，〈致中華書局〉，一九三三年八月四日。
92 上海市檔案館 S313-1-109，〈致太原史佐才〉，一九三三年一月四日；〈致太原地方法院〉，一九三三年一月四日；〈致南京書局〉，一九三三年一月五日；〈致世界書局沈知方〉，一九三三年二月十七日；〈致湯增意〉，一九三三年二月二十日；〈致史佐才〉，一九三三年二月二十一日。史佐才在范華友和統一商行的店鋪內都發現約七十種盜版書。
93 上海市檔案館 S313-1-109，一九三三年九月二十五日。
94 上海市檔案館 S313-2-14，〈致李志雲〉，一九三三年九月十八日。
95 上海市檔案館 S313-2-9，一九三三年九月。
96 上海市檔案館 S313-2-14，〈致李志雲〉；上海市檔案館 S313-2-19, 103–104。
97 上海市檔案館 S313-2-14，一九三四年四月四日。之後在一九四〇、一九五〇年代，春明書店的陳氏兄弟也被指控盜版。關於日後的案件，參見第七章。

製人，他們最後也只被控以販售未授權翻印本這樣情節輕微的罪名。[98]

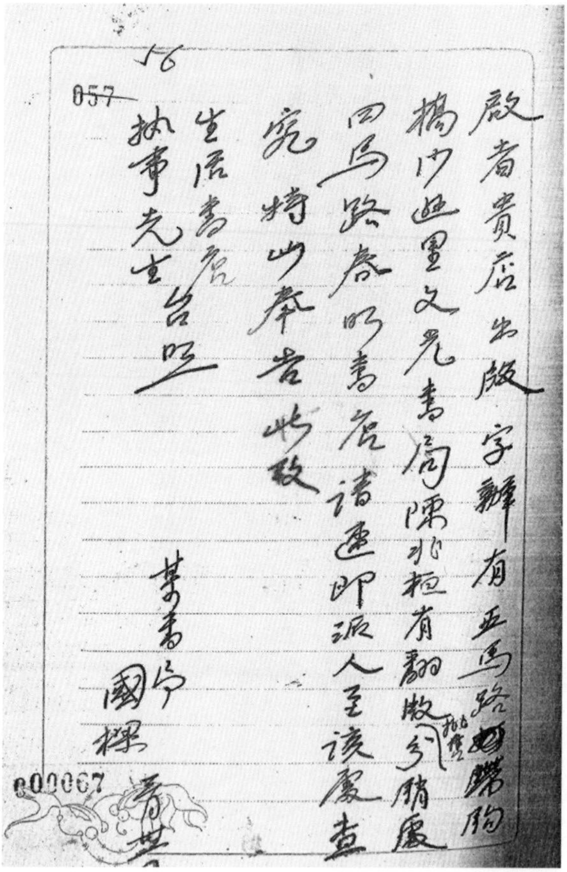
056
057
啟者貴店出版字辭有五馬路[illegible]購
[illegible]少遊置文光書局陳兆桓有翻版分銷處
四馬路春明書店請速即派人至該處查
究特此奉告此致
生活書店
執事先生台照
某書店
國棟
000067

圖六之三　一九三四年，一位店員提供給上海書業公所的情報，指出春明書店及姊妹店文光書局的盜版行為。

資料來源：上海市檔案館 S313-2-14。

有鑑於此，線人手上「群玉山房，四十分」的「收據」可能太過薄弱，無法將群玉山房以重大罪名定罪。史佐才花了將近一個月工夫，才揭開群玉山房盜版事業的規模。群玉山房的創辦人劉春霖（一八七二—一九四四），是清朝末代科舉的最後一位狀元，他在一九一〇年代初創立了群玉山房；到了一九三〇年代，營運主要掌控在經理蘇藍田手中。群玉山房位於火車站前的黃金地段，被視為保定城裡首屈一指的石印出版商和圖書零售商。八月底，線人成功將群玉山房背地的勾當攤在陽光下。蘇藍田在群玉山房的門面背後，還另外經營保定世界圖書局、北平導群書店、蓬萊鴻跡社等三家公司，專營各式各樣盜版書的印製銷售；線人也成功拿到一份蓬萊鴻跡社的目錄。蘇藍田將目錄寄送到周邊各縣，招徠顧客的郵購訂單或批發生意。[99] 線人的情報印證了張家口統一商行及安國縣延益書局、安國書局等各店經理的證詞，雖然交易用其他公司的名義做掩護，但實際遞送書籍的是群玉山房，每月前往各書店收款的，也是群玉山房的店員王序勳。[100]

史佐才八月下旬回到北平，這時線人已經蒐集到充分情報。上海書業公所董事會召開會議，決定對群玉山房和蘇藍田採取法律行動，[101] 會議隔天，九月十四日晚間，史佐才和辦事處三分之二的人員搭夜班火車前往保定。他們午夜抵達，在火車站和衣而睡，準備白天展開行動。九月十五日上午十點左右，他們直接前往保定警察總局，請求警方協助展開查抄，分局的彭局長被指派陪同史佐才一行人搜索群玉山房。一到現場，他們立刻找到各種翻印本、目錄、封面，還有掛在蓬萊鴻跡社名下的五十多卷帳本。彭局長藉口有他事要忙，先走一步，副分局長王仲

98 上海市檔案館 S313-2-14，一九三四年五月四日。
99 上海市檔案館 S313-2-14。
100 上海市檔案館 S313-1-109，一九三三年九月二十五日。
101 上海市檔案館 S313-1-109，一九三三年九月十三日。

乾被帶過來監督查抄行動。正當他們準備將證據帶回警局時，突然冒出五六個「彪形大漢」一把搶過帳本，這幾個人自稱是為「警備司令部」做事，但史佐才認為他們看起來根本是「流氓」。經過一場混戰，王仲乾等人沒能抓住這幾個「憲兵」，闖入者順利脫身，拿走了大部分的帳本。王仲乾命令店裡的店員交出剩下的帳本，店員斷然拒絕，雙方於是在店內僵持不下。到下午四點警方終於放棄，他們逮捕兩名店員，帶走僅剩的一本帳本和其他翻印本當做證據。辦事處以侵犯著作權和強盜罪等罪名，正式對群玉山房和蘇藍田提起訴訟。然而蘇藍田盜版行為最有力的證據已經不保，史佐才也明白取回帳本的可能性微乎其微，對辦事處而言，要打贏官司恐怕困難重重。[102]

史佐才認為，蘇藍田是群玉山房大規模盜版生意的幕後主使，是可與程煥卿相提並論的世故角色。和程一樣，蘇也是地方上有頭有臉的書商，目前擔任保定書業公會的會長及保定商會的理事，[103]而且也是被定過罪的盜版商。蘇藍田過去在北平中央印刷局工作，一九三二年八月，他因為盜印小說《三劍俠》[104]而被判有罪，[105]裁定必須支付兩千八百元的賠償金。[106]看來他在這場法律風波之後，逃到了保定，在群玉山房重新來過；不到一年，他已經改頭換面成為保定商界的大人物，同時暗地裡繼續從事盜版的老本行。九月十五日的大動作查抄行動過後，蘇消失得無影無蹤。史佐才認為這是因為「（對他不利的）證據確鑿，未敢露面。」[107]但彷彿全保定城的人都在包庇他，協助他對抗辦事處的指控。儘管蘇藍田人顯然還在保定，但警方對找出他或逮捕他都不太積極。《民聲日報》的老闆、保定商會的會長，甚至區長等地方領導人，紛紛充當和事佬來找史佐才，請他撤回此案。[108]

雖然面臨各方阻力，史佐才還是決心不惜一切代價，要抓住蘇藍田。既然蘇有保定當地社群的支持，史也敦促上海書業公所領導人，運用他們的社會影響力向地方政府施壓。[109]例如公所主席兼中華書局創辦人陸費逵發了好幾封電報給河北多位政府官員，表達公所對群玉山房案深感「關切」。[110]史佐才也發動媒體戰，他擬好可以照登的新聞稿發給幾家大報紙，爭取更多公眾支持。新聞稿的重點放在對史佐才和楊述疑的採訪，詳細報導他們九月十五日和群玉山房之間的戲劇化衝突，直指蘇藍田的盜版事業，為造成華北書業普遍衰退的主因之一。「保定查獲大批翻版書籍」——這個指控不久就在幾家主要報紙上刊登出來。[111]史佐才拒絕保定商界領袖的建議，不願和蘇藍田和解，反而準備好和對方長期抗戰。事實上，辦事處甚至在保定租下

102 上海市檔案館 S313-2-14，〈致李志雲〉，一九三三年九月十八日；上海市檔案館 S313-1-109，〈電報〉，一九三三年九月十五日；上海市檔案館 S313-2-14，〈致上海辦公室〉，一九三三年九月十六日；上海市檔案館 S313-1-109，〈新聞稿〉，一九三三年九月十六日；上海市檔案館 S313-1-109，一九三三年九月二十五日。

103 上海市檔案館 S313-2-14，〈致李志雲〉。

104 這是大仲馬（Alexandre Dumas, père）《三劍客》（*Les Trois Mousquetaires*）的譯本。

105 有意思的是，程煥卿也同樣在北平中央印刷局工作過。

106 上海市檔案館 S313-1-109，一九三三年九月二十五日。

107 上海市檔案館 S313-2-14，〈致李志雲〉。

108 同前註。

109 上海市檔案館 S313-1-109，一九三三年九月十六日；上海市檔案館 S313-2-14，〈致李志雲〉。

110 上海市檔案館 S313-1-109；上海市檔案館 S313-2-14；上海市檔案館 S313-1-106。

111 上海市檔案館 S313-1-109，一九三三年九月十六日。

一間房子，充當臨時辦公室，[112] 史佐才和辦事處大半人員，從一九三三年九月到一九三四年一月都住在保定，全心追查群玉山房的案子。

我們不是非常清楚辦事處在駐守保定的四個月間採取了哪些行動，不過根據辦事處的報告，有一件事可以肯定——這些偵探在社交往來上一擲千金。他們在群玉山房案的支出一共是九九〇．八二元，其中三分之一用於社交娛樂。相較於房租（一一〇元）和五人的差旅費（一四二．七三元），花在宴飲上的費用（二八三．四一二元）高得驚人。[113] 辦事處多次設宴款待貴賓，包括與國民黨河北支部的一次晚餐（二六．三元），以及與宋星五的兩次晚餐（四一．一四元），宋是北平備受敬重的編輯、書商及中間人。[114] 假設一場晚宴的平均花費大約為二十五元，我們或許可以得出以下結論：辦事處在四個月內，舉辦了大概十一、二場飯局，以進行談判或遊說，而這筆投資是有回報的。一九三三年十二月，在宋星五的調解之下，辦事處和群玉山房達成和解，蘇藍田同意支付四千元賠償金。一九三四年一月，群玉山房簽下六張五百元的欠款票據，並以一千元現金付清頭期款。[115] 此案塵埃落定，至少目前是如此，辦事處也將他們為保定辦公室添購的家具打包運回北平。

辦事處才離開保定不久，群玉山房就停止支付全額款項，到了四月更完全不再寄錢給辦事處。五月下旬，幾家上海出版社的北平、天津分公司經理來到辦事處，請史佐才協助他們向群玉山房追討債款。原來辦事處針對群玉山房的行動，造成了意料之外的後果，廣泛影響當地書業。幾位經理表示，群玉山房藉口此案，進行「組織重整」，之後就一直拖欠款項。群玉山房是保定最大的書籍零售商，一直以來都從北平和天津大量訂購書籍，如今群玉山房拒絕付款，導致上海出版商的北平和天津分公司出現赤字，欠款總計高達驚人的兩萬兩千八百八十四元。[116] 五月二十五日，十一家公司和分公司的代表在北平書業公會集合，組成債權人聯盟，任命史佐才為主席。這件事雖然乍看下和盜版無關，但史佐才還是決定接下任命，不只是因為群玉山房拖欠辦事處的賠償金，也是因為群玉山房的新一批受害者，大部分也是上海書業公所的會員。[117] 六月十八日，他們前往北平地方法院，對群玉山房提起集體訴訟。

經過將近一年的時間，債權人終於得到法院的判決，但結果卻讓所有人意外。在當局終於找到蘇藍田的下落時，發現他已經鋃鐺入獄。法院的紀錄指出，就在群玉山房的債權人提起訴訟的六天前，出版社因販售反政府書籍的盜版書，而突然被保定特別公安局勒令停業，蘇藍田遭到逮捕，囚禁在北平軍事監獄之中。身陷囹圄的蘇藍田表示：「我（只）是副經理……欠原告等貨款數月，我說不清，有帳可憑，現正設法籌還。」法院命令群玉山房的所有人王氏兄弟負起責任，[118] 但是他們已經破產停業，幾乎無法寄望他們能確實償還所有債務。一九三六年，

112 上海市檔案館 S313-1-109，一九三三年九月二十五日。
113 上海市檔案館 S313-2-9, 103–104。
114 上海市檔案館 S313-2-9。
115 上海市檔案館 S313-2-9。欠款票據的副本存於上海市檔案館 S313-2-14。
116 上海市檔案館 S313-2-14。
117 上海市檔案館 S313-2-14，〈致李雪帆〉，一九三三年五月二十四日；〈致李雪帆〉，一九三三年五月二十五日；〈致施良謀與李雪帆〉，一九三三年五月二十五日。
118 上海市檔案館 S33-2-14，〈北平地方法院判決書〉，一九三五年三月二十三日。

宋星五再次為辦事處和群玉山房調解，雙方達成新的和解協議，群玉山房又簽了一系列欠款票據；[119]然而群玉山房從未支付剩下的賠償金。辦事處於一九三七年九月離開北平，將眾多財產託付給北平書業公會保管，其中一項財產就是群玉山房尚未付清的欠款票據。[120]

小結

一九三〇年至一九三七年，辦事處代表上海書業公所在北平追捕盜版商，他們不只要應付枯燥乏味又吃力不討好的日常偵查任務，其主要挑戰還包括如何將上海書業公所侷限於地方、仰賴交情的習慣法式版權制度，擴展到現在由上海書業公所會員主導的全國圖書市場。為了達成目標，辦事處的偵探別無選擇，只能依賴國民政府的著作權法和司法體系，來迫使上海之外的盜版商，屈從上海書業公所的利益。遊走在兩種版權制度之間，辦事處雖然竭盡全力讓兩種制度互相配合，卻往往發現自己陷入兩者的矛盾之中，或者囿於薄弱政府的有限支持而難以伸展。

一九三〇年代初，上海書業公所致力於保護公所會員在全國的「版權」，主要動機之一是因為經過幾十年內戰，中國終於在國民政府手中統一了，但是所謂的全國統一，主要是名義上而非實質上的。南京中央政府和地方的市政府、省政府資源匱乏、人力不足，履行法定職責或行使司法管轄權時，不太積極又或力不從心。以警察在辦事處行動中扮演的角色為例，警方雖然是國家權力在地方上的具體展現，但是在查抄盜版商的多數行動中，他們提供的支援只是**到場**而已，在辦事處進入盜版商店鋪時，為其搜查及逮捕盜版商的動作，製造合法表象。但即使警方在場也不能保證一定有用，例如在搜查群玉山房的行動中，警察無法找回盜版商從警方和辦事處手中搶走的重要證據。一旦盜版商逃到鄉下，就像程煥卿案的狀況，即使當局完全清楚盜版商的身分和下落，警方也無能為力將之逮捕。

受制於國家著作權法執法鬆散，以及上海書業公所會員不向內政部註冊書籍的壞習慣，辦事處在華北努力打擊盜版時，若遭遇到像程煥卿、蘇藍田這類根基深厚的盜版商，他們同時還會面臨地方的強烈阻力。在上海書商眼中，程煥卿和蘇藍田是傷害他們生意的盜版商，但對地方社群而言，他們是本城商界領袖，也是成功有為的書商。辦事處代表上海書商的利益，某種程度上是闖入北平和地方書商根據地的外來入侵者。上海書業公所在訂定及執行其偏好的市場規則時，表現得有如國家代表，也獲得政府默許的加持；地方盜版商則成為地方商業利益的化身，他們必須閃躲公權力，也必須躲開由上海利益代表的、日益擴張的全國市場。

儘管面臨重重困難，辦事處仍努力阻絕盜版，他們決定利用連上海書商和上海書業公所都痛恨的機制——言論審查及新聞控制的法律。朱莉（Julia Strauss）指出，國民政府是制度強大、

119 上海市檔案館 S313-1-24。

120 上海市檔案館 S313-1-11-43。

權力分配不均的薄弱國家（weak state）。[121] 魏斐德（Frederic Wakeman）則說明，國民政府和其他地方勢力，在執法或維持秩序的諸多方面或許力有未逮，但他們非常熱衷於政治監控，也十分長於此道，尤其致力於鎮壓所謂的反動分子。[122] 舉例而言，一九三三年至一九三四年，北平警方共計查獲了三萬五千冊的兩千種「反動」書籍，被逮捕關押的多數「反政府」或「反動」罪犯都是印製或散播親共刊物者。辦事處將盜版商貼上「反動」書籍印製者的標籤，藉此將盜版商變成國家的敵人，運用政府的壓迫機制謀取自身利益。

就政治和經濟面來看，這種情況可謂「有秩序的無政府狀態（anarchy）」，雖有一定程度的秩序和法治，但公認的公權力未必時時維護法律和秩序，也未必總是受到市場其他行動者的尊重。在某個地方上，真正獲得執行的「法律」，可能包括不被國家承認的民間議定的規矩，但國家法律卻不受重視。一個人可以同時是正派書商又是盜版商，他的兩重身分可能同時廣為人知，他也可以用這兩種身分長年經營生意。中央政府力量有限，在一些案子中，甚至理所當然地被其他行動者所忽視，然而政府也的確掌握著有效的鎮壓機制。唯一的問題是他們應該在什麼時候，為了何種原因，而動用這些手段。

利用這個國家唯一有效的強制手段，南京政府的政治警察，或地方上負責言論審查的單位，確實可以無視地方的抵抗，成功制止已為人知的盜版商。但辦事處的這個策略，最終在財務上是失敗的，他們付出的經濟代價，遠遠超過盜版造成的損失。上海書業公所的會員，以追求利益為目標；但諷刺的是，現在這個唯一能夠阻止盜版和維護市場「法律與秩序」的實際方法，並沒有保護到他們。利用政府言論管制的威壓來解決問題，結果適得其反，對書業的傷害，或許更甚於盜版。

121 Strauss, *Strong Institutions in Weak Polities.*

122 Wakeman, *Policing Shanghai.*

Chapter

7

沒有盜版的世界？

一九四九年一月，人民解放軍（以下簡稱解放軍）接管北平。短短幾週之內，全北平的書商攤販到處充斥共產主義的相關書籍，像是《共產黨宣言》（*The Communist Manifesto*）的中譯本和毛澤東的《新民主主義論》。城裡的中國共產黨（以下簡稱中共或共產黨）幹部一開始認為這代表「各階層讀者……亟想明白我黨政策，爭先恐後，購閱我黨新書」，[1] 但他們很快發現市面上的共產主義書籍大都不是由黨的官方出版機構新華書店出版，而是出自琉璃廠老經驗的盜版商之手的翻印本。[2] 到十一月，中共已經查出十五名盜版商，他們在華北印製銷售九十一種黨的刊物，翻印數量總計超過二十七萬冊。[3]

1 〈全國出版事業概況〉，一九四九年六月六日，《中華人民共和國出版史料》第一卷，頁一一八。
2 陳迹，〈前進中的北平新書業〉，《人民日報》，一九四九年四月七日，第二版。
3 〈出版總署辦公廳計畫處關於北京市翻版書刊情況的初步調查報告〉，一九四九年十一月，《中華人民共和國出版史料》第一卷，頁五七三～五七四。

中共幹部在他們的未來首都發現的盜版問題，基本上是上海書業公所駐平辦事處一九三七年擱下的爛攤子——北平蓬勃發展的盜版生意。書商小量翻印暢銷書，攤販以低廉折扣將翻印本賣給城市讀者。中共一九四九年碰上的幾個當地盜版商，正是一九三〇年代躲在暗處並被上海書業公所駐平辦事處追捕過的慣犯。辦事處人員過去「最愛」搜查的東安市場，依然是廉價翻印本的熱門集散地。在抗戰過後的動盪下，辦事處並未依約回到北平，他們再也沒有收回辦公室、繼續原本的工作，不過他們的老對頭似乎熬過了戰亂，重作馮婦，幹起了老行當。

然而，並非一切都和戰前相同。中共與上海書業公所不一樣，他們不是為了保護經濟利益而建立起習慣法式版權制度的焦慮出版商，而是雄心萬丈的政黨，認為文化和意識形態是社會主義革命成功的根基。他們不只大量投資出版、戲劇和藝術，以進行意識形態動員，更將目標放在短時間內全面控制中國的文化經濟。上海書業公所的會員珍惜企業自主性，中共幹部的願景，則是重塑國家與市場的新關係，兩者恰恰形成鮮明對比；中共想讓形成中的黨國成為**獨一無二**的有形之手，負責規範和指導文化市場中的每一個經濟行動者。

在前兩章裡，我們看到清末民初時期，面對國家權威和權力不停變化的樣貌，上海書商如何巧妙地與之周旋、遷就迎合，有時甚至加以操縱國家體系，以應付盜版問題並保護版權。本章檢視中國共產黨如何從社會主義的角度以及革命黨國的立場，處理書商面臨的「盜版」老問題。此外，本章將中國出版商和作者視為經驗豐富的經濟行動者，探討他們如何調適、如何應對這個新政權以及中共重新定義的著作財產。在這裡，筆者並不打算通論性地討論中華人民共和國著作權立法的發展，而將探討的重點放在一九五〇年代中國文化經濟經歷深刻結構性變化之際，舊有習慣法式版權機制如何式微，新的社會主義著作制度如何興起。

對現今中國智慧財產權議題感興趣的法律學者和政治學家常常宣稱，由於智慧財產的概念與社會主義的基本原則格格不入，甚至背道而馳，所以著作權、專利、商標皆不受中共重視，在毛澤東時代（一九四九—一九七六）形同廢除。這些學者也暗示，中華人民共和國建國之後，立刻大規模移植了蘇聯的智慧財產權制度。例如安守廉主張，中國對蘇聯的智慧財產權法適應良好，原因在於蘇聯和傳統中國對於思想創作及創新的態度有相通性，兩者都將公共利益置於個人權利之上，皆認為在確保傳播「正面」、「有用」的思想方面，政府控制是不可或缺的手段。[4]

這些學者深信中共的威權統治讓黨國能夠強制執行新法律、新政策，因此也大都認為新政權轉變成蘇聯模式的過程，必然是迅速而全面的。不過近期對中共建國初年的研究指出，一九四九年並不像我們過去以為的是那麼明顯隔斷的分水嶺。事實上，中共走向社會主義的過渡期過程極為複雜，充滿衝突、矛盾、妥協，以及不斷的嘗試與犯錯。[5]一九五〇年代初期，這個宣傳國家（propaganda state）看似威權，但其行政體系因為缺乏資源及經驗而受到限制，無法全面施展。愈來愈多學者強調文化生產者如何與國家當局周旋，尋找體制內的運作空間和漏

4 Alford, *To Steal a Book Is an Elegant Offense*, 56–57.

5 例如參見 Brown and Pickowicz, eds., *Dilemmas of Victory*; Strauss, "Introduction: In Search of PRC History."

洞，設法在新政治環境下，沿用他們舊有的生產模式和社會規範。[6]

本章延續近年修正派學者的方向，將焦點放在中共黨國對著作財產的拆解與再造，特別著重以下三個過渡時刻。第一，檢視中共一九四九年至一九五〇年間，對未授權翻印（盜版）的態度轉變，以及中共建國之初的幾個月間，當他們試圖與盜版妥協時，如何陷入意識形態矛盾的糾結中。第二，本章重建了改組後的上海書業公所，於一九五一年處置一家盜版累犯的經過，檢視新黨國如何試圖在新的社會主義框架下，透過公所的習慣法式版權制度，重新定義著作盜版的本質。最後討論在第一個五年計畫（一九五三—一九五七）期間實施的新稿酬制度；該制度的目的是提供中國作家更優厚、更公平的待遇，同時共產國家也試圖把作家變成集體計劃經濟下的工人，然而此舉卻帶來了意想不到的結果和挑戰。

與盜版妥協

中共在一九四九年遇上北平盜版商，當時他們對於共產主義書籍遭到未授權翻印一事抱持模稜兩可的態度。就在解放軍進城之前，共產黨的機關報《人民日報》在頭版大讚大學生自主「大量翻印《新民主主義論》」，為校園帶來「新氣象」。[7] 但是到了五月，中共新成立的出版委員會開始將北平市場四處可見的共產主義書籍翻印本，視為投機書商造成的「問題」。[8] 為了防止翻印本造成更嚴重的「困惑和混亂」，一九四九年的整個夏天，出版委員會不停刊登公告，也舉辦一場教育論壇，申明新政權反對未授權翻印的立場。[9] 經過調查，中共幹部很快發現這些「投機書商」多半是琉璃廠的盜版慣犯，但是中共的行動和一九三〇年代的上海書業公所駐平辦事處不同，他們從未採取強硬路線，嚴厲打擊盜版。十月，毛澤東宣布中華人民共和國成立，這時翻印本已經一路傳播到華北和華中的幾個大城市。出版總署十一月著手處理盜版問題，他們認為共產主義書籍的盜版書之所以這麼氾濫，要歸咎於黨在處理盜版時立場太過「寬大」。[10]

中共在建國初期的幾個月間，對未授權翻印抱持模稜兩可的態度，這點反映出黨國在羽翼未豐之際辛苦嘗試與盜版妥協，同時設法擴展對中國文化經濟的控制。置身城市之中，共產黨的行政資源不夠充裕，經驗也不夠豐富，加上政權更迭造成法律真空，以上種種無疑是他們相對從寬處理北平盜版問題的原因，不過限制他們行動的，是他們在意識形態上面臨的兩難。自由翻印書籍是中共在一九四九年以前作為革命政黨時的普遍做法，翻印既是出於務實考量，同

---

6 參見 Johnson, "Beneath the Propaganda State"; Altehenger, "On Difficult New Terms"; Volland, "Cultural Entrepreneurship in the Twilight." 文化大革命一般被認為是中國對文化控制最強的時期，但即使在文革時期，黨國也並未全面控制文化生產；參見 Mittler, *A Continuous Revolution*.

7 〈燕京清華兩大學充滿新氣象師生正讀毛主席著作〉，《人民日報》，一九四九年一月十二日。

8 〈出版委員會第十次會議記錄（節錄）〉，一九四九年五月四日，《中華人民共和國出版史料》第一卷，頁八六。

9 〈出版總署辦公廳計畫處關於北京市翻版書刊情況的初步調查報告〉，頁五七三～五七四。

10 同前註。

時也是一種抵抗；然而新的中華人民共和國政權為了便於鞏固其政治合法性及穩定性，更希望能禁止任意翻印。為了盡力消滅國民政府「資本主義式」的著作權法，以及壟斷共產主義知識的生產和流通的願望，這個形成中的黨國，在對付盜版時，將之視為對政治權威的威脅，而不是對私有財產的侵犯。

中共之所以對著作盜版非常「寬容」，部分原因是該黨的翻印規模，可能在當時是全國之首。在延安時期，新華書店等黨營出版企業和地方黨部組織就常不經作者和原出版商同意逕行翻印（最早在上海或其他地方出版的）「進步」書籍。[11] 他們當時合理化自己未授權翻印或盜版的說詞是，共產黨控制地區的人民迫切需要教科書和適合的讀物，但是他們身處貧困、偏遠、對外隔絕的內陸，幾乎無法透過正常管道取得書籍（或授權）。為了滿足讀者的需求，也為了完成黨對根據地的啟蒙使命，地方新華書店的工作人員坦言，他們最後只好「凡能搜集到的本子都加以翻印」，從馬克思列寧主義經典到通俗的手冊，以及在這兩種極端中間的任何書籍。[12]

新華書店不只翻印他人的「進步」書籍，也歡迎他人自由翻印新華書店的刊物。出版書籍、小冊子和宣傳品是中共傳播革命思想的重要手段，[13] 不過在抗戰時期（一九三七—一九四五）和之後的國共內戰（一九四五—一九四九）期間，長途運輸大量印刷品的風險很高。運送大量書籍容易遭到敵人的攻擊、轟炸和內容審查，中共及其附屬出版社在戰爭期間印製的書籍，有一大部分因此從未送到目標讀者手中。舉例來說，由中共指導的讀書出版社在日佔上海時期營運，一九三八年，讀書出版社出版了《資本論》（*Das Kapital*）的第一套完整中譯本，但是書籍運往廣州時，初版的兩千冊幾乎在途中全數覆沒。為了克服這個難關，一位編輯在一九三九年展開曲折的旅程：他將《資本論》的整套鉛版紙型，從上海帶到國民政府的戰時首都重慶；有了這套鉛版紙型，讀書出版社就能在後方加印更多冊的《資本論》。[14] 中共體認到運送紙型比大批實體書更容易、更安全，延安的新華書店和其他黨營出版企業決定改變配送策略。一九四〇年代時，他們不再從延安將所需的書冊發送到各地的共產黨根據地（而且往往難以到達），他們改將複製的鉛版紙型和少量樣書，以小包裹送往各地的新華書店或中共支部，讓當地幹部可以為當地讀者自由翻印需要的書籍。

新華書店的各地分店在戰時建立起這種生產配送網絡，和商務印書館等上海出版商在二十世紀初建立的網絡截然不同。上海出版企業地方分公司的主要功能是當零售通路，負責銷售從上海總部送來的書籍，[15] 相較之下，新華書店的分店也有印刷能力，因此更有自主權、更靈活。新華書店分店和中共組織，可在各地同步翻印最初在延安出版的幾種書籍，也重印延安新華書

11 〈中共中央宣傳部出版委員會關於保護版權給各地新華書店的通知〉，一九四九年十一月二十八日，《中華人民共和國出版史料》第一卷，頁五七一。

12 〈華北區新華書店工作報告〉，一九四九年十月七日，《中華人民共和國出版史料》第一卷，頁三三九～三四〇。類似敘述參見周保昌，〈新華書店剛成立的時候〉，《人民日報》，一九五九年九月一日。

13 關於中國共產黨在社會主義革命中的意識形態動員，參見 Hung, *War and Popular Culture*.

14 中央馬克思恩格斯列寧史達林著作編譯局編，《馬克思恩格斯著作在中國的傳播》，頁一一七～一一八。

15 例如商務印書館的二十多家各地分館裡，只有北平分館和香港分館有印刷設備。前一章提過，這種以上海為中心的銷售網絡有時無法有效滿足當地需求，導致外地圖書市場供需失衡，留給盜版商獲利空間。

店翻印過的「進步」書籍；各分店與組織間鮮少協調，甚至完全不溝通。[16]一九四五年內戰再起，中共在佔領的縣治和市鎮進一步成立「文化合作社」，這些小型合作社通常只有非常陽春的印刷設備，但他們運用石版印刷、油印印刷甚至雕版印刷，成功印製了幾千冊的學校教科書和共產主義小冊子。[17]

整個一九四〇年代，新華書店及其分店、地方共產黨組織和這些基層的文化合作社，共同在中共控制區形成游擊式的翻印網絡。他們複製鉛版紙型，並根據收到的樣書印製當地版本的共產主義文本，也時時彼此分享印製刻本用的印刷底版，因此這段時期，中共核心文本出現空前多樣的版本。根據中國人民大學的書目調查，一九三八年至一九四九年間，至少有五十三種毛澤東的《論持久戰》、一百四十種《論聯合政府》、一百八十二種《新民主主義論》的版本，在中國出版流通。[18]

中共控制區之所以誕生這種游擊式的翻印模式，不只是出於現實需要，也是一種對資本主義制度和國民政府權威的抵抗。舉例而言，丁玲（一九〇四—一九八六）在一九四九年四月訪問蘇聯時，將中共控制區描繪成沒有版權的烏托邦。一位俄羅斯作家問她從暢銷小說《太陽照在桑乾河上》賺到多少版稅，丁玲回答中共的「解放區」並未實行版權制度，在那裡工作的作家不在意物質利益，他們不向出版商或報紙索取報酬，不壟斷版權，也不將著作視為獨佔的個人財產。丁玲說，他們為人民寫作，「歡迎（他人自由）翻印（著作）。」《太陽照在桑乾河上》的首刷量只有五千到一萬冊，但丁玲自豪地告訴蘇聯同志，透過各地的翻印，另有數以萬計的書正送到中國讀者手中。[19]

丁玲在莫斯科誇耀中共控制區內書籍如何自由地翻印與流通，不過回到國內，中共中央委員會宣傳部（以下簡稱「中宣部」）發現，如今黨已經接管華中、華北的大部分地區，他們愈來愈難繼續認同及實施之前的翻印工作。對中共來說，城市居民、工商業界甚至資本家的支持日益重要，這迫使他們從不同角度思考未授權翻印的行為。

一九四九年四月到五月，中宣部所處理的一件黨媒翻印民營出版商書籍的申訴案，正好反映了此時黨對翻印的態度已然轉變。幾家親共的出版商和作者向中宣部及地方黨部組織申訴，控訴新華書店等黨營出版企業盜印他們的著作。接到申訴後，中宣部承諾黨會重視作者的擔憂和個人利益，並迅速指示黨營出版機構不可繼續盜印請願者的著作。[20] 一九四九年十一月，中宣部出版委員會正式通知新華書店各分店，要求他們即刻停止擅自翻印他人書籍的行為。出版委員會指示，中共既已統一全國，新華書店就不能再以戰爭作為擅自翻印的藉口，不可再推託

---

16 例如參見趙曉恩，《延安出版的光輝》，頁二九～五三；河北省新聞出版局出版史志編委會、山西省新聞出版局出版史志編委會編，《中國共產黨晉察冀邊區出版史》。

17 例如齊峰，《山西革命根據地出版史》，頁二七〇～二七二。

18 《延安時代新文化出版史》，頁八～九。這些統計數字的資料來源是中國人民大學編，《解放區根據地圖書目錄》。

19 丁玲，〈法捷耶夫同志告訴了我些什麼〉，《人民日報》，一九四九年四月二十九日，第四版。

20 〈中共中央宣傳部關於寄送樣本及不要再翻印開明等書店的書籍之中原局宣傳部電〉，一九四九年四月七日，《中華人民共和國出版史料》第一卷，頁七八；〈中共中央宣傳部關於書籍出版與翻版問題的指示（覆華中局並告各中央局）〉，一九四九年五月三十日，《中華人民共和國出版史料》第一卷，頁一〇八～一〇九；〈中共中央宣傳部關於各地新華書店翻印外版書籍的指示電〉，一九四九年九月三日，《中華人民共和國出版史料》第一卷，頁二〇四。

難以取得正版書或原作者、出版商的翻印授權。[21]

但是新的共產主義經濟重視公益勝過私利，他們很難只用版權這個理由就禁止未授權翻印，在禁止民營出版商翻印黨的刊物時，尤其難以用此為藉口。一九四九年十月，中宣部長陸定一（一九〇六—一九九六）在對新華書店員工講話時表示：「我們的出版事業與舊的出版事業不同之點，就是無條件地為人民服務。」[22]胡愈之（一八九六—一九八六）和葉聖陶是中共高層文化官員，也是民國時期上海出版業的老將，他們一九五〇年代初期的公開演講也再三強調出版不是一門生意。胡愈之有次對出版業講話表示：「書不是衣服、椅子之類的一般商品，書是人民的『精神食糧』和『文化武器』，對新中國的革命事業不可或缺。」[23]在擬定出版計畫時，出版商應該考慮的是書籍是否對人民有益，而不是考慮它們是否會為企業帶來利潤。盈餘應該繼續投入生產更多書籍，以服務人民的利益，不應累積成個人或機構的資本。[24]

但如果出版業的主要目標是促進中國文化和思想的進步，那麼為了這個更遠大的目標，開放新華書店和民營出版商自由翻印他人書籍，原則上不是更理想嗎？可是如果黨不將自己的刊物視為黨的專屬財產，而允許民營出版商翻印，以協助傳播共產主義思想，那麼是否等同黨鼓勵出版商利用這種意識形態的立場，來翻印黨的刊物並藉此獲利？更重要的是，黨如何保證民間翻印本的內容是正確的？

出版委員會一面迫切感到必須以共產思想「啟蒙」中國社會，一面渴望壟斷意識形態的真理，同時他們也不認同私有財產和個人營利，於是他們決定採取折衷方案，允許「經過同意的翻印」。一九四九年五月二十一日，新華書店和解放社在出版委員會指示下刊登啟事，清楚反映「經同意翻印」的邏輯。這兩家黨營出版企業最近發現自己的書籍有「其他出版商」的「自由翻印本」，對此表示擔憂，但他們擔心的是「自由翻印本」裡出現的錯誤疏漏，而非版權遭到侵害。為了更確實保證翻印本的品質，他們敦促有意翻印其書籍者和出版委員會聯絡，取得正式同意，因為「出版工作係對人民負責的極其嚴肅的工作。」[25]

中共一九四九年春接管華北、華中的城市中心以後，創造出一股意想不到的「市場風潮」，新華書店和解放社的上述啟事正是對此而發。有點諷刺的是，城市讀者對共產主義書籍的熱烈和急切（或者以黨的觀點來說，讀者十分狂熱），引發了盜版的新風潮，傷春悲秋的言情小說和武俠小說不再是盜版商的首選目標。一九四九年在北京發現的盜版書，有「百分之九十」都與共產主義有關，或「幹部必讀」的政策文件，[26]這些廉價翻印本對年輕學生和市井小民來說價格更實惠。盜版商提供更多折扣（比新華書店便宜百分之五到百分之十），因此地方書店、

21 劉杲、石峰編，《新中國五十年出版紀事》，頁三。

22 陸定一，〈在全國新華書店出版工作會議上的閉幕詞〉，收錄於《陸定一文集》，頁四〇七。

23 〈胡愈之在新華書店總店成立大會上的講話〉，一九五一年二月二十三日，《中華人民共和國出版史料》第三卷，頁五〇～五一。胡喬木在中國第一屆全國出版政策會議上的發言呼應了胡愈之談出版業真正使命的立場；參見〈改進出版工作的幾個問題〉，一九五一年八月二十八日，《中華人民共和國出版史料》第三卷，頁二四五～二六〇。

24 〈胡愈之在新華書店總店成立大會上的講話〉，以及〈改進出版工作的幾個問題〉。

25 〈解放社、新華書店重要啟事〉，《人民日報》，一九四九年五月二十一日，第一版。

26 〈出版總署辦公廳計畫處關於北京市翻版書刊情況的初步調查報告〉，頁五七三～五七四。

報攤更樂於銷售未授權翻印本。[27] 出版委員會注意到，翻印本往往充斥錯字、語句闕漏等粗心錯誤，而且字體細小如蟻。[28] 有些翻印本是標題聳動的共產黨刊物選集，像是《毛澤東外傳》、《斯大林怎樣起家的》。[29] 中宣部認為國民黨「特務分子」也在裡頭攪和，散布「毒品」般的「歪曲」文字，偽裝成中共最新的政策文件，混淆北京居民。舉例而言，據傳出現了一系列自稱由「新華書店出版」的小冊子，以城市房產土地法為主題，偽書內容談到，中共將會全面沒收私有房地產和住屋，全部重新分配。[30] 雖然民間翻印本或多或少可視為傳播共產黨新思想方向的「免費」助力，但同時也威脅到中共意識形態正統的「純正性」，必須加以規範。

儘管在五月初，中宣部最早對中國各大城市的地方辦事處下達的指示，是要求禁止民間翻印黨的刊物和政策小冊子，但他們也承認民間翻印本有其價值。在某次的指示，他們直言，由於禁印的主要原因是為防止充斥錯字、謬誤和不實訊息的「不良品」引起社會混亂，翻印本「除錯誤太大」以外的，「一般不宜查禁沒收」，畢竟單靠新華書店的印刷能力，不足以滿足人民對共產主義書籍節節高升的需求。[31] 在出版委員會針對盜版問題發表的完整「意見」中，他們也對琉璃廠盜版商表達一定的同情。他們將盜版商視為戰後經濟危機的受害者，為了維持生計才翻印毛主席的著作，因此與其打擊盜版商，幫助盜版商才是處理問題的上策。黨可以「主動地、有計畫地供給紙型」，「組織他們（為黨）翻印一部分書籍」，以贏得他們的支持。長期而言，黨可以進一步幫助盜版商轉型，成為專門印製暢銷書的集體出版組織，使他們最終能完全「停止盜版」。[32]

相較於一九三〇年代駐平辦事處不擇手段地打擊北平盜版商，一九四九年中共處理北平盜版問題的方式相對溫和，甚至可謂寬大。出版委員會及其上級單位基本上不是把琉璃廠盜版商視為侵犯其財產權的「竊賊」，對他們而言，民間未受規範地翻印共產主義著作和黨的文件，會對政治上造成潛在的威脅。因此只要翻印本品質尚可、民營出版商也事先徵得同意，黨就應該暫時允許他們翻印新華書店的刊物，以此從中盈利。對比國民黨的審查員只要一發現任何人印製有問題的著作，就採暴力手段對付，共產黨的做法可展現他們和國民黨審查員不同，能讓他們顯得公平明理、思慮周全；相較於上海書商為了確保利益壟斷而追捕盜版商，共產黨的做法也能讓他們和上海書商有所區隔。黨要求民營出版商在翻印黨的刊物之前，必須先取得出版委員會同意，也希望能藉此以最低行政成本，更有效地規範黨核心文本的複製。理想情況下，他們可以決定哪些書籍能交由哪間出版商翻印，同時能利用民營出版商的印刷效能，協助黨即時為新中國提供所需的讀物。

「經同意翻印」是立意良善的手段，可以讓中共不必為了阻止共產主義著作遭到不樂見的

27 〈出版總署辦公廳計畫處關於北京市翻版書刊情況的初步調查報告〉，頁五七三～五七四。

28 同前註。也參見〈出版委員會第十次會議記錄（節錄）〉，一九四九年五月四日，《中華人民共和國出版史料》第一卷，頁八六。

29 〈謹防假冒〉，《人民日報》，一九四九年三月十六日，第四版。

30 〈中共中央宣傳部關於防止偽造文件致華東局中原局的信〉，一九四九年五月十五日，《中華人民共和國出版史料》第一卷，頁一〇〇～一〇一。也參見〈謹防假冒〉。

31 〈中共中央宣傳部關於防止偽造文件致華東局中原局的信〉第一卷，頁一〇〇～一〇一。

32 〈全國出版事業概況〉，一九四九年六月五日，《中華人民共和國出版史料》第一卷，頁一三三。

盜版而陷入麻煩，同時又能讓黨保有翻印所需著作的自由。但現實狀況是，大家對「經同意翻印」的政策似乎不太領情。自新華書店在《人民日報》首次刊登啟事的幾週之後，新華又刊登了第二次、第三次啟事，語氣更顯嚴厲，呼籲出版商向出版委員會取得翻印同意，並威脅出版商，一旦發現未經授權的翻印，將依法究辦。[33]無獨有偶，一九四九年到一九五〇年間，中宣部和出版總署也每隔幾個月就發出指示，反覆提醒新華書店各分店，滿足教科書和其他書籍的需求的正確方式，是向原出版商訂購書籍，而非直接擅自翻印。[34]他們頻頻下達相同指示，可見民營出版商和新華書店都沒有認真看待「經同意翻印」的指導原則，大家仍舊未經授權任意翻印書籍。

最後似乎真正奏效的手段是政府更直接的干預。十一月，出版總署自豪地報告，當局在春季抓到十五名盜版商，其中有九名已在各大報上登報道歉，將交出剩下的盜版書，承諾「今後不再翻版」。盜版商之所以「自願」合作，是因九月時參加北京人民政府舉辦的「論壇」中遭遇了壓力；城裡所有民營出版商都「受邀」參加這場論壇，瞭解未經同意翻印中共政策文件將遭到究辦。出版總署盯上的盜版商絕大多數都選擇合作，在一個月內交出他們翻印的九十多種書籍中的三分之一，以供審查。儘管如此，出版總署仍懷疑有些盜版商可能陽奉陰違，繼續做盜版生意。因此出版總署提議即使缺乏規範盜版的全國法規，但仍需採取進一步行動控制北京的盜版問題。他們建議地方的軍事管制委員會應該鎖定一兩家暗地裡繼續盜版的公司，逮捕負責人，將他們拘留幾天，如此可收殺雞儆猴之效。[35]

自私自利的罪行

一九五〇年代初期，出版總署之所以要解決盜版問題，不只是為了確保讀者能接收到「正確」版本的共產思想，這也是他們改造中國文化經濟的一環。學者常將中國一九四九年後的國家文化管理描述成為中共精心設計的制度，作為宣傳國家的中華人民共和國，透過這個制度集中控制書籍的生產、傳播、消費，擴展黨國對文化的控制；同時我們不能忘記，黨國在創造社會主義新文化的同時，也打造出左右出版商、作者經濟生活的一套新結構、新原則、新思想。從出版總署一九五〇年代初期頒布的幾項政策聲明和指示可以看到，其遠大目標，是企圖透過改造出版業，來矯正中國出版商逐利的本能與市場導向的經營框架。[36] 出版總署認為，激烈競爭、詐欺不實和盜版等種種罪惡，導致民國時期劣質書籍氾濫，而競爭的資本主義心態正是養成萬惡的源頭。因此只有對中國出版業全面進行社會主義改造，方能根除市場的不良影響，徹底杜絕盜版。

33 陳矩弘，《新中國出版研究》，頁五六。有意思的是，啟事從未明說他們依循的是哪一條法律。

34 例如〈中央人民政府出版總署出版局重要啟事〉，一九五〇年一月，《中華人民共和國出版史料》第二卷，頁三；〈出版總署對各地新華書店出版物應認真檢查指示〉，一九五〇年五月五日，《中華人民共和國出版史料》第二卷，頁一九七。也參見〈出版總署關於統一全國新華書店的決定〉，收錄於中央宣傳部出版工作選編編輯組編，《出版工作文獻選編》，頁五〇～五一。

35 〈出版總署辦公廳計畫處關於北京市翻版書刊情況的初步調查報告〉，頁五七四～五七五。

36 陸定一，〈在全國新華書店出版工作會議上的閉幕詞〉；〈胡愈之在新華書店總店成立大會上的講話〉。

然而出版總署面對的現實形況，並不盡如人意。一九四九年調查北京盜版問題時，他們發現在政府著手改革民營出版商以前，機智的出版商早已找出辦法，靠販售馬克思主義來賺錢。上海的情況又比北京更複雜。解放軍一九四九年五月接管上海之際，當地的出版業飽受摧殘；接連的戰爭、戰後的惡性通貨膨脹、國民黨嚴厲的審查制度以及紙張短缺等影響，皆對上海出版業造成沉重打擊。儘管如此，上海依然執中國出版業之牛耳。根據一九五〇年的調查，中國兩百七十家活躍的出版企業裡，上海的民營出版商佔一百九十九家。[37] 上海全體出版商印製的書籍種類，超過所有黨國出版企業的總和。[38] 接管上海之後，中共確實在那裡成功開設新華書店分店，徵收與國民黨有關聯的出版公司，在幾個月內建立起強大勢力，但是由於上海出版業規模龐大，他們無法立即加以「改革」。一九五一年，儘管出版總署努力推動集體化整併，上海民營出版商的數量不減反增。[39]

一九四九年以前，上海出版的書籍繁多，包括言情小說、武俠小說、實用手冊、民國公民的教科書、漫畫書等等，其中一大部分被新政權貶為「落後」、「封建」、「迷信」或「有毒」，不適合中國新公民閱讀，因此這些書籍在一九四九年後的圖書市場被視為不符合政治需求。[40] 為了熟悉新政權的政治和意識形態語言，中國城市讀者爭相閱讀社會主義書籍，精明的出版商從中看到商機。[41] 前幾章提過，現代中國讀者的偏好及中國書市的潮流深受政治強權、政策和當權者意識形態的影響。對於市場敏感度極高的上海書商據經驗推測，中國讀者面對一九四九年政權更迭的反應將一如既往，他們會蜂擁購買可能有助他們瞭解新政權或新意識形態的書籍。儘管書商們不熟悉共產思想，但在中共建國的頭兩年，許多書業人士仍然設法編纂、出版了大量關於共產主義的入門讀物、參考書、字典和學習手冊。他們盜版或抄襲黨的刊物，可能是將政府的最新宣傳和老故事混在一起，抑或將報紙文章和「幹部必讀」搭配他們的詮釋，就這樣生產一本又一本的新書。[42]

對中共來說，上海出版商印製的這種共產主義「通俗」書籍，比先前在北京發現的黨國刊物翻印本，對其壟斷政治意識形態的目標，造成更嚴重的威脅。這些書籍不是夾雜錯字、編輯低劣的直接翻印本，而是對黨的政治目標、政策、歷史的非官方可疑詮釋。出版總署副署長葉聖陶，同時是熟悉上海出版界的資深人士；他在一九五一年中國第一屆全國出版行政會議上譴責出版商的不當行為。葉聖陶抱怨，投機牟利的出版商為了自己的商業利益，操弄中國讀者對共產主義著作的熱情。只要他們繼續使用這種逐利、自私、競爭的商業模式來經營，他們就會

37 〈全國主要城市出版業及販賣書店數量初步統計表〉（一九五〇），《中華人民共和國出版史料》第二卷，頁八五三。

38 根據一項調查，一九五一年出版的書籍中，有百分之五十五是上海的民營出版商所出版。參見周武，〈從全國性到地方化：一九四五年至一九五六年上海書業的變遷〉，頁一一。

39 同前註。

40 上海市檔案館 S313-4-2，〈上海出版界是怎樣克服困難的？〉，一九五〇年六月；方厚樞，〈新中國對私營出版業進行社會主義改造概況〉，收錄於《中國出版史料．現代部分》，頁八〇四～八〇五。

41 葉聖陶，〈為提高出版物的質量而奮鬥！〉，一九五一年八月二十五日，《中華人民共和國出版史料》第三卷，頁二三四。

42 這段時期產生的這類「通俗」書籍裡，最為人熟知的一個例子是漫畫書《李鳳金》，書中用傳統的淒美愛情故事來解釋及宣傳新婚姻法。由於書中描繪的地方共產黨幹部不太有能力正確執法，《李鳳金》險些遭到當局禁止。

繼續盜版國營出版社的書籍，造成更多混亂。葉聖陶建議，為了徹底解決問題，這些民營出版商需要「整肅」和「改造」。[43]

對付上海這些「投機牟利」的出版商時，出版總署最常用且便捷的策略是指控他們盜版。一九五一年，針對盜版的「整肅」行動由上海書業公所全權負責。這個民間組織當年是出版資本家和文化企業家為了保護自身經濟利益而成立，新政權體認到上海書業公所對於規範上海龐大又複雜的出版業，有不可或缺的重要性，因此決定暫時予以保留。一九五〇年，一群親共的出版商和編輯組成上海市書業同業公會籌備委員會。他們有些曾在一九三〇年代參加左翼作家聯盟，像是姚蓬子（約一九〇五—一九六九）；有些是中共或民主黨派的資深黨員，例如籌備委員會主席兼新華書店華東分店副理盧鳴谷（一九一七—一九九四）；還有些是支持中共的左派出版商，像是光明書局的老闆王子澄（一九〇三—一九九五）。[44]在中共建國初年，上海書業的新領導人把這個舊機構當作工具，協助新生的黨國重整上海出版業，最終將上海出版業國有化。他們也幫助會員和政府當局就紙張供應、郵資價格、徵稅及企業自主權等交涉協調。[45]身為國家和上海出版商之間的中間人，上海市書業同業公會籌備委員會現在必須在社會主義經濟道德的新框架下，對烙印在上海書業公所記憶裡的頭號大敵——盜版，予以懲罰。

一九五一年三月二十七日，上海市書業同業公會籌備委員會接獲光明書局的通報，指控另一會員春明書店盜版《各國革命史》。[46]《各國革命史》成書於一九三〇年代中期，作者是地下共產黨歷史學家，他以馬克思主義觀點描寫歐洲現代史，呼籲中國社會革命，因此在抗日戰爭期間，此書遭到重慶國民政府和南京汪精衛合作政權雙雙禁止，戰後由一九三〇年代以來長期支持中共地下組織的光明書局重新出版。一九四九年後，由於共產黨向幹部推薦此書，《各國革命史》在上海大受歡迎。一九五一年一月，春明書店出版了一本書名十分雷同的《各國革命通俗題解》，光明書局老闆指出，此書的內容和《各國革命史》有高達百分之九十五相同，控訴春明書店無疑盜版了他的暢銷書。[47]

涉嫌盜版的春明書店是一家中型出版社，由陳兆椿創立，在上海他們以出版多樣的暢銷書為業界所知，從卜卦手冊到偵探小說都有涉獵；他們熟悉中國蓬勃成長的城市圖書市場，對最新趨勢十分敏銳，反應迅速。[48] 陳兆椿在內戰後退休，將公司留給過去的員工，總編輯胡濟濤接手領導公司，日常營運一如既往。春明書店自一九三二年成立以來，就活躍於上海書業公所，對公所的版權執法機制十分熟悉。一九五一年三月二十八日，胡濟濤被要求對盜版指控做出解釋，他自然按照公所慣例，回應光明書局的指控，代表公司為出版抄襲之作的無心過錯道歉。

43 〈為提高出版物的質量而奮鬥！〉，頁二三四。

44 關於一九五〇年代上海書業公所領導階層的討論，參見 Volland, "Cultural Entrepreneurship in the Twilight," 246–248.

45 同前註，頁二四五。也參見 Volland, "The Control of the Media in the People's Republic of China."

46 上海市檔案館 S313-4-28，〈光明書局總局致書業公會籌備委員會〉，一九五一年三月二十七日，以及〈三月二十八日在同業公會籌備委員會報告〉，一九五一年三月二十八日。

47 同前註。

48 春明書店一九四九年以前的出版物裡，最有名的可能是名為《秘術一千種》的實用手冊，介紹各種「秘術」，包括基本的咒語、去除布上油漬的草藥、預測死期的方式、讓蛋飄在空中、把花朵變成不同顏色的各種技巧。他們也因翻譯莫理斯．盧布朗（Maurice Leblanc）的亞森．羅蘋（Arsène Lupin）系列小說而聞名。

依循上海書業公所的標準流程，他表示公司願意將盜版的紙型和剩下的存貨交給公所銷毀，也承諾會賠償光明書局的經濟損失。[49]

道歉、賠償、交出書底，這些是一九四九年以前在上海書業公所版權制度下，解決版權糾紛的標準步驟，然而令他意外的是，不論是上海書業公所的新領導人還是光明書局皆未就此滿足。光明書局老闆王子澄同時也身為上海市書業同業公會籌備委員會的一員，他表示報案不是為了討回經濟損失。他的真意是希望同業公會可以利用這起事件「幫助」春明書店等民營出版商學習，讓他們理解出版是新中國一項嚴肅的政治使命。[50] 籌備委員會贊同王子澄的想法，他們將這起版權小糾紛變成為期數月的政治運動，讓上海書商「自己教育自己」，瞭解為什麼春明書店的不當行為代表上海出版業深刻的結構性問題，而許多上海書商也身陷其中。[51]

春明書店一九四九年以來出版的書籍全數接受仔細審查，不出數日，審查員及新華書店回報春明還盜版了另外幾本書。[52] 春明書店交出書底和剩下的存貨，向作者和出版商支付賠償金，回收所有已售出的書冊，除此之外，春明書店的員工還在籌備委員會的命令下組織自我批判大會，徹底檢討他們不當行為的本質：[53] 如果說他們出版《各國革命通俗題解》不只是單純侵犯了光明書局的財產權，造成的主要損害也不是王子澄的經濟損失，那他們犯下的「真正」罪行到底是什麼？從一九五一年三月底到八月初，春明書店的員工交出了幾輪自我批評。由於他們苦於揣摩不出隱藏在批鬥活動背後的官方真意，上海書業同業公會提供了更明確的指引幫助他們：盜版的起因是民營出版商競相逐利的心態，但是在新的共產經濟裡，出版並非為了獲取個人經濟利益，而是為了服務人民的需要。想要真正「戒斷」盜版，春明書店（乃至整個民營出版界）必須摒棄市場導向的經營模式，把自己從商品製造者改造成提供人民「精神食糧」的真誠生產者。

春明書店或許不是新上海書業同業公會隨意選出的目標。某種程度上，這家文化企業成功體現了出版總署領導階層眼中，一九四九年以前的出版業具備的一切負面特質。春明書店是人盡皆知的盜版慣犯，一九三四年，上海書業公所抓到他們盜版暢銷小說《啼笑姻緣》及其他書籍；一九四七年，葉聖陶等一眾左翼作家指控春明書店盜版他們的著作（也盜版了魯迅的作品）。春明最後同意支付一大筆賠償金給每位作者，並和他們合作推出一系列新的左派小說，此案才終於告一段落。[54] 春明書店出版的書籍從「鴛鴦蝴蝶」派言情小說到社會主義小說都囊括在內，他們不堅守任何特定的文化或政治思想方向，只是逐利浮沉。

一九四九年後，陳兆椿將書店交由原本的員工「集體」管理，兒子逃往臺灣，在臺北另開

49 上海市檔案館 S313-4-15，〈上海市書業同業公會籌備委員會會議紀錄〉以及〈第十四次籌備會會議紀錄〉，一九五一年三月二十八日。

50 上海市檔案館 S313-4-28，〈三月二十八日在同業公會籌備委員會報告〉。

51 上海市檔案館 S313-4-15，〈第十四次籌備會會議記錄〉。

52 上海市檔案館 S313-4-28，〈新華書局華東分局致上海書業同業公會〉，一九五一年三月三十一日；上海市檔案館 S313-4-15，〈新華書局華東分局致上海書業同業公會〉，一九五一年五月九日；〈書籍審讀意見：高小歷史科參考資料〉，一九五一年四月二十六日；〈書籍審讀意見：政治經濟學通俗題解〉，一九五一年四月四日。

53 〈第十四次籌備會會議記錄〉。

54 俞子林，〈我所知道的春明書店〉，《出版史料》四（二〇一一），頁三十四～三十八。

一家春明書店。[55] 春明的三十多名員工名義上接管了公司，成為自己的「主人」，他們的工作能力奠基及成熟於戰前的上海出版業，現在他們用老套路——出版市場上的暢銷書，不挑類型，而且速度要快、售價要低——應付瞬息萬變的現實。

春明員工注意到共產主義書籍供不應求，自一九四九年秋開始出版一系列教科書、入門讀物和字典，幫助讀者瞭解新政權。他們盜版及抄襲暢銷的「社會主義」書籍，或是把報紙文章和政策文件混在一起「創作」新書，速成地編出這類書籍。他們一九四九年以後的出版物中，最知名的是《新名詞辭典》。[56] 這部辭典在短短幾個月內編纂完成，主要編纂者是當過報社職員、寫過言情小說的總編輯胡濟濤；辭典簡單解釋了中共的政黨架構、領導階層、新的政治術語、共產主義詞彙，諸如此類，但提供的解釋不完全正統。《新名詞辭典》在兩年內賣出九萬冊，據說胡濟濤因此發了大財。[57] 觀諸上海的出版同業，許多仍在為了生存苦苦掙扎，而春明書店卻已克服政權更迭帶來的經營危機，一九五〇年起再次開始獲利。[58]

春明書店的編輯在盜版和抄襲他人著作時經常改寫內容，目的可能是避免原封不動的抄襲，或是想讓共產主義意識形態更好讀、更好懂。舉例而言，一位審查員指出，春明的《高小歷史參考資料》有百分之八十的內容抄襲自共產黨重要歷史學家范文瀾（一八九三—一九六九）的《中國通史簡編》。審查員更指出，春明的編輯以「封建」觀點改動了范文瀾行文的許多細節，扭曲了原作者對中國歷史發展的馬克思主義詮釋。范文瀾的《中國通史簡編》直呼皇帝的全名（例如「愛新覺羅弘曆」），強調帝制中國的歷任統治者只是凡人而已；然而春明抄襲該書時，編輯改以諡號（例如「乾隆皇帝」）來稱呼皇帝。審查員批評，春明改換的用字遣詞給予封建領袖「不必要的尊重」，「失去今日人民歷史的精神」。[59] 這正是葉聖陶所謂落後、貪婪、投機取巧的出版商，逐利盜版時對人民造成的傷害。

上海書業公所的新領導階層和光明書局，拒絕讓春明書店依公所的舊章程解決糾紛，他們傳達的訊息是。昔日上海書商建立來處理盜版問題的規範和習俗已經失去權威，不再有效。春明書店的員工或許已經察覺，在新的中華人民共和國著作權法尚未訂立的當下，他們案件的審理標準，應以新政權的經濟道德和意識形態關注重點為依歸，這也是公所希望他們「學習」的內容，但他們對於如何學習不太有頭緒。

於是他們延宕了一些時日，終於在一九五一年六月底將第一份自我批判報告交給上海書業公所，春明書店的員工除了對盜版坦承不諱，也考慮到廣義上可能不見容於共產主義道德的行為，坦承他們還犯下其他罪行，而最根本的錯誤是在一九四九年之後，仍然按照「濃厚的單純

55 春明書店老闆之子陳冠英在台灣經營一家分店。一九五〇年到一九五一年間，他從上海經香港走私書籍到臺灣販售，直到被國民黨政府以顛覆罪逮捕為止。一九五三年，陳冠英在台灣以協助中共的罪名處決。Fei-Hsien Wang, "A Bookseller's Tale of Two Cities: Piracy, Smuggling, and Treason across the Taiwan Straits"（未出版手稿）。

56 Altehenger 在中共建國初期知識傳播的背景下分析了新名詞辭典的製作過程和內容，參見 Altehenger, "On Difficult New Terms," 622–661.

57 上海市檔案館 S313-4-18，〈一個讀者秦不凡致上海書業同業公會〉，一九五一年六月三十日。雖然寫信人自稱是普通讀者，但是他清楚《新名詞辭典》的銷售額，也知道胡濟濤分得多少利潤，代表他可能是書業業內人士。

58 上海市檔案館 S313-4-28，〈春明書店店務委員會檢討書〉，一九五一年六月二十日。

59 〈書籍審讀意見：高小歷史科參考資料〉。

經濟觀點」經營公司。許多一九四九年以前出版的暢銷書無法繼續在共產中國銷售，他們就把剩下的書冊偷偷運到香港販售，甚至立刻盜版流行的共產主義讀物，貪圖快速獲利。他們受到市場導向的心態操控，汲汲逐利，無視自己交給當局的出版計畫，不負責任地草率出版了一系列盜版書。[60]

春明書店的編輯人員意識到他們一九四九年以前的出版物是「一堆爛垃圾」，也坦承他們曾經試著自我「淨化」，但還是被「純粹經濟觀點所俘虜」。最大的問題是，他們沒有認清像春明這樣又「小」又「不成熟」的出版社「沒有資格」為幹部和學生出版共產主義書籍。由於他們「思想水平低下」，「工作方式市儈隨便」，無法負責任的審閱書稿，也無法及時阻止出版抄襲的內容，最後導致「直接損害出版家、著作者的權益，也間接欺騙讀者，危害了人民的利益」。[61]

上海書業同業公會的新領導人和上海市新聞辦公室認為，春明書店員工的自我批判報告並未談到他們「純粹經濟觀點」背後的真正問題及其造成的實際傷害。春明員工承認他們總是在和時間賽跑，沒辦法好好審校書稿，但正如審查員指出的那樣，他們忽略處理的議題是，出版商和作者在盜版書裡看似無傷大雅的修改，可能會嚴重傷害黨的政治正統思想。[62] 除此之外，即使他們承諾不再盜版他人書籍、放棄香港的生意、不再出版共產主義的教科書和入門讀物，而且仔細審校新書籍，但只要書市仍是個競賽場，他們就不可能從趨利心態中解脫。[63]

上海書業同業公會舉辦公共論壇來幫助大家瞭解這一點。[64] 一九五一年七月十一日，春明書店的代表在一百四十名出版商和編輯面前接受批判。這是上海書業公所首度設立公共政治劇場來處理盜版問題，他們在論壇中重新定義了盜版的核心問題。上海市新聞辦公室的官員表示，自從一九三〇年代以來，春明書店就因為出版色情、反動和盜版書籍而惡名遠播。他們在一九四九年後怙惡不改，「違反了新民主主義原則」。[65]上海書業同業公會的新領導人接著指出，盜版無疑形同偷竊，但懲罰盜版商或竊賊，無法根本消滅盜版或竊盜的惡行。春明書店等民營出版商自私趨利的想法，會不斷誘使他們為了謀取短期商業利益而竊取他人著作，因此唯一能阻止盜版的方法是矯正這種市場導向的心態，以及為出版商烙印下這種心態的競爭書業結構。上海書業公所表示，春明書店的案例可以為上海出版商提供絕佳的自我教育機會，讓他們瞭解將出版業改造成由國家監督的集體化、計畫性的全新出版業有多麼重要、多麼有益。在新的集體經濟系統裡，每個出版商都只專門經營某種體裁或某種類型的書籍，也只要專心完成自己的出版計畫。出版計畫和書稿會經過國家機關審核，他們出版的書籍將透過新華書店的全國銷售網絡流通，因此出版商再也不用擔心重複出版類似書籍或生意版圖重疊，也不必再彼此競爭。

60 〈春明書店店務委員會檢討書〉。
61 同前註。
62 〈書記審度意見：高小歷史科參考資料〉。
63 上海市檔案館 S313-4-28，〈書業關於春明書店翻版問題的座談會速記〉，一九五一年七月十一日。
64 同前註。
65 上海市檔案館 S313-4-28，〈出版界昨舉行座談會批評春明書店偷竊作風〉，剪報，一九五一年七月十二日。

官員和上海書業同業公會領導人在論壇上的聲明暗示，若要徹底解決這次的盜版案件，春明書店應該自願接受改革，加入上海書業同業公會正在推動的其中一個集體營運單位。四天之後，春明書店寫信向曾被他們侵權的作者和出版商道歉，並將道歉信、賠償方案和第二次自我批判報告交給上海書業同業公會，但公會領導人對春明書店的表現並不滿意。[66] 雖然春明書店的代表表示論壇給了他們寶貴的學習機會，但其第二份報告只是複述了第一份報告的內容；他們重申「消滅自己的純經濟觀點」的決心，卻沒有說明打算怎麼實現目標。[67] 報告沒有提到結構性改革或加入集體營運單位，也沒有依照公會領導人在論壇上建議，著意針對經理和總編輯來檢討。[68]

我們不清楚春明書店是刻意無視上海書業公所領導人的訊息，還是單純太過無知，不得要領。這起盜版案最後還是平息了，諷刺的是，解決方法是按照春明書店三月時最初的提議，依公所的舊慣例行事，於是剩餘的庫存盜版書遭到銷毀、受害者獲得賠償。唯一的不同之處是，這次的受害者為了強調不在乎物質利益，光明書局和《各國革命史》的作者將賠償金捐出，贊助建造以作家魯迅命名的戰鬥機；盜版書也並未在文昌殿前燒毀，而是變成造紙用的紙漿。一九五一年八月初，上海書業同業公會說服春明書店自願加入集體出版單位未果，領導人似乎打算就此罷手，他們說：「春明書店的檢討，已經是好幾次了，可能是他們政治水準（過低）的關係，是只能作到此了。（我們）是否就此為止？」[69]

案件略嫌草率的收尾，以如此結果留存在公會的檔案紀錄中，乍看之下，這表示公會的新領導階層未料到會如此難以讓春明書店掌握他們的政治訊息與用意，即使對方是出版過暢銷政治辭典（儘管問題百出）、向上萬中國讀者介紹及說明新政治術語的春明書在。不過仔細研究這起案件，我們會注意到在一九五〇年代初的過渡期，國家、圖書市場、上海出版商自律組織，三者之間的相互關係開始變化。一方面，由於新的黨國對組織的接管相對薄弱，加上革命之後法律真空，新黨國仰賴這個舊民間組織繼續調解盜版糾紛，上海書業同業公會現在雖然換了新的領導階層，卻能將習慣法式版權制度的傳統，帶進社會主義中國接續執行。另一方面，新黨國和過往的統治者不同，他們決心在出版業建立主導地位，根據社會主義願景改造出版業。春明書店員工一九五一年的經歷是新舊交雜的混合體，既有他們熟悉的舊有糾紛調解程序，也有他們從未經歷過的新政治運動手段（自我批評檢討和公共政治劇場〔political theater〕）。

在這個過程中，中共經濟上和意識形態上的新關注重點成為新準則，依此重新定義民營出版商的著作盜版行為，盜版被貶為在競爭自由市場而誕生茁壯的必然之惡，中共宣稱杜絕此惡的唯一辦法，不是依靠出版商的自我約束與遵守集體規矩，而是必須將出版業改造成計畫性、集體化的全新出版業，讓出版商不需彼此競爭。中共提出的反盜版新論述是為了達成幾個目的的手段，其一是為克服一九五〇年代初期尚未訂立著作權法的空窗；其二是為明確區分中共為

66 上海市檔案館 S313-4-28，〈報告〉，一九五一年七月十五日；以及〈上海書業同業公會陳詩民致萬副主任祕書〉，一九五一年七月十六日。

67 上海市檔案館 S313-4-28，〈春明書店店務委員會編輯部第二次檢討書〉，一九五一年七月十五日。

68 〈上海書業同業公會陳詩民致萬副主任祕書〉。

69 上海市檔案館 S313-4-15，〈第十八次籌備委員會會議記錄〉，一九五一年八月三日。

人民翻印的行為和為私利而盜版的罪行；其三是為了將上海出版商對盜版的共同敵意，連結到黨國將出版業國有化的終極目標。上海書業同業公會在針對春明書店的運動中抱持上述論點，不論是否出於自願，新公會推動以這個方法解決盜版問題的同時，潛在的代價是破壞最初設立公所意欲保護的價值、以及建立下的基礎——一個蓬勃發展且高度自治的文化市場。

春明書店這次或許成功保住了部分經濟自主權，但名聲已經掃地，葉聖陶在出版政策會議的發言中點名春明是負面教材，更讓情況雪上加霜。春明書店面臨的政治壓力日益沉重，於是漸漸向出版總署的新規則低頭。一九五一年年底後不久，胡濟濤卸下職位，改由共產黨黨員、同時也是文化部長茅盾的小舅子孔另境接手，公司也改組更名為春明出版社。孔另境延請了一批學者、教授來修訂《新名詞辭典》，「改進」其品質。春明的編輯人員也開始定期將書稿送到上海市新聞辦公室接受事先審查，這是他們自己主動的作為，其對於微調用字遣詞可能造成的政治意義變化，變得更敏感（有時甚至過於緊張）。[70] 春明出版社最後在一九五六年併入上海文化出版社，合併之前，一直是上海獲利最豐厚的前十大民營出版商。[71] 他們體認到，置身新的社會主義文化經濟中，要繼續生財的唯一途徑就是和當權者合作。

春明書店一九五一年的遭遇，成為類似民營出版商的前車之鑑。一九五二年，出版總署擬定第一個五年計畫，制訂了「改革」各類民營出版商的策略。他們計劃幫助「根基不穩」（缺乏雄厚資本）和「出版能力有限」的出版商「自願」併入公私合營的公司，同時指導這些出版商發展專業領域。至於只關心利潤，不關心國家人民利益的「投機」分子和「不正當」的出版商，出版總署會加以整肅、教育，尋找適當時機矯正他們，或是勒令其停業。[72] 一九五三年到一九五四年的指示和報告中，胡愈之及其領導下的出版總署官員多次解釋他們的標準戰略規劃，說明要如何對付春明書店之類的「投機出版商」。計劃的第一步是先找到出版商不當行為的證據，像是曲解政府政策、印製色情書刊，或「竊取版權」等，接著對出版商提起訴訟，揭露「投機出版商的惡行」，廣為宣傳，讓人民知道不良出版商對社會的危害。透過種種有組織的運動，成為箭靶的出版商必然只能束手歇業，或者乖乖加入國家的集體化計畫。[73]

胡愈之在寫給出版總署副署長陳克寒（一九一七—一九八〇）的信中說明，將劣質民營出版商逐出市場的行動，不只是為了達成黨國對媒體的全面控制，更是為了根治中國出版業的沉痾。他將盜版、低劣品質、色情內容、割喉折扣戰等種種問題，都歸咎於中國出版業的競爭本

---

70 上海市檔案館 B1-2-3625，〈本處關於通俗讀物的處理與華東新聞出版局及川西新聞出版處的往來文書〉，一九五一年八月至十月。

71 直到一九五五年，春明書店始終是上海前十大獲利豐厚的民營出版商。參見上海市檔案館 S313-4-32-32，〈上海市書業同業公會公私營出版社資產盈虧情況〉。

72 胡愈之，〈出版總署關於全國出版事業的狀況和今後方針計畫給文教委員會的報告〉，一九五二年九月十二日，《中華人民共和國出版史料》第四卷，頁二〇八；〈出版總署第一次出版建設五年計畫〉，一九五三年二月二十七日，《中華人民共和國出版史料》第五卷，頁八二。

73 例如胡愈之，〈關於發行工作貫徹總路線問題給陳克寒的信〉，一九五三年十二月八日，《中華人民共和國出版史料》第五卷，頁六四四；〈出版總署關於整頓上海私營出版業方案的意見覆華東新聞出版局函〉，一九五四年二月十日，《中華人民共和國出版史料》第六卷，頁七五～七七；〈出版總署黨支部關於整頓和改造私營出版業的報告〉，一九五四年八月，《中華人民共和國出版史料》第六卷，頁四六八～四六九、四七一。

質，胡告訴陳克寒，出版總署未來幾年的主要任務就是「消滅書籍的自由市場」。他認為，中國書市的集體化和國家壟斷是終極解決手段，能夠徹底阻止「投機出版商」犯下自私自利之罪，更信心滿滿地向陳克寒說：「很難想像沒有自由市場，還會有投機出版商。」[74]

不過證據顯示，國家完成出版業集體化之後，未授權翻印並未神奇的自動消失，有些不是出版機構的政府、軍隊和工業單位也有印刷能力。出版總署自一九五三年底開始陸續發布指示，要求全國各地的「非出版單位」停止未經正式授權擅自翻印書籍和政策文件。[75] 所謂的「非出版單位」上至解放軍、下至河南省農業委員會和上海的建設單位，他們顯然照舊翻印共產主義經典、毛主席著作和政策文件。有些是為了省錢，有些是貪圖方便，更多單位似乎認為他們為了協助同仁學習共產主義意識形態，翻印需要的書完全是理所當然。[76] 出版總署假設商業利益是盜版的主要動機，於是全心投入在改造民營出版商的營運模式和心態思維，然而他們似乎忘了延安自由翻印的傳統，盜版可以是出於自私自利而犯下的罪行，但也可以是在解放及革命的名義下為傳播思想的「無私」之舉。出版總署對盜版的重新定義可以幫他們對付亟欲除去的民營出版商，同時毋需正面回答共產政權是否承認著作財產這個棘手問題。儘管如此，當要預防或制止黨國組織內部的盜版行為時，這個新定義顯得左支右絀，無能為力。

將作家變成工人

一九五〇年的第一屆全國出版會議將「尊重著作權和出版權」寫入決議。一九五一年，出版總署受命履行決議，為社會主義中國制訂新的著作權法，他們任命一群資深出版人，仿照蘇聯一九二八年的《著作權基本法》起草臨時著作權法。雖然安守廉認為中國傳統政治文化和蘇聯相似，因此中共採行蘇聯智慧財產權制度時適應得十分順利，但是蘇聯著作權法移植到中國的過程實則波折重重。出版總署一九五一年的草案與之後幾版草案，都遭到中央人民政府政務院否決，因為他們認為著作權根本是「資產階級」的法律概念。[77]

相較於西歐和美國當時的著作權法，蘇聯依據一九二五年《著作權法》修訂的一九二八年《基本法》，對作者專有權提供的保護較為限縮，著作權的期限也比較短。蘇聯的作者雖能透過合約將著作權出租給出版商一段時間，但是他們收取的版稅金額，統一比照政府頒布的稿酬標準而定。理論上作者一旦完成文字作品，即**自動**享有完整著作權，然而在現實中，只有對國

74 〈關於發行工作貫徹總路線問題給陳克寒的信〉，頁六四四。
75 〈出版總署關於糾正任意翻印圖書現象的規定〉，《中華人民共和國出版史料》第五卷，頁六〇九～六一〇。
76 例如〈出版總署關於部隊翻印圖書的規定〉，《中華人民共和國出版史料》第六卷，頁三九二；上海市檔案館 B257-1-3642-46，〈中共上海市城市建設局委員會宣傳部關於不准翻印主席著作的通知〉，一九六四年五月六日。
77 〈文化部召開老出版工作者座談會記要〉，一九五七年五月十四日至十五日，《中華人民共和國出版史料》第九卷，頁五六。

策「有用」的作品，作者才有機會從其著作物賺得物質回報；國家也有權利在未經作者同意的情況下將任何作品「收歸國有」。[78]但是在一九五〇年代的中共領導階層眼中，蘇聯體制還是太像資本主義體制。為了淡化著作權的「資產階級」氣息，在一九五四年和一九五七年的暫行規定草案中，出版總署和文化部進一步限縮作者使用及發行其創作作品的專有權。例如根據一九五七年的《保護出版物著作權暫行規定》草案，複印報紙文章供「內部參考」使用等一系列大規模的著作複製行為，皆可豁免於著作權侵權條款的規範，以顧及人民更廣大的利益。並為呼應出版總署之前「經同意翻印」的政策，草案規定，製作人可在取得作者同意後改編文字著作、編纂文集，但若作者拒不同意國營出版社的請求，政府可以出面干預，改由政府頒發許可。[79]然而即使經過大幅限縮，這項政策仍然招來罵名，被批為遭「資本主義法律殘餘」汙染，政務院以其「擁抱知識私有化」為由將之駁回。[80]

中國領導階層強烈反對保護私有財產，因此出版總署制訂社會主義著作權法時進展緩慢，遲遲沒有結果，不過他們大力整併出版業的行動，倒是有效粉碎了作者和出版商在二十世紀上半逐步建立起來版權的舊習。一九五〇年代中期，上海的出版商、編輯、作家一一經過國家的「社會主義改造」，上海書業同業公會的自主權和協商能力也隨之煙消雲散。數位在四九年後成為公會領導的出版人，在五反運動（一九五二年）中，成為批鬥的目標，許多會員在被整併或整肅之後不復存在。「社會主義改造」的過程中，民營出版商的資產、機器、庫存書和「版權」在政府指示下重新分配，促進公私合營、集體化和出版專業化。[81]轉移「版權」的通常做法是把書籍的實體紙型從一家公司搬運到另一家公司，不過出版總署清楚告訴民營出版商和地方政府機關，擁有紙型和擁有版權是兩回事。出版總署認為，擁有複印書籍的工具（這裡的例子是紙型），並不與等於自動擁有書籍版權。紙型本身不能創造書籍的價值，創造及決定紙型使用價值的，是書籍的內容和社會的需要。[82]過去上海書商將擁有版權和持有生產工具相互連結，如今這個慣例被完全摒棄。

出版總署和文化部也決意徹底革新大家習慣的版權交易方式，以「解放」作者。民國時期，作者可以選擇「賣版權」或「抽版稅」，前者是一次性賣斷書稿，後者是透過合約將作品的複製權授予出版商，以換取版稅。或許是因為他們過去擔任編輯、作者時，曾親身經歷報酬過低的狀況，出版總署和文化部的領導階層認為，一九四九年以前作者和出版商之間的關係，本質

78 Newcity, *Copyright Law in the Soviet Union*, 17–30, 71, 83.

79 關於此草案的發展，參見〈出版總署擬訂「保障出版物著作權暫行規定」草案呈政務院文委的報告〉，一九五四年五月十五日，《中華人民共和國出版史料》第六卷，頁二九二～二九八。根據一九五五年的報告，出版總署並未將這份草案正式送審，草案仍在修訂中，在相關機關間傳閱，尋求「更大共識」。參見〈文化部關於中央一級出版社工作的監查報告〉，《中華人民共和國出版史料》第七卷，頁一四九；〈關於保障出版物著作權暫行規定（草案）的說明〉，收錄於李明山、周林編，《中國版權史研究文獻》，頁三〇七。

80 沈仁干，〈艱辛、喜悅與期盼——改革開放中的著作權立法〉。

81 例如商務印書館和中華書局，將自己從全方位出版帝國改造為專門出版西學、經典著作和參考書的出版社。參見Culp, *The Power of Print in Modern China*, 194–213.

82 上海市檔案館 B167-1-39，〈上海各出版社關於版權轉移重印與上海市出版事業管理處的往來文書〉。

不過是單方面的剝削。[83]文化部的報告進一步指出，「解放」之前，書稿價格和版稅金額大多取決於市場需求和書籍價格，因此作者獲得的收入往往無法反映作品真正的文化價值。舉例而言，學術作者投入無數時間、心力拓展人類知識，但卻只能賺到微薄的版稅，因為這些「寶貴」書籍的銷路遠遠不及「無用」的色情書刊。結果作者和出版商很容易在利潤的誘惑下，生產受市場歡迎的通俗作品，不關心真正能裨益讀者和全體社會的著作。[84]

為了「照顧著作者、出版者和讀者的利益」，出版總署採用蘇聯式的稿酬制度，根據作者的勞動投入及作品品質給予報酬。這套新稿酬制度最早在國營出版企業實施，到一九五五年，民營出版商已經在集體化之下大量消失，稿酬制度於焉成為出版業的主流新準則。各個國營出版企業的稿酬標準，依公司規模和專業領域而異，不過大原則一致，作品的稿酬應該根據其類型、品質、字數和印刷冊數來計算。為了避免通俗作品的作者大發利市，超過一定印數之後，稿酬就會遞減。例如一九五五年，人民文學出版社按表七之一所示的稿酬標準計算稿酬。[85]

表七之一　人民文學出版社一九五五年的稿酬標準

類型		每刷印數（單位為千冊）				每千字稿酬（人民幣）			
原創著作	創作	10	20	30	50	18	15	12	10
	理論、研究、批評、文學史	5	10	20					
	五四經典	5	10	20					

翻譯								
當代著作	10	20	30	50	13	11	9	7
現代經典	5	10	20	30				
理論、研究、批評	5	10	20	30				
經典著作	5	10	20					

各出版商和國營經銷商新華書店根據書籍的性質、預估需求及生產銷售目標來設定印數，接著再依書籍的品質、主題的「實用性」及作者的聲譽套用不同稿酬標準。以一位大學教授的十萬字文學批評研究為例，這類的作者可以享有較高的稿酬級距（每千字人民幣十五至十八元），但是這種專業主題的書籍印刷量相對有限（一刷五千冊），因此稿酬會落在一千五百元至一千八百元之間。另一方面，如果同樣的出版商要出版一位新人小說家以土地改革為主題的十萬字小說，他們可能會套用較低的稿酬級距（每千字十元）；但由於主題比較通俗，印量會提高許多（一刷三萬冊），一來一往之後，作者收到的首刷稿酬會落在一千元上下。另外，翻譯書被認為原創性較低，工作較不辛苦，因此譯者的稿酬被整體調降。表七之一所列金額僅適

83 胡愈之，〈關於改進與發展出版工作的決議〉，收錄於《胡愈之出版文集》，頁一四八。
84 〈關於制訂新稿酬辦法的經過〉，《中華人民共和國出版史料》第七卷，頁三三五。
85 表格繪製的資料來源是黃發有，〈稿酬制度與「十七年」文學生產〉，頁四五～四六。

用於前六刷，第七刷之後的總稿酬將減少百分之三十。[86]

出版總署和文化部希望創造出另一種價值經濟，將作者、藝術家和知識分子從市場需求「解放」出來，同時保障其生計不虞匱乏，但是他們最後發展出的是一種國家主導文化經濟下的新體系，將作者變成了工人。過去蘇聯實行政府統一的稿酬標準時，能和社會主義著作權法互補，兩者的前提相同，皆認為作者擁有永久著作權，只是將著作權出租給出版者一段時間，換取報酬。蘇聯作者獲得的酬勞金額並非取決於著作的實際銷售量，而是依國家訂立的級距而定，儘管如此，蘇聯的稿酬制度原則上仍然是一種版稅制度。但是由於中國缺乏正式的著作權法規，從一九五〇年代中期到一九八〇年代，面對作者創作時為何應該獲得酬勞、應該獲得多少酬勞等問題，這套稿酬制度成為主要、甚至是唯一的參考依據。或許是因為中共不願意承認「版權」、「著作權」是法律原則及私有財產，綜觀一九五〇年代國營出版社制訂的各種稿酬辦法，「版權」及「著作權」等詞鮮少出現，反將版權和稿酬制度分割，改而再三強調「按勞取酬」的原則。「按勞取酬」成為將作者獲得物質利益合理化的新理由，也讓中國的稿酬制度和蘇聯徹底分道揚鑣，正如文化部一九五五年的報告所言：「稿酬是對著譯者腦力勞動的報酬」，因此歸根結柢，「其性質和工資一樣」。[87]

稿酬制度強調勞動投入而非藝術和思想創造力，按照量化標準向作者支付報酬，推動了一種作者和工作之間的新關係，以利更和調地融入中國計劃經濟的生產框架。在這種理解下，職業學者、作家、藝術家的勞動方式，如同工廠裡製造鞋子、腳踏車等各種產品的工人，他們的工時和產能可加以規劃、計算，同樣有生產計畫和配額要達成。舉例而言，一九五五年設計全國統一稿酬標準時，文化部假設職業作家、翻譯和社會科學家可以像機器人一樣全年無休的工作，他們估算，作者若將三分之二的時間投入寫作，一年可以產出七萬到十萬字的原創著作，或是平均十四萬字的翻譯。如果成果夠出色，國營重量級的人民文學出版社願意將之付梓，那麼他們可以享有相當於或略高於大學教授工資的優渥收入。[88]

儘管聽來理想，但稿酬制度實際推行時卻是一片混亂。第一點，全國統一的稿酬標準直到一九五〇年代後期才生效，這表示在這十年的大部分時間，隸屬不同政府機關或黨組織的各出版社、報紙和期刊，各有自己的稿酬標準和預設印刷量，所以即使著作類型相同、分量相似，也會因為出版社的不同，作者獲得的稿酬就不同，落差之大，就連文化部都承認情況形同無政府狀態。[89] 雖然學術著作可以適用較高的稿酬級距，彌補較低的印量，但實際上不論是「嚴肅」著作還是「通俗」著作，每刷印量往往相去無幾，結果導致長篇通俗著作的作者收入，遠遠超過「嚴肅」作家所得，落差之大，不可謂不離譜。以《保衛延安》和《兄弟民族在貴州》兩書為例，前者是描寫內戰英雄保衛中共大本營的通俗小說，後者是知名人類學家費孝通（一九一〇—二〇〇五）的著作，兩書的每刷印數都按慣例設為一萬冊。《保衛延安》是新中國第一批軍事長篇小說，出版後大受歡迎，短短一年內就再刷了五十次（五十萬冊）。出版商人民文學

86 表格繪製的資料來源是黃發有，〈稿酬制度與「十七年」文學生產〉，頁四五～四六。
87 〈文化部關於文學與科學書籍稿酬暫行規定的請示報告〉，《中華人民共和國出版史料》第七卷，頁三二五。
88 同前註，頁三二一～三二九。
89 同前註。

出版社每次再刷都會支付稿酬給作者杜鵬程，杜因此在一年間獲得了相當於教授三十年工資的鉅款。另一方面，費孝通歷時數月進行田野調查，將時間全心投入中國西南少數民族的研究，但因為首刷量高達一萬冊，《兄弟民族在貴州》不會有機會再刷，儘管費孝通可以適用更高的稿酬級距，但這本著作只帶給他相當於一個月薪水的微薄報酬。[90]

文化部設法改進這個情況，他們在一九五五年制訂新的稿酬辦法，將不同類型著作的稿酬級距和每刷印量加以調整、統一，希望縮小「通俗」作家和費孝通等「高級腦力勞動者」之間的收入差距。[91] 只不過這份提案似乎從未付諸實行。幾份報告指出，稿酬制度缺乏一致性和透明度，導致作者和國營出版社之間關係更加緊張。[92]

百花運動期間，毛澤東鼓勵大家公開批評文化官僚體制，不少作者趁機大肆發洩對稿酬制度的不滿。表面上看來，他們的批評多半是針對文化管理的腐敗、無能和形式化而發，但批評之中也透露出耐人尋味的細節，體現身為經濟行動者的作者如何辛苦適應這樣的新工作和價值邏輯，隱藏在公式化修辭之下的是，他們對集體式新文化經濟深感挫敗、適應不良的心情。舉例而言，當局認為新制度大幅增加了作者的收入，依據新制度，作者現在的平均收入大約相當於收取書籍百分之十五到十八的版稅，但有許多作者表示自己很難維持穩定收入。稿酬制度運作的前提是將作者視為腦力勞動者，能夠規律穩定地產出創作、著述或學術研究。然而一些作者和藝術家指出，這種想法太過理想化，構思新作、創作情節、發展論述、進行必要研究、修改草稿，這些都需要時間。創作新作品是個性化的、有機的過程，完全因人而異，因此作家很難訂好寫作計畫之後就照章行事。等到著作終於出版，作者會收到整筆稿費，一些作者表示，這種付款方式常常讓人誤以為他們是富有的特權階級。但一般大眾不會注意到的問題是，在這種制度下，如果職業作家無法接連不斷地出版著作，生活不出幾個月就會捉襟見肘。自一九五〇年代中期開始，中國作家協會每月補助會員小額寫作津貼，也提供貸款給新銳作家，幫助他們展開新計畫，這是中國將作家制度化及專業化的行動一環。但是如果作者全職寫作，只靠津貼補助，不足以養活自己和家人。文化部設想的一年七萬字「寫作產出」幾乎不可能達成，因此他們承諾作者可以拿到的「理想」優渥年收入，實際上只是夢幻泡影。依照一位作家估計，現實狀況是成熟的小說家，需要花上四到五年的時間，完成一部二十萬字的完整長篇小說；作家即使孜孜不倦地寫作，一年最多大概也只能交出三到五篇短篇小說。例如翻譯張友松（一九〇三—一九九五）就說自己必須「一年到頭很緊張」工作，才能維持生計，「有病也不能修養」。[93] 汪靜之（一九〇二—一九九六）是詩人，同時也是人民文學出版社的特約編輯，他也

90 〈關於制訂新稿酬辦法的經過〉，頁三三九～三四一。

91 舉例而言，新辦法將文學和科學著作的每千字稿酬提高七成，將「專門學術著作、兒童文學、戲劇、詩歌」的每千字最低稿酬提高一倍。參見〈文化部關於文學與科學書籍稿酬暫行規定的請示報告〉，頁三二六～三二七。

92 例如〈人民出版社一九五三年工作情形和一九五四年方針任務〉，《中華人民共和國出版史料》第六卷，頁一六六～一六七；陳克寒，〈關於出版社工作的某些問題〉，《中華人民共和國出版史料》第六卷，頁三一八～三二五；〈文化部關於中央一級出版社工作的監查報告〉，頁一四一～一五〇；〈文化部黨組關於出版社內組織編輯工作的經驗告請中央宣傳部審批的報告〉，一九五七年，《中華人民共和國出版史料》第九卷，頁八八～一〇一；〈文化部召開老出版工作者座談會記要〉，頁一五六～一六二。

93 〈文化部召開文藝作家座談會記要〉，一九五七年五月，《中華人民共和國出版史料》第九卷，頁一六三～一六四。

說像他寫得這麼慢，總是很不容易掙錢謀生，他就是寫不出那麼多字來養活自己。[94]

一些作者確實發展出更嚴格的寫作模式，確保能夠更穩定「產出」字數，然而即便如此也無法保證能獲得充裕的滿意稿酬，因為他們適用的稿酬級距和著作的每刷印量不在他們控制範圍內（甚至也不是編輯能夠掌控）。以傅雷（一九〇八—一九六六）為例，他是中國現代史上數一數二重要的法國文學翻譯家。傅雷在一九四九年以後成為職業翻譯，不隸屬任何工作單位，也沒有固定工資，翻譯的稿酬成為他的主要收入來源。他遵循嚴格地寫作時程安排，一天花五到六小時翻譯，花兩到三小時研究和準備，[95]一個工作天平均譯出一千到一千五百字。[96]到了一九五七年，他一共出版八部新譯作，翻譯了巴爾札克（Honoré de Balzac）、普羅斯佩・梅里美（Prosper Mérimée）和伏爾泰（Voltaire）的作品，甚至還重新翻譯了羅曼・羅蘭（Romain Rolland）的《約翰・克利斯朵夫》（*Jean-Christophe*）。他的學術名聲卓著，加上令人佩服的穩定產出，讓他成為中華人民共和國初年收入名列前茅的作家。不過從一九五五到一九五七年間傅雷與人民文學出版社多位編輯的頻繁魚雁往返可以看到，他認為現行制度無法充分發揮他作品的潛力，導致生計青黃不接。他責怪出版商把每刷印量設得太高，這個錯誤導致他的書幾乎不可能再刷（因此他也拿不到另一筆稿費）。他也抨擊出版商和新華書店在銷售書籍上協調不力，因人民文學出版社說他們還有大量庫存待售，婉拒傅雷再刷書籍的要求；另一方面，新華書店並未認真依顧客需求分銷書籍，導致讀者在書店裡找不到他的書，結果書籍銷量停滯不前，他的收入也陷入停擺。[97]

傅雷抱怨的供需無法配合的問題，是社會主義計劃經濟的通病。其他人在百花運動也表達過類似擔憂，他們和傅雷一樣都認為自己愈來愈無力影響出版和發行的過程。對於個別出版企業和政府而言，每刷印量已成為擬定未來生產計畫及評價過去績效時的關鍵基準，因此相較於民國時期，一九五〇年代書籍的平均每刷印量明顯提高許多。對作者而言，書籍的每刷印量、再刷次數、出版日期等會大大影響他們能拿到的稿酬，但這些細節往往由出版社的經理或新華書店員工任意決定，他們通常熟悉印製發行計畫，但對書籍主題和讀者實際喜好知之甚少。舉例而言，多家國營重量級出版社都將每刷印量預設為一萬冊，但從未說明為什麼堅持把每刷印數預設為這個數字。[98]編輯每每接到作者對每刷印量和出版時間的抱怨時，會把問題推給經理和發行體系，責怪後兩者不知變通、不切實際。[99]

---

94 〈出書難、印數少、稿費低作家對出版部門意見多〉，《人民日報》，一九五七年五月十九日。

95 〈致宋希〉，收錄於《傅雷全集》第二十卷，頁一七四～一七五。

96 怒安編，《傅雷談翻譯》，頁六四。傅雷說他翻譯初稿時一天可以譯出一千字，修改譯稿時一天可以完成三千字。

97 《傅雷全集》第二十卷，頁二二六～二二八、二三〇～二三一、二五九～二六三、二六四～二六五。

98 關於如何設定預設每刷印量一事，筆者目前為止找到的唯一一次討論，見於出版管理局一九五五年呈給文化部的一份內部報告。出版管理局在報告中表示，各類型書籍的新預設每刷印量是根據蘇聯為同類書籍設定的數字而定，不過為了配合中國的經濟和文化現況，他們大幅縮減了數量。也有人猜測，一些中國出版社為了避免一再支付稿酬給作者，故意將預設每刷印量設得非常高。參見〈關於制訂新稿酬辦法的經過〉，頁三三九、三四六。

99 例如人民文學出版社一位編輯的投稿，〈出版社快被卡死了〉，《人民日報》，一九五七年五月二十六日；蕭也牧，〈一個編輯的呼聲〉，《人民日報》，一九五六年十二月五日；余一，〈重視全國人民的精神食糧〉，《人民日報》，一九五六年九月八日。

與此同時，一些作者也質疑編輯和出版社經理的專業能力，認為出版方「文化水準」過於低落，無法真正欣賞作品的藝術和思想價值。例如張友松大罵人民文學出版社的經理是「懶蟲」，「不懂業務，又不肯學習業務」，質問他們怎麼敢像「施主」對待「乞丐」一樣對待作者和譯者？[100] 葉君健（一九一四—一九九九）從西班牙文原文翻譯《唐吉訶德》（*Don Quixote*），但是編輯卻誤用其法文譯本來對照葉君健的翻譯，因此退回了他的翻譯，拒絕出版。[101] 幾位譯者專門翻譯經典哲學著作，他們也質疑人民文學出版社怎麼可以讓翻譯俄文政治小冊子的譯者和翻譯黑格爾（Hegel）的譯者，套用幾乎一樣的稿酬級距。[102] 有些人的批評更激烈，說「按勞取酬」的制度實現起來「比較麻煩」，因為「作品的質量不能用秤稱，不能用尺量，也不能用任何精密儀器來檢驗。」[103]

在百花運動的高峰，一些憤憤不平的作者甚至直接建議，與其讓不經深思套用的稿酬標準和隨意設定的每刷印量來決定他們的價值，他們寧可讓市場決定著作的經濟價值。版權版稅制度以實際的市場需求決定作者的版稅收入，一些作者認為版稅制度更有效、更合理，不只讓作者能與出版商個別協調出版條件和每刷印量，也能確保只要書籍仍在銷售，作者就可以持續獲得版稅。一九五七年，《文藝報》刊登了一篇文章，呼籲政府「恢復」版稅制度。[104] 中國作家協會的部分成員也在文化部舉辦的論壇上大聲疾呼：「如果抽版稅是一種剝削，我們寧可忍受剝削！」[105]

否認個人的才氣

這些作者抱怨為在新體制下維持生計而苦苦掙扎，呼籲恢復版權版稅制度，他們的怨言很容易被解讀成懷疑社會主義計劃經濟，或者懷念資本主義。一九五七年夏，政治及文化氛圍驟然劇變，許多在百花運動中大鳴大放對文化官僚體制表達過不滿的知識分子、黨幹部和藝術家都成為毛澤東新一波政治運動的針對目標。他們被打成意義含糊的「右派分子」，被貼上標籤，遭到整肅。他們之前建議採行對創作者更友善的制度，要求應給予藝術創作更多自由空間，發出種種批評，包括抱怨稿酬標準「不公」等等，現在都被當成他們「反對黨」、「反對社會主義」、「個人主義」傾向的證據。例如張友松被打成「右派」而遭到整肅，有人說他發洩不滿之詞、抱怨被新制度逼迫必須全年無休的工作，這種說法只是張友松向人民文學出版社施壓的詭計，要求出版社向他預付稿酬。[106]

---

100 張友松，〈我昂起頭，挺起胸來，投入戰鬥！〉，《文藝報》一九五七年第九期。
101 〈文化部召開文藝作家座談會記要〉，頁一六六。
102 楊效周，〈重視外國古典學術著作的出版工作〉，《人民日報》，一九五六年七月一日。
103 方介，〈按勞取酬〉，《人民日報》，一九五六年九月十五日。
104 黃發有，〈稿酬制度與「十七年」文學生產〉，頁五〇。
105 〈文化部召開文藝作家座談會記要〉，頁一六四。
106 例如莫邪，〈「文藝茶座」賣的什麼茶？〉，《人民日報》，一九五七年七月九日，第八版。張友松在反右運動中身體遭到實際攻擊，失去一隻眼睛；被整肅之後，他接受思想改造，受到監督。一九六〇年代，他繼續翻譯馬克吐溫的作品，但不得不以筆名出版。文化大革命後，他貧窮潦倒，沒有工作，也不屬於任何單位。參見〈翻譯家張友松窮死成都〉。

不只抱怨稿酬制度的人成為箭靶，在新制度裡茁壯成長的人也不能倖免。對稿酬制度的不滿和熱衷都可以看成是執著於個人財富的表現，是意識形態向資本主義「墮落」的跡象。舉例而言，丁玲在反右運動面臨的一大指控是，據說她在指導年輕作家時，強調寫出一部優秀原創著作能夠為作者帶來多少「名氣」和「報酬」。許多人指責她宣揚「個人主義」，將著述視為純粹屬於創作者的所有物，利用她的文名凌駕於體制之上。大家抨擊這種所謂的「一本書主義」反映出她內心潛藏的「資產階級意識」，會對年輕作家造成有害的誤導，鼓勵他們追求個人文學成就和經濟自我實現，忽略了「為人民服務」。[107]

被貼上「右派」標籤並遭到整肅的一干作家裡，劉紹棠（一九三六—一九九七）也名列其中。一九五七年十月，全國上下發起了一場運動，針對這位年僅二十二歲的小說家而來。劉紹棠的好友出面「揭發」劉紹棠的資本主義「真面目」，文壇知名人物紛紛寫下尖銳批評，譴責這名「墮落青年」，駁斥他「反對黨」的荒謬言論。劉紹棠被控的主要罪名是他宣揚「資產階級個人主義」，雖然指控的依據是劉紹棠鼓吹黨應允許更多創作自由，但當時的多數批評似乎都認為他多年來積累的可觀財富，才是其「資產階級個人主義」的重要證據。對他們而言，劉紹棠無疑是為個名利而寫作的自私資產階級。當時遭到整肅的「右派」作家和知識分子多半是從一九二〇年代、一九三〇年代就活躍於文壇的資深文人，但是劉紹棠和他們不一樣，他是在一九四九年以後才展開寫作生涯的新生代。對於文化當局而言，劉紹棠的案子格外令人震驚，這顯示即使是在共產中國長大的人，仍然可能成為追求利益、市場導向的「投機分子」。雖然稿酬制度的目標是將作家改造成社會主義工人，然而劉紹棠的案例顯示，稿酬制度一樣能培養出會操縱制度的文化企業家，並藉此把自己從日常的寫作勞動中「解放」出來。

劉紹棠出生於北京郊外鄰近大運河北端的一個村莊，他在淪為大家口中的「墮落青年」以前，曾被視為是新中國**鳳角麟毛**的文學神童。一九四九年冬，他在十三歲時，發表了第一部短篇小說，從一個青年學生的角度，描述中共如何為中國農村帶來正面的社會變革，這份寫作才華立刻為他贏得「神童」的稱號。一九五三年，十七歲的他還只是高中生，作品已被葉聖陶選入高中語文課本；同年劉紹棠加入共產黨，出版第一本短篇小說集。第一本書大獲成功之後，他決定從北京大學輟學，全心投入寫作。一九五六年，他獲准加入中國作家協會，成為中國作家協會歷來最年輕的會員，共青團也允許他成為職業作家。

劉紹棠知道寫作是他的動能，可用稿酬養活一家老小，全然能從大學退學，踏上職業寫作生涯。自從第一部短篇小說發表以來，他就一直是新稿酬制度的得利者，雖然他當時還只是學生，但是報紙和文學期刊提供給他的稿費就跟成名作家一樣。一開始他只是用稿費來買點零食和戲票犒賞自己，不過自一九五一年到一九五二年定期發表短篇小說開始，稿費隨之成長到足以成為家庭的重要經濟來源。[108] 同時他也擬訂了寫作策略和工作方式，盡量提高能得到的報酬。和傅雷一樣，劉紹棠寫作時會先擬訂工作計畫，可相當準確的事先估算出每部作品的長度、

107 例如周建人，〈談作家的品質〉，《人民日報》，一九五七年八月二十五日；冬今，〈一舉成名了不得〉，《人民日報》，一九五七年八月二十八日。

108 王培潔編，《劉紹棠年譜》，頁三八～三九。

需要的寫作時間、以及能獲得多少稿酬。他知道不同出版社和不同期刊各有各的稿酬標準，但同樣都有生產配額必須達成，因此他聰明地向各個單位投稿，確保每部作品都能刊登出來。在批判劉紹棠的運動中，他的幾個朋友「揭發」劉紹棠非常熱衷於研究和分享「戰術」，思考怎麼賺到更多稿酬，朋友說劉紹棠常「細心研究」出版社的審稿與出版制度。例如有幾個人聲稱劉紹棠「教」他們可以威脅要撤回稿件，藉此談判爭取更高的稿酬。[109]

我們在解讀反右運動中的這類指控時，確實應該抱持懷疑，但劉紹棠本人從未否認他善用體制來賺更多錢。身為職業作家，他須完全仰賴寫作謀生。為了持續穩定的產出文字、確保穩定收入，他專心寫作切合時事的短篇作品，投到刊登速度較快的報社發表。一九五四年到一九五六年間，他每年平均發表五到六部短篇或中篇小說。他利用自己文學神童的名氣，先把作品「賣」給報紙、期刊，然後以小說合集的名義「轉賣」給出版商再賺一筆。一九五六年，他總共已出版了兩部短篇小說集和兩部中篇小說，由於他深受年輕讀者歡迎，這四本書的印刷冊數十分可觀（四萬到十萬冊），讓他在短時間內賺到了驚人收入（人民幣一萬七千元）。[110] 值得注意的是，劉紹棠一九八〇年代在回憶錄中談到他的小說時，往往不是從劇情簡介說起，而是以一連串具體數字開頭——字數、印量、拿到的大概稿酬。即使距離反右整肅已過了幾十年，他依然能夠回想起這些細節，這反映出他的思考模式如何深受稿酬制度影響。[111]

劉紹棠在新的社會主義體制下，用相當老派的方式累積財富。他和傅雷不同，傅雷像辛勤的機器一樣日日運轉，產出翻譯來養家活口；劉紹棠則是機敏的經濟行動者，他更加積極，制訂了大膽的財務計畫。他利用手上的一筆現金在北京市中心買下一間房子，然後把剩下的錢存進定期存款帳戶。根據他的估算，定存產生的利息可以保證他和家人每月有人民幣一百六十元的收入，相當於中階幹部的工資，是工廠工人薪水的四倍。[112]劉紹棠因此不再需要持續寫作短篇小說，從這個限制解脫之後，他決定將「空閒」時間投入寫作一部堪與米哈伊爾・蕭洛霍夫（Mikhail Sholokhov）《靜靜的頓河》（*And Quiet Flows the Don*）相提並論的長篇小說，題名為《金色的運河》。這不只是雄心萬丈的文學計畫，也是劉紹棠確保他「自給自足」生活方式的大籌謀。《金色的運河》計畫在一九五七年十一國慶日發行，首刷量高達十萬冊，劉紹棠估計，這將立刻為他帶來人民幣三萬五千元的進帳，他計畫用一部分稿酬在家鄉蓋一棟別墅，「親近農民」，剩下的再存入定存帳戶孳息。假設利率不變，他相信這本書可以讓他和家人未來十年生活不虞匱乏，一旦經濟壓力不再沉重，他將可以專心在鄉村別墅寫作，創作一部描寫中國鄉村社會的多卷長篇鉅作。[113]

但《金色的運河》從未問世，出版計畫因為反右運動而取消。一九五七年十月，共青團和中國作家協會等過去曾經讚許劉紹棠才華並助其成名的組織，舉行了批鬥劉紹棠大會，參加批

109 〈一個青年作者的墮落——批判劉紹棠右派言行大會的報告〉，《青年作者的鑒戒：劉紹棠批判集》，頁一五；高歌今，〈從神童到右派分子——記劉紹棠墮落經過〉，《青年作者的鑒戒》，頁二二。

110 劉紹棠，《我是劉紹棠》，頁一一六~一一七。

111 這也是學者討論稿酬制度時最常提起劉紹棠這個作者的原因所在。

112 《我是劉紹棠》，頁一一六~一一七。

113 同前註。

鬥大會的作家超過一千人。老舍（一八九九—一九六六）、茅盾、郭沫若（一八九二—一九七八）等知名文壇大家譴責劉紹棠「背叛」共產黨，他的朋友一一站出來揭發劉紹棠如何巧妙從體制中獲利。這些對劉紹棠的批評和揭發刊登在各大報上，之後編成小冊子，標題點明是給「青年作者的鑒戒」。[114]

劉紹棠晚年思考這些尖酸、敵視、時而充滿妒意的言論時，他將之歸咎於作家的「刻薄本性」，但這些言論不是單純的刻薄批評而已。幾篇痛批劉紹棠的謾罵，其實都試圖回答一個棘手問題：社會主義制度以培養為人民服務的腦力勞動者為目的，最後怎麼會孕育出像劉紹棠這樣的「自私資產階級」？劉紹棠是小地主之子，他的階級出身被一些人認為是他為什麼「對於金錢有著特殊的嗜好」，不過其他人更深入挖掘劉紹棠「卑鄙資產階級個人主義」的制度「根源」。他們的討論以及對其他「右派」作家的類似批評，都圍繞著同樣的議題展開：探討作者獲得物質獎勵的正當性，以及作者從著作獲得的社會資本。

在針對劉紹棠的批評的核心，我們可以看到關於版權本質的經典爭論（其意義在社會主義脈絡下，已有所改變）：文學或藝術的原創作品是否純粹因為作者的「天才」而誕生？雖然劉紹棠從來不曾直說自己是天賦異稟的「神童」，不過從他對待著作的態度清楚顯示，他認為所有小說都出於他的創作，因此是屬於他的所有物。在反右運動中嚴厲批評他的人認為，這恰恰證明他的思想受到資產階級意識形態汙染。一些批評認為，劉紹棠將名氣、金錢等種種形式的個人利益視為寫作目標，他和丁玲等其他「右派」作家一樣，都誤以為作者的才氣是他們成功的唯一原因。[115] 劉紹棠抱怨黨太過一板一眼地強調社會主義現實主義，「限制」了他的文學才能，讓他無法充分發揮潛力，幾位知名作家和黨幹部認為，劉紹棠的抱怨證明了他對黨忘恩負義。他們認為劉紹棠的文學成就，並非建立在他的個人才氣之上，而是黨、社會和人民所賦予的。

一位共青團幹部質疑：「如果沒有人民革命的勝利，沒有新社會和共產黨，……沒有黨對新生力量的培養……能有你劉紹棠『青年作家』出現嗎？」[116] 老舍也提醒中國年輕作家要珍惜在「先進社會主義制度」中享有的出版機會和編輯指導，想想資本主義世界的作家只有兩個同樣悲慘的選擇：追求自己的藝術理想而活活餓死，或者成為出版商的搖錢樹，寫作諂媚市場。資本主義世界的「創作自由」只是一種虛假意識。[117] 中國作家協會書記康濯（一九二〇—一九九一）承認，劉紹棠或許比同儕更有才氣一點，但他之所以有這些成就，是因為黨組織、報紙編輯和中國作家協會提供的慷慨幫助和贊助。康濯告訴劉紹棠：他是「為黨和人民哺育起來的幸福的『驕子』。」他言下之意是，劉紹棠的文學才能對中國文學界既非獨一無二也非不可或缺，如果黨收回支持，劉紹棠將一無所有。[118]

---

114 新華社，〈青年作者的鑒戒！劉紹棠追求名利墮落叛黨〉，《人民日報》，一九五七年十月十七日。

115 錢俊瑞，〈保衛和發展馬克思主義的文藝事業〉，《人民日報》，一九五七年八月三十日。

116 楊海波，〈唯有革命者才能成為革命作家〉，《青年作者的鑒戒》，頁七七～八四。

117 老舍，〈勖青年作家〉，《人民日報》，一九五七年十月十七日。

118 康濯，〈黨和人民不許你走死路〉，《青年作者的鑒戒》，頁四五。類似論點也見於房樹民，〈劉紹棠是怎樣走向反黨的〉，同前註，頁二五～三三。

其他人也指出，國家現行的職業作家制度應該為劉紹棠等「右派」作家的「個人主義」傾向負起部分責任。例如茅盾認為，劉紹棠的傲慢和缺乏「實際生活經驗」，是過早成為職業作家的負面後果。[119] 身為職業作家，劉紹棠被期待完全只靠寫作拿到的稿酬來養活自己，加上現行稿酬制度刻意提高作家和知識分子的收入（至少制度設計的原則是如此），對腦力勞動和體力勞動的物質報酬做出區分。對於像劉紹棠這樣毫無其他工作經驗的年輕作家而言，寫作很快被當成只是一份交換經濟收入的工作，缺乏「為人民服務」的理想。寫作是非常個人的工作，因此作家很容易將收入和文化名聲，都視為自身創作才能的成果。此外，其享有的較高收入也強化他們的想法，認為「腦力勞動者」與眾不同、應該享有特權，甚至自認比工廠工人和農民優越。[120]

隨著反右運動展開，愈來愈多針對「右派」作家和知識分子的批評，將右派分子的「資產階級個人主義」歸咎於作家職業化和稿酬制度，呼籲對現行制度進行進一步的「社會主義改革」。例如郭沫若說，作家和知識分子應該認識到，如果沒有工人和農民生產日常生活必需品，他們根本活不下去，更別說寫小說、寫詩了。郭沫若認為，如果寫書和做鞋子本質上都是勞

表七之二　一九五八年的新稿酬標準

累積印數	原創著作	翻譯
1–5,000	8%	6%
5,001–10,000	5%	4%
10,001–30,000	3%	2%
30,001–50,000	2%	2%
50,001–	1%	1%

動產出，那麼「腦力勞動者」不應該要求特殊待遇。[121] 現行制度的原則是以金錢鼓勵著述創作，基本上仍是「資本主義」思想，有鑑於此，陳原（一九一八—二〇〇四）的報告建議，應該透過全面降低稿酬標準來改進制度，讓作家的收入和「普通的工人階級勞動者」的收入相當。[122]

一九五八年七月，文化部公布了根據印刷冊數計算的新統一稿酬標準。現在原創著作的稿酬是每千字人民幣四到十五元，翻譯則是每千字人民幣三到十元。依照新制度，作者也有權根據印量收取酬勞（見表七之二）。雖然新的統一稿酬標準遠低於舊制，但是在反右運動和大躍進日益激進的氛圍下，新稿酬標準立刻被批評為「資本主義」思維依然過強。一九五八年秋，上海和北京的作家和出版商呼籲進一步降低稿酬。[123] 個人經濟利益被認為與「資本主義思維」密切相連，作家和知識分子展現支持社會主義精神的最佳方法是拒絕稿酬。張天翼、周立波、艾蕪等人之前在反右運動中被點名是少數幾名「富裕」作家，他們在《人民日報》上發表文章，呼籲減少稿酬。他們聲明：「我們是有共產主義思想的作家，是不會為稿費而寫作的。」姚文元（一九三一—二〇〇五）是上海一位野心勃勃的年輕文學評論家，後來成為四人幫之一，他

119 茅盾，〈我們要把劉紹棠當作一面鏡子〉，《人民日報》，一九五七年十月十七日。

120 例如郭小川，〈沉重的教訓：一九五七年十月十一日在批評劉紹棠大會上的講話〉，《文藝報》一九五七，頁二八；〈從劉紹棠的墮落吸取教訓〉，《人民日報》，一九五七年十月十七日。

121 郭沫若，〈努力把自己改造成為無產階級的文化工人〉，《人民日報》，一九五七年九月二十八日。

122 陳原，〈關於稿酬〉。

123 黃發有，〈稿酬制度與「十七年」文學生產〉，頁四六～四七；Culp, *The Power of Print in Modern China*, chap. 7.

更激進地公開譴責稿酬制度是「資產階級法權制度」的殘留，主張只有取消稿酬制度才能終結腦力勞動和體力勞動之間的不平等。[124]

以實現社會主義平等為名，文化部指示全國出版商和報社將稿酬減半，避免「形成一種脫離工農群眾的特殊階級」。[125]但是次年，文化部發現大幅度降低稿酬可能會削弱作者寫作的動力，於是在稍加修改之後恢復了最初一九五八年七月頒布的統一稿酬標準。一九六〇年到一九六五年間，我們可以看到文化部在兩種立場之間反覆搖擺，一邊是在社會主義平等的名義下取消稿酬制度的呼聲，另一邊是提供物質誘因以鼓勵文化創造力的必要。統一稿酬標準隨著時間前進而逐步調降，一九六五年，原創著作的稿酬是每千字二到八元，翻譯則是每千字一到五元。付款給業餘作者時，出版商可以不支付現金，改以贈送書籍、文具或紀念品等當作報酬。[126]為出版而寫作不再能作為養活自己的方法，稿酬微薄至此，作家再也無法受到「資本主義思維」的誘惑。他們現在可以大聲說自己寫作不是為了名利，而是「為了人民」。

124 張天翼、周立波、艾蕪，〈我們建議減低稿費報酬〉，《人民日報》，一九五八年九月二十九日。姚文元，〈論稿費〉，《文匯報》，一九五八年九月二十七日。姚文元是姚蓬子之子，其父姚蓬子是一九五〇年代初期上海書業公所新領導階層的一員。

125 〈文化部黨組、中國作家協會黨組關於廢除版稅制徹底改革稿酬制度的請示報告〉，一九六〇年九月二十四日，《中華人民共和國出版史料》第十卷，頁三五八～三六一。

126 〈文化部黨委關於進一步降低報刊圖書稿酬的請示報告〉，一九六五年十二月七日，《中華人民共和國出版史料》第十三卷，頁三六六～三六八。

結論

本書追溯了「版權」進入現代中國時奇妙而曲折的旅程，從十九世紀下半葉英文「copyright」、日文「版権」到中文「版權」在東亞的跨語言移植；清末民初時期上海書商習慣法式的版權規範，及其取締盜版的私人警力；再到一九五〇年代共產政權下「版權」一詞及其相關實踐逐漸消失的過程。本書說明了版權這個國際化的法則進入中國當地的脈絡時如何受到改造與挪用，成為作者和出版商的有力手段，用來在不斷變化的知識經濟中創造新的所有權秩序。過去學界認為中國人是迫於外國壓力才實行版權這種外來法則，本書挑戰了這個通說，指出中國的書商和作者對版權的熱衷不亞於外國勢力，他們一樣積極行使版權，以版權為理由捍衛著作產生的利潤，穩固獨佔利益。

版權在十九、二十世紀之交傳入中國，恰逢中國文化市場和知識界經歷思想典範轉移的時刻。清末書業相對穩定的結構，因為新學知識商品化和清政府教育改革而受到動搖。從一八九八年無疾而終的戊戌變法，到一九〇五年科舉制度廢除的幾年之間，翻譯書、教科書以及各種西學相關書籍的新市場興起，規模迅速擴張。另一方面，傳統經典的舊「核心文本」逐漸失去文化地位和商業價值，科舉相關書籍的生意隨之衰退，終至全面瓦解。在劇烈變化的文化環境中，撰寫、翻譯和出版與新學權威相關的新書成為一門生意。未授權翻印逐漸被視為不可接受的不當行為，不只損害知識的正確性，還會導致中國文化市場陷入混亂。

早期的版權提倡者用版權來宣示、據理爭取及保護他們的思想成就和商業利益，強調版權是新穎、進步的觀念。不過他們對版權的理解和實踐，卻深受明清藏版傳統的制約影響，那是個圍繞著擁有有形雕版而生的想法，並非以無形的思想藝術創作為中心。福澤諭吉把「copyright」一詞翻譯成日文時，創造出「藏版の免許」（持有雕版的許可）及「版権」（版權）兩個詞彙，「版」（雕版）的要素被融入其中。但福澤諭吉同時身為作者及出版商的雙重身分，使同時代人之所以接受他為自己著作之獨佔所有者的原因，變得複雜曖昧。從一八六〇年代到一八七〇年代，同時代人雖然承認福澤諭吉的版權所有權，但主要是因為他持有書籍的雕版，而非因為他是這些書的作者。後來在一八九九年，汪康年向林紓及其友人接洽，請他們轉讓重版《巴黎茶花女遺事》的權利時，林紓及其友人同樣也認為此種交易與雕版所有權相關，因此堅持將整套雕版的實物運到上海。上海書商建立自己的版權制度時，同樣將實際擁有書底（後來包括新書的書稿）置於書業公所公認版權註冊制度的中心。藏版和版權是兩種截然不同的書籍所有權形式，但是版權傳入東亞時，兩種概念卻被混為一談。這種混淆不只形塑了中國對版權性質的看法，也影響了中國版權史的詮釋角度。

中國書商及外國強權皆希望國家能夠將版權的規範制度化，敦促清政府盡快頒布版權法。

雖然中國的第一部著作權法《大清著作權律》直到一九一一年春才頒布，但中國的作者及書商並未因缺乏正式的著作權法，而無法持續援引鼓吹版權的概念。正如全書顯示，二十世紀的頭十年，中國主要以四種形式實踐版權，每種形式都奠基於差異分明的版權概念：

一、版權代表對有形印製手段的所有權：故版權屬於投入資金、支付作者報酬及擁有雕版的金主所有。印製工具及實體書擁有獨一無二的外觀，因此在上海書商的版權制度下，這些實際物品比書籍著述的原創性更重要。

二、版權代表作者腦力勞動創造出的無形財產：故版權歸作者所有。依照這個邏輯，作者有權將版權出售、出租或轉讓給他人，收取一次性賣斷的費用或是長期版稅。

三、版權是國家應作者和書商之請所授予的特權，旨在肯定他們對社會的貢獻：國家之所以頒布這種版權保護令，不是因為認為國家有義務保護臣民的私有財產。相反的，國家認為版權是一種特殊獎勵，作者和書商唯有編纂印製促進中國發展的「有用」書籍，才能享有這種特殊獎勵。

四、版權是國家在書籍通過國家審定後，所授予作者或書商的許可或特權：清末文人及官員認為，新成立的學部是負責版權事宜的合理機關。他們認為書籍的真正價值，應該取決於其社會文化貢獻，而非商業價值。國家是最高的文化權威，因此只有國家才能決定誰有資格獲得版權。

上述對於版權的四種理解同時存在，精明的中國書商，往往依照不同脈絡，視需要援引不同概念。以文明書局主人廉泉為例，廉泉用盡一切可能手段來保護版權、對抗盜版。他和嚴復簽訂版權合約，支付優渥的版稅給嚴復，除此之外，廉泉向不同官員請願，敦請官員發下版權保護令，他也將文明書局的教科書呈送給京師大學堂審定，之後則呈送管學大臣審定。廉泉投書至報刊敦請政府頒布國內版權法，他同時還是上海書業商會的創辦人之一，也積極參與上海書業公所的公認版權制度。

和國家權威相關的兩種版權，在一九一一年後逐漸式微，不過《大清著作權律》及其後續法律繼承了內容審查的精神。與此同時，即便國家已經頒布著作權法，上海書業公所和上海書業商會的章程也再三聲明，他們完全恪遵國家的著作權法和其他法規，但是上海書商在日常處理盜版問題時，一般仍寧願運用公所的慣習來解決，鮮少訴諸國家的法律。他們積極向公所註冊版權，懶於向內務部／內政部註冊；他們在公所解決盜版糾紛，仰賴公所打擊當地的盜版商並加以懲罰。一九一〇年代到一九三〇年代，至少在上海，國家的著作權法和上海書業公所的版權制度，平行並存分庭抗禮。由於中國的政治動盪不斷，國家著作權法執法不力、效力不彰，公所大量仰賴書商的主動配合，成功為會員提供最低限度的版權保護，效力最初涵蓋上海本地，之後跨至其他地區，擴及華北。至於作者，雖然依國家著作權法規定，他們是著作權的應然「所有者」，但面對書商的版權制度，他們往往發現自己力微言輕。

中國從帝國晚期過渡到現代時，經歷了深刻的社會政治變遷。本書揭示的中國版權社會史，讓我們能夠重新思考，在這個激烈變遷的過程中，法律、文化、經濟生活之間的交互影響。

第一點也是最重要的一點，本書展現了在中國的多元法律環境中，除了國家對現代智慧財產權法的採行及容受以外，也需注意非政府組織，如何透過習慣法式機制及民間制度，移植版權。版權法則傳入中國的時間，恰逢跨區域商業連結、跨文化交流，及現代法律制度國際化加深的時刻。源自不同社會的經濟、文化基本概念和實踐，在這個交流、連結的過程中，未必能夠相容、或彼此適應。被認為反映普世價值的商業或法律法則和實踐，在全球化的進程裡，受到考驗，在不同環境下，以不同方式被納入當地社會，造成令人意外的結果。二十世紀上半葉的中國，版權成為不同行動者和各方利害關係人間，激烈角力的場域；他們或設法保護自己的智慧財產或經濟財產，或嘗試從他人腦力創造的勞動中獲利，或企圖左右書籍出版和商品化知識的內容。中國作家和出版商試圖讓版權落實運作，卻經歷種種夾雜混亂、令人沮喪、時而棘手難解的衝突。這些衝突不只是他們經濟生活的日常難題，也是中國如何奮力與向普世擴張的「文明」、「現代性」等主流論述，交涉周旋的明確案例。

第二點，上海書業公所等行動者的實際作為，讓我們不得不重新思考現代中國國家、法律、市場三者的相互關係。一九一〇年代到一九三〇年代，中國的中央政府和法律名存實亡，國家不強大，並不代表社會、經濟生活的各個面向，必然會陷入徹底混亂。這段期間，提供有效版權規範和保護的，是上海書業公所這個缺乏合法管轄權、或官方授權的民間組織。在看似支離破碎，甚至無政府的市場大環境下，國家之外的行動者，可以為經濟生活，創造出一定程度的道理秩序。然而這還不是故事的全貌：國家政權或許確實無法有效在境內穩定執行法律、維護秩序，卻似乎能大力左右書市的趨勢和讀者的閱讀偏好。新學書籍之所以商品化、現代教科書市場之所以興起，背後主要的推手，是搖搖欲墜的清政府所進行的科舉及教育改革；一九三〇年代的北平盜版問題，是國民政府遷都南京所間接造成的結果。此外，一九四九年的共產革命，諷刺地將共產主義書籍，推上當年度中國各大城市的暢銷書榜。城市讀者預期政權即將更迭，爭先恐後地讀起新的政治意識形態，而汲汲營營的出版商，在利益誘使下投入盜版的行當，只不過這次盜版的對象是馬克思。他們如法炮製過去在一八九八年、一九〇五年、一九一一年、一九一九年、一九二八年的策略，藉此快速獲利。

為什麼中國讀者覺得自己必須研究國家最新的政治或思想方向？而上海書業公所儘管明知政府對保護版權不太熱心，事實上也或許真的無能為力，但為什麼還是覺得自己必須遵守國家政策（即使只是名義上），而且還定期表態，聲明名義上的服從？箇中原因或許在於中國國家權力專斷獨行、卻難以捉摸的性質。政府能力雖然弱小，但仍能在零星場合伸張權威；一旦集中行使權威，就能在特定行動中，短時間取得豐碩戰果。而這種隨意的、無法預料的權力行使，不論是作為象徵，或是實際發生，都能引發民眾廣泛的畏懼，促使他們為了以防「萬一」天威難測，而時時刻刻「循規蹈矩」。這是帝制晚期皇帝，統御官僚體系的有效策略，也是明清政府以有限資源，治理龐大人口的方式。[1] 除此之外，如本書所示，中國出版商和書商，也找到了透過操縱這種國家權威，來謀取自身利益的方法。

以文明書局和袁世凱的爭執為例，平民（廉泉及其友人）藉由援引更高的政治權威（光緒皇帝和載振貝勒）來挑戰、推翻袁世凱的判決，即使光緒皇帝一八九八年後幾乎不握有實權也無妨。清末出版商將版權保護令和官方的認可，放進書籍或廣告，援引國家的威望，保護其刊物免遭未授權翻印，此舉也象徵性地延伸了國家的權威。這個舉動是否真的有效，另當別論，重要的是，對出版商而言，他們相信如此就是幫自己的刊物買了「保險」。二十世紀上半葉，中國歷任政權，致力於透過制訂新法律、新制度，將政治權力進一步拓展滲透到社會中。這是他們現代國家建構工程的一環，但種種煞費力氣的措施，皆未達到他們預期的社會控制和政治管理效果。[2]這段期間時移勢易，國家權力的形態隨之變化，但中國的出版商（或許讀者也一樣）應對制度變遷時，依舊懷抱著對難測天威的懼意。他們繼續在形式上遵守新政策，但同時將中國現代國家不斷擴張的新制度、新運動，視為可以「運用」的權威來源。駐平辦事處就是在這種脈絡下，操縱國民政府對於言論控制、書籍審查的執念，保護上海書業公所會員的版權。國民政府是發展不平衡的虛弱政權，無法有效執行著作權法，但若是為了言論審查，政府就能強力行使權威。辦事處把盜版商貼上反動分子標籤，指控他們出版反政府著作，藉此吸引國家注意力，引導國家將有限的權力，用在對辦事處本身有利的方向上。這個權宜之計，使上海書業公所間接成為國民政府的幫凶，協助其擴大國家的資訊控制，長遠而言，反過來傷害了公所會員的自主權。

中國出版商、出版商的民間組織、國家三方之間，彼此連動影響；每一方都為了自己的目的，而利用另外兩方。晚清政府及國民政府，自詡也被社會公認為中國的至高思想文化權威，

1 關於晚期帝制中國行使權力時專斷獨行與不可預測性的討論，參見 Kuhn, *Soulstealers*, chap. 9.

2 Duara, *Culture, Power, and the State*; Strauss, *Strong Institutions in Weak Polities*.

因而致力於透過更有系統的內容審定、註冊制和言論審查，以更全面地控制文化生產。版權保護機制，常被資源不足的國家當作誘因，吸引民間作者和出版商，來主動接受國家的內容審核。與此同時，國家缺乏正常運作的完善著作權法規，促使文化界中人透過言論審查機制等非傳統手段，援引國家權力，在知識經濟中建立他們盼望已久的秩序感。這種做法，強化了象徵性與／或政治性的國家權威，在文化市場中的實際影響。

一九四九年之後，新建立的中華人民共和國，繼承了過往政權控制文化生產的興趣，而且控制得更為徹底。新政權相信，只有對出版業、圖書市場以及藝文創作的行為本身，進行社會主義改造，才能將焦慮的中國出版商和作者，從永無止境的反盜版苦海中，真正「解放」出來。中國出版商和作者，依例遵循了最新政策，用他們過去的應對方法，適應國家權力和機構的大肆擴張，但是在一九五〇年代，他們能在國家及市場間交涉的餘地，日益消失，能與國家象徵性權威，及其實際權力當中周旋的空間，逐步縮減。一九五七年至一九五八年間，黨國終於完成集體化，建立了對中國文化經濟的全面控制，過去面臨盜版問題並提倡版權作為解決之道的文化市場，也就此瓦解。不論版權是指作者對文藝創作的所有權，還是出版商對有形生產工具的所有權，都已不再被視為一種合法的私有財產，因此侵犯財產權的盜版之罪，理論上也隨之消失。

一九六〇年代初，文學學者及藏書家唐弢（一九一三—一九九二）注意到中國的年輕世代已經對版權一詞感到陌生。有一次，六年級的兒子指著印在開明書局刊物上的「版權所有翻印必究」，問他：「爸爸，這是什麼意思呀？為什麼從前每一本書都要印上這兩句話呢？」[3] 唐弢驕傲地說，新中國的「純樸」青年不懂這句套語，因為盜版已經是過去的事了。[4] 然而盜版永遠不可能被掃進歷史的灰燼。一九七八年改革開放以後，中國開始再度擁抱市場化及私有化，盜版侵犯版權的問題重新浮現，在瞬息萬變的文化經濟中，快速蓬勃成長。

中國逐步脫離統制經濟之際，盜版貨充斥於國內市場。對於中國讀者和顧客來說，盜版貨為他們想買的商品，提供了更便宜的替代品，也讓他們能夠以有限的購買力「迎頭趕上」。對於出版商和其他製造商（包括國營或民營公司）而言，盜版是所需投資較少但保證有回報的一門生意。在其高峰，中國有超過百分之九十的電腦軟體和電影是盜版。二〇〇九年，據估計中國銷售的書籍，至少有百分之四十是盜版書，全國每年大約生產了五億冊未經授權的書籍。[5] 盜版產品在城市街道上隨處可見，例如小說家余華（一九六〇—）就在家門外的小攤販上，發現自己新書《兄弟》的盜版。[6] 盜版書有時也出現在令人意外的地方，像是中國人喜歡稱為「知識殿堂」的圖書館。位於北京郊區的梨園圖書館，曾一度與巴黎的聖日內維耶圖書館（Bibliothèque Sainte-Geneviève），及紐約的紐約公共圖書館（New York Public Library），並列為「世界上最美的圖書館」之一。二〇一七年，讀者揭露梨園圖書館有三分之一的館藏，是

3 唐弢，〈翻版書〉，收錄於《晦庵書話》，頁五一～五三。
4 同前註。
5 Clifford Coonan, "China's Publishers Struggle to Overcome Book Piracy," *National*, August 27, 2009, https://www.thenational.ae/business/china-s-publishers-struggle-to-overcome-book-piracy-1.508414.
6 Yu, "Stealing Books for the Poor," *New York Times*, March 13, 2013.

粗製濫造的盜版書，該圖書館於是被下令暫停開放。[7] 一度在中國社會消失的套語—「版權所有翻印必究」—在一九七八年後重新回到大眾的視野，從此在中國的實體圖書上佔有一席之地。無論是CD、DVD、軟體包裝、線上影片、小說，甚至食品包裝和酒瓶上，現在都能看得到從這句恐嚇套語衍生出的不同變體，不管正版和盜版貨上，都不曾缺席。

隨著盜版捲土重來，將現代著作權法移植到中國的新一波行動，也應運而生。國家「開放」並全面參與全球經濟之際，現代版權法則，再度以激烈競爭的全球市場的「常規」或「通則」之姿，被引介至中國。一九七九年四月，中華人民共和國國務院任命一個工作小組，負責研究、起草著作權法。一九八五年，國務院批准文化部設立國家版權局的請求，由版權局主管版權的規範和保護。雖然國務院承認，必須制訂能夠符合國際標準、促進經濟發展的智慧財產權法，但是要一改先前對「資產階級」版權法則的敵對態度，必須經過一番波折。中國順利在一九八二年頒布《商標法》、一九八四年頒布《專利法》，但卻歷時十一年、修改了二十版草案才終於頒布《中華人民共和國著作權法》。《著作權法》遵循《伯恩公約》的要求，中國因此得以在一九九二年加入伯恩聯盟（Berne Union），為加入世界貿易組織（WTO）做好準備。然而中國《著作權法》授予著作者的經濟權利，相對限縮，還允許「國家機關」有權不經著作者授權同意，逕行將受著作權保護的作品用於「公務」目的。[8]

將現代著作權法移植到中國的最新一波行動，並非源自本土的倡議，主要是因應外國壓力而出現。安守廉和毛學峰（Andrew Mertha）認為，正是因為中國是迫於外來壓力而行動，才導致這次的移植，一如過去的多次嘗試，無法在中國穩固生根。[9] 一九九〇年代初期以來，美國再三抱怨中國盜版猖獗，導致美國公司損失數億美元。為了迫使中國承諾提供更完整的智慧財產權保護，美國對中國屢屢行使貿易制裁，對其課徵懲罰性關稅。二〇〇一年中國加入WTO以來，其他會員國一再針對智慧財產權問題，投訴中國，WTO也多次做出裁決，要求中國的司法體系採取措施，達成WTO的規定要求。[10]但是這類外部壓力效果有限，中國的中央政府一般只有在被嘮叨時，才會動用權力、資源，以反盜版運動的形式「認真」執行版權保護；地方主管機關不願違背自己當地的利益和政治考量，往往不甘不願地執行北京派下的命令，只求「達成配額」交差了事。[11]結果如馬丁・季米特洛夫（Martin Dimitrov）所言，地方上的例行執法，淪為「品質低落」的行動，實際上對於智慧財產權的保護，幾乎未曾得到落實。[12]

中國在保護國際智慧財產權上執法鬆散，這點一再遭到西方媒體報導抨擊，但我們不應忘

7 “China’s ‘Most Beautiful’ Library Ordered to Shut over Claims It Provided Pirated Material and Obscene Content,” *South China Morning Post*, September 20, 2017, https://www.scmp.com/news/china/society/article/2111989/chinas-most-beautiful-library-ordered-shut-over-claims-it.

8 Alford, *To Steal a Book Is an Elegant Offense*, 78–79.

9 Mertha, *The Politics of Piracy*, 118–163.

10 例如 “World Trade Organization Adopts Panel Report in China—Intellectual Property Rights Dispute,” https://ustr.gov/about-us/policy-offices/press-office/press-releases/2009/march/world-trade-organization-adopts-panel-report-china-i.

11 Mertha, *The Politics of Piracy*; 也參見 Massey, “The Emperor Is Far Away.”

12 Dimitrov, *Piracy and the State*.

記，**生活**在仿冒品世界的是中國人民自己，他們的生意和福祉，天天受到盜版影響，同時也受到行政阻礙及貪腐的傷害。如果國與國之間的談判，以及外國的施壓無法帶來滿意結果，那麼也許比較有效的解決方法，是與當地企業合作，從內部、地方上強化中國的版權保護，[13]因此瞭解中國人如何理解及實踐版權，將是關鍵所在。一九九〇年《中華人民共和國著作權法》頒布以前，中國確實有超過四十年的時間，沒有任何正式的著作權法律，而「copyright」的兩種常用中文說法「版權」及「著作權」，基本上已經從出版業的日常用語消失。話雖如此，對於中國人而言，版權不是全然陌生的新法則，他們現在和外商一樣，也必須對抗盜版。一九七八年後，版權再次被引介至中國、進入社會，而這個社會早已擁有版權實踐的複雜遺產和悠久記憶，在國家法律體制內外皆然。

二十世紀上半葉盜版商使用的諸多盜版「伎倆」，包括直接翻印暢銷書、發行書名和正版書相像得難以辨別的冒牌書、隨意剪貼內容拼湊成「合集」等等，這些依然是當代中國盜版商常用的把戲。過去用來保障及宣誓產品真偽和所有權的幾個普遍手段，諸如「版權所有翻印必究」的聲明，也被中國出版商和製造商重新發掘，略以現代手段改造。舉例而言，就像清末和民國時期的版權印花一樣，製造商把炫目的雷射貼紙，貼在他們製造的每件「正版」產品上，作為額外認證標記。今日民間偵探用來揪出盜版生意的策略，也幾乎和一九三〇年代駐平辦事處的手段一模一樣。[14]認為版權保護應該結合出版控制的想法也延續下來，因為中國的國家版權局，和國家新聞出版署，實際上是同一個機構。除外，出版商同樣不時地發現他們面對的盜版商，是自認凌駕於法律之上的國家機關。[15]

一九七八年後的中國，盜版和版權糾纏不清，某些方面的情況，奇妙地與中國作者、出版商在二十世紀上半葉的經歷相似。不過當代中國政府、出版商、作者所面臨的挑戰，也有自己的獨特之處。就像過去一樣，意識形態大幅轉向之後，中國的文化市場正在經歷劇烈轉型，外國的新知識、新技術，以國家發展之名輸入國內，盜版書和盜版貨的生產消費，成為幫助中國國家和人民以較低廉代價「迎頭趕上」的捷徑。作者和出版商努力在市場轉型之際，建立新的經濟和思想秩序，但是與此同時，他們也受到過去既有規範及慣習的不利影響。清末的作者、譯者和書商，以版權的概念為依據，證明他們撰寫出版的新書，是專屬於他們的合法**財產**，明清時期書籍所有權的概念，也影響他們如何將版權視為財產形式的想法。一九八〇年代、一九九〇年代發生了幾起備受矚目的版權訴訟，討論的中心都圍繞在「公共」作品的版權，何時以及如何能再次成為**私有**財產。魯迅的獨生子周海嬰和人民文學出版社之間的官司正是一例，案件迫使當事人、律師、國家版權局、和中國的司法機關，必須面臨棘手爭論，做出解釋，說明毛澤東時代集體經濟下所出版的著作，其經濟權利在改革開放後歸誰所有，以及後毛澤東時代

13 毛學峰和季米特洛夫都建議，如果「西方」跨國公司要更有效地保護他們在中國的智慧財產權，與當地企業合作會是更好的策略。

14 Dimitrov, *Piracy and the State*, 3.

15 Yu, "Stealing Books for the Poor." 據信解放軍和監獄，是幾宗龐大盜版生意的幕後黑手。

的中國，是否應該承認作者與家屬在一九四九年以前的安排。[16]

改革開放時期，行政資源分配不均，這點依然決定了既強又弱中國政府，將如何行使他們名義上無與倫比的政治權力，以及該用在何處。[17] 跟過去一樣，中國的出版商和作者，現在又一次意識到保護版權不是地方文化機關和公安局的優先要務；追捕盜版商、將盜版商送上法庭、維護市場秩序，這些責任最終還是落到他們自己身上。一九九〇年代初期以來，中國大城市的出版商、作家以及音樂和媒體公司，聯合起來共同處理盜版問題。有些組織是由著作權人組成的集體委託管理組織，像是「中國文字著作權協會」，協會代表會員收取版稅，達成版權交易，也會就侵權為會員提起版權訴訟。有些組織的目的是希望加強市場規範和打擊盜版，像是由北京多家出版社組成的「京版十五社反盜版聯盟」。與二十世紀初的上海書業公所相似，這些「反盜版聯盟」也有自己的偵探隊，幫會員查緝盜版生意，採取法律行動，制裁盜版品的製造商、零售商和個人使用者。例如二〇〇四年至二〇〇九年間，「京版十五社反盜版聯盟」和地方主管機關合作，搜查了超過一千七百家的盜版書零售商和製造商，沒收超過五百萬件的盜版書和CD、DVD，並代表會員提起近六十起版權侵權訴訟。[18]

雖然當代中國的反盜版民間組織，和上海書業公所擁有類似目標、採取類似策略，但他們並不是公所的轉世。上海書業公所的版權保護制度，與國家法律平行運作，當代出版商的反盜版聯盟，則與國家版權局密切合作。他們獲得版權局的官方批准認可，也常配合該局的全國版權運動，對盜版商展開搜查。近年來，阿里巴巴和拼多多等電商平臺，成為最新的盜版書集散地，版權局和出版商都將電商平臺視為反盜版運動的主要目標。二〇一八年十月、十一月，就在中國一年一度的「雙十一」促銷活動前夕，阿里巴巴、拼多多和「京版十五社反盜版聯盟」、「少兒出版反盜版聯盟」簽訂合作協議；兩大電商平臺和兩大出版商反盜版組織宣布將攜手合作，以更有效地監控、打擊利用電商平臺的盜版商。這種新合作模式，被中國媒體譽為「雙贏」局面，能夠強化版權的自我規範，但背後其實是國家版權局這隻有形的手在「積極引導」，「支持」電商事業和出版商建立反盜版的合作關係。[19] 出版商、零售商和國家雖然出於不同理由，體認到版權與盜版是亟需解決的迫切問題，但是他們也都意識到，只靠國家立法執法或市場自我規範，不足以達成目標。二十世紀初，中國的盜版查緝者在國家體系的邊緣活動；而二十一世紀初，中國的盜版查緝者，則與國家合作，和諧共舞。

16 朱妙春，《我為魯迅打官司》。魯迅一九三六年去世後，遺孀許廣平與當時尚是幼兒的周海嬰繼承他的著作權；一九五二年許廣平代表家屬，將魯迅的作品版權稿酬，捐贈國家，人民文學出版社成為出版魯迅作品的主要機構。一九八〇年代初期，周海嬰向人民文學出版社提起訴訟，稱將魯迅版權上交國家，非他個人真實意願，他作為當時魯迅唯一繼承人，有權向人民文學出版社追討過去數十年來積欠的稿酬。官司纏訟十幾年。

17 Dimitrov, *Piracy and the State*.

18 〈京版十五社反盜版聯盟成立十年打盜維權形成模式〉，中華人民共和國國家版權局，二〇一〇年六月十二日，http://www.ncac.gov.cn/chinacopyright/contents/518/134506.html.

19 〈阿里巴巴、拼多多等與兩大反盜版聯盟開展版權合作〉，KKNEWS，二〇一八年十一月九日，https://kknews.cc/tech/6zox25v.html.

謝辭

小時候家裡經營出版社，成長過程中，我最早的玩伴是書本。有很長一段時間，我立志要當作家、編輯或出版人，希望能在製作書籍的神奇過程中，參上一腳。不過我發現比起童年幻想的奇妙圖書世界，魔法背後的現實，更引人入勝，於是我最後成為研究書籍出版社會文化面向的歷史學者。

我從小看著爸媽寫作出書，深知沒有作者可以獨力完成一本書。我從進博士班開始研究這個課題，如果不是大家一直以來的大方襄助和熱心鼓勵，這本書不可能完成。就讀芝加哥大學時，指導教授艾愷（Guy Alitto）多年來給予我無限支持、全心指導，在此向他致上最深的謝意。Adrian Johns 啟發我研究盜版和版權，若非他發人深省地評論，這個研究計畫無以成形。杜贊奇（Prasenjit Duara）和 Susan Burns 指引我將研究放在比較性更強的跨區域框架下。在劍橋大學歷史與經濟中心擔任梅隆（Mellon）博士後研究員的獨特機會，讓我得以將知識視野擴展到中國史和書籍史之外。非常感謝Emma Rothschild的慷慨支持與溫暖鼓勵，將她對法律史、經濟生活史的洞見觀察與我分享，她的楷模激勵使我成為更好的歷史學者。

我從世界各地的學者、同事、朋友身上獲益良多，他們在我的研究途中，伸出援手，撥出時間和我討論部分書稿。這些良師益友包括呂芳上、王汎森、李孝悌、王泰升、山本英史、草生久嗣、熊月之、周武、方德萬（Hans van de Ven）、周越（Adam Chau）、包筠雅（Cynthia Brokaw）、何予明（Yuming He）、蔡九迪（Judith Zeitlin）、安守廉（William Alford）、蘇基朗（Billy So）、James Raven、Bill Cornish、Gareth Stedman Jones、Tim Harper等人。感謝能登博義在我們的古典日文個別指導的課上，協助我閱讀福澤諭吉的請願書；在劍橋聖約翰學院時，周紹明（Joseph McDermott）和我深入討論中國書籍的社會、經濟面向，帶給我許多啟發；感謝傅佛果（Joshua A. Fogel）撥冗閱讀第一章，給我許多建設性的建議。我後來將研究範圍延伸至一九四九年以後，特別感謝高哲一（Robert Culp）、李悅歆（Jennifer Altehenger）讓我閱讀他們尚未發表的書稿。我也有幸向已經辭世的錢存訓（一九一〇—二〇一五）和朱維錚（一九三六—二〇一二）請益過，感謝他們賜予寶貴的精闢意見，希望這本書不負兩位先生的期望。

感謝下列機構工作人員的協助：上海市檔案館、上海圖書館、中國第一歷史檔案館、日本外務省外交史料館、中央研究院近代史研究所檔案館、美國國家檔案館二館、國立臺灣大學圖書館、耶魯大學圖書館、哈佛燕京圖書館、東京國立國會圖書館、早稻田大學圖書館、慶應義塾大學圖書館、福澤諭吉研究中心、郭廷以圖書館、傅斯年圖書館、劍橋大學圖書館、哈佛商學院貝克（Baker）圖書館。特別感謝芝加哥大學東亞圖書館的周原館長和館員，讓我能夠一邊工讀、一邊探索雷根斯坦（Regenstein）圖書館精彩的中文館藏。

感謝美國書目學會（American Bibliographical Society）、芝加哥大學歷史系及東亞研究中心、馬科維茨博士論文獎學金（Michael and Ling Markovitz Dissertation Fellowship）、劍橋大學歷史與經濟中心、印第安納大學歷史系的支持，若非以上單位的支持與資助，我不可能完成這項龐大的研究計畫。感謝印第安納大學的學術寫作小組，敦促我修改書稿，如果不是Laura Plummer和教員寫作小組其他同事的鼓勵與精神支持，我也許永遠寫不完這本書。

普林斯頓大學出版社經濟生活史書系的編輯鼓勵我批判思考，深思知識生產、智慧財產權、文化經濟之間的交互影響。另有兩位讀者提供深思廣慮的意見，讓我獲益良多。和Quinn Fusting、Amanda Peery、Eric Crahan合作十分愉快，感謝他們對本書付出的深刻用心。謝謝Thalia Leaf、Pamela Weidman、Lauren Lepow在編務上的協助，謝謝Cynthia Col編制索引。謝謝林郁沁（Eugenia Lean）將我引薦給魏德海（Weatherhead）東亞研究中心的研究書系，Kenneth Ross Yelsey讓本書能夠同時列入兩個書系，謝謝你們。

我在以下各地發表過本書部分內容，知識淵博的讀者回饋豐富意見，令我深有進益：哈佛法學院東亞法律研究中心、哈佛大學歷史與經濟聯合中心、劍橋大學歷史與經濟專題討論會、劍橋大學中國研究專題討論會、印第安納大學歷史系、杜克大學歷史系、俄亥俄州立大學中國研究系列講座、東風講座（Tidings Lecture Series）、印第安納大學摩利爾（Maurer）法學院之法律社會文化研究中心、哥倫比亞大學現代東亞法律工作坊。以及國史館、中央研究院歷史語言研究所、國立臺灣大學歷史系和法學院、上海社會科學院歷史研究所、亞洲研究學會

（Association for Asian Studies）年會、美國法律史學會（American Society for Legal History）年會、世界經濟史大會（World Congress of Economic History）、商業史會議（Business History Conference）。

第七章的部分內容曾經發表在《二十世紀中國》（*Twentieth-Century China*），感謝《二十世紀中國》同意本書轉載。

我非常幸運擁有橫跨三大洲的好友、同事，謝謝他們的美好友誼：郝帝文（Stephen Halsey）、馬保羅（Paul Mariani）、蔡俊亨（Jun-Hyung Chae）、孫修暎（Suyoung Son）、黃丞儀、陳嘉銘、宋欣穎、趙海、陳瑋荻、羅浩原、成國泉、鄭利民、李仁淵、陳韻如、潘少瑜、陳偉智、馮先祥、傅揚、城尾ふみ子、石川匡、瀨戶智子、山口範子、Susan Karr、John Deak、Jason Dawsey、Elizabeth Heath、Andrew Sloin、Clinton Godart、Yuko Murata Godart、Bill O'Connor、Lily Chang、Rohit De、Inga Huld Markan、Mary-Rose Cheadle、孟嘉升（Ghassan Moazzin）、田梅（Margaret Tillman）、謝健（Jonathan Schlesinger）、邊和、龍彥、陳雅芬、區瞧中。謝謝你們在其他人（甚至連我自己）都不相信我的時刻，相信我、和我分享你們對生命、知識、幸福的深刻想法。

多年以來，夏克勤一直是我最好的朋友、最挑剔的讀者、最親愛的伴侶。他忍受我喋喋不休地抱怨可惡的中國盜版商，在我研究迷失方向時讓我靜下心來，同時也忙著寫他自己的論文和後來的書稿。我們共同踏上的旅程，讓我們從臺北一路走到芝加哥、維也納、劍橋、布魯明頓（Bloomington），即使未來充滿不確定性，在他的陪伴下，這趟旅程必將一直是歡樂刺激的冒險。

謝謝爸媽王溢嘉和嚴曼麗無條件的愛與支持，沒有他們，我不可能完成這本書。早在我發現自己想研究書籍史之前，他們就讓我沉浸在書本的世界中，告訴我「圈內人的知識」。謝謝老媽一直提醒我，爸爸已經又出了一本新書，而我還在寫同一本。我永遠不可能追上爸爸的思想生產力，但他永遠是我的榜樣，啟發我成為原創且本真的個人。爸媽在我兩歲時創立了他們的兩人出版社，以齊克果（Søren Kierkegaard）的短篇故事為靈感，取名為「野鵝」。這本書即將完成之際，出版社關閉了。在此我將本書獻給爸媽，以及他們心愛的野鵝出版社，也獻給世界上所有追求更自由靈魂的野鵝們。

參考文獻

檔案紀錄

● 中文（以筆劃為序）

上海市出版局檔案：收藏於上海市檔案館，B167.1.

上海書業同業公會檔案，收藏於上海市檔案館，S313.1–4.

上海新聞出版處案卷，收藏於上海市檔案館，B1.2.

● 外文（以首字字母為序）

Copyright Issues between China and the United States, Box 10237; Central Decimal File, 1910–1929; General Records of the Department of State, Record Group 59; National Archives at

College Park, MD.

外務省記録「戦前期」，收藏於日本外務省外京史料館。

政府通訊、報紙、期刊（以創刊年代為序）

《申報》，創立於上海，一八七二～一九四九（臺北：臺灣學生書局，一九六五）。

《萬國公報》，創立於上海，一八七四～一九〇七（臺北：華文書局，一九六八）。

《時務報》，創立於上海，一八九六～一八九八（臺北：文海出版社，一九八七）。

《清議報》，創立於橫濱，一八九八～一九〇一（臺北：成文出版社，一九六七）。

《中外日報》創立於上海，一八九八～一九一一（北京：中國國家圖書館文獻縮微複製中心，一九八九，微縮膠卷）。

《外交報》創立於上海，商務印書館，一九〇二～一九一一（臺北：廣文書局，一九六四）。

《大公報》（*L'impartial*），創立於天津，一九〇二～一九四九（Washington, DC: Library of Congress. 微縮膠卷）。

《時報》，創立於上海，一九〇四～一九三九（北京：中國國家圖書館，一九八二，微縮膠卷）。

《東方雜誌》，創立於上海，一九〇四～一九四八。

《南方報》，創立於上海，一九〇五～一九〇七（北京：中國國家圖書館文獻縮微複製中心，一九八八，微縮膠卷）。
《商務官報》，創立於北京，一九〇六～一九一〇（臺北：國立故宮博物院，一九八二，微縮膠卷）。
《學部官報》，創立於北京，一九〇六～一九一一（臺北：國立故宮博物院，一九八〇）。
《教育雜誌》，創立於上海，一九〇九～一九四八（臺北：臺灣商務印書館，一九七五）。
《政府公報》，創立於北京，政事堂印鑄局，一九一二～一九二八。
《華北日報》，創立於北京，一九二九～一九四九（北京：中國國家圖書館文獻縮微複製中心，一九八八，微縮膠卷）。
《北平晨報》，創立於北京，一九三〇～一九三七（北京：中國國家圖書館，微縮膠卷）。
《中國新書月報》，創立於上海，華通書局，一九三一～一九三三。
《人民日報》，http://data.people .com.cn.

引用書目

●中文書目（以姓氏筆劃為序）

小說林，《黃金骨福爾摩斯偵探案》，上海：小說林，一九〇六。
上海書業公會，《著作權法與出版法》，上海：上海書業公會，一九三〇。

上海圖書館編，《汪康年師友書札》，上海：上海古籍出版社，一九八六。
市村瓚次郎著／陳毅譯，《支那史要》，上海：廣智書局，一九〇五。
內政部，《著作權法及施行細則：附錄：內政部著作權注冊審查委員會章程、內政部查禁淫書令》，南京：內政部，一九二八。
王栻，《嚴復傳》，上海：上海人民出版社，一九五七。
王雲五，《商務印書館與新教育年譜》，臺北：臺灣商務印書館，一九七三。
王樹槐，〈清季的廣學會〉，《中央研究院近代史研究所集刊》第四期（一九七三），頁一九三～二二八。
王國華，〈三十年代初北平之出版業〉，收錄於北京出版史學編輯部編《北京出版史志》第四期，頁六五五～七六。北京：北京出版社，一九九四。
王汎森，《中國近代思想與學術系譜》，臺北：聯經出版公司，二〇〇三。
王韜、顧燮光編，《近代譯書目》，北京：北京圖書館出版社，二〇〇三。
王飛仙，《期刊、出版與文化變遷：五四時期的商務印書館與學生雜誌》，臺北：國立政治大學歷史學系，二〇〇四。
王蘭萍，《近代中國著作權法的成長（一九〇三～一九一〇）》，北京：北京大學出版社，二〇〇六。
王天根，《《天演論》傳播與清末民初的社會動員》，合肥：合肥工業大學出版社，二〇〇六。
王奎，《清末商部研究》，北京：人民出版社，二〇〇八。

王培洁，《劉紹棠年譜》，北京：文化藝術出版社，二〇一二。

王彥威、王亮編，《清季外交史料》，長沙：湖南師範大學出版社，二〇一五。

汪原放，《回憶亞東圖書館》，上海：學林出版社，一九八三。

——，《亞東圖書館與陳獨秀》，上海：學林出版社，二〇〇六。

汪家榕，《民族魂：教科書變遷》，北京：商務印書館，二〇〇八。

中央馬克思恩格斯列寧史達林著作編譯局編，《馬克思恩格斯著作在中國的傳播：紀念馬克思逝世一百周年》，北京：中央馬克思恩格斯列寧史達林著作編譯局，一九八三。

中央研究院近代史研究所編，《中美關係史料：光緒朝》，臺北：中央研究院近代史研究所，一九八八。

中國人民大學編，《解放區割據地圖書目錄》，北京：中國人民大學出版社，一九八九。

中央出版局出版工作選編編輯組，《出版工作文獻選編》，瀋陽：遼寧教育出版社，一九九一。

中國第一歷史檔案館編，《光緒宣統兩朝上諭檔》第二十四冊，桂林：廣西師範大學出版社，一九九六。

申報社，《申報年鑑》，上海：申報社，一九三三。

包天笑，《釧影樓回憶錄》，臺北：文海出版社，一九七四。

北平市社會局，《北平市工商概況》，北平：北平市社會局，一九三二。

北京工業志編委會，《北京工業志：印刷志》，北京：中國科學技術出版社，二〇〇一。

皮后鋒，《嚴復大傳》，福州：福建人民出版社，二〇〇三。

皮錫瑞，《師伏堂日記》三冊，北京：國家圖書館出版社，二〇〇八。
石宗源、柳斌杰、肖東發，《中國出版通史》九冊，北京：中國書籍出版社，二〇〇八。
江夢梅，〈前清學部編書之狀況〉，《中華教育界》第三卷第一期（一九一四年一月）。
江耀華，《上海書業同業公會史料與研究》，上海：上海交通大學出版社，二〇一〇。
朱大文編，《萬國政治叢考》，上海：鴻文書局，一九〇二。
朱峙三，〈朱峙三日記（連載之一）〉，《辛亥革命史叢刊》第十冊，武漢：湖北人民出版社，一九九九。
朱英編，《中國近代同業公會與當代行業協會》，北京：中國人民大學出版社，二〇〇四。
朱妙春，《我為魯迅打官司》，北京：知識產權出版社，二〇〇六。
阿英，〈關於茶花女遺事〉，《林紓研究資料》，頁二七四～二七九。福州：福建人民出版社，一九八三。
伯鴻，〈論國定教科書〉，《陸費逵教育論著選》，頁一六～一九。北京：人民教育出版社，二〇〇〇。
李伯元，《文明小史》，南昌：江西人民出版社，一九八九。
李仁淵，《晚清的新式傳播媒體與知識分子：以報刊出版為中心的討論》，臺北：稻鄉出版社，二〇〇五。
李奭學，《中國晚明與歐洲文學：明末耶穌會古典型證道故事考詮》，臺北：聯經出版公司，二〇〇五。

李雨峰，《槍口下的法律：中國版權史研究》，北京：知識產權出版社，二〇〇六。

李琛，〈關於「中國古代因何無版權」研究的幾點反思〉，《法學家》（二〇一〇），頁五四～六二。

李明山《中國近代版權史》，開封：河南大學出版社，二〇〇三。

——，《中國當代版權史》，北京：知識產權出版社，二〇〇七。

——，《中國古代版權史》，北京：社會科學文獻出版社，二〇一二。

呂海寰，《呂海寰奏稿》，臺北：文海出版社，一九九〇。

呂思勉，《呂思勉遺文集》第一冊，上海：華東師範大學出版社，一九九五。

邱澎生，《當法律遇上經濟：明清中國的商業法律》，臺北：五南圖書出版公司，二〇〇八。

——，〈國法與幫規：清代前期重慶城的船運糾紛解決〉，收錄於邱澎生、陳熙遠主編《明清法律運作中的權力與文化》，臺北：中央研究院、聯經出版公司，二〇〇九。

邵科，〈安守廉與曲解的中國智慧財產權史—反思國際智慧財產權不平等秩序之突破點〉，《政法論叢》二〇一二第四期（二〇一二年九月），頁一一五～一二八。

沈津，《書韻悠悠一脈香》，桂林：廣西師範大學出版社，二〇〇六。

沈仁干，〈艱辛、喜悅與期盼—改革開放中的著作權立法〉，收錄於閻曉宏主編《中國版權年鑒》二〇〇九年，頁七二～八二。北京：中國人民大學出版社，二〇〇九。

沈俊平，〈晚清石印舉業用書的生產與流通：以一八八〇—一九〇五年的上海民營石印書局為中心的考察〉，《中國文化研究所學報》第五十七期（二〇一三年七月），頁二四五～二七四。
宋原放主編，《中國出版史料：現代部分》三冊，武漢：湖北教育出版社，二〇〇一。
——，《中國出版史料：近代部分》三冊，武漢：湖北教育出版社，二〇〇四。
吳翎君，〈清末民初中美版權之爭〉，《國立政治大學歷史學報》第三十八期（二〇一二年十一月），頁九七～一三六。
余英時，《中國近代思想史上的胡適》，臺北：聯經出版公司，一九八四。
——，《中國文化與現代變遷》，臺北：三民書局，一九九二。
——，〈中國知識份子的邊緣化〉，《中國文化與現代變遷》，臺北：三民書局，一九九二。
宗時，〈清代以來北京書業〉，收錄於新華書店編《書店工作史料》第四期，頁五七～六六。北京：新華書店總店，一九八〇。
季樹華，〈東安市場舊聞漫拾〉，收錄於中國人民政治協商會議北京市委員會文史資料委員會編《文史資料選輯》第十二期，，頁二〇〇～二一〇。北京：北京出版社，一九八二。
河北省新聞出版局出版史志編委會、山西省新聞出版局出版史志編委會，《中國共產黨晉察冀邊區出版史，石家莊：河北人民出版社，一九九一。
周林，《中國版權史研究文獻》，北京：中國方正出版社，一九九九。
周振鶴編，《晚清營業書目》，上海：上海書店出版社，二〇〇五。
周武，〈從全國性到地方化：一九四五年至一九五六年上海書業的變遷〉，《史林》第六期（二〇〇六），頁七二～九五。

姚公鶴，《上海閒話》，上海：商務印書館，一九三三。
姚文元，〈論稿費〉，《文匯報》（一九五八年九月二十七日）。
查時傑，《林樂知的生平與志事》，頁一一一～一六〇。臺北：宇宙光出版社，一九七七。
柳和城、張人鳳，《張元濟年譜》，北京：商務印書館，一九九一。
胡愈之，《胡愈之出版文集》，北京：中國書籍出版社，一九九八。
胡適著／曹伯言整理，《胡適日記全集》十冊，臺北：聯經出版公司，二〇〇四。
范金民，《明清商事糾紛與商業訴訟》，南京：南京大學出版社，二〇〇七。
袁宗濂、晏志清編，《西學三通》，上海：文盛堂，一九〇二。
秦瑞玠，《著作權律釋義》（上海：商務印書館，一九一四）。
秦孝儀，革命文獻第七十一輯《抗戰前國家建設史料：內政方面》，臺北：中國國民黨中央委員會黨史委員會，一九五三。
唐弢，《晦庵書話》，北京：生活．讀書．新知三聯書店，一九八〇。
高鳳池，〈本館創業史：在發行所學生訓練班的演講〉，《商務印書館九十五年：我和商務印書館》，頁一～一三。北京：商務印書館，一九九二。
陸定一，《陸定一文集》，北京：人民出版社，一九九二。
陳原，〈關於稿酬〉，《陳原出版文集》，頁一九～二六。北京：中國書籍出版社，一九九五。
陳矩弘，《新中國出版研究（一九四九—一九六五）》，上海：上海交通大學出版社，二〇一二。
孫寶瑄，《忘山廬日記》，上海：上海古籍出版社，一九八三。

孫應祥，《嚴復年譜》，福州：福建人民出版社，二〇〇三。
徐鳴之，《著作權法釋義》，上海：商務印書館，一九二九。
梁啟超，《西學書目表》，上海：時務報，一八九六。
梁啟超，《清代學術概論》，上海：商務印書館，一九二一。
梁啟超，《飲冰室合集》，北京：中華書局，一九八九。
梁啟超著／楊鋼編，《梁啟超全集》，北京：北京出版社，一九九九。
康有為，《日本變政考》，《康有為全集》第二冊，北京：紫禁城出版社，一九九八。
商務印書館，《商務印書館志略》，上海：商務印書館，一九二九。
商務印書館，《最近三十五年之中國教育》，上海：商務印書館，一九三一。
商務印書館，《商務印書館圖書目錄，一八七九—一九四九》，北京：商務印書館，一九八一。
商務印書館，《商務印書館大事記》，北京：商務印書館，一九八七。
常紫鐘，《延安時代新文化出版史》，西安：陝西人民出版社，二〇〇一。
國家圖書館古籍館，《清代版刻牌記圖錄》十四冊，北京：中國國家圖書館，二〇〇七。
國史館，《國民政府著作權法令史料》，臺北：國史館，二〇〇二。
曹南屏，《科舉、出版與知識轉型》，復旦大學博士論文，上海，二〇一二。
張靜廬編，《中國出版史料補編》，北京：中華書局，一九五七。
——，《中國近代出版史料》二冊，北京：中華書局，一九五七。
——，《中國現代出版史料》四冊，北京：中華書局，一九五七～一九五九。

張有松，〈我昂起頭，挺起胸來，投入戰鬥！〉，《文藝報》一九五七年第九期（一九五七年六月二日）。
張元濟，《張元濟全集》三冊，北京：商務印書館，二〇〇七。
張仲民，〈從書籍史到閱讀史—關於晚清書籍史／閱讀史研究的若干思考〉，《史林》第五期（二〇〇七），頁一五一～一八九。
張百熙，《張百熙集》，江蘇：岳麓書社，二〇〇八。
張渝，《清代中期重慶的商務邏輯與秩序：以巴縣檔案為中心的研究》，北京：中國政法大學出版社，二〇一〇。
馮自由譯，《政治學》，上海：廣智書局，一九〇二。
斯克羅敦著／周君儀譯，《版權考》，上海，商務印書館，一九〇三。
舒興文，〈交通路—文化一條街〉，《武漢文史資料文庫》第四卷，頁三五〇。武漢：武漢出版社，一九九九。
傅雷，《傅雷全集》二十冊，瀋陽：遼寧教育出版社，二〇〇二。
傅雷（怒安），《傅雷談翻譯》，瀋陽：遼寧教育出版社，二〇〇五。
黃克武，《自由的所以然：嚴復對約翰彌爾自由主義思想的認識與批判》，臺北：允晨文化，一九九八。
黃發有，〈稿酬制度與「十七年」文學生產〉，《中國現代文學》第三十期（二〇一六年十二月），頁四一～五九。

雷縉，《中外策問大全》，上海：硯耕山莊，一九〇三。
雷夢水，〈北平東西商場書肆記略〉，收錄於新華書店編《書店工作史料》第四期，頁八八～九二。，北京：新華書店總店，一九八〇。
載振，《英軺日記》，上海：文明書局，一九〇三。
葉德輝著／錢穀融編，《葉德輝書話》，杭州：浙江人民出版社，一九九八。
楊東平，《城市季風：北京和上海的變遷與對峙》，臺北：捷幼出版社，一九九六。
楊麗瑩，《掃葉山房史研究》，上海：復旦大學出版社，二〇一三。
熊融，〈魯迅日記涉及人物生卒年份、籍貫與生平注釋補正〉，《魯迅研究月刊》（一九八六年八月），頁四六～四八。
熊月之，《西學東漸與晚清社會》，上海：上海人民出版社，一九九五。
——，《晚清新學書目提要》，上海：上海書店出版社，二〇〇七。
趙曉恩，《延安出版的光輝》，北京：中國書籍出版社，二〇〇二。
鄭鶴聲，〈三十年來中央政府對編審教科書之檢討〉，《教育雜誌》第二十五卷第七期（一九三五年七月），頁一～四四。
鄭子展編，《陸費伯鴻先生年譜》，臺北：文海出版社，一九七三。
鄭成思，〈中外印刷出版與版權概念的沿革〉，《版權研究》（一九九五年四月），頁一一三～一一四。
——，《知識財產權法》，北京：法律出版社，一九九七。

齊峰，《山西革命根據地出版史》，太原：山西人民出版社，二〇一三。
魯迅，《魯迅全集》十冊，北京：人民文學出版社，一九五六～一九五八。
魯迅，《魯迅日記》第二冊，北京：人民文學出版社，一九六二。
魯迅，《且介亭雜文》，收錄於《魯迅全集》第六冊。
魯迅，《朝花夕拾》，石家莊：河北教育出版社，一九九四。
劉大鵬，《退想齋日記》，太原：山西人民出版社，一九九〇。
劉尚恒、孔方恩，〈中國是世界上最早實行版權保護的國家〉，《圖書館工作與研究》第五期（一九九六），頁三三～三六。
劉紹棠，《我是劉紹棠》，北京：團結出版社，一九九六。
劉杲、石峰，《新中國五十年出版紀事》，北京：新華書店，一九九九。
劍琴，〈統一街的圖書市場〉，《武漢文史資料文庫》第四期，頁三五五～三五六。武漢：武漢出版社，一九九九。
潘光哲，《晚清士人的西學閱讀史（一八三三－一八九八）》，臺北：中央研究院近代史研究所，二〇一四。
學部總務司，《光緒三十三年分第一次教育統計圖表》，臺北：中國出版社，一九七三。
錢穆，《八十憶雙親師友雜憶合刊》，臺北：三民書局，一九八三。
譚汝謙編，《中國譯日本書綜合目錄》，香港：中文大學出版社，一九八〇。
羅志田，《權勢轉移：近代中國的思想、社會與學術》武漢：湖北人民出版社，一九九九。

關曉紅，《晚清學部研究》，廣東：廣東教育出版社，二〇〇〇。
嚴復著／王栻主編，《嚴復集》五冊，北京：中華書局，一九八六。
嚴復著／嚴復合集編纂委員會編，《嚴復合集》二十冊，臺北：財團法人辜公亮文教基金會，一九九八。
嚴復著／孫應祥、皮后鋒主編，《嚴復集補編》，福州：福建人民出版社，二〇〇四。
顧燮光，《譯書經眼錄》，一九〇四，收錄於與王韜合編，《近代譯書目》。
亨利．萊特．哈葛德（Haggard, H. Rider）著／林紓、魏易譯，《玉雪留痕》（*Mr. Meeson's Will*），上海：商務印書館，一九〇七。
《上海出版志》，上海：上海社會科學院出版社，二〇〇〇。
《中華人民共和國出版史料》十一冊，北京：中國書籍出版社，一九九九～二〇〇七。
《青年作者的鑒戒：劉紹棠批判集》，杭州：東海文藝出版社，一九五七。本書出自《中共重要歷史文獻資料彙編》第二十二輯第十七冊，洛杉磯：中文出版物服務中心。
《現代書局出版書目》，郵市：現代書局廣西郵信支店，一九三四。
〈翻譯家張友松窮死成都〉，《魯迅研究月刊》（一九九八年六月）。

●日文書目（以姓氏筆劃為序）

八木佐吉，〈奥付概史〉，《図書館と本の競辺》五（一九七八年十月），頁五〇～七七。
丸山信，〈書籍商「福沢屋諭吉」〉，《日本古書通信》第四百九十期（一九七八年五月），頁一三～一四。
大家重夫，《著作権を確立した人々：福澤諭吉先生、水野錬太郎博士、プラーゲ博士…》，東京：成文堂，二〇〇三。
山本秀樹，《江戸時代三都出版法大概：文学史・出版史のために》，岡山：岡山大学文学部，二〇一〇。
內藤虎次郎，《內藤湖南全集》二冊，東京：筑摩書房，一九七一。
水野錬太郎，《著作権法—法政大学特別法36年度講義錄》，東京：法政大學，一九七四。
仁井田陞，《中国法治史研究》，東京：東京大學出版社，一九八〇。
——，《中國の社會とギルド》，東京：岩波書店，一九八九。
井上進，《中国出版文化史：書物世界と知の風景》，名古屋：名古屋大学出版会，二〇〇二。
井上進，《書林の眺望：伝統中国の書物世界》，東京：平凡社，二〇〇六。
井上進，《明清学術変遷史：出版と伝統学術の臨界点》，東京：平凡社，二〇一一。
中村元哉，〈海賊版書籍からみた近現代中国の出版政策とメディア界〉，《アジア研究》第五二卷第四號（二〇〇六年十月），頁一～一九。
伊藤信男，《綜合近代著作権文化史年表》，東京：日本著作権協会，一九六〇。
伊藤信男，〈著作権制度史の素描〉，《著作権研究》第四期（一九七〇），頁一三一～一三二。
市古夏生，《近世初期文学と出版文化》，東京：若草書房，一九九八。
吉野作造，《明治文化全集》第十七冊，東京：日本評論社，一九二七～一九三〇。

佐伯有一、田中一成，《仁井田陞博士輯北京工商ギルド資料集》六冊，東京：東京大学東洋文化研究所附属東洋学文献センター，一九七五～一九八三。
杉山忠平，《明治啟蒙期の経済思想：福沢諭吉を中心に》，東京：法政大学出版局，一九八六。
沈國威，《近代日中語彙交流史：新漢語の生成と受容》，東京：笠間書院，二〇一七。
長尾正憲，《福沢屋諭吉の研究》，京都：思文閣出版，一九八八。
長澤規矩也，〈中華民國書林一瞥補正〉，收錄於長澤規矩也先生喜壽記念會編《長澤規矩也著作集》第六冊，頁三～四一。東京：汲古書院，一九八二～一九八九。
河內展生，〈福澤諭吉の初期の著作権確立運動〉，《近代日本研究》第五期（一九八八年三月），頁一～七七。
狹間直樹，《西洋近代文明と中華世界：京都大学人文科学研究所七十周年記念シンポジウム論集》，京都：京都大学学術出版会，一九九九。
根岸佶，《上海のギルド》，東京：日本評論新社，一九五一。
──，《中國のギルド》，東京：日本評論新社，一九五三。
冨山房，《冨山房五十年》，東京：冨山房，一九三六。
──，《冨山房出版年史》，東京：冨山房，一九三六。
勝本正晃，《日本著作権法》，東京：巖松堂，一九四〇。
富田正文，〈翻訳重版の義に付奉願候書付：辰十月〉，《図書》（一九六八年十月），頁五六。

飯田鼎，〈黎明期の経済学研究と福沢諭吉（その二）〉，《三田学会雑誌》第六十五巻第十一號（一九七二年十一月），頁六八九～七〇一。

著作権法百年史編集委員会編著，《著作権法百年史》，東京：著作権情報センター，二〇〇〇。

福澤諭吉，《福澤諭吉全集》二十三冊，東京：岩波書店，一九五八～一九七一。

福澤諭吉，《福澤諭吉書簡集》九冊，東京：岩波書店，二〇〇一～二〇〇三。

蒔田稲城，《京阪書籍商史》，大阪：高尾彦四郎書店，一九二八。

稲岡勝，〈明治出版史から見た奥付とその周辺〉，《出版研究》第十五期（一九八四），頁一〇～二九。

稲岡勝，〈藏版、偽版、版権—著作権前史の研究〉，《研究紀要》第二十二期（一九九一），頁六～一〇五。

諏訪春雄，〈近世文芸と著作権〉，《文学》第四十六巻第十二號（一九七八年十二月），頁五〇～六二

樽本照雄，《初期商務印書館研究》增補版，大津：清末小説研究會，二〇〇四。

——，《商務印書館研究論集》，大津：清末小説研究會，二〇〇六。

〈清國貿易の前途：上海領事小田切萬壽之助君の談〉，《太陽》第四巻第二十一號（一八九八年十月），頁二一七～二二〇。

• 西文書目（以首字字母為序）

Alford, William. *To Steal a Book Is an Elegant Offense*. Stanford, CA: Stanford University Press, 1995.

Altehenger, Jennifer E. "On Difficult New Terms: The Business of Lexicography in Mao Era China." *Modern Asian Studies 51* (October 2017): 622–661.

Amelung, Iwo. "The Complete Complication of New Knowledge, Xinxue beizuan (1902): Its Classification Scheme and Its Sources." In *Chinese Encyclopaedias of New Global Knowledge (1870–1930): Changing Ways of Thought*, edited by Milena Doleželová-Velingerová and Rudolf G. Wagner, 85–102. Berlin: Springer-Verlag, 2014.

"The Awakening of China." *American Monthly Review of Reviews*, July–December 1900, 110.

Baldwin, Peter. *The Copyright Wars: Three Centuries of Trans-Atlantic Battle*. Princeton, NJ: Princeton University Press, 2014.

Bastid-Bruguière, Marianne. "The Japanese-Induced German Connection on Modern Chinese Ideas of the State: Liang Qichao and the Guojia lun of J. K. Bluntschli." In *The Role of Japan in Liang Qichao's Introduction of Modern Western Civilization to China*, edited by Joshua A. Fogel, 105–124. Berkeley: Institute of East Asian Studies, University of California, 2004.

Bennett, Adrian Arthur. John Fryer: *The Introduction of Western Science and Technology into*

Nineteenth-Century China. Cambridge, MA: Harvard University Press, 1967.

Bently, Lionel, Uma Suthersanen, and Paul Terremans, eds. *Global Copyright: Three Hundred Years since the Statute of Anne, from 1709 to Cyberspace*. Cheltenham, UK: Edward Elgar Publishing, 2010.

Bernhardt, Kathryn, and Philip C. C. Huang, eds. *Civil Law in Qing and Republican China*. Stanford, CA: Stanford University Press, 1994.

Borthwick, Sally. *Education and Social Change in China: The Beginning of the Modern Era*. Stanford, CA: Hoover Institution Press, 1983.

Brokaw, Cynthia J. *Commerce in Culture: The Sibao Book Trade in the Qing and Republican Period.* Cambridge, MA: Harvard University Asia Center, 2007.

———. "Commercial Publishing in Late Imperial China: The Zuo and Ma Family Business on Sibao, Fujian." *Late Imperial China* 17:1 (June 1996): 42–92.

———. "On the History of the Book in China." In *Printing and Book Culture in Late Imperial China*, edited by Cynthia J. Brokaw and Kai-wing Chow, 3–54. Berkeley: University of California Press, 2005.

———. "Reading the Best-Sellers of the Nineteenth Century: Commercial Publishing in Shiabo." In *Printing and Book Culture in Late Imperial China*, edited by Cynthia J. Brokaw and Kai-wing Chow, 184–231. Berkeley: University of California Press, 2005.

Brokaw, Cynthia J., and Kai-wing Chow, eds. *Printing and Book Culture in Late Imperial China.* Berkeley: University of California Press, 2005.

Brown, Jeremy, and Paul G. Pickowicz, eds. *Dilemmas of Victory: The Early Years of the People's Republic of China.* Cambridge, MA: Harvard University Press, 2007.

Burgess, John Stewart. *The Guilds of Peking.* New York: Columbia University Press, 1928.

Cassel, Pär Kristoffer. *Grounds of Judgment: Extraterritoriality and Imperial Power in Nineteenth-Century China and Japan.* Oxford: Oxford University Press, 2011.

Chang, Hao. *Chinese Intellectuals in Crisis: Search for Order and Meaning (1890–1911).* Berkeley: University of California Press, 1987.

Chen, Li. *Chinese Law in Imperial Eyes: Sovereignty, Justice, and Transcultural Politics.* New York: Columbia University Press, 2016.

Chen, Li, and Madeleine Zelin. "Rethinking Chinese Law and History: An Introduction." In *Chinese Law: Knowledge, Practice and Transformation, 1530s to 1950s*, edited by Li Chen and Madeleine Zelin, 1–14. Leiden: Brill, 2015.

Chen, Zhongping. *Modern China's Network Revolution: Chambers of Commerce and Sociopolitical Change in the Early Twentieth Century.* Stanford, CA: Stanford University Press, 2011.

Chow, Daniel C. K. "Why China Does Not Take Commercial Piracy Seriously." *Ohio Northern University Law Review* 32:2 (2006): 203–225.

Chow, Kai-wing. *Publishing, Culture, and Power in Early Modern China.* Stanford, CA: Stanford University Press, 2004.

Cohen, Paul A. *Between Tradition and Modernity: Wang T'ao and Reform in Late Ch'ing China.* Cambridge, MA: Harvard University Press, 1974.

Culp, Robert. *Articulating Citizenship: Civil Education and Student Politics in Southeastern China, 1912–1940.* Cambridge, MA: Harvard University Asia Center, 2007.

———. "Mass Production of Knowledge and the Industrialization of Mental Labor: The Rise of the Petty Intellectual." In *Knowledge Acts in Modern China: Ideas, Institutions, and Identities*, edited by Robert Culp, Eddy U, and Wen-hsin Yeh, 207–241. Berkeley: Institute of East Asian Studies, University of California, Berkeley, 2016.

———. *The Power of Print in Modern China: Intellectuals and Industrial Publishing from the End of Empire to Maoist State Socialism.* New York: Columbia University Press, 2019.

Culp, Robert, Eddy U, and Wen-hsin Yeh, eds. *Knowledge Acts in Modern China: Ideas, Institutions, and Identities.* Berkeley: Institute of East Asian Studies, University of California, Berkeley, 2016.

Dimitrov, Martin K. *Piracy and the State: The Politics of Intellectual Property Rights in China.* Cambridge: Cambridge University Press, 2009.

Dong, Yue. *Republican Beijing: The City and Its Histories.* Berkeley: University of California Press,

2003.

Douglas, Robert K. "The Awakening of China." *Nineteenth Century 47* (June 1900): 988–992.

Drège, Jean-Pierre（ 戴 仁 ）*La Commercial Press de Shanghai 1897–1949*. Paris: Collège de France, 1978.（中譯本，李桐實譯，《上海商務印書館，一八九七～一九四九》，北京：商務印書館，二〇〇〇。）

Duara, Prasenjit. *Culture, Power, and the State: Rural North China, 1900–1942*. Stanford, CA: Stanford University Press, 1988.

Dunne, George H. *Generation of Giants: The Story of the Jesuits in China in the Last Decades of the Ming Dynasty*. Notre Dame, IN.: University of Notre Dame, 1962.

Dykstra, Maura Dominique. "Complicated Matters: Commercial Dispute Resolution in Qing Chongqing from 1750 and 1911." PhD diss., UCLA, 2014.

Edgren, Sören. "The Fengmianye (Cover Page) as a Source for Chinese Publishing History." 《東アジア出版文化研究，ほはく》（Studies of East Asian publishing culture: amber）edited by Isobe Akira, 261–267. Tokyo: Chisen Shokan, 2004.

Elman, Benjamin A. *A Cultural History of Civil Examinations in Late Imperial China*. Berkeley: University of California Press, 2000.

———. *On Their Own Terms: Science in China, 1550–1900*. Cambridge, MA: Harvard University Press, 2005.

Fogel, Joshua A., ed. *The Role of Japan in Liang Qichao's Introduction of Modern Western Civilization to China*. Berkeley: Institute of East Asian Studies, University of California, 2004.

Franke, Wolfgang. *The Reform and Abolition of the Traditional Chinese Examination System*. Cambridge, MA: Center for East Asian Studies, Harvard University, 1960.

Giles, Herbert A. *A Glossary of Reference: Subjects Connected with the Far East*. Shanghai: Kelly & Walsh, 1900.

Golas, Peter J. "Early Ch'ing Guilds." In *The City in Late Imperial China*, edited by G. William Skinner, 557–564. Stanford, CA: Stanford University Press, 1977.

Goodman, Bryna. "Democratic Calisthenics: The Culture of Urban Associations in the New Republic." In *Changing Meanings of Citizenship in Modern China*, edited by Merle Goldman and Elizabeth Perry, 70–109. Cambridge, MA: Havard University Press, 2002.

———. *Native Place, City, and Nation: Regional Networks and Identities in Shanghai, 1853–1937*. Berkeley: University of California Press, 1995.

Guy, Kent. *The Emperor's Four Treasuries: Scholars and the State in the Late Ch'ien-lung Period*. Cambridge, MA: Harvard University Press, 1987.

Harrison, Henrietta. *The Man Awakened from Dreams: One Man's Life in a North China Village, 1857–1942*. Stanford, CA: Stanford University Press, 2005.

Henningsen, Lena. "Harry Potter with Chinese Characteristics, Plagiarism between Orientalism and Occidentalism." *China Information* 20:2 (2006): 275–311.

Hill, Michael Gibbs. *Lin Shu, Inc.: Translation and the Making of Modern Chinese Culture*. New York: Oxford University Press, 2012.

Ho, Bingdi. *The Ladder of Success in Imperial China: Aspects of Social Mobility, 1368–1911*. New York: Columbia University Press, 1980.

Howland, Douglas. *Translating the West: Language and Political Reason in Nineteenth-Century Japan*. Honolulu: University of Hawai'i Press, 2002.

Huang, Philip. *Code, Custom, and Legal Practice in China: The Qing and the Republic Compared.* Stanford, CA: Stanford University Press, 2001.

Hung, Chang-tai. *War and Popular Culture: Resistance in Modern China, 1937–1945*. Berkeley: University of California Press, 1994.

Jernigan, T. R. *China in Law and Commerce*. New York: The Macmillan Company, 1905.

———. *China's Business Methods and Policy*. London: T. Fisher Unwin, 1904.

Johns, Adrian. *The Nature of the Book: Print and Knowledge in the Making*. Chicago: University of Chicago Press, 1998.

———. *Piracy: The Intellectual Property Wars from Gutenberg to Gates*. Chicago: University of Chicago Press, 2009.

Johnson, Matthew D. "Beneath the Propaganda State: Official and Unofficial Cultural Landscape in Shanghai, 1849–1965." In *Maoism at the Grassroots: Everyday Life in China's Era of High Socialism*, edited by Jeremy Brown and Matthew D. Johnson, 199–229. Cambridge, MA: Harvard University Press, 2015.

Judge, Joan. *Print and Politics: Shibao and the Culture of Reform in Late Qing China*. Stanford, CA: Stanford University Press, 1996.

Karl, Rebecca E., and Peter Gue Zarrow, eds. *Rethinking the 1898 Reform Period: Political and Cultural Change in Late Qing China*. Cambridge, MA: Harvard University Press, 2002.

Kinmonth, Earl H. "Fukuzawa Reconsidered: Gakumon no Susume and Its Audience." Journal of *Asian Studies* 37:4 (August 1978): 677–696.

Kornicki, Peter. *The Book in Japan: A Cultural History from the Beginnings to the Nineteenth Century*. Leiden: Koninklijke Brill, 1998.

Kuhn, Philip. *Soulstealers: The Chinese Sorcery Scare of 1768*. Cambridge, MA: Harvard University Press, 1990.

Lackner, Michael. *New Terms for New Ideas: Western Knowledge and Lexical Change in Late Imperial China*. Leiden: Brill, 2001.

Lackner, Michael, and Natascha Vittinghoff, eds. *Mapping Meanings: The Field of New Learning in Late Qing China*. Leiden: Brill, 2004.

Lee, Leo Of-fan Lee. *The Romantic Generation of Modern Chinese Writers*. Cambridge, MA: Harvard University Press, 1973.

Lehman, John Alan. "Intellectual Property Rights and Chinese Tradition Section: Philosophical Foundations." *Journal of Business Ethics* 69:1 (November 2006): 1–9.

Levenson, Joseph Richmond. *Confucian China and Its Modern Fate: The Problem of Intellectual Continuity*. Berkeley: University of California Press, 1958.

———. *Liang Ch'i-ch'ao and the Mind in Modern China*. Berkeley: University of California Press, 1970.

Li, Lillian M. *Beijing: From Imperial Capital to Olympic City*. New York: Palgrave Macmillan, 2007.

Lin, Yusheng. *The Crisis of Chinese Consciousness: Radical Antitraditionalism in the May Fourth Era*. Madison: University of Wisconsin Press, 1979.

Link, Perry. *Mandarin Ducks and Butterflies: Popular Fiction in Early Twentieth-Century Chinese Cities*. Berkeley: University of California Press, 1981.

Liu, Lydia. "Legislating the Universal: The Circulation of International Law in the Nineteenth Century." In *Token of Exchange*, edited by Lydia Liu, 127–164. Durham, NC: Duke University Press, 1999.

———. *Translingual Practice: Literature, National Culture, and Translated Modernity*—China,

1900–1937. Stanford, CA: Stanford University Press, 1995.

Lobscheid, William. *English and Chinese Dictionary with the Punti and Mandarin Pronunciation.* Hongkong: Daily Press, 1866.

Ma, Zhao. *Runaway Wives, Urban Crimes, and Survival Tactics in Wartime Beijing, 1937–1949.* Cambridge, MA: Harvard University Press, 2015.

Massey, Joseph A. "The Emperor Is Far Away: China's Enforcement of Intellectual Property Rights Protection." *Chicago Journal of International Law* 7:1 (2006): 231–237.

McDermott, Joseph P. " 'Noncommercial' Private Publishing in Late Imperial China." In *The Book Worlds of East Asia and Europe, 1450–1850: Connections and Comparisons*, edited by Joseph McDermott and Peter Burke, 105–145. Hong Kong: Hong Kong University Press, 2016.

———. "Rare Book Collections in Qing Dynasty Suzhou: Owners, Dealers, and Uses."，呂妙芬主編《近世中國的儒學與書籍：家庭．宗教．物質的網絡》，頁一九九～二四九，臺北：中央研究院。

———. *A Social History of the Chinese Book: Books and Literati Culture in Late Imperial China.* Hong Kong: Hong Kong University Press, 2006.

McDermott, Joseph P., and Peter Burke, "Introduction." In *The Book Worlds of East Asia and Europe, 1450–1850: Connections and Comparisons*, edited by Joseph McDermott and Peter

Burke, 1–64. Hong Kong: Hong Kong University Press, 2016.

Meng, Yue. *Shanghai and the Edges of Empires*. Minneapolis: University of Minnesota Press, 2006.

Mertha, Andrew. *The Politics of Piracy: Intellectual Property in Contemporary China*. Ithaca, NY: Cornell University, 2005.

Mittler, Barbara. *A Continuous Revolution: Making Sense of Cultural Revolution Culture*. Cambridge, MA: Harvard University Press, 2012.

———. *A Newspaper for China? Power, Identity and Change in Shanghai's News Media (1872–1912)*. Cambridge, MA: Harvard University Press, 2004.

Montgomery, Lucy, and Brian Fitzgerald. "Copyright and the Creative Industries in China." *International Journal of Cultural Studies* 9 (September 2006): 407–418.

Morse, H. B. *The Guilds of China*. New York: Longmans, Green and Co., 1909. Mühlhahn, Klaus. *Criminal Justice in China: A History*. Cambridge, MA: Harvard University Press, 2009.

Nagase-Reimer, Keiko ed. *Copper in the Early Modern Sino-Japanese Trade. Monies, Markets, and Finance in East Asia, 1600–1900*. Leiden: Brill, 2016.

Newcity, Michael A. *Copyright Law in the Soviet Union*. New York: Praeger Publishers, 1978.

Ng, Michael. *Legal Transplantation in Early Twentieth-Century China: Practicing Law in Republican Beijing (1910s–1930s)*. New York: Routledge, 2014.

Ōba, Osamu. *Books and Boats: Sino-Japanese Relations in the Seventeenth and Eighteenth Centuries*.

Translated by Joshua A Fogel. Portland, ME: Merwin Asia, 2012

Poon, Ming-sun. "The Printer's Colophon in Sung China, 960–1279." *Library Quarterly* 43:1 (January 1993): 39–52.

Ransmeier, Johanna. Sold People: *Traffickers and Family Life in North China. Cambridge*, MA: Harvard University Press, 2017.

Rea, Christopher, and Nicolai Volland, eds. *The Business of Culture: Cultural Entrepreneurs in China and Southeast Asia, 1900–65*. Vancouver: UBC Press, 2015.

Reed, Christopher A. "Advancing the (Gutenberg) Revolution: The Origins and Development of Chinese Print Communism, 1921–1947." In From *Woodblocks to the Internet: Chinese Publishing and Print Culture in Transition, circa 1800 to 2008*, edited by Cynthia Brokaw and Christopher A. Reed, 275–314. Leiden: Brill, 2010.

———. *Gutenberg in Shanghai: Chinese Print Capitalism 1876–1937*. Toronto: UBC Press, 2003.

Reynolds, Douglas R. *China: 1898–1912—the Xingzheng Revolution and Japan. Cambridge*, MA: Harvard University Asian Center, 1993.

Richard, Timothy. *Forty-Five Years in China*. New York: Frederick A. Stokes, 1916.

Ripley, George, and Charles A. Dana, eds. *The New American Cyclopaedia: A Popular Dictionary of General Knowledge*. Vol. 5. New York: D. Appleton & Company, 1872.

Riskola, Teemu. *Legal Orientalism: China, the United States, and Modern Law*. Cambridge, MA:

Harvard University Press, 2013.

Rowe, William T. *Hankow: Commerce and Society in a Chinese City, 1796–1889*. Stanford, CA: Stanford University Press, 1984.

———. *Hankow: Conflict and Community in a Chinese City, 1796–1895*. Stanford, CA: Stanford University Press, 1989.

Schwartz, Benjamin. *In Search of Wealth and Power: Yen Fu and the West*. Cambridge, MA: Belknap Press of Harvard University Press, 1964.

Seville, Catherine. The Internationalisation of Copyright Law: Books, Buccaneers and the Black Flag in the Nineteenth Century. Cambridge: Cambridge University Press, 2006.

Sherman, Brad, and Lionel Bently. *The Making of Modern Intellectual Property Law: The British Experience, 1760–1911*. Cambridge: Cambridge University Press, 1999.

Shi, Wei. "The Paradox of Confucian Determinism: Tracking the Root Causes of Intellectual Property Rights Problem in China." *John Marshall Review of Intellectual Property Law 7:3 (2008)*: 454–468.

So, Billy, and Sufumi So. "Commercial Arbitration Transplanted: A Tale of the Book Industry in Modern Shanghai." In *Chinese Legal Reform and Global Legal Order*, edited by Michael H. K. Ng and Zhang Yun, 238–256. Cambridge: Cambridge University Press, 2017.

Sommer, Matthew H. *Polyandry and Wife-Selling in Qing Dynasty China: Survival Strategies and*

Judicial Interventions. Oakland: University of California Press, 2015.

Spence, Jonathan D. *Treason by the Book*. New York: Viking. 2001.

Sterling, Bruce. *Distraction*. New York: Bantam, 1998.

Strand, David. *Rickshaw Beijing: City People and Politics in the 1920s*. Berkeley: University of California Press, 1989.

Strauss, Julia. "Introduction: In Search of PRC History." *China Quarterly 188* (December 2006): 855–869.

———. *Strong Institutions in Weak Polities: State Building in Republican China, 1927–1940*. Oxford: Clarendon Press, 1998.

Swell, William, Jr. "A Strange Career: The Historical Study of Economic Life." *History and Theory 49:4* (December 2010): 146–166.

Tsien, Tsuen-hsuin（錢存訓）. *Paper and Print.* Cambridge: Cambridge University Press, 1954.

———. "Western Impact on China through Translation." *Far Eastern Quarterly 13:3* (May 1954): 305–327.

van de Ven, Hans J. "The Emergence of the Text-Centered Party." In *New Perspectives on the Chinese Communist Revolution*, edited by Tony Saich and Hans van de Ven, 5–32. Armonk, NY: M. E. Sharpe, 1995.

Volland, Nicolai. "The Control of the Media in the People's Republic of China." PhD diss.,

Ruprecht-Karls-Universität Heidelberg, 2008.

———. "Cultural Entrepreneurship in the Twilight: The Shanghai Book Trade Association, 1945–57." In *The Business of Culture*, edited by Christopher Rea and Nicolai Volland, 234–258. Vancouver: UBC Press, 2015.

Wagner, Rudolf G., ed. *Joining the Global Public: Word, Image, and City in Early Chinese Newspapers, 1870–1910*. Albany: State University of New York Press, 2007.

Wakeman, Frederic. " 'Clean-up': The New Order in Shanghai." In *Dilemmas of Victory: The Early Years of the People's Republic of China*, edited by Jeremy Brown and Paul G. Pickowicz, 21–58. Cambridge, MA: Harvard University Press, 2007.

———. *Policing Shanghai*, 1927–1937. Berkeley: University of California Press, 1995.

Wayland, Francis. *The Elements of Political Economy*. Boston: Gould & Lincoln, 1852.

Weber, Max. *The Religion of China: Confucianism and Taoism*. Translated and edited by Hans H. Gerth. New York: Free Press, 1951.

Wong, R. Bin. *China Transformed: Historical Change and the Limits of European Experience*. Ithaca, NY: Cornell University Press, 1997.

WSC-Databases: An Electronic Repository for Chinese Scientific, Philosophical and Political Terms Coined in the Nineteenth and Early Twenty Century. http://www.wsc.uni-erlangen.de/wscdb.htm.

Wu, Jianren. *The Sea of Regret: Two Turn-of-the-Century Chinese Romantic Novels.* Translated by Patrick Hanan. Honolulu: University of Hawaii Press, 1995.

Yamauchi, Susumu. "Civilization and International Law in Japan during the Meiji Era (1868–1912)." *Hitotsubashi Journal of Law and Politics 24* (February 1996): 1–25.

Yeh, Catherine. *Shanghai Love: Courtesans, Intellectuals, and Entertainment Culture, 1850–1910.* Seattle: University of Washington Press, 2006.

Yeh, Wen-Hsin. *The Alienated Academy: Culture and Politics in Republican China, 1919–1937.* Cambridge, MA: Harvard University Press, 1990.

Yu, Hua. "Stealing Books for the Poor." *New York Times*. March 13, 2013.

Zelin, Madeleine, Jonathan K. Ocko, and Robert Gardella. *Contract and Property in Early Modern China*. Studies of the Weatherhead East Asian Institute, Columbia University. Stanford, CA: Stanford University Press, 2004.

國家圖書館出版品預行編目 (CIP) 資料

版權誰有？翻印必究？：近代中國作者、書商與國家的版權角力戰 / 王飛仙著；林紋沛譯 . -- 初版 . -- 新北市 : 臺灣商務印書館股份有限公司 , 2022.05
432 面；17 ╳ 23 公分 . -- (歷史 . 中國史)
譯自：Pirates and publishers : a social history of copyright in modern China
ISBN 978-957-05-3413-9（平裝）

1.CST: 著作權法 2.CST: 著作權保護 3.CST: 社會史 4.CST: 中國

588.34 111004852

歷史・中國史

版權誰有？翻印必究？——近代中國作者、書商與國家的版權角力戰

Pirates and Publishers：A Social History of Copyright in Modern China

作　　者一王飛仙（Fei-Hsien Wang）
譯　　者一林紋沛
發 行 人一王春申
選書顧問一林桶法、陳建守
總 編 輯一張曉蕊
責任編輯一何宣儀、徐鉞
特約編輯一劉毓玫
封面設計一廖勁智
內頁設計一菩薩蠻電腦科技有限公司
營 業 部一王建棠 謝宜華
出版發行一臺灣商務印書館股份有限公司
23141 新北市新店區民權路 108-3 號 5 樓（同門市地址）
電話：（02）8667-3712　傳真：（02）8667-3709
讀者服務專線：0800056196
郵撥：0000165-1
E-mail：ecptw@cptw.com.tw
網路書店網址：www.cptw.com.tw
Facebook：facebook.com.tw/ecptw

局版北市業字第 993 號
初版一刷：2022 年 5 月
初版 1.9 刷：2023 年 7 月
印刷廠：沈氏藝術印刷股份有限公司
定價：新台幣 560 元
法律顧問一何一芃律師事務所